# 江苏省现代服务业发展研究报告

## 2023

主编  李逢春

南京大学出版社

**图书在版编目（CIP）数据**

江苏省现代服务业发展研究报告. 2023 / 李逢春主编. —南京：南京大学出版社，2024. 7. ISBN 978－7－305－28213－3

Ⅰ. F726.9

中国国家版本馆 CIP 数据核字第 2024FW9596 号

出版发行　南京大学出版社
社　　址　南京市汉口路 22 号　　邮　编　210093
书　　名　**江苏省现代服务业发展研究报告 2023**
　　　　　JIANGSUSHENG XIANDAI FUWUYE FAZHAN YANJIU BAOGAO 2023
主　　编　李逢春
责任编辑　王日俊
照　　排　南京开卷文化传媒有限公司
印　　刷　广东虎彩云印刷有限公司
开　　本　880 mm×1230 mm　1/16　印张 20.75　字数 533 千
版　　次　2024 年 7 月第 1 版　　2024 年 7 月第 1 次印刷
ISBN 978－7－305－28213－3
定　　价　480.00 元

网　　址：http://www.njupco.com
官方微博：http://weibo.com/njupco
官方微信号：njupress
销售咨询热线：(025)83594756

本书为江苏省发展和改革委员会服务业重大课题、江苏高校优势学科建设工程（PAPD）、江苏高校现代服务业协同创新中心、江苏高校人文社会科学校外研究基地"江苏现代服务业研究院"和江苏省重点培育智库"现代服务业智库"研究成果。

本书出版得到江苏省服务业重大课题专项资金、江苏高校优势学科建设工程（PAPD）、江苏高校现代服务业协同创新中心、江苏高校人文社会科学校外研究基地"江苏现代服务业研究院"和江苏省重点培育智库"现代服务业智库"的资助。

书　　名：江苏省现代服务业发展研究报告 2023
主　　编：李逢春
出版社：南京大学出版社

# 目 录
# Contents

## 综 合 篇
### PART I  COMPREHENSIVE REPORT

## 专题报告
### PART II  SPECIAL REPORT

# 行 业 篇
## PART III　INDUSTRIAL REPORT

# 集聚区篇

## PART IV   CLUSTER REPORT

# 举　措　篇
## PART V　POLITICAL REPORT

# 政 策 篇
## PART VI POLITICAL REPORT

# 目　录

# 数　据　篇
## PART VII　DATA REPORT

# 综合篇

# 第一章　江苏省现代服务业发展报告

2022 年,面对复杂严峻的外部经济环境和新冠疫情冲击带来的超预期挑战,江苏省服务业条线和服务业领导小组各成员单位认真落实省委省政府决策部署,立足自身职能,加强统筹协调,创新工作方法,紧紧围绕加快构建优质高效的江苏特色"775"现代服务业产业体系,着力推进实施现代服务业高质量发展"331"工程,以强化江苏省服务业在主体培育、集聚示范、融合发展、品质提升等方面的引领作用。

## 一、江苏省现代服务业的发展现状

2022 年,江苏省经济总量再上新台阶,地区生产总值 122875.6 亿元,迈上 12 万亿元新台阶,比 2021 年增长 2.8%。其中,第一产业增加值 4959.4 亿元,增长 3.1%;第二产业增加值 55888.7 亿元,增长 3.7%;第三产业增加值 62027.5 亿元,增长 1.9%。全省人均地区生产总值 144390 元,比上年增长 2.5%。

### (一)总体运行呈现向好态势,增加值稳步增长

江苏省 2022 年实现服务业增加值 62027.5 亿元,同比增长 1.9%,占 GDP 比重为 50.5%,对经济增长的贡献率为 35.6%,运行态势总体回稳向上,服务业在国民经济中的支柱地位依然稳固。全年三次产业结构比例为 4∶45.5∶50.5,服务业的支柱地位保持稳健,持续深化产业结构"三二一"的标志性转变。

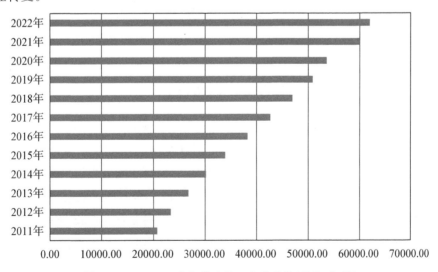

**图 1　2011—2022 年江苏省第三产业总值(单位:亿元)**

数据来源:《江苏统计年鉴 2023》

## （二）重点行业稳步回稳，高技术服务业引领作用增强

2022 年，江苏省规上服务业稳定恢复，同比增长 6.2%。高技术服务业营业收入同比增长 10.1%，拉动规上服务业增长 3.8 个百分点，对规上服务业增长贡献率达 62.2%，有力带动了服务业快速发展。其中，信息传输、软件和信息技术服务业与科学研究和技术服务业位居增长速度前列，均实现了两位数的增长，分别增长 10.6%、10%；全省快递业务量增长 1.2%，受快递业回暖拉动，邮政业务总量增速提高，全省邮政业务总量增长 5.1%，邮政业务收入增长 5.8%；电信业务总量一直保持 20% 以上的快速增长，全年增长 22.9%，电信业务收入增长 10.2%。全省互联网宽带接入用户数增长 9.3%。金融业实现较快增长。全省金融机构本外币存贷款保持较高增速，增速从 2022 年 3 月末的 12.5% 提高到 6 月末的 12.7%，再到 12 月末的 13%。

**表 1　江苏省 2017—2022 年服务业产业结构情况　（单位：亿元）**

| 行业 | 2017 年 | 2018 年 | 2019 年 | 2020 年 | 2021 年 | 2022 年 |
|---|---|---|---|---|---|---|
| 批发和零售业 | 9197.46 | 10139.27 | 10836.58 | 11210.63 | 13101.20 | 13350.71 |
| 交通运输、仓储和邮政业 | 2743.41 | 2964.41 | 3170.03 | 3179.78 | 3671.94 | 3655.55 |
| 住宿和餐饮业 | 1302.85 | 1413.43 | 1531.39 | 1396.40 | 1619.91 | 1550.69 |
| 信息传输、软件和信息技术服务业 | 2172.79 | 2409.97 | 2599.64 | 2996.47 | 3494.77 | 3829.81 |
| 金融业 | 6215.65 | 6846.88 | 7435.70 | 8245.23 | 9003.48 | 9689.87 |
| 房地产业 | 6907.75 | 7467.17 | 7925.85 | 8383.85 | 8626.94 | 7932.64 |
| 租赁和商务服务业 | 2524.68 | 2800.26 | 2972.56 | 3061.27 | 3602.87 | 3851.61 |
| 科学研究和技术服务业 | 1822.59 | 2021.53 | 2253.72 | 2411.19 | 2758.42 | 3047.43 |
| 水利、环境和公共设施管理业 | 509.61 | 565.21 | 650.55 | 662.78 | 654.03 | 653.82 |
| 居民服务、修理和其他服务业 | 957.65 | 1062.17 | 1160.21 | 1178.42 | 1354.19 | 1414.09 |
| 教育 | 2330.82 | 2585.24 | 2903.77 | 3051.66 | 3308.48 | 3603.13 |
| 卫生和社会工作 | 1489.34 | 1651.91 | 1806.98 | 1942.12 | 2177.40 | 2404.10 |
| 文化、体育和娱乐业 | 524.46 | 581.71 | 602.25 | 556.26 | 664.05 | 664.21 |
| 公共管理、社会保障和社会组织 | 3687.59 | 4090.10 | 4639.33 | 4983.44 | 5550.35 | 5887.08 |

数据来源：《江苏统计年鉴 2023》

## （三）新模式新业态增势较好，贡献率逐步提升

电子商务和网络消费保持快增。2022 年，全省有电子商务活动的"四上"企业达 14754 家，全省电子商务交易平台交易金额超过 3 万亿元，达到 3.1 万亿元，比 2021 年增长 3.2%。2022 年，全省网上零售额 12209 亿元，比 2021 年增长 5.1%，其中，实物商品网上零售额增长 7%，占社会消费品零售总额的比重为 25.2%，占比较上年提高 2.9 个百分点；全省限上批零企业通过公共网络实现商品零售额增长 19.1%，限上住餐企业通过公共网络实现餐费收入增长 18.6%。新兴消费增势较好。全年限额以上单位商品零售中，智能手机比上年增长 118.2%；能效等级为 1 级和 2 级的商品、智能家用电器和音像器材类分别增长 75.3%、129.4%；新能源汽车增长 164.4%。全年实物商品网上零售额 10782.8 亿元，比上年增长 7.0%，占社会消费品零售总额比重为 25.2%。

### （四）重点项目和行业发展迅速，发展后劲持续增强

依托省级服务业重点项目和省级现代服务业发展专项资金项目，引导和优化服务业投资结构，支持服务业新业态和新模式的发展。2022年，总计确定了162个省级服务业的重点项目，总投资额为4863亿元，年度计划投资总额为1046亿元。规范实施服务业资金项目，聚焦两业融合、服务创新、废旧家电回收等重点领域，安排2022年度省级现代服务业发展专项资金3.6亿元，支持94个服务业重点项目，预计拉动社会投资280亿元。将加快实施现代服务业"331"工程作为"十四五"时期推动服务业高质量发展的重要抓手。

### （五）全国500强服务业企业占比保持领先地位

中国企业联合会、中国企业家协会发布了"2022中国服务业企业500强榜单"，2022年中国服务业企业500强的营业收入总额达48.15万亿元，同比增长10.47%；资产总额达到322.55万亿元，同比增长8.01%。其中，国家电网、工商银行、建设银行位居前三，前三企业营收总额达56.35万亿元。服务业大企业集中分布于少数区域的特征依旧显著，江、浙、闽地区的服务业企业快速崛起，北上广传统三强独占的局面被打破。2022年中国服务业企业500强的分布中，排在前五的省份分别是广东75家、江苏53家、北京50家、浙江49家和福建40家，合计入围企业数量267家。江苏银行股份有限公司以12386344万元的营业收入列江苏服务业企业榜首。

表2　2022年中国服务业500强企业江苏前十名企业名单

| 序号 | 排名 | 企业名称 | 当年营业收入（万元） |
|---|---|---|---|
| 1 | 75 | 江苏银行股份有限公司 | 12386344 |
| 2 | 97 | 弘阳集团有限公司 | 8809122 |
| 3 | 114 | 南京银行股份有限公司 | 7848214 |
| 4 | 120 | 江苏国泰国际集团股份有限公司 | 6785254 |
| 5 | 126 | 汇通达网络股份有限公司 | 6576317 |
| 6 | 140 | 南京新工投资集团有限责任公司 | 5493549 |
| 7 | 153 | 张家港市沃丰贸易有限公司 | 4974122 |
| 8 | 167 | 江苏汇鸿国际集团股份有限公司 | 4527842 |
| 9 | 168 | 通鼎集团有限公司 | 4525414 |
| 10 | 185 | 江阴长三角钢铁集团有限公司 | 3968749 |

### （六）积极探索"数字＋服务＋制造"新模式，两业融合取得显著成效

2022年，152家单位入选全省两业深度融合试点单位。张家港市、常州天宁经济开发区2个区域和徐工机械、双良节能系统、波司登羽绒服装、康缘医药商业、中天科技等6家企业先后入选全国两业融合发展试点单位，入选数量位居全国前列。积极探索"数字＋服务＋制造"的"全融合"模式。通过人工智能、云计算、大数据、工业物联网等新一代信息技术联结制造与服务，应用物联网、车联网、云平台等"互联网＋"制造业和服务业，实现现代服务业与先进制造业深度融合。例如，以徐工

集团、富瑞特种装备等为代表的高端装备制造企业,紧扣制造业最为核心的研发、制造、服务、运营等环节,利用大数据管理系统,改良和提高生产流程效率和质量,通过实施工业互联网、智能工厂、智慧供应链等项目建设,实现制造过程自动化、精益化、高效化、数字化。

---

**专栏1　江苏省以两业融合拓新局,为转型升级强动力**

发布时间:2022/08/19　来源:《群众》杂志

近日,《群众》(思想理论版)刊发《两业融合拓新局　转型升级强动力》一文,总结江苏省推动两业融合发展、引领产业转型升级的先进经验。文章指出,推动先进制造业与现代服务业(以下简称"两业")实现高水平融合、互动、协同发展,是顺应新一轮科技革命和产业变革、增强制造业核心竞争力、培育现代产业体系、实现高质量发展的重要途径。《中华人民共和国国民经济和社会发展第十四个五年规划和2035年远景目标纲要》明确指出,促进先进制造业和现代服务业深度融合,构建实体经济、科技创新、现代金融、人力资源协同发展的现代产业体系。当前,江苏正处于制造业转型升级、服务业内涵提升、新旧动能转换关键时期,推进两业深度融合是关键之举,意义重大。要持续深入探索两业深度融合发展的新业态、新模式、新路径,助力服务业提质增效和制造业转型升级,提升江苏省制造业在全球产业链、创新链、价值链中的地位,为落实"一中心一基地一枢纽"重大战略部署和经济高质量发展提供强有力支撑。

**一、以试点示范为抓手,围绕技术创新、模式创新、机制创新树立标杆**

自2019年以来,江苏省率先启动两业深度融合试点工作,先后遴选两批总计247家企业、21个产业集群和43个集聚区域作为全省两业深度融合试点单位,鼓励先行先试两业深度融合发展的创新路径、有效机制和政策举措。2020—2021年间,江苏省2个区域(张家港市、常州天宁经开区)和6家企业先后入选全国两业融合发展试点单位名单,入选数量居全国前列。

(一)挖潜增效,推动制造业价值链加快延伸。强化科技研发、技术创新,推动生产型制造企业向服务型制造转型,促进制造业价值链延伸。一方面,支持试点企业重点突破一批服务型制造核心技术;另一方面,支持试点区域加快制造业与生产性服务业深度融合。

(二)数字赋能,推动数字化智能化跨界融合。抢抓国家构建一体化大数据中心体系、实施"东数西算"工程的重大机遇,促进数字技术与制造业、服务业深度融合,赋能传统产业转型升级。制定全面提升数字经济发展水平指导意见,分行业领域制定实施数字化转型方案,协同推进中小企业实施"智改数转"和产业链"智改数转"升级。从组织架构、流程再造、运营管控、业务模式、战略决策等方面,为企业提供量身定制的解决方案和产品,帮助企业解决"不会转"问题。2021年江苏数字经济核心产业增加值占GDP比重达到10.3%左右,规模保持全国前列;2022年上半年全省数字经济核心产业实现开票销售同比增长13.3%。

(三)融合创新,推动新业态新模式加速发展。试点企业推动先进制造业生产模式、组织模式、商业模式、管理模式等转变,以智能制造、全生命周期管理、整体解决方案等为代表的两业融合典型模式示范作用凸显。

(四)夯基筑台,推动改革效能有效释放。协调指导各试点单位坚持问题导向,优化营商环境,推动体制机制创新。如苏州市相城区为加快智能驾驶、工业互联网、大数据等产业集聚,推出了智能网联专项政策,从企业估值、产值税收、产业方向、科技人才等方面进行企业入库评级,给予研发、载体、平台、人才引培等专项支持。张家港市进一步深化"放管服"改革,建立两业融合多部门联动机制,以部门服务融合推动产业发展融合。

**二、以延链强链为牵引,推动龙头企业、产业集群、载体平台提档升级**

充分发挥龙头骨干企业、优势产业集群和具有融合发展基础的市辖区、开发园区等多元化主体作用,加速生产性服务业嵌入先进制造生产环节,加快促进产业向高端化、高质化和高效化转型,推动优势产业延链强链,切实保障产业链供应链安全,提升产业链供应链稳定性和竞争力。

(一)强化龙头骨干企业引领,激活融合内生动力。一方面,放大"链主"型企业产业链生态主导能力,鼓励制造业企业由以产品制造为中心向以提供产品、服务和整体解决方案并重转变。另一方面,鼓励现代服务业企业深度嵌入制造业全产业链,推动制造服务业向智能化、产品化、定制化发展。

(二)发挥先进产业集群优势,提升融合发展能级。聚焦新型电力(新能源)装备、工程机械、高端纺织、前沿新材料等16个先进制造业集群,在技术、设计、品牌、供应链等方面锻长板补短板,构建开放高效的集群创新服务体系,推动产业链纵向协同、价值链高端攀升、创新链精准赋能。张家港市依托国家级机器人产业园、金帆电气等骨干企业和智能电力研究院、哈工大研究院等创新平台,重点发展机器人、智能电网等装备产业,打造智能装备产业基地。

(三)依托基础雄厚的辖区园区,搭建融合发展平台。对先进制造业主导产业突出、转型需求迫切的市辖区和开发园区,加强省内先进制造业基地与现代服务业集聚示范区的对接合作,支持建立一批特色鲜明、功能显著的两业深度融合公共服务平台。

**三、以制度保障为依托,提高政策落地、举措落细、要素落实服务效能**

注重规划引领,充分发挥省服务业发展领导小组办公室统筹协调职能,强化与各地、各部门的纵向联动、横向协同,凝聚工作合力,精准高效保障。

(一)加强顶层设计,发挥规划引领作用。《江苏省"十四五"现代服务业发展规划》提出加快构建优质高效、布局优化、竞争力强的江苏特色"775"现代服务产业体系,以两业融合发展标杆引领工程为主要突破口,扬先进制造之"长",显现代服务之"优",创产业发展之"特"。"十四五"期间,着力打造一批两业深度融合的优势产业链条、标杆企业、新型产业集群、融合示范载体,计划培育形成省级两业融合发展标杆引领典型100家。

(二)突出上下联动,提升协同服务能力。将推进两业融合发展先后纳入2020、2021年省政府百项重点工作,建立国家及省级两业融合试点工作推进机制。开展"送政策、促融合、抓落实"系列现场推进活动,对省内各级发展改革部门进行专项政策宣贯,支持无锡、常州、南通、扬州、宿迁等设区市配套开展市级试点。同时,在中央、省级媒体大力宣传推广江苏省推动两业融合发展典型经验。

(三)加大项目支持,发挥示范带动效应。加强重点领域和关键环节优质项目培育,为两业融合注入资金"活水"。一方面,近两年将科技、信息、物流、节能环保等领域具备两业融合形态特点的140余个项目列入省服务业年度重点项目,促进生产性服务业围绕产业链供应链的安全稳定做好专业化、高端化服务。另一方面,省级现代服务业专项资金专门增设两业融合项目支持方向,近三年来,共支持近150个两业融合项目,安排扶持资金3.3亿元,并对51家省级两业融合优秀试点单位各奖励100万元;还在省普惠金融发展风险补偿基金项下"苏服贷"中,将两业融合项目作为信贷支持重点之一。

（四）优化要素供给，完善政策保障措施。实施精准高效的要素保障，有效增强两业融合发展活力和动力。在符合国家法律法规的前提下，经市、县人民政府批准，利用现有房屋和土地（产业用地）兴办科技研发、众创空间等现代服务业新业态的，可实行为期 5 年的过渡期政策，继续按原用途和土地权利类型使用土地；过渡期满后按新用途办理用地手续，符合划拨用地目录的，可以划拨方式配置。

## （七）服务贸易创新发展，增量贡献提升

江苏加快发展新业态新模式，跨境电商发展迅速，市场采购贸易增幅超过 50％，创新市场采购贸易的"江苏模式"，出口同比增长 58％，RCEP 区域签证出口货值居全国首位。数字贸易规模保持平稳较快增长，成为拉动全省服务贸易增长的重要动力，可数字化交付的服务贸易规模达到 307.5 亿美元，占全省服务贸易比重为 53.9％，高于全国 12 个百分点；规模上升至全国第四位，同比增长 12.1％。推进跨境电商综试区建设，新增 3 个国家级跨境电商综试区，实现设区市全覆盖，省、市培育的公共海外仓已达 81 家。以信息技术、生物医药研发、工业设计等业务领域为主的离岸服务外包规模连续 14 年保持全国第一，南京市位列服务外包全国示范城市综合评价第二。

表3　2022 年江苏服务业按行业分外商直接投资

| 行业 | 新设外商投资企业数（家） | 实际使用外资金额（亿美元） |
| --- | --- | --- |
| 批发和零售业 | 586 | 22.29 |
| 交通运输、仓储和邮政业 | 24 | 14.09 |
| 住宿和餐饮业 | 40 | 0.15 |
| 信息传输、软件和信息技术服务业 | 206 | 12.14 |
| 金融业 | 48 | 5.54 |
| 房地产业 | 38 | 36.35 |
| 租赁和商务服务业 | 494 | 34.51 |
| 科学研究和技术服务业 | 1096 | 45.81 |
| 水利、环境和公共设施管理业 | 5 | 1.36 |
| 居民服务、修理和其他服务业 | 11 | 0.04 |
| 教育 | 2 | 0.00 |
| 卫生和社会工作 | 6 | 0.59 |
| 文化、体育和娱乐业 | 48 | 1.097 |
| 公共管理、社会保障和社会组织 | 0 | 0.00 |

数据来源：《江苏统计年鉴 2023》

## （八）政策措施得力，统筹推进现代服务业发展

省发展改革委落实中共中央和省委省政府决策部署，出台相关政策措施，推动了全省服务业增

加值稳步增长。把加快实施现代服务业"331"工程作为"十四五"时期推动服务业高质量发展的重要抓手,推动生产性服务业向专业化和价值链高端延伸,推进生活性服务业向高品质和多样化方向升级。全国两业融合工作现场交流会在苏州举行,系统总结试点工作成效,江苏两业融合经验在全国推广。省政府出台了《江苏省生产性服务业十年倍增计划实施方案》,生产性服务业中的生产性租赁服务、商务服务、生产性支持服务等规上行业均实现两位数较快增长。在设区市层面,苏州围绕打造"生产性服务业标杆城市"目标,发布新兴服务业高质量发展的指导意见、行动计划和若干政策等文件,从数字赋能型、知识驱动型、消费导向型三大重点方向,探索一条新兴服务业支撑产业创新集群发展的新路径,高规格系统布局生产性服务业。无锡也制定实施了生产性服务业十年倍增计划,加快金融、科技、现代物流、信息服务等生产性服务业向专业化、高端化延伸。南京生产性服务业增加值占服务业增加值比重达到 55% 以上,软件产业规模继续位列全省第一、全国前列。

## 二、江苏省现代服务业发展存在的问题与挑战

### (一)主要问题

1. 服务业市场主体有待进一步壮大

江苏服务业企业存在"多而不强"问题,高能级服务业企业偏少。据最新的"中国服务业民营企业 100 强"榜单显示,江苏共有 10 家企业上榜,低于同为经济大省的广东(19 家)和浙江(17 家),且上榜企业排名较靠后,无一家企业入围前 30 强。从行业分布来看,江苏上榜企业中传统的批发业、房地产、零售业占 7 席,其余 3 席为互联网和相关服务企业,无金融类、商务服务业、软件和信息技术服务业企业上榜。

2. 从要素支撑看,高端复合型人才相对短缺

当前,既熟悉各行业具体业务,又擅长互联网技术的专业复合型人才匮乏。与北京、上海、杭州等城市相比,江苏服务业在数字经济领域头部企业发展能力、发展氛围等方面存在较大差距,不利于平台经济高端人才集聚。与广东、浙江、北京、上海等省市相比,江苏省新产业新业态新模式发展缓慢,平台创新创业氛围与文化相对薄弱,苏州工业园区多家企业反映高端创意人才、设计人才因担心"脱离圈子""落后主流"等原因,更愿意留在北京、上海。

3. 两业融合有待进一步提升质量

尽管江苏两业融合发展成效显著,仍存在一些偏弱环节。融合发展较好的主要是行业龙头、骨干企业,中小企业参与度偏低;两业融合主要集中于装备制造、家电等行业,其他行业相对滞后。企业间、产业间协同性明显不足,两业融合尚未成为推动动能转换和结构转型的有力抓手。服务业发展相对滞后,强影响力、高知名度的服务业企业缺乏,对两业融合的支撑引领能力不足。苏南、苏中、苏北之间经济发展差距大,跨区域产业深度融合受到约束。

### (二)面临挑战

全球经济发展趋缓、国际贸易摩擦增加等原因,将导致外部需求和跨国投资双双下降,对江苏服务业开放发展造成持续挑战。其一,全球经济增长正在放缓,据 IMF 于 7 月份发布《世界经济展

望:短期韧性与持久挑战》预测,增速将从2022年的3.5%下降至2023年的3.0%。被经济增长掩盖的各种矛盾逐渐凸显,全球地缘政治动荡、局部冲突时发,核心通胀居高不下、货币政策收紧等风险因素增多,影响服务业发展的外部不确定性增加。其二,国际贸易摩擦呈现长期化和常态化特征,跨国行业准入标准更加严格、贸易保护主义抬头,不仅会直接减少服务贸易,而且会通过影响制造业进出口进一步传导到服务业自身,导致外需下降。其三,江苏与发达国家的发展差距不断缩小,客观上导致可供学习借鉴的科技创新成果和先进管理经验越来越少。加之一些发达国家对高科技的出口管制增多,要求江苏必须依靠自主创新和数字经济等新动能的发展才能赢得竞争的主动权。其四,全球范围信息要素和数字经济开放,将对原有的产业经营模式产生冲击,做好数字经济治理监管体系顶层设计,兼顾开放与安全,构建开放度更高、更安全可靠的江苏服务业对外开放治理体系成为重要挑战。

# 三、江苏省现代服务业发展的对策建议

## (一)布局一流的数字化基础设施,培育服务新业态新模式

服务业数字化离不开高水平的数字化基础设施,需要从做大做强做优服务业大局出发,布局建设国内领先的服务业数字化基础设施。建设服务信息基础设施,全方位提升服务业的数字化、智能化和网络化为目标,建设一批以服务互联网和物联网为主的通信网络基础设施,以服务大数据中心、智能服务中心为代表的服务算力基础设施,以及以沉浸式服务、体验式服务为代表的数字服务体验中心等。建设服务融合基础设施,主要指充分利用大数据、人工智能、物联网等技术,对传统服务基础设施进行全面的改造和升级。

围绕城市治理、公共服务、政务服务等领域,鼓励地方通过搭建供需对接平台等为新技术、新产品提供更多应用场景。在条件成熟的特定路段及有需求的机场、港口、园区等区域探索开展智能网联汽车示范应用。建立健全政府及公共服务机构数据开放共享规则,推动公共交通、路政管理、医疗卫生、养老等公共服务领域和政府部门数据有序开放。

从本地发展实际入手,培育数字服务新业态新模式。一是数字医疗服务。探索数字化手段为中医远程诊断、西医远程手术等提供服务,建立起服务中小医院的公共数字化医疗服务平台,降低医疗数字化转型门槛,在电子病历、医疗大数据、慢性病数字化管理等方面为全国做出示范。二是数字文旅服务。充分发挥江苏文旅资源丰富、文旅市场基础良好的综合优势,积极推动文旅数字化转型,在打造文旅云体验、促进云旅游和云演艺等方面进行积极探索,力争打造在国内有影响力的数字文旅品牌,并通过开发元宇宙应用等场景创新文旅体验,提升数字文旅的吸引力。三是数字教育服务。发挥江苏教育资源集中和丰富的优势,推动在职数字教育和老年数字大学教育形成特色和品牌,同时面向全省中小学生开设数字科普教育平台。四是探索无人经济发展。积极应对老龄化和少子化的发展趋势,大力发展无人经济,在服务机器人、无人驾驶汽车、无人超市、无人收费等领域开辟更多应用场景,形成更多凝聚江苏智慧、体现江苏特色和展现江苏优势的无人经济发展模式。

## （二）深化两业融合，打造全国标杆龙头企业

充分发挥数字化在服务业和制造业融合中的作用，强化 5G、大数据、工业互联网、人工智能等新一代信息技术在两业融合发展中的创新应用，推动技术变革和生产模式、商业模式、组织模式创新，培育生产性服务业数字化平台，围绕现代服务业发展需求，整合优势资源，打造一批集战略咨询、管理优化、方案创新、数字能力建设于一体的生产性服务业数字化服务平台，加快生产性服务业协同研发、资源共享和成果推广，提升发展成效。积极鼓励省内生产性服务企业做大做强，加强其产业集群建设和生态形成，为中小型制造企业的成长和壮大提供系统化的解决方案，不断完善生产性服务的保障能力。

优化两业融合发展生态体系，创新制度供给。充分发挥市场在资源配置中的决定性作用，建立公平规范的市场准入和退出机制。鼓励有条件的地方消除税费、融资、制度性交易成本等方面的不合理障碍，强化资金、用地、人才、资源等要素保障及基础设施、配套信息等服务。加强两业融合质量标准建设，积极推进国家级、省级标准化试点项目，完善两业融合标准化服务市场，优化质量监管模式，健全质量信用评价机制。

促进现代服务业和高端制造业深度融合，促进新型电力（新能源）装备产业、前沿新材料、海工装备和高技术船舶、高端装备、生物医药和新型医疗器械、集成电路、汽车及零部件（含新能源汽车）等制造行业与互联网、金融、物流等现代服务业融合发展，加快服务环节补短板、拓空间、提品质、增效益；提升产品和服务科技含量和制造业绿色化发展，推动新能源生产和使用、绿色低碳技术、节能环保服务等与制造业融合发展。

## （三）打造公平有序的营商环境，增强市场主体活力

全面实施市场准入负面清单制度。严格执行国家市场准入负面清单和外商投资准入负面清单，落实非禁即入的市场准入制度。优化投资项目服务推进机制，加强持续跟踪服务。加强市场准入评估，对市场主体资质、资金、股比、人员、场所等设置不合理的条件进行排查和清理。进一步畅通市场主体对隐性壁垒的投诉路径，完善相应的处理和反馈机制。

增强企业创办的便利性。依托企业开办全链通平台，确保企业开办事项都在线上完成。进一步放宽新兴行业企业名称登记限制，放宽小微企业、个体工商户登记经营场所限制，推进一照多址、一证多址等住所登记制度改革。支持有条件的地方建立外商投资一站式服务体系。

推动行政审批制度的改革。编制省市县行政许可事项清单。梳理省级层面设定的年检、年报事项，分批次推进年检改年报，推进"多报合一"改革。推进"证照分离"改革全覆盖，及时调整全省涉企经营许可事项清单，加大自由贸易试验区改革力度。全面推行证明事项和涉企经营许可事项告知承诺制。致力推进"一业一证"改革，实现"一证准营"的目标。

平等对待各类市场主体。依法平等保护各类所有制企业产权和自主经营权，确保土地、技术、数据等生产要素的合法平等使用，并深化要素市场化配置的改革。清理对各类市场主体的不合理限制。落实推进国家自然垄断行业改革和大幅放宽服务业领域市场准入，引导和支持非公有制经济进入能源、铁路、电信、公用事业等行业的竞争性环节。

### （四）推动服务业扩大开放，推动服务业发展创新

加快重点领域对外开放进程。借助江苏自贸试验区、南京服务业扩大开放综合试点、国家服务出口基地、国家进口贸易促进创新示范区等各类载体建设，加强政策集成创新，进一步完善开放型创新生态系统，对标 CPTPP、RCEP、DEPA 等高标准国际经贸规则，深化知识产权、金融服务、市场准入、公平竞争等方面制度改革，不断提高服务业领域的制度竞争力，率先构建与国际高标准经贸规则相衔接的制度框架和监管模式，最终实现江苏服务业的高水平开放。推进更高层次参与国际服务业分工，以国内大循环和统一大市场为支撑，积极参与国际竞争与合作，提升江苏服务贸易国际化、专业化水平。

打造总部经济集聚区。支持自贸试验区重点发展集成电路、生物医药、节能环保等先进制造业，引导龙头企业落户区域型总部及全球事业部总部，鼓励跨国公司在自贸试验区建立研发中心。加快建设外资总部经济集聚区，建设外资总部经济服务中心，在外资总部引进培育、集聚发展、优化服务等方面开展前瞻性的尝试。支持自贸试验区开展合格境外有限合伙人和合格境内有限合伙人试点。支持符合条件的上市企业开展产业内跨国并购活动，招引优质境外资产管理机构。

推动模式创新发展。持续跟踪实施自贸试验区版跨境服务贸易负面清单，支持跨境交付、自然人移动等服务贸易模式发展，构建与负面清单管理模式相适应的跨境服务贸易监管体系。聚焦软件及信息技术、研发设计、数字内容等领域，大力发展数字贸易，搭建跨境贸易数字公共服务平台。争取国家支持开展职业资格跨境认可，允许符合条件的专业人才备案后在自贸试验区提供服务，按照有关规定制定自贸试验区境外职业资格认可目录。对于那些在国外取得医疗执业资格的医务工作者在中国进行短期行医时，应适当简化其申请流程和相关文件的要求。

培育贸易新业态新模式。推进跨境电子商务综合试验区建设，支持自贸试验区企业在关键市场布局建设海外仓。鼓励各大银行为自贸试验区提供真实且合法的新型离岸国际贸易的跨境资金结算服务，进一步拓展新型国际贸易综合服务平台的功能。支持自贸试验区符合条件的企业申请原油进口资质和配额，开展原油非国营贸易进口业务。支持有条件的炼化一体化企业争取成品油出口资质，开展成品油非国营贸易出口先行先试。支持在自贸试验区设立原油、燃料油、有色金属、煤炭、粮食等大宗商品期货保税交割库，建设国际粮食集散中心。

### （五）完善服务业基础设施，强化要素保障和政策支撑

系统构建适应服务业发展的基础设施体系。完善满足物流、旅游、商贸等领域新模式新业态发展需要的基础设施配置，加强新技术在基础设施运营中的使用。支持开展养老一体化、体育消费等试点工作，建设、完善一批生活性公共服务平台。

着力强化人才、资金、数据等支撑服务业发展的要素保障能力。对科技研发服务、文化创意、众创空间等知识密集度高的领域，以及对体育、健康养老等社会需求迫切的新兴业态，在用地用能、税收减免、项目融资、人才引育等方面参照先进制造业保障和优惠政策，取消差别化待遇。人才方面，加大服务业专业技能人才培养力度，培养一批"服务＋信息"专业人才，推动职业资格国际化认证。优化服务业从业人员培训体系，增强劳动力对技术变革适应性的支撑能力。数据方面，加快新一代信息基础设施建设，加强服务业数字化转型、智能化应用的高效计算和海量数据需求的保障能力。

开展数据交易商业模式创新试点,推动行业公共数据更大程度的开放共享,加强数据资源对服务业研发及应用场景创新的支撑作用。

完善服务业相关法律法规体系和标准体系建设。加快建立新业态新领域知识产权保护机制。加强对知识产权成果转化的指导,探索建立知识产权市场化定价和交易机制。加强服务业标准体系建设。积极开展地方标准制定,参与或主导行业标准、国家标准和国际标准制定,开展服务业标准试点建设。在系统集成及整体解决方案提供、供应链管理以及工业软件、工业互联网、工业设计、大数据服务等生产性服务业领域,制定标准化评估、质量评价等标准。参照国际标准,在养老、家政等生活性服务业健全认证制度,提升规范化、标准化、诚信化、职业化水平。健全服务业监管和风险防范机制。建立健全社会信用体系,建立跨区域、跨领域、跨部门守信激励和失信联惩机制。对涉及关键技术、公共安全、数据安全、个人隐私信息等领域的服务业投资主体、资金来源加强安全审查,提高智能化监管水平,统筹好发展和安全两方面。

### (六)推动区域协调发展,充分发挥示范引领作用

苏南、苏中、苏北,是长期以来江苏省基于传统梯度转移理论进行的区域划分。打破低梯度地区的"位置锁定",需要在更高层次上统筹区域协调发展,重构江苏省经济地理版图。2017年,江苏省开始实施扬子江城市群、沿海地区、徐州淮海经济区中心城市、江淮生态经济区"1+3"重点功能区战略,重塑全省发展布局,实现行政区经济向功能区经济的转变。

推进区域协调联动。充分发挥苏南国家自主创新示范区引领作用,加快建设沿沪宁产业创新带(G42),布局国家产业创新中心"珍珠链",建设世界级的新兴产业和先进制造业集群。依托南京和杭州特大城市综合功能,加快推进宁杭生态经济带建设,构建与生态环境保护相适宜的高水平产业集聚区和科技创新走廊,建设长三角中心区"绿丝带",强化两大都市圈协调联动。坚持传承好、保护好、利用好的原则,建设大运河文化带,突出文化为魂和生态优先,大力推进创造性转化、创新性发展,提升经济、社会、文化、旅游、生态效益,成为展示"吴韵汉风""水韵书香"江苏文化和旅游的鲜明标志和闪亮名片。积极推动沿海经济带建设,坚持生态优先、陆海统筹、江海联动,加快港产城融合发展,推进基础产业向沿海布局,大力发展海洋经济和临港产业,建设长三角城市群北向发展的"蓝色板块"。协同推进淮河生态经济带建设,加强流域综合治理、特色产业发展、新型城镇化建设,积极探索把生态优势转化为发展优势的新路径,形成生产、生活、生态相协调的新格局,打造淮河流域生态文明建设样板。加强长三角中心区城市间合作联动,建立城市间重大事项、重大项目共商共建机制。

推动省际毗邻区域协同发展。探索省际毗邻区域协同发展新机制,推进虹桥—昆山—相城深度合作,强化功能协同,积极发展面向国际的总部经济和枢纽经济;推进嘉定—昆山—太仓协同创新,在资源共享、产业合作、科技创新等方面取得突破;加强顶山—汉河、浦口—南谯区域协作,推进公共服务共享和跨界生态资源共保;积极推动江宁—博望区域联动,促进协同协作发展。支持南通沪苏跨江融合试验区建设,探索江海联动、跨江融合新模式,在基础设施、高端产业、要素流动、公共服务等方面加强协同共建,打造上海北翼门户。

共建跨区域产业合作园区。推广苏州工业园区合作开发管理模式,加快南北合作共建园区高质量发展,推进苏宿合作高质量发展创新实验区建设,形成一批可复制、可推广的经验制度。加强沪

苏大丰产业联动集聚区建设,积极承接上海产业升级转移,打造"飞地经济"样板。继续做好中新苏滁、中新嘉善等省际合作产业园建设。支持徐州与宿州、淮北合作共建产业园区。支持江阴—靖江工业园区建设跨江融合发展试验区。

### (七)完善服务业人才发展机制,打造服务业人才高地

要聚焦高水平的服务业国际化人才队伍建设,加快培育战略人才力量。对接战略科学家和一流科技领军人才培养,优化实施政府特殊津贴制度和江苏省有突出贡献中青年专家选拔制度。重点围绕数字经济关键增量,实施数字经济卓越工程师职业领航工程,建立数字经济卓越工程师职称制度。高起点实施"江苏工匠"培育工程,大力引进、培养急需紧缺高技能领军人才,试点评聘特级技师。要聚焦高能级的载体平台,定向提供个性化支持。

集成支持长三角、江苏自贸区、沪宁沿线重点民营企业人才人事综合改革试验区等区域人才创新资源集聚平台建设。要聚焦高匹配度的人才供给,深层推动产才融合发展。聚焦优势产业链、卓越产业链重点企业,落实企业人才政策服务专员制度,动态了解企业用工需求和人才需求,发布紧缺人才需求目录。

强力推进人力资源服务业高质量发展,制定推进新时代人力资源服务业高质量发展的意见,鼓励、支持各地积极争创国家级人力资源服务产业园,建设一批省级人力资源产业园,培育一批数字化人力资源服务产业园。出台社会化引才奖补办法,加大政府购买人力资源服务力度,支持各地组建国有独资或控股人才集团。

要聚焦高含金量的政策举措,深化推进人才发展体制机制改革。进一步深化人才评价机制改革,制定出台全面纠治职称评价"唯论文、唯学历、唯资历、唯奖项"问题政策举措,制定发布江苏省国际职业资格比照认定目录。健全技能人才评价制度,建立产业链技能人才评价技术资源快速响应机制。进一步优化完善人才激励政策,实施高层次人才工资分配激励政策,鼓励事业单位聘用的高层次人才实行市场化薪酬。加强人才政治引领和政治吸纳,倾心打造省市县三级人社部门"人才之家"网络体系,设立人才接待日。建设"江苏省人才服务云平台",推行江苏人才"苏畅卡"。优化人才表彰奖励制度。做好人才对口支援帮扶协作工作。

# 第二章 中国现代服务业发展报告

2022年,面对更趋复杂严峻的国际环境和国内疫情散发频发等超预期因素冲击,在以习近平同志为核心的党中央坚强领导下,各地区各部门高效统筹疫情防控和经济社会发展,服务业经济承压运行,总体延续恢复态势,新动能发展势头良好。

2022年,国内生产总值1210207亿元,比上年增长3.0%。其中,第一产业增加值88345亿元,比上年增长4.1%;第二产业增加值483164亿元,增长3.8%;第三产业增加值638698亿元,增长2.3%。第一产业增加值占国内生产总值比重为7.3%,第二产业增加值比重为39.9%,第三产业增加值比重为52.8%。全年最终消费支出拉动国内生产总值增长1.0个百分点,资本形成总额拉动国内生产总值增长1.5个百分点,货物和服务净出口拉动国内生产总值增长0.5个百分点。全年人均国内生产总值85698元,比上年增长3.0%。国民总收入1197215亿元,比上年增长2.8%。全员劳动生产率为152977元/人,比上年提高4.2%。

## 一、中国现代服务业的发展现状

### (一)服务业经济保持持续向好的发展态势

初步核算,2022年服务业增加值638698亿元,比上年增长2.3%。服务业增加值占国内生产总值比重为52.8%,高于第二产业12.9个百分点。服务业对国民经济增长的贡献率为41.8%,拉动国内生产总值增长1.3个百分点。其中,四季度,服务业增加值169411亿元,同比增长2.3%。2022年规模以上服务业企业营业收入比上年增长2.7%,利润总额增长8.5%。批发和零售业增加值114518亿元,比上年增长0.9%;交通运输、仓储和邮政业增加值49674亿元,下降0.8%;住宿和餐饮业增加值17855亿元,下降2.3%;金融业增加值96811亿元,增长5.6%;房地产业增加值73821亿元,下降5.1%;信息传输、软件和信息技术服务业增加值47934亿元,增长9.1%;租赁和商务服务业增加值39153亿元,增长3.4%。吸纳就业稳步增长。2012—2022年服务业就业人员累计增加7090万人,2022年服务业就业人员占全国就业人员总数的47.2%,比2012年提高11.1个百分点。服务业投资延续扩张势头。2022年,服务业完成固定资产投资比上年增长3.0%,增速比上年加快0.9个百分点。其中,卫生领域完成固定资产投资比上年增长27.3%,医疗卫生投入力度持续加大。1—11月份,服务业实际使用外资8426.1亿元,同比增长0.9%,占全国实际使用外资的比重为72.9%。

### (二)服务业内部结构逐步优化升级

生产性服务业加速向专业化、智能化方向发展,助推服务业内部的结构优化升级。随着供给侧结构性改革的深入推进和信息技术的快速发展,现代服务业加速崛起,成为拉动国民经济增长、促进生产生活方式转变、带动产业转型升级和协调发展的重要力量。2022年,我国生产性服务业增加值为378960亿元,占服务业比重为59.33%,占GDP比重为31.31%。分行业来看,2022年,批发和零售业增加值114518亿元,比上年增长3.6%,占生产性服务业比重为30.2%;交通运输、仓储和邮政业增加值49674亿元,增长5.5%,占生产性服务业比重为13.1%;金融业增加值96811亿元,增长6.2%,占生产性服务业比重为25.5%;信息传输、软件和信息技术服务业增加值47934亿元,增长9%,占生产性服务业比重为12.6%;租赁和商务服务业增加值39153亿元,增长5.6%,占生产性服务业比重为10.3%。

### (三)新业态新模式不断涌现

消费新业态加快发展,新模式新场景不断涌现,消费市场线上线下加速融合,数字化、品质化、多样化趋势明显。2022年,实物商品网上零售额比上年增长6.2%,占同期社会消费品零售总额的比重为27.2%,比上年提高2.7个百分点。5G网络建设速度加快。1—11月份,全国移动互联网累计流量2382亿GB,同比增长18.6%。快递业务"进村""进厂""出海"深入推进,行业规模持续扩大。1—11月份,完成快递业务量1002.1亿件,同比增长2.2%,比上年提前7天突破千亿件。

产业融合推进有力。信息技术赋能实体经济,数字化浪潮推动先进制造业和现代服务业不断融合。1—11月份,规模以上供应链管理服务企业营业收入同比增长26.9%,增速快于规模以上服务业企业23.0个百分点。工信部数据显示,工业软件市场规模不断扩大,1—11月份,工业软件产品收入同比增长14.2%,占软件产品收入的比重达9.3%。

重点领域发展活力持续释放。2022年,高技术服务业固定资产投资比上年增长12.1%,高于全部服务业固定资产投资9.1个百分点。1—11月份,高技术服务业实际使用外资同比增长23.5%;规模以上高技术服务业、科技服务业和战略性新兴服务业企业营业收入同比分别增长8.0%、7.5%和5.9%,分别快于规模以上服务业企业增速4.1、3.6和2.0个百分点。

### (四)龙头企业示范效应明显

中国企业联合会、中国企业家协会发布"2022中国服务业企业500强"榜单,榜单以各企业2021年的营业收入作为排序依据,2022年中国服务业企业500强的营业收入共计48.15万亿元,较2021年服务业500强企业的43.59万亿元增长10.47%;入围门槛由上年的60.30亿元提高14.58%升至69.09亿元。26家服务业企业的营业收入超过5000亿元,其中7家企业营收超万亿元,国家电网有限公司以29711.30亿元的营收蝉联榜首,营收同比增长11.38%。其中,排名前100的企业营收共计37.82万亿元,较2021年百强总营收增长10.85%,百强营收占500强总营收比重为78.54%,百强入围门槛也由上年的865.31亿元提高0.73%至871.62亿元。从所属地区看,百家企业分布在16个省份,位于北京的企业最多,共37家,21家企业位于广东,浙江和上海均有8家企业上榜,福建5家企业上榜,其他各省的上榜企业均不足5家。

## （五）服务业领域开放持续扩大

2022 年,中国加快推进《"十四五"服务贸易发展规划》实施,推动全面深化服务贸易创新发展试点总体方案 122 项政策举措落地见效。根据《中国服务贸易发展报告 2022》数据显示,2022 年,中国服务进出口 8891.1 亿美元,同比增长 8.3%,连续九年稳居世界第二。服务贸易逆差小幅扩大,增长至 409.9 亿美元。服务出口稳居全球第三。中国推动国家特色服务出口基地提质扩围,鼓励培育具有国际竞争力的服务贸易经营主体和品牌,着力扩大服务出口,打造服务出口竞争新优势。2022 年,中国服务出口 4240.6 亿美元,同比增长 7.6%,占全球比重为 5.9%。其中,运输、知识产权使用费、电信计算机和信息服务出口增长较快,分别同比增长 13.9%、12.7%、8.4%。服务进口保持较快增长。中国坚持高水平对外开放,积极推动各国各方共享中国大市场机遇,增强国内、国际两个市场、两种资源联动效应,不断扩大优质服务进口。2022 年,中国服务进口 4650.5 亿美元,同比增长 8.9%,占全球比重为 7.0%。其中,保险、运输、加工服务进口增长较快,分别同比增长 30.2%、26.4%、16.9%。

可数字化服务贸易稳定增长。新一轮科技革命和产业变革加速演进,全球数字经济蓬勃发展,催生了以数据为关键生产要素、数字服务为核心、数字订购与交付为主要特征的数字贸易,成为国际贸易发展的新趋势和新引擎。中国政府高度重视数字经济、数字贸易发展,密集出台数字经济产业政策,适度超前布局数字基础设施,统筹谋划数字贸易发展,加快建立数字领域国际交流合作体系。2022 年,中国可数字化服务进出口 3727.1 亿美元,同比增长 3.4%,占服务进出口的 41.9%。其中,可数字化服务出口 2105.4 亿美元,同比增长 7.6%,占服务出口的 49.6%;可数字化服务进口 1621.7 亿美元,同比下降 1.6%,占服务进口的 34.9%。

## （六）服务业发展前景持续向好

随着稳经济各项政策效应持续释放,生产生活秩序恢复常态,服务业经济活跃度持续提升,发展前景向好。12 月中下旬以来,各大商圈客流量明显增长,跨省游、长途游需求上升,人流量、车流量明显增加。2023 年元旦假期,全国邮政快递业共揽投快递包裹超 21.3 亿件,其中,揽收、投递包裹比上年同期分别增长 15.2% 和 11.5%;元旦假期电影票房突破 5.5 亿元,全国影院营业率达 85%,创 10 个月以来新高。2023 年 1 月份以来,城市客运量明显回升。总体来看,面对各种困难与挑战,2022 年服务业经济延续恢复态势。2023 年,深入贯彻落实党中央、国务院决策部署,围绕经济社会发展,深入落实稳经济一揽子政策和接续措施,大力提振市场信心,着力扩大有效需求,推动服务业经济回稳向好。

# 二、中国现代服务业发展的机遇和挑战

## （一）发展机遇

一是消费观念的变革。中国经济未来十年的一个重要趋势是人们消费观念的变革。过去,人们可能更加注重储蓄和投资,特别是在房地产领域。然而,随着社会的发展和人们生活水平的提高,消费观念正在发生转变。越来越多的人开始意识到生活质量的重要性,开始更加注重享受生活,追求健康、品质和个性化的消费。这一变革将进一步推动服务业的发展,促进更多的创新,有利于创业。

二是新一轮经济热点形成。随着地产经济的减速和消费观念的变革,中国经济也将迎来新一轮的经济热点。新技术、新产业、新业态将成为未来经济增长的重要驱动力。科技创新、人工智能、数字经济等领域的蓬勃发展,将为中国服务经济带来新的增长点。此外,绿色环保产业、健康医疗产业等也将成为未来重要的增长领域,为服务经济发展注入新的活力。

三是服务业对制造业的支撑作用越来越强。新一轮科技革命和产业变革加速背景下,服务型制造的发展前景越来越广阔。随着新科技革命和产业变革的加速推进,制造业与服务业的融合广度、深度和维度都达到前所未有的高度,服务要素和服务基因在制造业投入产出和全产业链环节的分量和比重越来越高,"制造＋服务""产品＋服务""品牌＋服务"将成为制造业发展的产业新常态,这也将为我国生产性服务业发展提供广阔的市场需求。①

四是服务贸易发展前景广阔。数字技术实现了服务不可贸易的突破,5G 技术使远程医疗、在线教育、网络营销等服务可贸易化,出现了基于数字技术的服务贸易新业态,如数字游戏、数字出版、数字影音应用、移动应用服务、网络服务、内容软件等,未来服务贸易发展规模和结构将发生巨大变化。

五是服务贸易自由化加速推进。20 多年来,多哈谈判步履维艰,但诸边、区域谈判取得重大进展。过去 10 年缔结的协定中,超过 2/3 包含了服务贸易规则,并实行以负面清单为主的高水平服务贸易自由化。2021 年年底,67 个成员国参与的世界贸易组织服务贸易国内规制协议谈判顺利完成。包括中国、欧盟和美国在内的 86 个世界贸易组织成员,正在制定跨境电子商务全球规则。

## （二）面临挑战

一是内部结构有待进一步优化。2022 年,我国 GDP 当中制造业增加值占 27％,服务业增加值是52.8％,但这 52.8％中有 2/3 是生活性服务业,生产性服务业不到 1/3。也就是说,我国的生产性服务业占 GDP 比重约为 17％—18％,跟欧洲(40％)、美国(50％)的差距较大。内部结构不合理,我国生产性服务业中,房地产业和金融业所占比重偏高,信息服务、科技服务、商务服务等比重较低。

二是行业竞争。服务业是一个高度开放和竞争的行业,不仅面临着国内外同行的竞争压力,还面临着跨界和新兴的竞争对手的挑战,需要不断提升自身的核心竞争力和差异化优势。同时,服务业涉及多个领域和层面,需要遵守相关的法律法规和行业标准,如知识产权、数据安全、质量监管等方面,需要加强合规意识和风险防范能力。

三是区域发展不平衡现象依然存在。在数字经济时代,资源技术信息分布不均,使得我国数字经济出现区域发展不均衡的现象,仍然呈现东部沿海地区发展兴盛,中西部地区缺乏发展的状态。现代服务业受数字经济影响,同样出现区域性分布不均衡现象,企业基础设施建设、高新

---

① 中商产业研究院:《中国生产性服务业市场前景及投资机会研究报告 2023》,中商情报网,https://m.askci.com/news/chanye/20230829/162138269329729801156333_3.shtml。

技术资源受地区性经济发展状况影响,容易造成发展差距扩大,影响中西部地区现代服务业市场开拓进程。

# 三、中国现代服务业发展的对策建议

## (一)构建优质高效的服务业新体系

立足新发展阶段的新形势,创新提升服务业对推动高质量发展、实现高品质生活的引领支撑带动功能。要推进服务业优化结构、提升功能,加快扩容提质步伐,增强有效供给能力,提升服务业高质量发展和高品质生活的能级。例如,近年来农村消费需求无法充分释放,其中一个重要原因是农村生活性服务业发展不足、布局不合理,难以有效通过创新供给激发和凝聚需求、吸引城市消费下乡。构建优质高效的服务业新体系,要更好地面向农村居民实现美好生活的需要,并通过增强农村生活性服务业的本土特色、文化魅力和趣味性、体验性,增强对城市消费下乡的吸引力。[①]

要鼓励服务业联合合作,支持行业组织和平台型企业成为构建优质高效服务业新体系的导航力量。要高度重视服务业行业组织的作用,加强相关支持和政策引导。鼓励行业组织推进企业家交流合作,搭建企业家和行业人才成长服务平台,并在推动行业合作、优化行业治理、促进行业自律自强、推动行业标准化品牌化发展等方面发挥枢纽作用。随着数字经济的发展及其与实体经济融合的深化,在构建优质高效的服务业新体系的过程中,平台型企业的作用迅速凸显。要注意引导平台型企业在构建优质高效的服务业新体系中发挥导航和支撑作用。

积极优化营商环境和创新创业环境,鼓励企业家和经营主体在构建优质高效的服务业新体系中发挥中坚作用。市场化、法治化、国际化的营商环境,是构建优质高效的服务业新体系不可或缺的底蕴。要鼓励各地将优化营商环境与加强产业配套、服务能力建设、完善产业生态、支持中小微企业参与大中小企业主导的产业链供应链结合起来,拓宽服务业高质量发展路径,带动产业链供应链提高韧性和安全水平。构建优质高效的服务业新体系,必须高度重视企业家和经营主体的中坚作用,搭建企业家成长培育平台,夯实构建优质高效服务业新体系的底蕴。

## (二)引导服务业在推进高水平对外开放中有更大作为

要将坚持社会主义市场经济改革方向与坚持高水平对外开放结合起来,推进深化服务业对内开放和对外开放协同发力、相得益彰。注意发挥我国超大规模的市场优势,以国内大循环吸引全球服务业发展的优质资源要素、先进经验,特别是优质人才,激发国内、国际两个市场、两种资源的联动效应。要将加快建设高标准市场体系与构建市场化、法治化、国际化营商环境结合起来,引导服务业在提升贸易投资合作质量和水平中发挥更大作用。要优化规则、规制、管理、标准等制度性开放,注意激发自由贸易试验区等对外开放平台的引领带动功能和先行先试作用,引导支持服务业在深度参与全球服务业竞争合作中培育国际竞争合作新优势。

对内深化服务业市场化改革,健全要素市场化运行机制。大幅度放宽服务业领域市场准入,引

---

① 姜长云:《瞄准高质量发展方向 推动服务业优质高效发展》,《经济参考报》,2024 年 1 月 18 日。

导和支持非公有制经济进入科学研究和技术服务、物流运输、租赁和商务服务、卫生和社会工作、教育、旅游、文化、体育和娱乐等领域。按照市场规则、市场价格、市场竞争促进要素自由流动,破除行政干预和行政壁垒,健全现代、高效的监管体系,创新政府治理和市场监管方式。发挥长三角服务贸易一体化发展联盟等区域合作机制的作用,加强区域资源共享、平台共建。

探索服务业开放领域由正面清单管理逐步向负面清单管理。推动"一带一路"经贸规则、标准"软联通",积极推进跨境投融资和技术贸易便利化改革探索。赋予自由贸易试验区更大的改革自主权,支持自由贸易试验区开展国际高标准经贸规则对接先行先试,积极探索在金融、电信等领域分层次取消或放宽服务贸易限制措施。加强在软件研发、生物医药、技术贸易、数字经济、文化等领域开展国际合作,争取开展跨境数据流动试点。在教育、医疗、养老等领域引入国际化企业,推进服务贸易企业转型升级。支持发展保税研发、国际维修、跨境电商等服务贸易新业态,推进服务外包创新发展,加快生物医药等领域研发外包与制造融合发展。

### (三)推动现代服务业同先进制造业、现代农业深度融合

当前,新一轮科技革命和产业变革深入发展,产业结构、消费结构升级持续演进,产业融合在建设现代化经济体系、推动产业高质量发展中的重要性迅速凸显。推动现代服务业同先进制造业、现代农业深度融合,既是推动高质量发展、加快建设现代化经济体系的"点睛之笔",也是构建优质高效的服务业新体系必须突出的重点取向。围绕制造业共性服务需求,加快培育一批集战略咨询、管理优化、解决方案创新、数字能力建设于一体的综合性服务平台。支持制造业企业按照市场化原则,剥离非核心服务,为产业链上下游企业提供研发设计、创业孵化、计量测试、检验检测等社会化、专业化服务。鼓励制造服务业企业按照市场化原则开展并购重组,实现集约化和品牌化发展。培育一批制造服务业新型产业服务平台或社会组织,鼓励其开展协同研发、资源共享和成果推广应用等活动。

建立和完善现代农业和服务业创新体系。创建多元化农业服务业推广体系,全方位发挥农村合作社、农村中介组织、农业经济合作组织等各主体作用。打造农业示范基地、农业科技园等,不断促进农业科学技术的发展以及各项先进科技手段的应用,提高农业科技含量。出台科技人才激励政策,不断引进各类专业、高素质人才,打造创新型人才团队,让更多具有支农意识的人才和企业加入农业服务业,为现代农业、服务业发展增添更多新鲜力量。

### (四)推动数字经济与实体经济深度融合

数字经济发展有助于开辟产业发展新赛道和现代服务业参与产业融合发展新路径,并重塑产业生态和组织方式,优化供求链接和要素匹配机制,畅通数据、信息等现代生产要素进入产业的渠道。数字经济发展还日益推动生产方式由生产或制造决定转变为用户驱动、需求拉动,不同程度地改写着许多产业的技术体系、产品体系、价值体系、商业模式乃至产业发展的思维模式,成为实施扩大内需战略、深化供给侧结构性改革和加快建设现代化经济体系的重要途径,也是增强创新驱动能力、促进创业就业和改善民生福祉的重要引领支撑力量。

要推动制造业企业或农业企业的服务化转型,鼓励发展"产品＋服务"综合服务商或问题解决方案提供商;鼓励发展服务衍生制造、"数字＋服务＋制造",促进文化、创意、科技、金融、保险、品

牌、数据、标准等融入服务业发展和运营过程,提升服务质量、消费品质乃至品牌溢价。面向建设现代化产业体系的需求,鼓励打造产业数字化转型促进中心或集成服务平台,引导各类服务业集聚区或产业园区、服务贸易创新发展试点开放平台、消费中心城市、特色消费街区或特色商圈推进产业融合发展。结合加强试点、试验和示范活动,通过土地、金融、人才等制度改革,创新对服务业发展的要素支持。

鼓励运用信息技术、文化元素、先进管理方式等改造传统服务业,促进商业模式创新和服务优化提质。支持商贸服务业向专业化、规模化、网络化、品牌化发展,鼓励发展连锁经营和城市配送。

### (五)健全和完善多层次、全方位的保障措施

创新服务业监管方式,加快构建开放协同、包容审慎、创新共享、功能导向的服务业监管体系。推动服务业高质量发展必须将放宽准入与创新监管有效结合起来。服务业尤其是现代服务业行业众多,应该体现产业属性差异,强化分层、分类监管。要注意尊重服务业不同类型行业产业属性和发展要求的差异,创新服务业监管方式和发展理念,提升服务业分类监管的水平和质量,推动服务业监管方式由行业归属性监管向功能性监管转变,由合规式监管向事前设置负面清单或警戒线的触发式监管转变,由多头分散监管向跨区域、跨部门联合协同监管转变,由部门之间沿着产业链供应链各管一段的监管向加强产业链供应链全程协同监管转变。要结合创新监管,努力提高监管的透明度、公正性、规范性和可预期性。

深入推进简政放权,继续取消和下放政府部门审批事项,公开所有保留审批事项的流程,缩短审批时限。加快推进政府部门行政权力清单、责任清单和财政专项资金管理清单上网发布工作,主动接受社会监督,不断提高服务效率和水平。加快在线审批监管平台建设。开展企业简易注销登记试点,建设企业信用信息公示"全省一张网"。减少职业资格许可认定,建立职业资格目录清单管理制度。

按照全国统一大市场要求,推进服务领域不同地区和行业标准、规则、政策协调统一。推进服务业统计改革发展,完善统计监测和信息发布机制。进一步降低制度性交易成本,切实减轻经营主体特别是中小微企业主和个体工商户的负担。建立健全各类行业协会、商会组织,督促行业协会、商会制定完善并严格执行行规行约和各类标准。登记管理机关、行业主管部门要通过定期报告制度和督促检查,加强对行业协会、商会的跟踪管理,充分发挥行业协会在信息服务、教育培训、咨询协调、自律约束和维护权益等方面的作用。

# 专题报告

# 专题一:"四省一市"现代服务业发展的比较研究

现代服务业是带动区域经济发展的重要引擎。近年来,江苏省作为我国重要经济大省,现代服务业呈现出良好的发展态势,产业规模不断壮大,服务业结构持续优化,集聚效应不断显现,数字经济发展迅猛。相比广东、浙江、上海等省市,江苏省现代服务业还存在平台经济缺乏影响力、现代服务业集聚效应不显著、两业融合存在不足等问题。深入分析上海、浙江、广东、山东现代服务业发展的先进经验,为江苏现代服务业加快转型升级提供有益借鉴,前瞻性提出推动江苏现代服务业双循环格局下快速发展的政策建议。

## 一、"四省一市"现代服务业发展的基础

### (一)"四省一市"现代服务业发展规模

1. "四省一市"服务业总量

2022 年,全国服务业增加值 638697.6 亿元,增长 2.3%,服务业增加值占 GDP 比重为 52.8%。在全国各省市服务业增加值中,"四省一市"的服务业总规模明显高于其他省市,广东、江苏、山东、浙江和上海分别位列第一、第二、第三、第四和第六位。江苏省服务业发展规模优势显著。2022 年,江苏省服务业增加值超过 60000 亿元,位列全国第二,仅次于广东省;广东省服务业增加值超过 70000 亿元,位列全国第一,比江苏高 14% 左右,远高于其他省市;山东省服务业增加值 46122 亿元,位列全国第三;浙江服务业增加值为 42185 亿元,位列全国第四;上海市服务业增加值为 33097 亿元,位列全国第六。

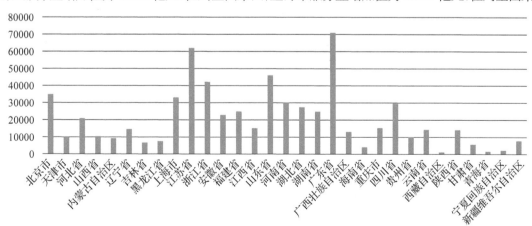

**图 1    2022 年全国各省市服务业增加值(单位:亿元)①**

数据来源:各地统计局

---

① 编者注:因港澳台三地经济发展统计口径与其他省份不同,故不包含在内,本书涉及此类情况皆如此处理。

从人均来看,"四省一市"人均服务业增加值明显高于全国平均水平,也高于中西部省市,但是与东部地区的北京、天津和辽宁相比,优势并不显著。江苏服务业人均规模较大,在"四省一市"中仅次于上海。2022年,上海服务业人均增加值最高,达到13.4万元/人,江苏服务业人均增加值为7.3万元/人,浙江和广东服务业人均增加值分别为6.4万元/人和5.6万元/人,而山东服务业人均增加值为4.5万元/人。

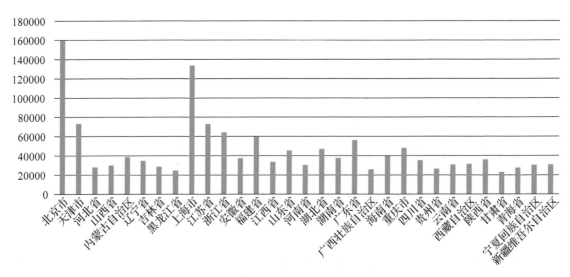

**图2　2022年各省市人均服务业增加值(单位:万元)**

数据来源:各地统计局

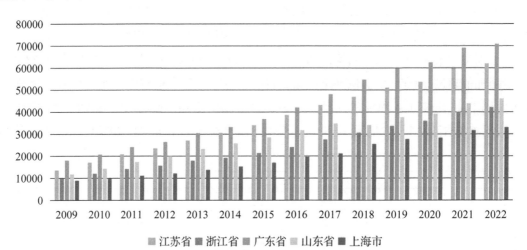

**图3　2009—2022年"四省一市"服务业增加值(单位:亿元)**

数据来源:各地统计局

2."四省一市"服务业占比

"四省一市"的"退二进三"的格局已越来越明显,服务业增加值呈现出上升趋势。2022年,"四省一市"中广东省服务业增加值最高,江苏第二名,山东、浙江和上海为第三到第五位。

"四省一市"服务业对当地GDP增长的比重均显著上升,逐渐成为经济增长最主要的引擎。2022年,"四省一市"服务业在GDP占比均超过50%。"四省一市"中,上海服务业占GDP的比重最高,在2000年就超过了50%,2022年达到74.12%,提升20多个点;广东、浙江其次,2022年服务业占

GDP 比重分别为 54.9% 和 54.2%，比 2000 年分别提升约 10 和 19 个点；山东 2022 年服务业增加值占 GDP 比重为 52.7%，比 2000 年提升约 18 个点；江苏 2022 年服务业增加值占 GDP 比重为 50.5%，在"四省一市"中排名最低，比 2000 年提升 15 个点。

总的来说，江苏服务业占比相对较弱，低于其他"三省一市"，也低于全国平均水平的 52.8%，由此可见，江苏服务业的发展潜力仍较大。虽然江苏服务业增加值较高，但服务业增加值占 GDP 的比重低于其他"三省一市"，具体分析会发现近年来江苏省服务业增长速度较低。"四省一市"服务业增长速度发展较快，在 2013 年经济进入"新常态"后，增长速度有所下降。但江苏省服务业增长速度下降较快，2004 年到 2013 年间，江苏省服务业增长速率相对较快；2013 年以后江苏省服务业增长速度在"三省一市"中排名靠后，导致山东省服务业对经济贡献超过江苏省。2000 年以来，江苏省服务业增加值比重高于山东省，但 2018 年以后，山东省服务业增加值比重超过江苏省。

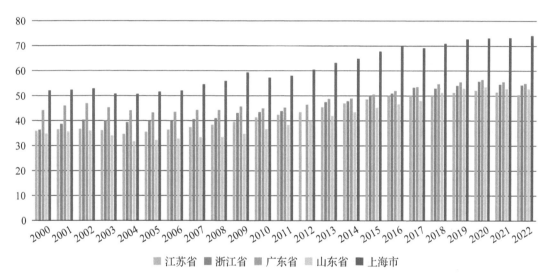

**图 4 "四省一市"服务业增加值占 GDP 比重（单位：%）**

数据来源：各地统计局

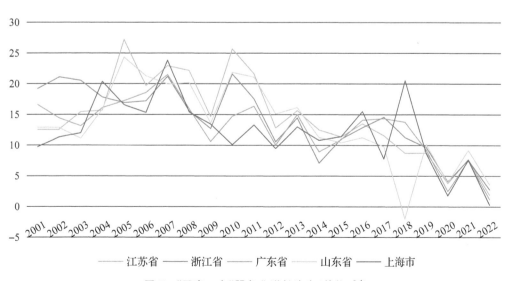

**图 5 "四省一市"服务业增长速度（单位：%）**

数据来源：各地统计局

## （二）"四省一市"现代服务业发展结构

2022年，江苏服务业结构相对稳定，现代服务业取得了快速发展。江苏的金融业、房地产业、租赁和商务服务业、公共管理及社会保障和社会组织、教育、信息传输、软件和信息技术服务业均取得了较快发展。对比分析"四省一市"数据可以看出，从2022年服务业内部结构来看，江苏现代服务业的相对比重与上海、广东、浙江持平。2022年，江苏金融业比重为15.62％，远低于上海的26.06％，略低于广东的16.67％，略高于浙江的15.86％，高于山东的11.28％；房地产业在"四省一市"中发展速度一般；交通运输、仓储和邮政业相对较低，与上海、广东、浙江接近，但与山东有较大差距；住宿和餐饮业高于上海，与其他三省份接近；批发和零售业比重较高，达21.52％，超过上海、广东，但略低于浙江与山东。

表1 "四省一市"服务业细分行业对比

| | 上海 | | 江苏 | | 浙江 | | 广东 | | 山东 | |
|---|---|---|---|---|---|---|---|---|---|---|
| | 总额（亿元） | 占比（％） | 总额（亿元） | 占比（％） | 总额（亿元） | 占比（％） | 总额（亿元） | 占比（％） | 总额（亿元） | 占比（％） |
| 金融业 | 8626.31 | 26.06 | 9689.90 | 15.62 | 6690.02 | 15.86 | 11825.76 | 16.67 | 5203.10 | 11.28 |
| 交通运输、仓储和邮政业 | 1914.53 | 5.78 | 3655.60 | 5.89 | 2375.48 | 5.63 | 4040.91 | 5.70 | 4911.00 | 10.65 |
| 住宿和餐饮业 | 330.45 | 1.00 | 1550.70 | 2.50 | 1223.62 | 2.90 | 1765.19 | 2.49 | 1276.20 | 2.77 |
| 房地产业 | 3619.21 | 10.94 | 7932.60 | 12.79 | 5019.65 | 11.90 | 10450.56 | 14.73 | 4406.70 | 9.55 |
| 批发和零售业 | 5068.50 | 15.31 | 13350.70 | 21.52 | 9404.21 | 22.29 | 12319.74 | 17.37 | 11819.10 | 25.63 |
| 其他 | 13538.42 | 40.90 | 25848.00 | 41.67 | 17472.44 | 41.42 | 30532.55 | 43.04 | 18505.90 | 40.12 |

数据来源：各地统计局

## （三）"四省一市"现代服务业投资情况

2022年，江苏服务业投资整体与上年持平。除批发和零售业、房地产业、水利、环境和公共设施管理业出现投资降低之外，其余行业都呈现增长态势。

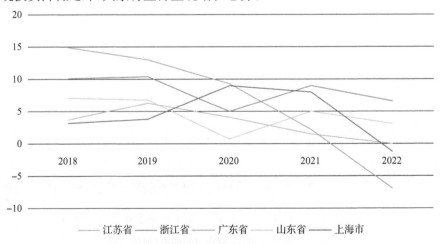

图5 "四省一市"固定资产投资增速（单位：％）

数据来源：各省市统计公报

对比分析"四省一市"数据可以看出,2022 年,江苏现代服务业投资增速排名第三,低于浙江的 6.6% 和山东的 3.1%,略高于上海的 -1.2% 和广东的 -6.9%。近年来,"四省一市"服务业投资增速普遍呈下降趋势。2022 年,广东省和上海市服务业投资增速首次降为负值,与 2018 年相比,广东省下降幅度最大,下降了 22 个点,其余三省和上海市相对稳定,下降幅度在 4 个点左右。

### (四)"四省一市"现代服务业集聚现状

截至目前,江苏省、浙江省、广东省、山东省分别认定 125 个、100 个、70 个、97 个省级现代服务业集聚示范区,上海市共认定 97 个市级现代服务业集聚示范区。其中,上海市于 2007 年开展认定工作,是最早开始确定现代服务业集聚示范区的城市。2008 年,江苏省发改委首次印发《江苏省省级现代服务业集聚区认定管理暂行办法》,并开始评定工作。随后,浙江省、广东省、山东省相继开展此项工作。

"十四五"期间,为进一步提高服务业发展集聚水平,"四省一市"中有部分省市对现代服务业集聚示范区开展进一步评定。江苏省发改委组织开展现代服务业高质量发展"311"工程,于 2022 年公布首批省级现代服务业高质量发展集聚示范区名单,共有 23 家服务业集聚区通过认定,于 2023 年公布第二批 30 家服务业集聚区名单。浙江省分别于 2021 年、2022 年公布两批现代服务业创新发展示范区名单,共 81 个集聚区通过认定。

## 二、江苏省现代服务业发展的优势与短板

通过与"三省一市"现代服务业相比,江苏省现代服务业发展取得一些优势,同时也具有一些短板。通过分析江苏省现代服务业发展的长处和短板,能够有针对性地强化优势、补齐短板,促进江苏省现代服务业的发展。

### (一)江苏省现代服务业发展的优势

1. 现代服务业规模持续上升

江苏以巩固壮大实体经济根基为目标,不断加快推进现代产业体系建设,重视以服务业为主的现代服务业产业体系构建,现代服务业发展规模呈现逐年上升趋势。2022 年,规模以上高技术服务业营业收入比上年增长 10.1%,对规模以上服务业增长贡献率达 62.2%,其中互联网和相关服务增长 14.2%。以高新技术产业为代表的先进制造业充分发展,为研发设计、科技服务、仓储物流、商务会展等现代服务业发展拓展了产业空间与发展前景。

2. 现代服务业规模结构不断优化

2022 年,江苏省服务业增加值占比达 50.5%,服务业是拉动经济增长的主要动力。现代服务业规模和占比提升较快,2022 年,现代服务业①实现增加值 47126.1 亿元,占服务业增加值比重 76%。13 个设区市服务业增加值全部超过 1700 亿元,其中苏州和南京服务业增加值均超过 10000

---

① 现代服务业统计数据指除批发和零售业、交通运输、仓储和邮政业、住宿业和餐饮业之外的所有服务业行业。

亿元,分别为12245亿元和10524亿元。

从2022年中国服务业企业500强来看,江苏共有53家企业入围,比上年数量增加一家。从区域分布来看,苏南地区优势明显。2022年中国民营企业服务业100强,江苏共有8家企业入选,其中南京占4家。南京市民营服务业头部企业成为江苏民营服务业企业"主力阵容",得益于不断增强的服务业综合实力和发展后劲。根据总部企业所属行业类型划分,南京总部企业主要分布在第二、三产业,现代商贸业、先进制造业和金融业发展势头良好。

### 3. 数字经济蓬勃发展

数字经济加速先进制造业和现代服务业深度融合,是产业转型升级的推动力。新发展格局下,数字经济作为发展的新动能,将推动全省战略性新兴服务业稳步发展。2022年,江苏数字经济规模已超5万亿元,位居全国第二,全年数字经济核心产业增加值占GDP比重达11%。

数字经济基础设施建设得到快速推进。2022年高技术产业投资比上年增长9.2%,拉动全部投资增长1.7个百分点。主要行业中,科技成果转化服务、研发与设计服务、电子商务服务等行业投资增长较快,分别增长26.4%、23.5%和20.1%。至2022年底,全省累计建成5G基站总数达18.7万个,居于全国排名第2位。5G+智慧城市、5G+工业互联网项目本年分别新增1207、1243个;5G行业虚拟专网数达1778个,新增1121个;5G+工业互联网内网改造项目数达869个,新增440个。

## (二)江苏省现代服务业发展存在的短板

### 1. 平台经济缺乏影响力

江苏平台经济就自身发展要求及当前面临的形势来看,存在头部平台企业匮乏、人才短板突出、就业质量较低、从业保障缺乏、专业技能不足等重点问题。2022年中国互联网企业100强企业江苏仅有7家,没有前十名企业,排名最靠前的汇通达网络控股有限公司仅列全国第18位。2022年,江苏省互联网业务收入呈负增长,全省规模以上互联网和相关服务企业(简称互联网企业)完成业务收入210亿元,同比下降2.1%。平台经济市场竞争中存在寡头垄断的现象,初创平台在同质化严重的情况下,发展壮大十分困难。多数企业在尝试电商转型过程中,会借助大型第三方平台,如利用快手、抖音作为引流载体进行营销宣传。放眼全国,浙江有阿里、广东有腾讯、北京有京东,而江苏自行开发运营的互联网平台较少,拥有的龙头企业规模和影响力较为缺乏。

### 2. 现代服务业集聚效应不显著

截至2023年3月,江苏省现代服务业高质量发展示范区共53家。53家集聚区年平均营收超46亿元,主导产业营业收入占比均在70%以上。从区域分布来看,苏南地区与苏中地区拥有一定的优势,分别有19家和20家高质量发展集聚区通过评定;苏北仅有14家。其中,苏南地区现代服务业高质量发展集聚区主要为软件和信息服务集聚区;苏中地区的商务服务和现代物流集聚区占比较大;而苏北地区在产品交易市场和商务服务集聚区拥有较高比例。就目前而言,江苏并没有企业入围全球创新企业100强、研发投入100强、25大科技公司和企业价值品牌100强。总体而言,现代服务业聚集区能够发挥的增长极作用有限。

### 3. 两业融合存在不足

制造业与服务业融合发展是经济发展的规律和必然要求。当前,江苏省两业融合程度不断加深,在融合深度和融合广度方面都取得了显著成就,仍存在一些问题,阻碍着现代服务业高质量发展。一是江苏作为传统制造业大省,缺乏高精尖技术的先进制造业,导致其对现代服务业的需求处于较低水平,不能有效拉动服务业业务增长。二是当前江苏缺乏高附加值、高技术含量的科技领军型现代服务业,从而影响了对先进制造业的推动作用。三是江苏作为教育大省,虽然科教资源丰富,人才众多,但是服务于高端现代服务业的人才并不多,尤其是在金融、物流、设计等增值服务方面十分匮乏。

## 三、江苏省现代服务业发展的对策建议

### (一)发挥江苏"放管服"先行优势,建立一体化的企业服务平台

一是一体化服务平台是一个系统而综合的工程,需要多方面共同努力完成。通过政府牵头,健全和完善政务审批服务一体化的企业服务平台——"苏企通"平台,积极改革一般企业投资项目备案和企业登记等事务的办理手续,集成优化"一网通报""一地受理、一次办理"为一体的审批服务办理流程。二是积极推进"放管服"改革进程。推动"多证合一"改革,深化证照分离,深化中小企业名称自主申报改革,推动登记方式多样化,切实降低中小企业的生产经营成本,为企业提供政策直达、审批服务、诉求服务、利企服务、信用服务等。

### (二)释放发展新动能,培育多元消费业态

一是着力激活消费新市场,推进新零售发展。实施国内消费振兴计划和海外消费回流计划,加大创新力度,释放发展新动能。鼓励餐饮住宿等领域进行产品智能化升级,鼓励有条件的企业发展线上销售,采用"社区团购＋集中配送"、无接触配送、"餐饮＋零售"等服务新模式,发展数字餐饮、社区餐饮、健康餐饮、推广"中央厨房＋线下配送"等经营模式。二是加大产业互联网在文旅产业的运用。有序推进互联网平台企业、电商网站开展网络直播,引导互联网娱乐健康发展。整合全省文旅优势资源,完善江苏智慧文旅平台内容功能,构建"一机游江苏、一图览文旅、一键管行业"的智慧文旅体系。完善数字图书馆和生公共文化云平台建设,扩大线上服务覆盖面,推广文化场馆和旅游景区数字化体验产品,丰富游客体验。

### (三)完善要素保障体系,增加政策支撑力度

一是引导资金投入领域。围绕江苏服务业发展的重点领域、重点产业、重点园区、重点项目,增加服务业发展引导资金规模,优化资金投向,强化资金监管。二是建立服务业企业全生命周期的金融服务体系。拓宽投融资渠道,改进政府参与方式,搭建各类融资平台,吸引更多的社会资本参与现代服务业领域的投资建设。鼓励金融机构积极服务和响应国内国际双循环的全面需求,对于出口信贷、出口信用保险给予专业性、综合性的跨境金融服务。

### (四)大力发展数字化服务业,推动商业模式创新

一是政策激励产业数字化进程。由政府和公共事业机构共同推动,在公共服务和基础设施建

设方面率先实行数字化转型和升级,完善财政、税收和信贷等方面的优惠政策,鼓励企业特别是中小企业推进数字化、智能化转型,为江苏经济发展提供持续动力。二是加快商贸流通企业数字化的场景应用。推动敏捷供应链建设,加快改善信息传送质量以及大规模远程办公的运用,数字化应用和商业模式创新;支持电子商务平台建设,鼓励服务企业利用互联网发展做大做强,不断完善电商生态服务体系建设。

# 专题二：江苏省消费市场发展的特点、问题及对策

近日，国家发改委出台《关于恢复和扩大消费措施》（简称"二十条"），文件指出："要充分发挥消费对经济发展的基础性作用"。这意味着未来一段时期内，我国将继续实施积极财政政策和稳健货币政策，加大基础设施投资力度，启动新一轮消费高潮，为实现"十四五"规划目标打下坚实基础。习近平总书记在中共中央政治局第二次集体学习时强调，建立和完善扩大居民消费的长效机制，使居民有稳定收入能消费、没有后顾之忧敢消费、消费环境优获得感强愿消费。消费是社会再生产动态循环过程的重要组成部分，在畅通经济循环、加快构建新发展格局中发挥着重要作用。2022年，江苏省上下全力拼经济促发展，深入实施稳经济增长一揽子政策措施，牢牢抓住扩大内需的战略基点，加快建立完善高效的内需体系，强化需求侧管理，创新驱动，高质量供给适应引领，创造新的需求，全省消费市场整体上保持了恢复增长的势头，主要经济指标增速平稳回升。2022年，社会消费品零售总额完成42752.1亿元，同比增长0.1%。按消费类型划分，商品零售额为38676.2亿元，比上年增长1.1%；餐饮收入额为4075.9亿元，减少8.4%。全年居民消费价格同比上涨2.2%。分城乡看，城市上涨2.1%，农村上涨2.3%。

## 一、江苏省消费市场发展的特点与趋势分析

### （一）网络零售额规模扩大，电子商务发展势头强劲

网络购物作为消费市场增长的动力源，呈现持续巩固的态势。2022年，全省网上零售额高达12209亿元，较2021年增长5.1%；同时，全省农村网络零售额达到3000.5亿元，稳居全国第二；而农产品网络销售额更是高达1226亿元，连续多年保持增长态势。在消费业态方面，全省限上批零企业通过公共网络实现了商品零售额的19.1%增长，住宿餐饮企业在数字化转型方面加快了步伐，限上住餐企业通过公共网络实现了餐费收入的18.6%增长，同时线上消费也在持续回暖。

江苏电商蓬勃发展，不仅在推动消费增长和促进创业就业等方面取得了显著成效，而且呈现出强劲的发展势头。据统计，2022年全省电子商务活动"四上"企业14754户，电子商务交易平台交易金额3万亿元以上，达3.1万亿元，较2021年增长3.2%。随着网络购物的蓬勃发展，直播带货也逐渐兴起，越来越多的人参与其中。在过去几年中，直播已经成为电商领域发展最为迅速的一种营销方式，江苏电商市场以其快速发展和高质量的特点，不断涌现出新的业态。截至2022年6月，江苏带货主播数量高达2.7万人，在全国范围内名列前茅。

### （二）人均消费水平位于全国前列，消费倾向有所提升

地区的民富水平和消费层级可以通过居民人均的消费状况来反映。随着我国社会经济的快速

发展,居民收入不断提高,消费水平也在逐步提升。我国地域辽阔,各省市的经济和民生水平存在较大差异。从表1看,上海和北京的人均消费支出位于第一梯队,2022年的人均消费支出分别高达4.6万元/年和4.27万元/年,这与两个直辖市的经济发展水平和城镇化率的双高是密切相关。江苏省居民人均消费支出达到32848元,同比增长4.4%,位于第二梯队,在全国范围内排名第四,是江苏人均消费支出的重要组成部分。2023年上半年,全省居民的消费倾向呈现出60%的上升趋势,较去年同期增长了1.9个百分点,较2021年同期提高了0.7个百分点,这一趋势已经连续两年得到持续提升。

表1　2022年全国局面人均消费支出排行榜

| 排序 | 分档 | 地区 | 人均消费支出(元/年) |
|---|---|---|---|
| 1 | 4万元＋ | 上海 | 46045 |
| 2 | | 北京 | 42683 |
| 3 | 3万元＋ | 浙江 | 38971 |
| 4 | | 江苏 | 32848 |
| 5 | | 广东 | 32169 |
| 6 | | 天津 | 31324 |
| 7 | | 福建 | 30042 |
| 8 | | 重庆 | 25371 |
| 9 | | 湖北 | 24828 |
| | | 全国均值 | 24538 |
| 10 | | 湖南 | 24083 |

数据来源:各省市的国民经济与社会发展统计公报内容

### (三)消费结构转型升级,新兴消费增势较好

随着居民收入水平的不断攀升以及消费观念的演变,消费结构得到了不断优化,居民的消费观念也从单纯追求基本生活需求的满足转变为对品质的追求,从有形物质商品向更广泛的服务消费转型。在通信器材、汽车、居住相关商品、文化用品等品质升级类商品的销售中,热门商品层出不穷。截至2022年,江苏限额以上单位商品零售额中,智能手机同比增长了118.2%;商品、智能家用电器和音像器材类的能效等级分别提升了75.3%和129.4%,新能源汽车呈现出164.4%的增长率,呈现显著的增长趋势;网络零售继续保持快速增长态势,线上购物消费增速明显高于线下购买,网购已成为我省居民消费新方式。江苏2022年实物商品网上零售额达到10782.8亿元,同比增长7.0%,在社会消费品零售总额中占据25.2%的重要地位。

### (四)制造业与流通业融合发展,构建全产业链生态体系

随着我国社会主义市场经济体系的逐步建立,各类商品交易市场如雨后春笋般涌现出来,并呈现出良好的发展势头。江苏的商品交易市场网络已经初步形成,以消费品市场为核心,与专业批发市场紧密衔接,成为江苏改革开放和经济发展的一项显著特色和独特优势。目前,江

苏涌现出一批规模巨大、覆盖范围广泛、功能完备的知名大型商品交易市场,这些贸易场所不仅是商品流通的重要媒介,也是推动区域经济社会发展的重要推手。中国东方丝绸市场、中国常熟服装城以及叠石桥家纺市场的交易额不断攀升,这三个专业市场共同发挥着专业领域产业优势的引领作用,为当地经济发展注入了强劲动力。江苏消费市场的发展模式已经实现贸工农、产供销的一体化,从而推动了产业链上下游和大中小企业的融合创新,进而形成了制造业和流通业之间良性互动的健康发展态势。

### (五)社区零售等新业态持续丰富,多元消费场景不断涌现

截至 2023 年 8 月,随着连云港、淮安、扬州、镇江、泰州、宿迁被列为全国第三批"城市一刻钟便民生活圈"试点地区,至此,全省 13 个设区市全部被纳入试点范围。在这一过程中,全省各地积极推进智慧生活示范创建工作,探索建立居民需求与服务供给相契合的新型商业模式和运行体系。在便民生活圈的构建过程中,涌现出多种社区商业新业态,包括但不限于即时零售、无人零售以及社区团购等,这些业态的成熟和发展为社区居民带来了更多的便利。其中,超市到家订单式配送模式作为一种新型商业模式,为居民提供更加便捷高效的消费体验。截至 2022 年 10 月,江苏省超市到家的订单数量排名全国第三,较去年同期增长高达 52%。智慧生活方式已经渗透到社会各个领域,在居民日常生活中发挥着越来越重要的作用,江苏省不仅构建了智能商业圈,还逐步发展出了全渠道运营能力和全天候服务能力,进一步促进了经济的"微循环"畅通。

商务部对城市居民消费习惯进行的一项调查报告表明,我国城市夜间消费占 60%,江苏各地积极探索消费新业态、新场景。随着规模效应的不断凸显,江苏的夜经济发展已经迈上了更高层次的发展阶段,这意味着未来一段时期内,城市夜生活将成为人们重要的休闲娱乐方式之一。因此,依托夜间经济集聚点打造品牌,可以为产业转型升级提供新动能。根据数据统计,当前夜间消费呈现出从传统模式向新型模式转变的趋势,消费品质得到了提升,同时内容和渠道也发生了改变。例如,南京熙南里街区于 2020 年被评为江苏省第一批夜间经济集聚区建设单位,南京市特色文旅商业街区 2022 年被评为第二批国家级夜间文化旅游消费集聚区,苏州观前街获评"全国夜间经济示范街"。这些新变化都为夜晚商业带来了无限商机。此外,随着暑期旅游、城市漫步、冰雪消费等场景的不断涌现,场景业态也在不断更新,旅游热度也在持续攀升,从而释放出旺盛的消费活力。

### (六)龙头企业示范效应明显,赋能传统流通产业转型升级

2020 年,江苏省商务厅首批认定的 48 家省级数字商务企业主要以新零售为主体,其中包括特色垂直平台、跨境电商、新零售、"互联网+"服务,鼓励和引导更多企业积极利用数字技术,以新产业、新业态、新模式为商务高质量发展添砖加瓦,进一步体现了数字化创新应用于江苏省商贸流通领域的显著效果,在省内产生良好的示范带动效应。2022 年,新增江苏康众汽配有限公司等 21 家新企业成为江苏省数字化商务企业。截至 2022 年 10 月,江苏省数字化商务企业的认定数量已达 107 家,彰显了江苏数字商务的蓬勃发展。数字商务企业的转型升级和持续孕育新产业、新业态、新模式,为传统商贸流通产业注入了强大的能量。

江苏省正在积极推进零售业的创新化、智能化和数字化发展,建立重点联系零售企业制度作为政企互通、行业互联、经验共享的平台。截至 2021 年 12 月,江苏省已有 36 家零售企业被纳入商务部

重点联系零售企业,这些企业不仅覆盖商场、超市、专业店等不同业态,还兼顾了地域分布和企业规模,同时实现了线上线下融合发展。这些重点零售企业不仅是商贸流通领域引领行业发展的"排头兵",更是践行新技术新业态新模式的"试验田",同时也是反映市场趋势的"晴雨表"。在2022年,孩子王和汇通达成为线上渠道销售收入占总销售收入比重最高的品牌,其线上平台的收入达到了9.4亿元,同比增长了11.62%,母婴商品线上销售收入则占据了母婴商品销售收入的49.97%。在"交易业务+服务业务"双轮驱动下,汇通达在2022年实现营业收入803.5亿元,较去年同期增长了22.2%,同时毛利达到25亿元,同比增长33.7%。

### (七)跨境电商抢抓产业发展新赛道,打造发展新引擎

跨境电商在推进外贸新业态新模式发展和实施外贸新业态提升行动中,发挥了积极的作用。2022年2月,国务院公布了新一批跨境电子商务综合试验区名单,从此江苏实现了13个设区市跨境电商综合试验区全覆盖。跨境电商加速了"六体系两平台"的建设,市场采购贸易"江苏模式"取得积极效果,到2022年11月下旬,"市采通"平台服务企业近5000户,累计出口25.9亿美元。2021年,江苏制定20条跨境电商高质量发展计划,其中包括34个省级跨境电商产业园和13个省级公共海外仓的培育认定。此外,江苏还积极推进"产业带+跨境电商"战略,深化与大型电商平台的合作,积极支持国家级、省级外贸转型升级基地应用跨境电商加速数字化转型,张家港塑饮机械、南通体育用品、常熟服装等基地积极构建线上产业专区,百余家传统外贸企业实现"触网上线",拓展了跨境电商业务。

## 二、江苏省消费市场发展存在的问题

### (一)新业态信用体系建设不够完善,市场监管有待加强

近年来,江苏省借助数字技术和互联网平台,网络交易蓬勃发展,电子商务等线上零售业态市场规模不断扩大,吸引了更多的顾客流量。但是,对新业态新模式的市场监管需要进一步完善,市场秩序需要进一步治理。经营者设置诱导用户沉迷、过度消费的算法模型,通过大数据收集用户的资料,根据客户的喜好有针对性地进行营销,对不同群体进行差别定价,实行"价格歧视"。对于黏性强的用户利用信息不对称,不动声色加价或拒绝优惠推送的差别化价格策略。互联网原本应该让价格更具透明度,现在却变成了价格最缺乏透明度的领域。

### (二)运营模式传统,灵活应变不足

由于江苏省传统零售企业的自营比例较低,无法实现规模优势,因此难以在成本控制方面占据主导地位。此外,大多数企业对联营品牌和渠道的控制力较弱,缺乏商品定价权,这限制了传统零售向O2O的转型发展。传统零售业态面临困境,自有品牌少,缺乏核心竞争力,超市的经营模式主要以代销为主,特别是连锁超市,通常采用采销分离的方式,门店只负责销售,商品的采购和分配需要经过总部的审批,这导致运营效率相对较低。此外,门店无法自主定价等规定也存在,因此,市场灵活性和销售应变能力较差。

### （三）专业技术人才缺乏，转型升级面临瓶颈

数字化转型对于传统零售业而言是一项漫长而复杂的过程，需要大量的资金和人力资本投入，同时面临着资金短缺、利润回收周期长等诸多难题，而电商运营模式与传统零售业存在明显差异，这也限制了传统零售业的人才向电子商务的转型。传统零售业的网上平台，如金鹰购物中心等，已经取得一定的影响力和销售业绩，然而，其他传统零售企业却未能在线上销售领域实现大规模的拓展。究其原因主要是电商平台的经营模式与实体店完全不同，平台开发需要的不仅仅是技术支撑和资金成本投入，更需要专业人才的开发和维护，这些都是传统零售业的短板。另外，传统零售还需在互联网上开设自己的网站，但目前的互联网环境并不能提供足够的技术支持，导致传统零售无法直接利用现有互联网进行业务拓展。由于传统商业长期专注于线下零售，缺乏与电商企业的紧密合作，缺乏相应的线上拓展资源和渠道，以及缺乏具备实体零售和网络零售运营双重能力的综合性人才，这些因素共同制约了传统零售向数字化转型的进程。

### （四）政策支持精准度有待提高，支撑体系尚需优化

针对不同规模的企业，政策需要进一步完善。尽管省政府已经明确推动零售企业转型发展的方向指示，但缺乏"专属型"政策支持，忽视了中小企业和大型企业对政策需求的差异。政策支撑体系也存在不足，需要进一步优化。其次，需要加强政府部门之间的协作能力，特别是在涉及公共利益的公共基础设施和物流运输信息化平台等方面，需要政府牵头建设和进一步指导。此外，为了推动消费市场的发展，不同政府部门之间需要进行协作，但缺乏必要的工作协商和沟通平台，导致合作互动效应不够明显，从而在一定程度上限制了工作推进的灵活性。

## 三、江苏省消费市场发展的对策建议

根据《江苏省"十四五"消费促进规划》要求，到2025年，江苏将实现消费主导型社会的基本形成，消费对经济增长的年均贡献率将提升至60%左右，最终消费率将超过55%。江苏的消费升级进入全面扩容提质的新阶段，这一阶段加速了从以生产为主导的社会向以消费为主导的社会的转变。消费是推动经济社会发展和实现现代化的强大驱动力，也是扩大内需、促进产业转型升级、提升人民生活质量的重要抓手。作为推动经济增长的三大引擎之一，消费在经济发展中扮演着越来越重要的基础性角色，成为国民经济增长的最主要推动力。作为经济大省，江苏有更多的责任来维护全国消费市场的稳定增长和社会经济的平稳增长。

### （一）加强部门协同，形成多方联动格局

消费市场的发展是一个涉及多个领域、多个层面的系统性工程，政府部门在制定相应的制度政策以推动消费发展过程中，通常需要各个部门协同合作，以确保政策的有效实施。加强组织协调，实现横向、纵向的协同联动，构建各司其职、各负其责、齐抓共管、运转高效的工作新格局。一是采取强有力的措施，积极探索创新之路。各级政府及有关职能部门必须牢固树立"抓改革就是谋发展"的观念，把促进经济平稳较快增长作为首要任务。秉持务实精神，创新工作方式和方法，加强相

关部门之间的沟通衔接，及时协商解决工作任务中的共性和突出问题，全力推进各项工作如期完成。二是建立完善的制度体系，注重实际效果。确立完善的部门协同联动机制，明确职责分工，细化工作任务，及时跟踪任务推进情况，不断总结经验，建立长效机制，包括部门间的长期合作、信息交流、重大问题协商和监督检查机制。

### （二）优化消费市场环境，助推经济可持续发展

"经济是肌体，环境是血脉"，好的营商环境是经济发展的重要助推器。优化消费环境是一个涉及多个方面的系统性工程，需要推行综合性、集成式的改革措施。一是要全方位、多层次提升消费市场环境的系统性竞争力，打造具有江苏特色和品牌的市场环境。主要包括打造友好便利的投资环境、高效便捷的政务环境、公平透明的法治环境、包容有序的开放环境、优质普惠的要素环境、活力充盈的创新环境。二是通过政府牵头，建设政务审批服务一体化的政务平台。积极改革一般企业投资项目备案和企业登记等事务的办理手续，集成优化"一网通报""一地受理、一次办理"为一体的审批服务办理流程，积极推进"多证合一"改革，深化证照分离，深化中小企业名称自主申报改革，推动登记方式多样化，切实降低中小企业的生产经营成本，发挥制度和规则的创新示范效应和叠加效应，实现优势互补、合作共赢发展。三是完善消费基础设施。创建城乡宜居宜业环境、提升城乡产业融合、拓宽生态绿色场景，以及推动新型消费观扩容提质，消费基础设施是不可或缺的关键因素。以产业转型升级和居民消费升级需求为核心，推进 5G 网络、物联网等技术在核心商圈、产业园区、交通枢纽的全面覆盖，加强存量片区改造与硬件功能衔接，提升城市及县域商业体系建设水平，稳步推进产地销地冷链设施建设，促进城乡冷链网络双向融合。

### （三）加大数字技术赋能，培育多元消费业态

一是着力激活消费新市场，推进新零售发展。实施国内消费振兴计划和海外消费回流计划，加大创新力度，释放发展新动能。壮大数字文化、数字创意、数字艺术展示、数字娱乐、网络视听、线上演播等新产业。培育壮大智慧产品和智慧零售、智慧养老、智慧家政、智能体育、"互联网＋托育""互联网＋家装"等新业态。拓展沉浸式、体验式、互动式消费新场景，开展"江苏味道"促消费活动，鼓励发展老字号、品牌餐饮、网红打卡新地标等消费场景。结合银联、微信、支付宝、美团、京东、阿里巴巴等大数据平台进行交叉验证，实时监测消费券带来的杠杆效应，评估其帮扶纾困效果，做到消费券发放方案的精准微调优化。二是加大产业互联网在文旅产业的运用。有序推进互联网平台企业、电商网站开展网络直播，引导互联网娱乐健康发展。整合全省文旅优势资源，完善江苏智慧文旅平台内容功能，构建"一机游江苏、一图览文旅、一键管行业"的智慧文旅体系。完善数字图书馆和公共文化云平台建设，扩大线上服务覆盖面，推广文化场馆和旅游景区数字化体验产品，丰富游客体验。三是推进幸福产业培育工程。鼓励和带动更多的传统商贸流通企业加入"线上＋线下"的消费热潮中，为消费者提供更多数字化服务和购物体验。加快衣食住行等实物消费提升品质，促进健康养老、家政托幼、教育培训等服务消费提质扩容，合理增加公共消费，加大政府采购公共服务力度，提高教育、医疗、养老、育幼等公共服务支出效率。促进农村消费升级，大力发展乡村旅游，建设宜居宜业和美乡村，通过文化产业赋能，盘活乡村宝贵文旅资源，提升环境生态可持续的田园户外旅游新业态。通过各种方式促消费，鼓励发展多元消费场景。

### （四）融入全国大市场，加强市场监管和规范

一是融入全国统一大市场。实施"全国一张清单"管理模式，建立覆盖省市县三级的市场准入隐性障碍台账，以进一步消除区域壁垒和地方保护。加强《市场主体登记管理条例》的深入实施，完善市场主体信息的归集、公示和共享机制，促进市场的健康发展，完成全国碳市场注册登记系统和交易系统联建。二是加快完善新业态信用体系建设，加强市场监管。推动统一开放、竞争有序、制度完备、治理完善的高标准市场体系基本建成，融入全国统一大市场。一方面，推进高标准市场体系的建设，实现统一开放、有序竞争、完备制度和完善治理，以适应全国统一大市场的需求。建立完善的商务经营主体信用记录，制定相应的商务领域违法失信联合惩戒措施，加强商务信用信息的公示与披露，对那些被列入商务领域的严重失信主体实施联合惩戒措施，形成一处失信、处处受限的信用约束机制。另一方面，强化网络营销专项督查，释放从严管理的鲜明信号。推进社会化共治，促进网信、公安、商务等多个部门之间的协同合作和联合处置，以确保人民群众的利益得到切实维护和保障。加强市场监管综合行政执法改革，促进资本规范健康发展，加速构建以"双随机、一公开"监管为基本手段、以重点监管为补充、以信用监管为基础的全新监管机制。

### （五）探索创新型融资政策，切实帮助企业减负

一是建立政府引导、社会投入的信息化投融资机制。为了适应数字经济时代市场竞争环境的快速变化，需要从财政支持等多个角度出发，完善配套政策的落实，为商品流通创造一个优越的营商环境和外部支持。引导资本流向消费领域，以江苏消费发展的重点领域、产业、园区和项目为中心，扩大引导资金规模，优化资金配置，加强资金监管。二是加快推进资产证券化，盘活存量资产，扩大民营企业融资渠道。加强金融供给侧结构性改革，开拓民营商贸流通企业的融资渠道，协助大型民营商贸流通企业深度参与类似基础设施领域不动产投资信托基金（REITs）这样的国家金融试点，实现基础设施存量资产的有效利用，降低投资运营成本，为加速投资、推动经济高质量发展做出更为卓越的贡献。三是加大对实体零售企业扶持力度，帮助企业减负。探索实体零售企业社保缴纳减免政策，鼓励和支持对承租的国有物业房租继续给予一定补贴。调整和优化不合理的电力定价规则，实行商业和工业电价同价；同时，商业用电实行两部制和直接电力交易，允许同一集团、同一品牌控股的门店在同一地区内累计用电量。商业用户在波峰波谷电费调节政策下享有自主选择分时电价的权利，从而有效减轻企业用电负担。

### （六）建设数字化治理体系，加强长三角地区协同

一是技术手段上，向数字政府转变。推进5G和千兆光纤网络在消费领域的创新应用，促进移动智能终端、超高清视频虚拟现实等消费领域的创新产品（平台）推广。借助数字化和智能化手段，对消费市场的新兴业态和模式进行监管和服务，以提高政府治理的精细化程度，并建立相对统一和完善的流通标准体系。二是组织形式上，加强跨部门联动协同。多部门形成多方合力，培育消费新业态新模式。培育智能制造厂房、设备、物资、劳动用工的共享平台，探索发展算力共享、产能共享、办公资源共享等新模式。以知识传播和经验分享为基础，培育多元化的经营模式，包括垂直电商、社交电商、直播电商和O2O等，以打造一批具有全国影响力的直播品牌。共同构建"政府引导—平

台赋能—龙头引领—机构支撑—多元服务"的联动机制,加强跨部门、跨区域、跨行业以及供给需求、线上线下、产业链上下游协同,在更大范围、更深程度推动流通数字化转型。三是区域联合上,推动长三角一体化融合。推进长三角地区基础设施互联互通和公共服务便利共享,加强规则对接、标准互认和政策协调,促进更多政务服务事项"一网通办",共同打造长三角产权共同交易市场。积极推进长三角地区政务服务"一网通办"新内涵,统筹公共服务,发挥产业共生效应、空间布局联动效应、区域治理协同效应,从而促进区域内公共服务资源的共享化、便利化,实现公共服务的跨区域联动治理和共享。协同开展"满意消费长三角"行动,办好长三角国际文化产业博览会,共同打响长三角国际消费品牌。

### (七)引进和培育高层次人才,赋能消费转型升级

一是注重专业人才培养。鼓励具备条件的高等院校建立现代产业学院,以消费为核心,积极与产业园区展开深入交流和合作,打造一系列深度融合的产教教学和实践基地,定期举办人才交流活动,开设素养研修班,致力于培养高水平、创新型、复合型的专业人才。聚焦于"专精特新"企业,组织领导干部、企业高管、研究机构负责人和高层次人才进行专题研修,以全面提升整体素质水平。二是推进高端人才引进。借助苏南国家自主创新示范区和南京江北新区的平台,吸引长三角地区的高端人才,通过持续举办零售经济创新创业大赛等多种形式的活动,吸引高层次科技人才,选拔与商贸流通紧密相关的科技创新人才和创新团队,从而实现人才引进和成果展示的目标。确立一套激励机制,以促进高端人才的市场化寻访,并积极引进具备高素质转型能力的人才。

# 专题三:中国生活性服务业数字化转型研究

生活性服务是指满足居民最终消费需求的服务活动,涉及餐饮、租房、买房、文化、娱乐、旅游、健康、养老等诸多领域。它是人们美好生活的直接载体,是吸纳就业的重要蓄水池,也是大量人才实现创业梦想的沃土。当前,随着数字技术的深度应用和消费升级,以及消费观念、消费方式的变化,生活性服务业也在快速迭代,数字化转型成为其变革的重要方向。

## 一、生活性服务业数字化转型的特征

中国生活性服务业数字化转型是前端消费互联网带动后端产业互联网发展,主要包括渠道数字化、流程数字化以及决策数字化等。基于此,数字化转型赋予其服务内容个性化、服务供给规范化、服务场景丰富化、服务环节全面化及服务载体平台化等新特征。

### (一)服务内容个性化

生活性服务业供给结构复杂,不同收入群体的个性化需求难以满足;而数字化能够促进生活性服务供给的柔性化与丰富化,在服务内容、服务水准、服务方式等方面更能满足多样化、个性化的需求。通过数字化消费者的基本特征、行为及个性化需求,生活性服务业商户能够及时有效地获取市场信息,并更加精准地进行市场判断和经营决策,真正实现以消费者个性化需求为中心的经营方式。

### (二)服务供给规范化

服务流程、服务方式难以规范化,服务质量难以监管,一直是阻碍生活性服务业发展的难题。应用数字技术可以拆解复杂的服务流程,通过数字化关键服务节点,提升生活性服务供给的规范化程度。同时,通过建立数字化信用体系,提供消费者评分与评价、竞争市场的排名及对商家的认证等数字信息,将来自消费市场的无形监管力量有形化和常态化,可以促进生活性服务商户的标准化、规范化服务,有效保障生活性服务的供给质量。

### (三)服务场景在线化

生活性服务业的数字化转型不仅是消费端的数字化改造,还包括服务场景的在线化。一方面,消费场景的实时在线化,如餐饮行业的菜单管理、桌台管理、菜品管理等基础设施的实时在线化,酒旅业的房间管理、景点游客管理、机票预订管理等信息的实时在线化。另一方面,在消费场景在线化的基础上,进一步延伸至经营场景的在线化,如平台为生活性服务业商户提供的实时在线场景展示的工具,有助于商户立体化展示产品、服务以及消费场景。

## （四）服务环节全面化

工业（制造业）的数字化转型主要表现为基础设施、生产设备以及管理流程的数字化。与之相比，生活性服务业的数字化不仅要实现消费（需求侧）的数字化，还要实现供给侧的全产业链数字化，即所有服务环节的全面数字化。换言之，生活性服务业的数字化转型是对其全价值链的数字化改造，包括从基础设施（店面）的数字化改造，到流通环节（物流）的数字化与精准化，再到上门服务的精准化、要素资源的智能化调配、到店服务的排队系统等。

## （五）服务载体平台化

生活性服务业的需求一般都是碎片化的，有可能导致供需错配问题，降低了服务效率与消费者体验。通过依托平台集成相关服务，生活性服务业的数字化转型能够重组优化供应链，通过全方位调度服务资源，解决生活性服务行业的供需不均衡、不匹配问题，减少消费者的等待时间。同时，生活服务性服务业主体多以中小型商户为主，数字化转型的基础与能力较为薄弱，依靠自身进行数字化转型将会非常缓慢，因此多以数字平台作为载体推进其数字化转型进程。

# 二、中国生活性服务业数字化转型的意义

生活性服务业的数字化转型带来了革命性变化，在赋能供给、激发消费、匹配供需、便利生活、促进就业等方面发挥着巨大的作用，有助于提高生活性服务业的供给质量、拉动内需、降本增效、重塑城市以及保障民生。

## （一）赋能供给，提高质量

数字化将数据作为核心生产要素融入服务活动中，有效拓宽了生活性服务业的生产可能性边界。一方面，数字化转型改善了生活性服务业的边际效率，赋能了供给。以餐饮业为例，随着即时配送网络的完善，中小商户可以经由平台参与竞争，释放更多人力专注餐饮本身，促进了供给；平台也可以通过建立开放即时的配送生态，充分利用运能，增加有效供给。

另一方面，数字化转型有助于可视化、标准化生活性服务过程，提高供给质量。数字技术的应用使得数字化服务商品的各类信息，甚至服务者的个人信息提供成为可能，有助于强化生活性服务的可追踪性、可溯源性、可监管性，缓解信息不对称问题，保障服务质量。此外，数字化能够帮助生活性服务业商户突破传统品类，创造新的供给增值。如火锅等品类外卖订单的超速增长、半成品和预制品食材的配送，都是平台服务提升到一定阶段后催生的供给品类的创新和扩容。

## （二）激发消费，拉动内需

生活性服务业的数字化转型在促进消费、扩大内需方面表现出巨大的潜力。首先，数字化将线下的生活性服务线上化，不仅扩大了用户规模，又会通过线上用户的集聚吸引更多的用户，形成了传统服务方式难以拥有的规模效应，并涉及中老年群体和下沉市场。其次，通过将线上线下流量统一运营，可提升服务体验和用户黏性，提高人均生活性服务的消费水平。如根据中国社会科学院财

经战略研究院发布的《平台社会经济价值研究报告》,显示通过桌面点单系统,可使得餐饮行业的人均消费增加10%—20%。

数字化转型塑造出生活性服务新的服务场景与模式,释放出更多的消费需求。如在数字化转型的背景下,外卖送餐、生鲜购买、药品到家等到家服务,透明餐厅、智慧餐厅、未来酒店等到店服务都能有效提升消费体验,刺激消费。同时,数字平台也有助于商户了解用户喜好,及时、精准地提供新鲜有趣的服务体验,并满足消费者特别是年轻消费者数字化、个性化的消费习惯和消费方式,有效拉动了内需。

### (三)匹配供需,降本增效

由于服务设施的区域化和服务需求的随机化,导致线下的生活服务业难以保持精准匹配,交易成本过高。数字化转型的价值是通过利用数字技术和模式创新进行高效组织和匹配,不断提升生活性服务业的供需匹配效率。如阿里巴巴本地生活搭建的"本地生活商业操作系统",通过整合口碑、饿了么到店和到家的各项能力,建立了从选址、供应链、预定、点单、配送、支付、评价在内的全价值链数字化体系,有效解决了价格信息的不对称、位置信息的不对称以及消费者偏好信息的不对称等信息不对称问题。同时,数字化转型还有助于保障生活性服务业的消费安全,保障了供需匹配。例如,支付宝通过对用户的海量信息数据进行综合处理和评估,引入了芝麻信用分,不仅解除了商家对消费者不履约的担心,也保障了消费者的资金安全,有助于生活性服务业的降本增效。

### (四)便利生活,重塑城市

数字化转型带来了便捷高效的生活性服务消费体验,提升了城市居民生活的便利性,在重塑城市过程中提高了居民的生活质量。首先,生活性服务业的数字化转型提升了居民消费的便利性。通过信息资源的共享,生活性服务业可以更高效地满足消费者"最后一公里"的消费需求;而随着即时配送网络的不断完善,即时配送范围不断扩大,将进一步提高居民消费的便利性,甚至重塑城市空间格局。其次,生活性服务业的数字化转型提高了居民生活的便利性。如由数字化转型催生的诸如餐饮外卖、生鲜电商、即时配送、预约服务等生活性服务的新模式均极大地提升了城市居民的生活便利度;而支付宝、微信、美团等App提供了便利甚至重塑了城市居民的日常生活模式,购物、聚餐、点外卖、交水电煤气费等日常开销几乎只需一部手机即可完成。总之,以"数字+生活服务"为抓手,有助于形成多元化、多样化、覆盖城乡的生活服务体系,便利生活,重塑城市。

### (五)促进就业,保障民生

生活性服务业的数字化转型创造了新的创业空间和就业机会,有效缓解了中国劳动力市场的结构性矛盾,保障了民生。首先,数字化转型创造了生活性服务业领域新的就业形态。在数字经济与生活性服务业融合过程中诞生的新模式、新业态创造了大量的就业机会,并且还在不断涌现新的职业。如拥有600万—800万从业人员的外卖骑手群体就是典型代表,目前人社部已将"网约配送员"纳入《中华人民共和国职业分类大典》。其次,数字化为生活性服务业提供了多元化的就业渠道。数字技术在聚合劳动力需求、解决就业信息不对称、提高技能认定可靠性、降低创业门槛等方面具有重要作用,能够有效提高就业效率。据统计,近4个月招聘机构通过支付宝平台上线近1000场就业直播,累计观看超6000万人次。此外,数字化转型还倒逼生活性服务业的从业人员主动进行技能提升。如餐饮行业中服务员或者配菜员原来仅匹配单一的技能,但在商户对接数字平台之后,不仅服务员的数字化能力和工作效率得到了提升,其运营、营销、履约、售后等复合服务能力也得到了增强。

## 三、中国生活性服务业数字化转型的发展现状

数字经济与服务经济的深度融合,拉开了中国生活服务业数字化发展的大幕。目前,中国的生活性服务业数字化转型主要呈现出基础坚实稳固、应用场景丰富、市场持续扩容、人才流动活跃等发展态势。

### （一）数字化转型基础坚实稳固

国内数字基础设施稳固,用户规模庞大,具有推进生活性服务业数字化转型的坚实基础。一方面,中国数字基础设施规模能级大幅提升,万物互联基础不断夯实。截至2023年6月,全国光缆线路总长度达6196万公里,千兆光网具备覆盖超过5亿户家庭能力,110个城市达到千兆城市建设标准;移动电话基站总数达1129万个,累计建成开通5G基站293.7万个,5G共建共享基站超173万个;物联网发展方面,共发展蜂窝物联网终端用户21.23亿户,占移动网终端连接数的比重为55.4%;而据全国APP技术检测平台统计,目前国内市场上监测到的活跃APP数量为260万款（包括安卓和苹果商店）。[①]

另一方面,近11亿网民构成了全球最大的数字社会。目前,中国网民规模达10.79亿人,手机网民规模达10.76亿人,互联网普及率达76.4%,超世界平均水平。其中,网络支付用户规模达9.43亿人,网络购物用户规模达8.84亿人,分别占整体网民的87.4%和81.92%,生活性服务业数字化转型具有坚实的用户基础。截至2023年6月,网上外卖用户规模达5.35亿人,占网民整体的49.6%,生活性服务业数字化转型具有广阔的用户市场。

### （二）数字化转型应用场景丰富

随着数字化转型的深入,跨境电商、直播电商等新模式加速发展,在线外卖、移动出行、在线旅游等新业态不断孕育,生活性服务业数字化转型的应用场景也得到了丰富。部分地区正加速各类数字技术的落地应用,通过数字技术赋能传统消费场景,不断催生智慧旅游、智慧交通、智慧医疗等新型消费服务场景。

据网经社数据,2020年中国生活性服务业电商市场规模约2.98万亿元,在线旅游市场约为9355亿元,互联网医疗市场约为1550亿元,在线教育市场约为4328亿元。截至2023年6月,线上办公、在线旅行预订、互联网医疗用户规模分别达5.07亿、4.53亿和3.64亿,分别占网民整体的47.1%、42.1%和33.8%。繁荣的细分市场和庞大的消费者群体,为生活性服务业数字化转型应

---

① 数据来源于第52次《中国互联网络发展状况统计报告》。本章以下涉及2023年数据如无特殊说明,均来自于此。

用场景的落地提供了有效支撑。

当前,本地生活服务已从餐饮外卖延伸至生鲜水果、家居日用、鲜花礼品、医药健康、图书文创等各类商品,更为个性化的跑腿类服务如网红奶茶代购等也日趋高频化。商超便利店、农贸市场、医院药房、书店都纷纷上线平台、接入流量,生活性服务业实现数字化转型的现实场景逐步扩容至超市、便利店、药店、书店等。基于5G、人工智能、AR/VR、云计算等新技术,可以进一步构建更为高效智能的智慧化生活服务消费场景,在线旅游、在线出行、在线医疗逐步升级智慧旅游、智慧交通、智慧医疗。

### (三)数字化转型市场持续扩容

在超过10亿网民巨大需求的支撑下,生活性服务业的数字化转型具有可观的市场规模。当前,国内消费者线上购物习惯不断巩固,各类数字化的服务业态也已基本完成用户积累,市场处于持续扩容的状态。截至2023年6月,网络购物、网上外卖、网约车、在线旅行预定的用户规模分别达8.84亿人、5.35亿人、4.72亿人、4.45亿人。

同时,生活性服务业数字化转型的市场扩容具有较大的潜力及韧性。在消费群体方面,数字化的生活消费正向老年人群体扩容。据饿了么平台的数据显示,2020年,51岁以上人群早餐的订单量增长了125%。在消费空间上,数字化的生活消费正向三线以下城市、乡镇与农村地区的下沉市场扩容。以线上体检为例,据第一财经商业数据中心联合阿里健康发布的《2019线上体检消费报告》显示,三、四线城市的线上体检产品购买人数同比增长51%,增速超一、二线城市。2023年上半年,全国农村网络零售额达1.12万亿元,同比增长12.5%;农村地区的在线教育用户规模达6787万人,在线医疗用户规模达6875万人,占全体用户比重不断提高。

### (四)数字化转型人才流动活跃

数字技术革新了生活性服务业的传统业态与模式,不仅塑造了新的经济增长点,也创造了新的就业机会。以生活服务电子商务平台美团为例,平台上活跃商家达620万家,带动就业机会多达2000万。

一方面,人才加速向数字服务业流动,据《人才流动与迁徙报告2020》显示,生活服务业首次取代金融行业,成为IT互联网人才离职后的首要去处。为推进生活服务的数字化转型,传统的生活服务业也发力储备互联网人才。如老乡鸡宣布2020年再招5000人,企业亟需人才中,大数据架构师、风控工程师、私域流量运营、IT产品经理等互联网岗位赫然在列。另一方面,互联网基因的融入,也使得生活性服务业在数字化转型的过程中,创造了一批诸如连锁经营管理师、全媒体经营师、供应链管理师等新职业,在扩容传统职业分类的同时也吸引了大量的互联网专业人才流入。

此外,生活性服务业的数字化转型也促成了从业人员的技能培训。作为中国最大的生活服务平台,美团相继成立了美酒学院、袋鼠学院、美业学院、餐饮学院、结婚学院、闪购商学院、配送学院和客服学院等八大学院,涉及餐饮、外卖、美容、美发、美甲、医美、结婚、亲子、酒店管理等多个生活服务品类。截至目前,美团累计培训超过3000万人次,输出课时超500万小时,覆盖全国455座城市。未来十年,美团大学将继续与国内1000所院校达成合作,预计带动1亿生活性服务业从业者数字化技能的提升。

# 四、中国生活性服务业数字化转型的现实瓶颈

当前,中国生活性服务业数字化转型过程中还面临着诸多现实瓶颈,例如传统基础设施改造困难制约数字化转型"最后一公里",数字治理体系不完善制约数字化的良性市场竞争,服务类电商创新动力不足制约整体数字化转型,供应链数字化率滞后制约生活性服务业实时在线化,以及中小商户数字化转型能力不足制约数字化的深度应用等。

## （一）传统基础设施改造困难制约数字化转型"最后一公里"

目前,5G基站、算力网络、物联网等数字设施建设取得了显著成效,购物、娱乐、出行、政务等各类数字平台蓬勃发展。数字基础设施、数字平台正不断筑牢中国生活性服务业数字化转型的数字底座,但与其配套的城市生活服务传统基础设施改造困难,限制了生活性服务业的数字化转型。同时,中国早期城市规划的前瞻性不足,城市生活服务的供给能力和布局与日渐扩大的居民生活服务需求不匹配,也同样成为中国生活性服务业数字化转型的现实瓶颈。

如国内传统商圈多为"窄马路、密路网、小街区"模式,建设年代早,基础设施老旧,部分商场内还存在乱搭乱建、乱堆乱放、占道经营等问题,在传统商区叠加建设外卖专用的小型分拣和等候区域面临较大困难。部分写字楼、医院、学校同样深处繁华地段,区位交通压力突出,在这些外卖需求集中的区域建设智能取餐柜难上加难。此外,部分老旧小区的水、电、气、暖、消防等市政配套基础设施不完善,改造难度大,限制了生活性服务业的数字化转型。

## （二）数字治理体系不完善制约数字化的良性市场竞争

当前,数字经济的市场竞争不再是简单地获取流量红利,网络流量争夺激烈,数字平台竞争过度同质化,导致不少生活服务类平台重流量、轻监管。如旅游导航、运动健康等平台推荐低俗图文、不良信息;部分电商平台放任虚假广告和假冒伪劣商品,对入驻商户的资质审核不严;某些搜索引擎平台商业信息扎堆,权威网站排序靠后等。数字经济不断演进的模式与业态,给政府的监管治理带来了新的挑战。

目前,生活服务类消费数字治理手段相对滞后,数字治理体系缺失,"事后管理""多头管理"还未向"过程治理""协同治理"转变,导致生活服务领域的网络消费乱象频出。共享经济、直播短视频、在线旅游、外卖订单、社交电商、拼团等数字经济时代生活性服务业的新业态已经成为消费投诉集中地和消费风险高发地。2021年,全国12315平台共受理网购投诉举报483.4万件,同比增长为5.8%,占平台投诉举报受理总量的近40%;据全国消协组织受理投诉情况统计,全国消协组织共受理消费者投诉104.48万件,其中互联网服务投诉量高达10.27万件,居服务大类投诉第2位。据网经社发布的《2023年(上)中国电子商务用户体验与投诉数据报告》显示,仅2023年上半年就有76家数字零售平台被投诉。

### （三）服务类电商创新动力不足制约整体数字化转型

据中国信通院发布的《中国数字经济发展白皮书（2021）》显示，2020 年，中国服务业数字化水平达到了 40.7％，高于整体经济（38.6％）、工业（21.0％）、农业（8.9％）。生活性服务业的数字化程度却远远低于这一水平，2021 年中国生活性服务业的数字化率（或线上渗透率）仅为 21％。其中，酒店服务的数字化率约为 35.2％，本地出行服务的数字化率约为 29％，而餐饮服务的数字化率约为 16％，家政业、养老服务等数字化水平更低，分别为 3.5％和 1％。整体来看，当年服务消费额为 188947 亿元，服务消费的电商渗透率为 11.15％，仅相当于实物商品电商渗透率（20.7％）的 54％。由于服务类电商的商业模式创新动力不足，导致服务类电商在全部网络零售中的占比持续下降。

但另一方面，历经多年的高速增长，中国的消费市场进入了结构日益多元、形态不断升级的新阶段，（接触式）服务消费的重要性不断提高。据国家统计局数据，2023 年前 7 个月，服务零售额同比增长 20.3％，明显快于商品零售额增速。需要注意的是，在实物商品零售消费增速放缓、实物商品电商红利逐渐消退的当下，（接触式）生活性服务消费数字化水平的滞后直接限制了中国生活性服务业整体的数字化转型。

需要说明的是，本地生活服务市场同样是一个高频且刚需的市场，但据艾瑞咨询数据显示，目前本地生活服务的线上渗透率只有 12.7％，家政业、养老服务等体验要求更高、个性化更强的接触式生活性服务业的数字化率更低，仅为 3.5％和 1％，接触式生活服务的细分数字化场景落地缓慢。总之，服务类电商（接触式生活性服务）创新动力不足限制了中国生活性服务业细分数字化场景的落地，制约了中国整体生活性服务业的数字化转型。

### （四）供应链数字化率滞后制约生活性服务业实时在线化

生活性服务业的数字化转型不但是对消费端进行数字化改造，更是对全服务价值链的数字化改造，包括店面的数字化改造、物流的数字化、上门服务的精准化、服务资源的智能化调配、到店服务时排队系统等。它涵盖采购、物流、加工、零售、配送和服务等在内的全服务价值链数字化，其中任一环节数字化进程的不畅，都会造成生活性服务业数字化转型的受限。

服务消费场景实时在线化是生活性服务业数字化转型的重要方向，但以供应链为代表的生活性服务业产业链上游数字化转型的滞后限制了生活性服务业实时在线化的发展。相较产业链下游直接面向消费者的从事生活性服务业的商户而言，生活性服务业产业链上游原材料供应、物流运输环节的数字化程度亟待提升。

以餐饮业为例，发达国家的餐饮企业在早期订货系统、POS 系统、供应链电子信息系统建设的基础上，当前已实现从食材溯源、供应，到餐饮企业内部系统的全服务价值链的数字化建设。中国餐饮业的供应链数字化尚处在初级发展阶段，诸如与食材供应商、物流服务商的节点割裂，食材流通环节多、损耗严重，信息不透明、数据孤岛问题严重，进货成本较高、库存动态管理不足等问题依旧存在，并进一步限制了服务消费场景的实时在线化。

### （五）中小商户数字化转型能力不足制约数字化的深度应用

国内生活性服务业的市场主体以中小企业和个体商户为主，规模小、竞争激烈、利润低、数据化基础差，加上中长期数字化投资的资金短缺，既懂数字技术又懂生活性服务经营的复合型人才缺乏，标准化的数字技术服务不足。据统计，77％的商家曾考虑加大线上投入，但75％的商家没有专门的线上运营团队。因此，中小型生活服务商户数字化转型能力普遍不足，数字化转型的试错成本过高，"无规划""费用高""不敢转""不会转""转不好"等问题广泛存在。

目前，有意愿且有能力独自开展数字化的商家占比不足1％。国内79％的中小企业仍处于数字化转型升级的初步探索阶段，12％的企业处于应用践行阶段，仅有9％的企业达到深度应用阶段。实践中，生活性服务业的数字化应用多集中在营销、业务和IT等方面的单点效率提升，尚未形成一体化数字解决方案。很多中小商户虽然开通了外卖业务，也愿意将外卖作为店内的增收渠道，但由于对数字化转型的理解存在局限性，所谓的数字化转型也只浮于表面。

## 五、中国生活性服务业数字化转型的对策建议

在生活性服务业数字化转型的实践中，政府、平台、数字技术服务商以及生活性服务商户企业应多方协同，全方位、低成本、低门槛提供可信任、更普惠、更精准的数字化解决方案，推进中国生活性服务业的数字化转型。

### （一）以政府为主导，协同规划新旧基础设施

首先，政企协同。加快部署"新基建"的速度与力度，不仅涉及5G、智能物流设施、物联网等硬件，更涵盖基于此运行的数字系统。政府与平台企业协同合作，着力打造高速、移动、安全的新型基础设施，满足新业态、新模式、新服务的基本需求。

其次，政社协同。推进"旧基建"（传统基础设施）的升级改造，不仅包括城市生活服务基础设施，也涉及水、电、气、暖、消防等市政配套基础设施。引入社会资本，优化传统基础设施的布局、结构、功能和系统集成，更好发挥基础设施的整体效能。

最后，规划协同。协同规划城市生活性服务业传统基础设施与"新基建"的发展政策，不仅包括稳步发展经数字化改造后的传统基础设施，也涉及适度超前谋划和部署创新基础设施建设。如协同规划"新基建"与社区"一刻钟生活服务圈"、公共服务等城市生活性服务业发展的重点领域，支持智能取餐柜、智能快递柜、智能自助服务系统等智能服务终端协同布局，满足居民日益扩大的生活性服务需求。

### （二）以平台为主体，构筑数字治理生态体系

首先，平台自治。对平台内部进行合规管理，厘清平台自我管理涉及的范畴与内容，确定平台自我治理的重点，并建立一套规范化的治理方案。其中，参考国际成熟做法，平台内部的合规管理涉及是否建立一个保护消费者的合规管理体系，是否有个人数据隐私保护的合规管理体系，而且有ISO体系中的评价标准；平台自治的重点包括消费者权益保护、知识产权保护、消费纠纷处理、交易

信用维护、价值观导向正确等。基于此,平台需要能够向政府、社会明示其内部合规管理的有效性并接受监督。

其次,多元共治。除平台的自我治理外,生活性服务业的数字治理应当有全社会各主体的共同参与,如政府的适度监督和分类监管、用户的数字素养提升与辨识能力提高、平台使用者(商户企业)自觉遵守平台规则、新闻媒体和社会公众的社会监督等。

最后,生态构筑。政府部门要主动牵头,实现生态联动,在平台自治的基础上,实现包括政府监管、用户反馈、社会监督、平台自律在内的多元共治,系统构筑边界清晰、协同合作、平衡互动的数字治理生态。这就要求平台向商家、行业开放更多的标准,从封闭运营向资源开放转型,实现生活服务全生态的互动与互通。

### (三)以消费者为中心,加快推进应用场景创新

首先,需求牵引。采用信用保障、标准化建设、数字治理等多种形式,打消消费者对于生活服务数字消费特别是在线消费的顾虑,进一步扩大数字化生活服务的消费市场。基于此,通过引导、凝聚和激发潜在需求能力,倒逼生活服务商户企业主动应用及创新生活服务新业态、新模式,并积极探索全触点、全渠道、全场景、全链路、全客群的生活服务数字化转型新路径。

其次,鼓励民营。基于竞争中性、所有制中立和"非禁即准"原则,鼓励民营经济发展,推行更具适应性和针对性的(线上)市场准入政策,通过强化供给端的市场竞争促进生活服务类商户积极探索全触点、全渠道、全场景、全链路、全客群的数字化转型新路径。

再次,政府支持。在需求侧,通过政府购买如发放消费券的形式,激发家政等品质要求高但价格也高的生活性服务的消费潜力;在供给侧,开放社区、学校、医院、养老院、博物馆、科技馆、景区等政府资源,为生活性服务业数字化创造新的应用场景。

最后,市场检验。在生活性服务业数字化转型的推进过程中,部分新技术、新业态、新模式属于非理性增长或者被资本拔苗助长,甚至出现了很多假创新、伪创新,因此需要依靠市场的力量检验这部分服务创新的可行性。

### (四)以数字技术服务商为媒介,提高数字技术的包容性

首先,研发包容性数字技术。在加强前瞻性基础研究,增加源头技术供给的基础上,要重视数字技术的包容性,努力研发包容性的数字技术,提升数字技术的支撑保障能力,降低生活服务商户企业数字化转型壁垒。

其次,降低数字技术应用门槛。数字技术服务商可聚焦生活性服务商户企业特别是中小商户企业数字化转型的痛难点,致力于为其提供小型化、快速化、轻量化、精准化的解决方案,鼓励支持5G、大数据、云计算、基于位置的服务、区块链、人工智能等数字技术的落地应用;在数字技术的实际落地过程中,要努力提高数字技术服务商在营销推广、服务指引、下单支付、上门履约等环节的效率;同时,对于部分中小微商户企业,可与有关部门协同合作,通过资金补贴或税收减免,适度减免相关费用。

### （五）以生活性服务商户为载体，引导支持数字技术落地

首先，牵头研发。由大型生活服务类商户牵头，在政府的支持下，联合高等院校、科研院所、科技创新企业等，以包容性数字技术为研发目标，提高数字技术的可落地性。

其次，深挖痛点。中小型生活服务类商户应积极参与由政府组织的调研座谈活动，深入挖掘自身在数字化转型中存在的痛难点，科学引导数字技术企业向其提供小型化、快速化、轻量化、精准化的解决方案。

最后，合作培训。鼓励生活服务类商户与职业技术学院合作，根据实际的数字化转型需求，在其培养方案中增加线上门店运营、商业数据分析等课程，并结合公开课培训、开设实训基地、实地培训等方式，培养一批既懂数字技术又懂生活性服务经营的人才。

# 专题四:推动江苏省平台经济规范健康持续发展的对策建议

党和政府高度重视平台经济发展。2018 年政府工作报告中首次提到"发展平台经济";2022 年 12 月的中央经济工作会议明确提出"支持平台企业在引领发展、创造就业、国际竞争中大显身手";2023 年政府工作报告要求"支持平台经济发展",反映了国家对平台经济发展的重视程度不断提高。2023 年政府工作报告肯定了平台经济带动就业创业、拓展消费市场、创新生产模式等作用,提出"大力发展数字经济,提升常态化监管水平,支持平台经济发展"。总体来看,我国平台经济正处于高速发展阶段和关键时期,加快发展平台经济对现代化经济体系建设和经济高质量发展具有重要意义。

## 一、江苏省平台经济的发展现状

### (一)平台经济规模大、经济效益高

作为数字经济的关键核心形态,江苏平台经济体量大、经济效益高。根据《2022 中国数字经济发展研究报告》数据显示,除了四大直辖市外,全国只有江苏省的全部城市进入"2022 数字经济城市发展百强榜",平台经济发展优势省份地位稳固。全省数字经济规模超 5.1 万亿元,位居全国第二,占全国的 11.8%,电子信息制造业、软件和信息技术服务业以及电信业收入分别达到 3.56 万亿元、1.15 万亿元和 1135.51 亿元,规模位居全国前列。江苏平台经济领域注册企业达 93.7 万户,吸纳出租车司机、外卖小哥、快递员、网络主播等从业人员超 517 万,平台经济彰显了较强的劳动力就业吸纳能力,已成为社会经济高质量发展的重要驱动力量。

### (二)平台企业数量多、产业生态多元

江苏平台经济的平台数量多,在不同行业领域引培了一批具有代表性的平台企业。电商平台:本土培育了苏宁易购电商平台,引进了淘宝、京东等知名电商平台入驻江苏。金融科技平台:培育了江苏金融服务平台、江苏银行的小微智能应用平台"黄金眼"、开鑫科技的供应链金融科技平台"X-LINE"等金融科技平台。云计算算力平台:搭建了中国电信吴江算力调度中心、南京超级算力中心等数据中心,培育了苏州胜网、乐拓数据、国科数据等一批互联网数据算力服务商,招引阿里云、腾讯云、中国电信等在江苏建设云计算平台基础设施。产业互联网平台:在制造业领域涌现了一批产业互联网平台,如徐工 Xrea 工业互联网平台、中天科技爱尚工业互联网平台、朗坤苏畅工业互联网平台等。

## （三）平台业态模式新，跨界融合创新

江苏省平台经济的业态模式发展始终处于全国领先，在经济社会的相关领域，工业互联网平台、电商（直播）平台、团购平台等新的业态模式均获得率先深入应用。在跨界融合方面，江苏省重点在制造业领域推广云供应、云生产、云销售三大线上协作新模式，通过构建江苏制造业线上供应链，推动省内外重点工业互联网平台、电商平台与江苏制造业企业深入合作，实现产业链高效对接，推动产业跨界融合创新发展。在物流服务方面，江苏省通过互联网平台与现代物流融合发展，实现了物流配送的精准性和高效性。例如，苏宁云商基于自身强大的物流网络和数据资源，推出了"苏宁云仓"服务，将仓储资源共享给第三方商家，提供高效的仓储和配送解决方案。通过云计算和大数据分析，实现了库存的精确管理、快速配送和定制化服务，提升了供应链的效率和灵活性。

## （四）发展环境优，政策支持力度大

江苏省出台了系列支持平台经济发展的政策，政策体系涉及平台经济发展的诸多方面，其中重点聚焦在优化营商环境、制定行业针对性的推进措施、扶持农村平台经济发展等。在营商环境方面，着力破除制约平台经济发展的制度性因素，推动放宽准入，清理和规范制约平台经济健康发展的行政许可、资质资格等事项。在制造业领域，积极推进数字经济平台与制造业深度融合，推进工业互联网"528"行动计划，围绕重点产业集群打造工业互联网平台体系。在农村农业方面，全省通过支持建设省农业物联网管理平台，实施"互联网＋"农产品出村进城工程、强化电商主体培育等行动。在创新创业方面，推进"互联网＋创新创业"，依托互联网平台完善全方位创新创业服务体系，更多向中小企业开放共享资源，支撑中小企业开展技术、产品、管理及商业模式等创新。

# 二、江苏省平台经济发展存在的问题

## （一）平台企业外迁现象凸显

目前，江苏省部分平台企业在达到一定规模后存在外迁现象，导致平台生态建设无法有效推进。平台企业外迁的可能原因在于：一方面，平台经济配套支持不足。整体来看，全省平台经济领域的生产性服务业，尤其是高端生产性服务业尚不够完善，无法有效支撑平台企业做大做强，导致一些平台企业外迁。另一方面，平台企业主要供应链集中在外地。平台经济发展涉及的产业链供应链主要聚集在其他地区，导致企业在追求提升供应链管理效率和降低交易成本的过程中，会逐步外迁到产业链供应链集聚的城市。比如，由于供应链主要集中在广州、深圳等湾区城市，南京本土培育的电商平台SHEIN逐步将总部迁移到粤港澳大湾区。

## （二）平台创业主体相对缺乏

江苏省平台领域的创业主体相对缺乏，导致平台经济生态缺乏活力，主要体现在：其一，全省具备商业洞察力、创新思维和市场敏锐度的创业者和企业家相对缺乏，难以通过商业模式变革实现原

创性创新。其二,整体的平台创业环境对创业主体吸引力不强。一方面,全省平台经济的营商环境没有在成本、要素、交通等方面形成突出的特色优势,对高端的创业团队和企业家的吸引力不强。另一方面,全省创业成本未能与北上广等一线城市形成层级落差,未能通过产业政策有效降低平台经济的创业门槛,限制了本地平台经济的创业主体活力,也阻碍了北上广等城市溢出资源的流入,限制了平台生态建设。

### (三)更精细的政策框架有待完善

平台生态建设的一般范式是由平台企业和众多入驻平台的小微企业共同构成,即"平台＋小微企业"的生态模式,因此,需要平台企业和小微企业共同发力,才能有效推动平台生态建设。目前江苏省平台经济相关政策的侧重点主要集中在如何培育行业龙头、独角兽等大型平台企业,但对于平台中入驻的小微企业支持力度尚显不足,对于引导平台企业和小微企业之间有效协同发展的政策也明显不足。目前,江苏省政策体系的不完善导致各类资源过多地流向了平台企业,缺乏对促进平台经济繁荣、激活平台活力的小微企业的扶持政策。同时,关于推动消费者在平台汇聚的政策扶持相对缺乏,整体上更加精细化的政策框架有待完善。

### (四)平台经济新赛道布局迟缓

平台经济发展经验表明,一个地区只有通过开辟新赛道,培育1—2家平台领域领导者后,才能有效推动本土平台生态的有效建设。江苏省在平台经济的主要赛道均有布局,但更多是处于跟随者状态。传统赛道中,江苏省的行业龙头企业相对缺乏,不足以支撑平台生态的有效建设,更多的生产要素尤其是高端生产要素都汇聚在外省的一些行业龙头企业周边。其原因在于:平台经济领域的竞争优势主要来源于平台生态,阿里巴巴、京东等主流电商平台的主要竞争优势之一就是其完善的平台生态,通过不断汇聚、垄断大量的优质生产要素和创业资源,不断巩固其行业领导者地位。这种平台生态往往根植于当地的经济文化特色,平台企业不可能也难以将其核心的平台生态体系完全复制到其他地区,仅通过招引平台企业区域总部、分公司的方式是难以有效支撑本地平台生态建设的。

### (五)监管规则有待优化完善

企业间的数据流通、交易规则不健全,制约了平台经济生态的资源整合利用,数据市场规则亟待完善;多头监管现象明显,各个监管主体缺少沟通和联系,各自为政,难以形成综合性、全方位的监管格局。数据和信息安全监管偏弱,平台主体滥用市场支配地位,App过度索取权限、侵害用户个人隐私、滥用个人数据现象严重。

## 三、平台经济发展的关键特征和重要趋势

### (一)平台经济发展的关键特征

1. 达到一定规模后,具有自我循环增长能力

平台企业可以在一定补贴输入之下迅速成长,并获得自我成长的能力。能够做大做强的平台

一般应具有类似的能力：一要能够迅速成长，二要能够在达到一定阶段之后具有自我成长的能力。对于平台业务而言，这两个特征在很大程度上取决于业务本身的网络外部性状况。

如果某项业务具有比较强的网络外部性，那么当其客户突破一定的临界值时，就可以凭借用户数量本身来吸引更多的客户，从而实现业务规模的迅速成长、平均成本的迅速下降，同时迅速建立起进入壁垒。在这种业务启动时，如果投入一定量的补贴，就可以让这项业务的成长大幅加快。这里需要注意的是，业务能在达到一定规模后实现自我成长，这是十分重要的。如果业务没有这个特性，即使在补贴之下可以让它迅速成长，但一旦补贴停了，它就会趋于停滞和崩溃。这样的业务显然不能担负起塑造环境，进一步支撑其他业务的发展。

2. 平台企业对平台生态发展具有话语权

平台之所以可以发展成一个生态系统，最重要的还是其本身可以为其他企业提供生存的环境和资源，在此基础上，平台提供者具有对平台生态系统的话语权和领导权。平台生态构建者为了保持对平台生态系统的整体领导，常常采用一些方法对生态系统中的关键业务进行有效的控制。控制关键业务的方法很多，既可以通过一体化方式进行直接控制，也可以通过财务投资、签订合同等方式进行间接的控制。除此之外，还可以通过掌握生态系统中的某些重要基础设施来保证对业务的控制。

3. 企业业务扩张要求具有持续放大网络外部性功能

平台企业在处理新业务的选择问题时，必须思考业务本身是否与已有的业务具有较强的互补性。对于企业来讲，新业务开拓是十分消耗资源，也是极具风险的。如果处理不好，不仅不会对原有业务有所助益，反而会得不偿失。在这种情况下，企业应当选择那些与现有业务互补性较强，并且依靠自身的战略能力比较容易突破的业务进行开拓。比如，对于电商来说，信用问题一直是一个难以解决的问题。这一问题的存在使得买方不敢轻易付款，卖方不敢轻易发货，从而导致整个交易难以达成。针对这一问题，阿里巴巴推出了支付宝，通过将交易款先放在平台，在达成交易后再将款项交付给商户的方法，创造性地解决了信用问题。

## （二）平台经济发展的重要趋势

### 1. 新技术新模式加快应用

以云计算、人工智能、区块链等为代表的新一代数字化技术基础设施加快建设，成为平台经济发展新增长点。平台经济也成为新技术在传统行业应用的重要支撑。其一，提高平台经济的用户体验。比如，虚拟现实和增强现实技术等将有助于平台提供更加优质的客户服务和增加交互性。直播电商可以使卖家和买家直接面对面交流。其二，平台经济将推动传统产业塑造新的商业模式，比如直播电商、自媒体模式等新的平台经济模式。其三，提升产业资源配置效率。比如，平台经济赋能纺织产业，通过云计算、物联网和大数据等数字化技术，平台系统将有效整合织造、印染、贸易等产业链信息流，有效解决传统纺织业靠人工配置生产要素、产业链协同效率低下等系列难题。其四，提升监管效能。平台经济数字化监管系统运用大数据、云计算、人工智能等技术，着重对"二选一""大数据杀熟""低于成本价销售""纵向垄断协议""违法实施经营者集中"等行为实施监测，通过靶向监管，提高平台经济监管的效率和有效性。

### 2. 平台企业向产业互联网转型步伐加快

消费互联网增速放缓、趋于饱和，产业互联网发展潜力正逐步释放。我国是制造大国、网络大国,拥有工业体系完备和信息技术创新活跃的产业优势,以及市场需求广阔、应用场景丰富的市场优势,发展产业互联网潜力巨大,为平台企业转型创新开辟一个更加广阔的新空间、新赛道。互联网平台企业纷纷调整投资和运营策略,积极向产业互联网发力。以下产业互联网平台成为未来平台经济重点布局方向。一是建设一批服务一站可寻、产品全网可溯的工业品数字服务平台,提供一批基于平台的智慧供应链解决方案。二是强化工业互联网平台,打造工业互联网与消费互联网贯通发展的创新产品和制造模式。三是厚植工业原料数字服务平台,搭建钢铁、有色金属等产业的"交易＋咨询＋供应链金融"综合平台。四是构建跨境产业数字服务平台,打通核心零部件、备品备件的采购渠道,为企业"出海"提供服务。

3. 监管治理与支持鼓励并存

垄断是市场经济的大敌,平台经济的规范健康持续发展,离不开公平竞争的环境。滥用市场支配地位的垄断行为,限制了相关市场竞争,侵害了平台内商家的合法权益,阻碍了平台经济创新发展和生产要素自由流动,损害了消费者权益。没有公平竞争的良好生态,平台经济就会失去创新发展的强大活力。基于此,国家开始重视平台的监管和治理。2020年12月,中共中央政治局会议提出"强化反垄断和防止资本无序扩张",对互联网平台的监管与治理力度明显加强。2021年12月,中央经济工作会议提出"要为资本设置'红绿灯',依法加强对资本的有效监管,防止资本野蛮生长"。

同时,平台经济是决定产业竞争力的重要因素,并且在对抗新冠肺炎疫情冲击以及后疫情时期促进经济恢复发挥着重要支撑作用,因此,国家也非常重视平台经济的发展。2022年以来,平台经济政策已经发生明显转变。例如,2022年4月29日中共中央政治局会议强调"出台支持平台经济规范健康发展的具体措施",2022年中央经济工作会议进一步提出"支持平台企业在引领发展、创造就业、国际竞争中大显身手",为平台经济的发展注入信心。

总之,关于平台经济的发展不能放任自流,需要有效的监管,防止平台垄断,也需要正确的引导扶持,支撑产业现代化建设和经济高质量发展。2022年1月19日,发改委发布《关于推动平台经济规范健康持续发展的若干意见》,体现了国家对平台经济的监管与鼓励并存的政策导向。

# 四、平台经济发展的经验借鉴

## (一)广东:营造浓厚创新创业氛围,完善产业发展配套体系

广东培育了腾讯、网易等一批龙头型平台企业,主要得益于:其一,平台经济发展的产业基础深厚。广东具有深厚的平台经济发展基础,广东在数字经济和平台经济的超前布局,数字经济规模连续多年全国第一,各项指标均居全国领先地位。技术、人才、产业基础扎实,在平台经济领域构建了一批具有竞争力、相对完善的产业链供应链体系;应用场景比较多,夯实了平台经济生态建设的基础。2022年,广州市提出新五大支柱产业,数字经济核心产业是其中之一,包括人工智能、平台经济等领域。

其二,搭建了相对完善的创新创业孵化生态。数据显示,截至2022年,广东搭建科技企业孵化器超过1100家,众创空间超过1000家,数量连续多年位居全国第一,为创新创业孵化提供了有力支撑。同时,早期培育的腾讯、网易等平台经济企业带动了各类平台要素汇聚,逐步形成了完善的平台生态体系。

其三,营造了鼓励创新创业的商业氛围。积极深化"放管服"改革,深圳、广州2个城市入选国家首批营商环境创新试点城市。数据显示,广东省、深圳市连续三年被全国民营企业评为营商环境最佳口碑省份和最佳口碑城市,吸引了大量创新资源、产业资源聚集。

## (二)安徽:多措并举降低创业成本,加快科技成果高效转化

安徽积极采取各种措施降低企业创新成本,加快科技成果转化,成为平台经济创新发展、平台生态持续繁荣的重要动力。主要做法包括:

其一,政策鼓励。安徽高度重视人工智能产业发展,先后出台了《安徽省新一代人工智能产业发展规划(2018—2030年)》《支持人工智能产业创新发展若干政策实施细则》等系列政策文件,培育了科大讯飞、华米科技、中科寒武纪等龙头型平台企业。

其二,资金支持。安徽采取政府补助、税收返还等多种形式进行支持,帮助企业,尤其是小微企业平稳过渡创业初期艰难阶段,壮大了平台生态市场主体规模。

其三,要素支持。数据是人工智能产业发展的关键投入要素,安徽通过把一些政务数据公开共享,为企业的技术迭代提供数据要素支持,降低企业技术开发成本,推动一些优质企业快速成为行业的领先供应商。

其四,应用场景支持。应用场景是新技术新产品推广应用、企业做大做强的市场载体。在教育、医疗、旅游等领域,安徽积极推进与企业的深度合作,一方面助力企业扩展业务版块,繁荣平台生态市场,另一方面深化平台企业与当地经济的深度融合和绑定,可以有效降低企业外迁风险。

## (三)北京:"创新驱动型+市场驱动型"相结合的发展模式

北京对技术创新的政策支持从传统的仅仅关注技术创新本身,逐步转变为技术创新和技术应用两个方面,表现在对技术创新与市场需求结合的重视。传统政策框架下,政府对于技术研发的支持往往局限在投入资金、人才和土地等要素上,希望通过重大技术突破来实现经济增长。然而,这种单纯的技术驱动模式往往面临着技术与市场之间的脱节,导致许多技术创新成果无法得到有效的商业应用。北京的创新政策演变强调了技术产业化的重要性,要求技术创新与市场需求相适应,这意味着创新不仅仅停留在技术研发层面,更可以转化为现实经济发展的内在动力。这种转变反映了认识到"技术+市场"综合考量的重要性,促使企业在技术创新的同时考虑如何满足市场需求,确保技术能够真正转化为商业价值。

平台经济的特点在于市场竞争的高度集中,前几名企业能够垄断大部分市场份额。这使得企业不仅仅需要技术创新,还需要更深入地了解市场需求,迅速响应市场需求。北京通过政策引导,鼓励企业构建以客户需求为导向的创新模式。不同于传统的颠覆性技术创新,这种模式更注重渐进式创新,即通过不断地满足客户需求来实现商业成功,并在此基础上谋求长期的技术突破。这种方法在一定程度上降低了技术创新的风险,使得企业能够更稳健地推动技术的发展。

字节跳动和京东电商平台是典型的案例,展示了"技术+市场"理念的成功实践。字节跳动在政策的支持下,不仅关注了先进的搜索技术的研发,更将其与"市场需求导向"的商业模式相结合,逐步推出了备受欢迎的多种应用软件。这种双重关注技术和市场的方法,使得字节跳动能够在技术创新的基础上赢得用户的喜爱,从而取得商业成功。京东电商平台通过准确把握消费者需求,布

局电商物流体系和塑造线上消费品"正品"形象,重点打响正品保障和高效物流配送等关键优质服务,从而在电商领域取得领先地位。

### (四)浙江:龙头企业持续赋能孵化,由点带面壮大平台生态

(1)构建平台生态发展的关键基础。杭州早期在电商领域的布局,是推动阿里巴巴等平台生态发展的关键基础。阿里巴巴就是通过构建电商平台,迅速成为整个电商生态系统赖以存在的基础。这个基础的建立十分重要,以后整个生态系统都将建诸于这个基础之上。作为平台生态系统基础的业务必须能为其他业务提供支撑。如果一个业务不能为其他业务开辟道路,就不可能成为一个商业生态系统的核心。

(2)持续汇聚各类平台要素。平台企业以自身的优势为起点,通过聚合各类资源,形成一个高度互联互通的生态系统。电商巨头阿里巴巴起初以淘宝为核心,通过汇聚商家、消费者、物流等多方资源,逐步扩展到支付宝、菜鸟网络等多个领域,形成了庞大而复杂的生态链条。

(3)持续赋能孵化其他创业企业。阿里巴巴是国家首批双创示范基地中唯一的互联网企业,具有"大平台、多模式、富生态"的双创基础。阿里巴巴通过数据、技术、资源全方位赋能中小企业创业创新。阿里巴巴联合阿里云、钉钉开放平台、蚂蚁开放平台、菜鸟物流平台等大型开放平台,让创业者能够对接到阿里巴巴生态资源,降低创业初期的科技门槛。同时,创业者通过阿里巴巴平台进行创业,不仅能够获得市场机会和资源支持,还能够与阿里巴巴构建合作伙伴关系,丰富了平台上的商品和服务类别,促进了平台生态繁荣。

(4)科学合理的政府补贴。针对电商平台的扶持,早期地方政府是针对电商平台企业进行扶持,在平台达到一定规模后,政府将有限补贴投到在平台消费的消费者。在此阶段,有限的资金补贴给消费者可能是更为重要的,原因在于:一方面,消费者对于价格的敏感程度要远高于入驻商户,因此,较少的资金就能使消费者数量获得比较大的增加。另一方面,对于入驻商户来讲,消费者的多少是他们是否入驻平台的最重要的考量因素。一旦消费者数量上来了,平台的入驻商户自然就来了。

## 五、江苏省平台经济发展的对策建议

### (一)筑牢根基,推动平台经济创新发展

#### 1. 推进数字经济基础设施建设

推动 5G、大数据、物联网、人工智能等数字经济基础设施建设;试点推进重点行业数据要素市场化进程,在工业制造、商贸物流、社会治理等领域开展先行先试。加强农村电商新型基础设施建设,赋能赋智产业升级。加快物联网、人工智能在农业生产经营管理中的运用,完善农产品安全追溯监管体系。提升农产品物流配送、分拣加工等电子商务基础设施数字化、网络化、智能化水平,发展智慧供应链。推进新型外贸基础设施建设,支持外贸领域的互联网平台、线上综合服务平台等建设。建成一批要素聚集、主体多元、服务专业的跨境电商线下产业园区。

#### 2. 支持平台企业科技创新

鼓励平台企业联合产业链上下游企业、高校院所组建创新联合体,围绕平台经济底层技术和

"卡脖子"技术组织开展科研攻关,在大数据、云计算、区块链、操作系统、处理器等领域取得一批重大标志性成果。推动算力基础设施建设,优化人工智能算力平台布局,加强算法创新与应用,构建算法转化与应用生态。支持平台企业建设大众创业万众创新示范基地、工程研究中心、重点实验室、技术创新中心等载体。依法依规落实平台企业研发费用税前加计扣除政策。支持平台企业通过开放创新资源、发布众包任务等方式,更好地开展技术研发等创新活动。

### (二)培育本土龙头平台企业,提升产业能级

#### 1.加快推进平台经济做大做强

加快培育省内电子信息制造、软件和信息服务、人工智能和大数据等平台经济核心产业企业做大做强,重点从平台规模、业态融合、资源汇聚等方面发力,加快整合、优化现有平台,着力培育一批国内有竞争力、国际有影响力的平台企业。

#### 2.做强工业互联网平台

支持省内龙头骨干企业打造行业级、区域级或跨行业、跨领域工业互联网平台,引导中小微企业上云上平台,降低企业数字化成本,提升企业数字化转型能力和水平。聚焦江苏省13个先进制造业集群和战略性新兴产业领域,培育一批行业龙头型工业互联网平台,面向技术、管理、生产、服务等全过程赋能中小企业,繁荣工业互联网平台生态圈。推行普惠性"上云用数赋智"服务,鼓励平台企业、数字化服务商为产业链大中小企业提供智能分析、制造、营销、生产等协同解决方案和场景服务。

#### 3.做强电商平台

加快推进新一代信息技术在电子商务领域的集成创新和融合应用。发挥电子商务对价值链重构的引领作用,鼓励电子商务企业挖掘用户需求,推动社交电商、直播电商、内容电商、生鲜电商等新业态健康发展。重点围绕电商平台领域,依托江苏省综合保税区、保税物流中心(B型)等载体平台,做大做强跨境电商平台经济。

#### 4.布局平台经济新赛道

把握产业科技变革大趋势,紧盯生产生活方式新特点,积极探索新领域新赛道,培育平台经济新的经济增长点。重点引培一批消费类领域创业团队,积极探索平台经济新业态、新模式。依托江苏省应用场景丰富的优势,通过技术创新实现差异化供给,激发潜在需求,不断开拓全新市场。鼓励平台企业运用区块链、扩展现实等创新技术打造面向未来的多元应用场景。

### (三)协同发展,加快做强本土产业链供应链

#### 1.推动大中小企业融通发展

积极完善平台经济关键配套体系,构建平台经济高质量发展生态圈,促进平台企业与本地产业链上的供应商和合作伙伴之间的合作,建立长期稳定的合作关系。围绕一批具有发展潜力的平台企业进行重点培育,由点带面,持续汇聚平台经济生态建设发展要素。发挥产业链链主企业引领支撑作用,推动产业链上下游协同发展。强化平台经济上下游协同发展水平,鼓励共享资源、共同研发和合作创新,提高本土产业链的整体竞争力。

2. 做强平台经济生态圈

围绕电商平台、工业互联网、直播平台等重要平台经济,做大做强一批本土平台经济产业链供应链。试点探索所有权与使用权分离的资源共享新模式,盘活云平台、开发工具、车间厂房等闲置资源,培育共享经济新业态。鼓励平台企业开展创新业务众包,更多向中小企业开放资源。打造"平台—场景—生态"模式,通过平台经济的开放创新机制,发展"产品＋内容＋生态"应用场景,培育互联网产业新生态。

3. 完善平台经济相关配套体系

推动平台经济供应链物流体系建设,整合现有物流网络、仓储服务,为平台经济发展提供高效、便捷、低成本的物流服务。完善金融服务配套,充分发挥风险投资机构在平台经济创新发展中的促进作用,鼓励金融机构与跨境电商服务企业开展合作,大力支持移动支付企业与跨境电商协同"走出去"。

## (四)激发活力,打造低成本的创新创业环境

1. 多措并举降低企业创业成本

积极降低企业税收负担、减少政府收费,持续推进行政审批优化,提供创业补贴,开展创业指导和提供咨询支持等方式,持续降低创业者的创业门槛,积极培育出一批独角兽企业和中小微企业,激发平台生态的发展活力。

2. 着力降低科技成果转化成本

推动科技成果转化为创新创业的实际生产力,使江苏省丰富的科研资源转化为平台经济生态建设的内在动能。推动风投创投资源汇聚,重点培育一批本土大型风投创投企业,吸引更多国家级母基金、国内外头部风投创投机构落地江苏,支持平台经济创新成果转化以及平台生态建设。

3. 降低平台经济参与者经营成本

鼓励金融机构对平台上受疫情影响的困难经营户实施延期还本付息、简化申请手续、不下调贷款风险分类、不影响征信记录等支持举措。落实退税减税降费政策。落实小微企业所得税优惠政策,按规定对增值税小规模纳税人减免增值税。对符合条件的平台企业落实稳岗支持政策,加大金融支持力度。对依托平台灵活就业的困难人员、毕业两年内高校毕业生按规定给予社保补贴。鼓励基础电信企业降低企业宽带和专线资费,降低中小微企业入网、用网成本。

## (五)创新监管,构建规范健康的发展环境

1. 构建适应平台经济发展的行业规范

适应平台经济发展趋势和需求,建立健全适应平台经济发展特点的新型监管机制,在严守安全底线的前提下为新业态发展留足空间,着力营造鼓励创新、包容审慎的市场环境。推进平台经济相关市场主体登记注册便利化,优化完善市场准入条件,降低企业合规成本。围绕强化平台经济治理,分行业、分领域制定平台企业竞争合规、数据安全合规、个人信息保护合规等领域标准,着力构建规范有序、风险可控的合规标准体系。引导平台企业依法合规用工,支持符合条件的新就业形态劳动者按规定参加职工基本养老、工伤、医疗保险。

2. 健全平台经济公平竞争规则

全面落实《中华人民共和国反垄断法》《中华人民共和国电子商务法》《中华人民共和国反不正当竞争法》等法律法规,建立公平竞争政策与产业政策协调保障机制,健全公平竞争制度框架和政策实施机制,优化完善产业政策实施方式。落实平台企业竞争合规管理标准,实施竞争合规辅导。引导平台有序推进生态开放,按照统一规则公平对外提供服务。

3. 优化放心安全网络消费环境

督促平台企业建立健全交易规则,强化商品和服务质量安全保障,切实履行消费者权益保护义务。加强政企协同,完善多元化消费纠纷解决机制,创新网络消费维权模式,提高网络纠纷处理效能。运用信用记录和消费行为审核等方式加强对恶意投诉举报人的约束和惩戒,鼓励和引导消费者合法合理维权。完善司法与行政对接机制,有效应对和处置恶意投诉举报行为。

# 专题五:江苏省推进总部经济高质量 发展的对策研究

随着世界经济的日益全球化和信息化,总部经济作为现代经济发展的重要组成部分,对于区域经济的繁荣与可持续发展具有不可忽视的作用。作为现代经济中的高附加值产业,总部经济不仅有助于推动金融、商贸、信息等产业的发展,也对当地就业、税收、科技创新等方面产生着促进作用。特别是在江苏经济发达地区,总部经济的发展对于提升地区的产业结构、促进经济升级,以及增强地区的国际竞争力具有至关重要的意义。本研究旨在探讨江苏省总部经济发展的现状,分析其面临的挑战,进而为推动江苏总部经济高质量发展提供务实的决策建议。

## 一、背景和意义

### (一)总部经济发展的特征

总部经济是指某区域以特有优势资源吸引企业总部集群布局,形成总部集聚效应,并通过"总部＋制造基地"功能链条辐射带动生产制造基地所在区域发展,由此实现不同区域分工协作、资源优化配置的一种经济形态。现实总部经济一般是由大型企业将其总部活动(主要是设计、研发、营销、品牌、物流、金融等)在特定城市的核心地区集中配置,通过因果累积循环强化效应而形成的集聚经济形态。总部经济具有以下特征:

1. 总部经济更加青睐发达城市和地区

总部经济可以说是工业化和城市化发展到一定阶段的必然产物。在表现形式上,总部经济更多的是以商务园区、中心商务区(CBD)的形式呈现,具有产业物理空间集聚、关联要素集成的特征,是工业时代的标志性经济现象。同时,总部经济将企业"大脑"与制造基地相分离,从空间上对企业进行重构,这需要城市化发展到一定的程度、城市多层次功能基本形成的时候才能很好地实现。国际上知名的总部经济聚集区包括纽约的曼哈顿、巴黎的拉德方斯、东京的新宿、德国的法兰克福等,所依托的都是城市化高度发达的中心级大都市。目前,越来越多跨国公司在我国境内设立总部,同时国内本土的不少大型企业也纷纷开始设立自己的总部。一般来说,中心大城市因人才、信息、资金和生活便利等优势,一直是受总部经济青睐的区域。北京、上海、广州、深圳等一线城市是各大公司总部落地的首选,随着我国二线城市、区域中心城市逐渐崛起,也吸引着一些大型企业总部前往布局。同时,总部经济对区域经济发展所产生的强劲拉动作用,也使其愈发成为城市与区域发展争相布局的重点,以及地区经济规模扩张的重要路径。

2. 总部经济推动区域经济分工

总部经济空间布局模式,是把总部布局在发达的中心城市,而将生产加工基地布局在欠发达地区,由此使企业能够以较低的成本取得中心城市的战略资源和欠发达地区的常规资源,实现两个不同区域优势资源在同一个企业的集中配置。这能够使企业资源配置综合成本降低,而且使得总部所在的中心城市密集的人才、信息、技术资源得到最充分的效能释放,同时有利于加工基地所在的欠发达地区密集的制造资源得到最大限度的发挥。总部经济是一种能够实现企业、总部所在区域、生产加工基地所在区域三方利益都得到增进的"三赢"经济形态。

3. 总部经济具有知识密集和经济集约性

总部经济是价值链高端功能形态的集中表现形式,集中了研发、营销、资本运作、战略管理等功能形态,特别是集中了企业价值链中知识含量最高的区段,属于知识密集型劳动,具有知识集约性特点。因此,总部所在的区域往往是知识密集型服务业比较发达的地区,形成了为总部服务的各种知识型服务业产业链。总部经济能够最大限度利用城市服务业发达、智力资源密集的优势,以及生产基地的土地、劳动力、能源等要素优势,最终最大限度实现提高资源配置效率的目的。

## (二)总部经济发展的趋势

总部经济的形成背景包括经济全球化的加速、我国加入 WTO、生产要素成本优势明显等因素。随着跨国公司和本土大型企业将总部设立在我国境内,越来越多的城市成为总部基地。总部经济不仅可以为当地带来外溢效应,还能促进区域经济发展,成为城市和区域发展的重点方向。当下,总部经济发展呈现出以下发展趋势特征:

一是总部经济数字化转型。随着数字化技术的不断进步和应用,全球总部经济正朝着数字化转型的方向发展。许多跨国公司总部积极采用先进的信息技术和数据分析工具来优化运营和管理,提高效率并降低成本。这种数字化转型也使得总部能够更好地适应全球市场的变化和竞争。

二是总部经济全球化布局。全球总部经济布局更加注重全球化。许多跨国公司倾向于在多个国家或地区设立分支机构和总部,以实现更广泛的市场覆盖和资源配置。这种全球化布局也促进了全球经济体系的融合和共赢。

三是总部经济产城融合。总部经济大多依托城市 CBD,而传统 CBD 缺乏人文气息。现阶段,一些 CBD 逐渐增加了新内涵,通过深入挖掘 CBD 的历史文化禀赋,增加 CBD 人文景观,从而改变 CBD 单一的办公功能,让其同时具备文化、宜居、休闲等特征。新型 CBD 既有商业,又有商务,更有高品质的生活圈,是一个集艺术人文、生态自然、开放活力、产城融合为一体的高品质公园式"微型城市"。

## (三)总部经济发展的意义

总部经济作为城市抢占产业链、价值链高端环节并给周边区域带来外溢效应的新经济模式,受到广泛关注和重视,国内一些城市和地区积极利用自身的资源优势和政策支持,吸引国际企业在辖区内设立总部。总部经济对经济发展的积极影响主要包括以下三个方面:

其一,区域经济增长。总部经济的发展不仅为当地带来了就业机会,还促进了相关服务业的发展,如金融、法律、咨询等,为当地经济带来了多元化和可持续的增长。这些新兴服务业的增长进一步刺激了消费和投资,带动了更多的经济活动,从而构建了一个良性循环的经济生态系统。

其二,科技创新和知识经济。总部经济的发展鼓励了企业之间的合作与创新,促进了知识产权的保护和技术转移。总部往往聚集了大量的专业技术人才和高端管理人才,这为区域内的科技研发和创新提供了丰富的人力资源和智力支持。这些创新驱动的产业链条进一步巩固了该地区在全球科技创新中的地位,提高了其在全球价值链中的地位和竞争力。

其三,全球经济影响力。总部经济的发展使得该地区成为国际经济舞台上的重要角色,为国际贸易和投资提供了更为便利和高效的服务。此外,总部的集聚也促进了跨国公司在当地进行更深入的产业布局和投资,提高了该地区在全球经济中的话语权和影响力。这种影响力的提升有助于加强地方与国际市场之间的联系,促进经济全球化和区域间的合作与交流。

# 二、江苏省总部经济的发展现状

长三角地区利用其独特的区位优势和成熟的经济基础,已成为中国总部经济发展的先导区。江苏作为长三角地区重要腹地,是总部经济重要布局区域。基于此,江苏扎实推进总部经济发展工作,在政策扶持、示范推动、氛围营造、智力支撑、合力推进等方面发力,总部经济正逐步成为该区域经济高质量发展的重要形态。当下,总部经济在江苏加快资源要素汇聚、提升产业结构层级和促进经济转型加快过程中发挥重要作用。

## (一)总部经济重要性明显提升,成为重要布局领域

2023 年 6 月,江苏省发布《关于促进总部经济高质量发展的实施意见》。此后,全省各地密集出台总部经济发展规划。2022 年,由南京市发改委牵头起草的《南京市总部经济发展三年行动计划(2022—2024 年)》中提到,以江北新区、河西新城和南部新城三大总部经济集聚区为核心,推动总部企业集聚发展。2022 年,苏州出台《苏州市支持总部企业发展实施办法》,制定了详细的支持和服务总部经济发展的细则。

## (二)因地制宜发展总部经济,形成差异化发展格局

不同城市的要素禀赋、地理位置、产业基础存在差异,因此,不同城市的总部经济需要因地制宜,江苏各地逐渐形成了差异化发展路径。整体来看,南京着重引进培育大型企业的综合型、区域型总部和研发、科技创新中心;苏州着重引进培育先进制造业与现代服务业深度融合发展的总部企业;连云港着重引进培育海洋经济、港口物流、检验检测等总部企业;无锡、常州、镇江着重引进培育高端制造、战略性新兴产业等总部企业;徐州着重引进培育新型工业化、枢纽产业、区域带动型等总部企业;南通、盐城着重引进培育海洋经济、大数据、新能源、建筑业、节能环保、海工船舶等总部企业;扬州、泰州、淮安、宿迁着重引进培育现代物流、健康产业、生态环保等总部企业。

## (三)优质企业加速集聚,总部功能区建设有序推进

积极通过本土培育和外部引进两个途径,大力构建开放型总部企业经营组织体系,一批营销体系、制造体系、服务体系覆盖国内外的大企业集团正在江苏加速集聚,总部功能区建设初见成效。一是总部企业发展初具规模。2022 年,江苏多家世界 500 强企业在江苏设立总部功能型生产基地。比如,苏州累计已有省认定的跨国公司地区总部和功能性机构达 191 家,占全省总数的

52.2%,其中 2022 年度新获认定省级跨国公司地区总部和功能性机构 20 家,占当年度全省增量的 57.1%。苏州工业园区获评江苏首个且唯一的外资总部经济集聚区,已经集聚 118 家省、市、区及各类总部机构,其中省级外资总部机构 61 家,占全省的 16.7%。二是重大城市功能区和产业集聚区成为总部企业集聚的重要空间载体。南京江北新区、苏州工业园区等集聚区成为总部经济重要承载区。目前,江苏总部经济主要集聚在南京、苏州、徐州等区域中心城市,为当地经济发展带来了较强的关联带动效应,主要体现在成为拉动 GDP 增长的重要力量。总部经济的发展成为经济重要增长点,税收贡献效应凸现,促进现代服务业的优化升级。三是总部经济的合作模式初步形成,整体呈现加速形成的态势。区域性"总部—制造基地"合作模式初步形成,比如,围绕南京都市圈的"中心—外围"发展模式逐渐成形。企业把总部布局在发达的中心城市,将生产加工基地布局在欠发达地区,由此能够以较低的成本获取中心城市的战略资源和欠发达地区的常规资源,实现不同区域优势在同一个企业的集中配置。由此,欠发达地区的知名企业总部正在向中心城市聚集,总部经济的集聚效应加速形成。

### (四)培育机制加快创新,综合发展环境日益优化

江苏出台了一系列鼓励总部经济发展的意见、办法和措施,导向明确,重点突出,扶持力度大。特别是探索性地提出了以创新总部企业评价机制、总部政策评价机制和综合服务推进机制为重点的总部经济培育机制,初步营造了宽松、良好的总部经济发展环境。在总部企业评价方面,围绕"动态评价、择优激励、典型示范"的培育原则,提出运用评价激励法评选优势总部企业,通过构建一套科学合理的指标评价体系,全面、系统、动态地考察企业发展的多重因素,滚动评选出优势总部企业,并加以重点培育扶持。在综合服务机制方面,各地成立了市总部经济发展领导小组,协调推进全市总部经济统筹发展、考核评价激励等重大事项。同时,强化总部人才培育、用地保障、统计监测、舆论宣传等方面的工作力度,进一步优化了总部经济发展环境。

## 三、江苏省总部经济发展存在的问题

总部经济已成为提升江苏产业竞争力的重要力量,但目前江苏总部经济发展仍存在一些困难和不足:一是总部企业的区域竞争力还不够强;二是支撑总部经济发展的产业基础还需夯实,总部经济的发展需要强有力的现代服务业的支撑;三是总部发展空间尚未形成联动。各地区存在相互争夺总部企业资源的现象,难以形成统一联动的整体。这既不利于形成行业间的协作和行业内的集聚效应,也无法获得总部经济带来的资源共享和信息外溢的效果。

### (一)配套支撑不强

一是楼宇经济建设有待提升。一些城市缺乏相关载体,还没有建立可供总部企业集中落户的集聚区,也是制约总部经济发展的重要因素之一。不少城市精品楼宇资源稀缺,缺少明确的功能定位和产业布局,特色化集聚程度相对较低。二是配套产业相对不足。部分楼宇没有提供商务服务和便利生活服务的能力,缺少统一的物业服务标准,相关政务服务不到位,不能很好地满足入驻企业日常的运营需求。三是人才支撑力缺乏。江苏许多地区尤其是苏北一些县(市、区),由于受经济

社会发展程度的限制,城市竞争力与国内一、二线发达城市存在明显差距,难以招引和留住发展总部经济的高端人才,人才缺失成为亟须破除的制约地区总部经济发展的瓶颈。

## (二)产业外流明显

受区域位置和市场的制约,有些企业已经或正准备将总部或主要分支机构外迁。国内一些城市凭借税收返还、免租金等优势,吸引其他地方的总部企业入驻。与此同时,由于搬迁相对容易的建筑、设计、广告、中介等服务型行业具有很强的流动性,很多城市尤其是三、四线城市不少企业总部都选择了外迁。如何完善总部经济发展模式以应对部分总部经济企业外迁,已成为江苏发展总部经济面临的重要问题。

## (三)现代服务业发展相对滞后

发展总部经济要求专业化的服务支撑体系,应当覆盖金融、保险、物流、旅游、法律、教育培训、中介咨询、公关、电子信息网络等诸多行业和领域,而目前江苏省风险投资机构、知名律师事务所和会计师事务所相对缺乏,中介、广告、网络服务等行业的企业数量多,但规模不大,能级不高。现代服务业的整体发展水平与总部经济的要求相差比较远。数据显示,服务业占比相对较低。2022年,江苏服务业在 GDP 中占比为 50.5%,既低于全国平均水平(52.8%),也明显低于广东(55.0%)、浙江(54.3%)。部分生产性服务业占比偏低。2021 年,全省金融业,信息传输、软件和信息技术服务业,租赁和商务服务业在 GDP 中的占比分别为 7.9%、2.9%、2.9%;而浙江相应的生产性服务业占比分别为 8.4%、6.4%、3.0%。江苏部分生产性服务业在 GDP 中占比相对偏低,难以充分发挥生产性服务业对其他产业的支撑作用。

## (四)龙头型总部企业相对缺乏

全省总部企业数量多,但高知名度、强影响力的龙头型总部企业培育不足。从中心城市看,南京与北京、上海、深圳、广州等一线城市均存在较大差距,总部经济发展相对滞后,缺乏类似于腾讯、华为等高知名度龙头企业,也缺乏京东、阿里、拼多多、美团、抖音等强影响力企业。企业创新能力偏低,新兴业态活力不足。新业态具有高端、高效、高辐射力的特性,但江苏本土培育的新业态模式不多,大多数属于模仿"跟随型"发展。尤其是在电子商务、直播电商、电子支付、团购等领域,江苏省内企业均是"拿来主义",缺乏可以全国推广的领先业态。在中央企业的总部布局方面,北京在全国排名第一,共有 69 个中央企业;上海、武汉、深圳、广州、长春、哈尔滨、大连、成都等地各中央企业总部入驻也较多,但中央企业总部在江苏入驻偏少。

# 四、经验借鉴

## (一)聚焦比较优势,构建绿色总部经济生态集聚区

我国总部经济集聚发展模式主要有两大类:一是生产性总部经济园区模式。生产性总部经济园区模式得益于我国制造业具有相对较强的比较优势。我国制造业持续向高端制造业方向发展,国内

外众多生产型企业将总部与其加工制造基地相分离,企业总部越来越倾向于选择集聚在我国制造业发达地区的生产性总部经济园区中。二是总部经济集聚区模式。随着我国社会经济不断发展,经济发达的中心城市逐步由单一中央商务大厦向多极化、规模化、分散化的多个中央商务区模式发展。依据发达国家经验,这种有若干个中央商务区的总部经济集聚模式已经成为发展趋势。

### (二)以综合开发模式为主,政企联动开发运营

我国总部经济集聚区的开发运营模式主要有政府主导、市场主导以及综合开发三种模式。政府主导模式是指当地政府直接成立投资公司,依据当地经济建设发展需要和政策指导,独立建设特定总部经济园区,独立完成总部经济园区招商及后续营运工作。政府主导模式方便有意向入驻的总部企业直接与政府洽谈税收等相关优惠政策,对总部企业来说弹性空间更大,但加重了政府的财政支出。政府主导模式中较为成功的案例如成都的西部智谷和广州的国际创新城,二者均是由政府成立的投资公司直接投资兴建总部经济集聚区,投资公司包揽园区市政项目的投融资、园区各项规划及建设。市场主导模式是指在形成和发展过程中,以地产开发商、企业以及其他投资者等市场主体为主导进行开发建设,在市场需求推动下自发形成的一种企业总部空间聚集形态。国内一些城市和区域发展较早、较为成熟的企业总部聚集区多属于市场主导模式。如香港中环中央商务区,超过半数以上的跨国公司地区总部以及地区办事处入驻于此,集中了众多投资、律师、保险、金融、审计等服务机构,高端办公室覆盖率占全港办公室的五分之三。北京市固安新城以社会资本华夏幸福作为主导对其进行开发建设,职能覆盖集聚区的各个方面,而政府以指导形式派驻园区管委会,只负责对园区提供政策支持,制定标准,管理重大事项。综合开发模式是指政府与企业甚至包括地产商合作建设总部经济集聚区的方式,主要是政府或地产商投资兴建总部大楼,企业负责总部经济集聚区的日常经营管理。成都市龙潭总部新城就是在经过整体规划后,由上海裕都集团与成都市成华区政府下属的国有投资公司共同组建的成都龙潭裕都实业有限公司开发的,投资兴建总部企业大楼并负责园区招商。武汉汉口滨江商务区是由中建三局和中信泰富共同打造的中央商务区。广州市明珠湾区是国企与中国交建成立合资公司联合兴建而成,其中,国企在此项目中占比51%,中国交建成立合资公司占比49%。

一般来说,在市场经济发展水平相对不高、市场机制不健全、市场发育不完善时,无法完全依托市场配置资源的方式开发总部经济集聚区,主要以综合开发模式为主。

### (三)多业态协调发展,健全总部经济集聚区功能配套

总部经济集聚区不能仅仅满足企业投融资决策等核心功能,还包括如商业配套、公共服务、金融商务、居住休闲等相关功能,既满足当地市场需求,又能辐射和服务周边区域的发展,世界知名总部经济集聚区建设过程中都非常重视环境及配套设施的完备。巴黎拉德芳斯区域不仅囊括了高端中央商务区,还拥有总面积超过10万平方米的欧洲最大的购物中心;东京新宿虽然面积狭小,但其地下商业空间面积达到11万平方米;美国的洛克菲勒中心包含办公、娱乐、商业等各种功能。在建设总部经济集聚区的过程中,首先要有意识地协调各种功能占地的比例。其次,合理搭配总部经济集聚区内的配套设施,适当提高档次和服务质量。加强酒店、会议、餐饮、教育、购物、医疗、娱乐等商务与生活配套设施建设,打造空间布局合理、产业特色明晰、配套功能完善的总部经济集聚区。

第三,要重视总部经济集聚区与周边环境的整体协调性,在总部环境营造中体现更多的人文关怀,进一步丰富和深化总部经济集聚区的发展内涵,提升总部经济集聚区发展品质。

### (四)超前布局,持续提升企业发展环境

深圳总部经济发展起点早、力度大和效果佳。2021 年底,深圳市拥有市级认定总部企业 300 家,跨国公司 35 家,本土世界 500 强企业 8 家,中国 500 强企业 32 家,中国民营经济 500 强企业 28 家,上市企业 369 家。深圳发展总部经济有以下典型做法。

#### 1. 区域规划上高瞻布局

深圳市虽然面临着人多地少的情况,但还是规划出了大片核心黄金地段作为总部经济的承载基地,其中包括深圳湾高新区、福田中心金融基地、后海中心区、留仙洞、龙华核心区等总部基地。最核心的就是深圳湾超级总部基地,该项目位于深圳南山滨海大道和白石路等为主的核心地段,用地面积 117 公顷,建设规模总量为 450 万—550 万平方米。近十年来,深圳几乎集齐了中国所有核心互联网公司总部和区域总部。

#### 2. 政策支持上不断强化

2008 年,深圳就吹响了发展总部经济的号角,出台了《深圳市总部企业认定办法》和《关于加快总部经济发展的若干意见实施细则》。2012 年,出台《深圳市鼓励总部企业发展暂行办法》。2017 年,深圳进一步加大政策支持和服务力度,发布《深圳市鼓励总部企业发展实施办法》,从落户、租购房补助等多方面对总部企业发展予以支持。2018 年,出台《深圳市总部项目遴选及用地供应管理办法》。2022 年,出台《深圳市跨国公司总部企业奖励实施细则(征求意见稿)》。2023 年,深圳发布《支持贸易型总部企业发展的实施意见(试行)》。

#### 3. 企业培育上持续发力

深圳发展总部经济重"引"也重"培",既得益于重大项目招引入驻,也离不开内部挖潜做强存量。经过十余年的发展,深圳"长出来"的总部企业不仅有华为、腾讯、比亚迪、大疆等一大批具有国际影响力的企业,也有微众银行、乐信、天音通信、安谋科技等高能级创新型总部企业。一方面,发挥金融科技的助力作用,在提升金融服务效率、金融普惠化方面,金融科技公司通过与银行等机构合作,针对中小微企业、"新市民"等群体推出针对性的产品,让金融"活水"精准"滴灌"到有困难的地方,帮助实体经济快速恢复。另一方面,为总部企业打造良好的营商环境,深圳总部企业扶持政策涵盖土地、税收、人才租房等多个维度,并且落地执行效率高,成果很明显。行政窗口效率高,办事公开透明;领导挂点服务总部企业,及时倾听企业声音,让企业在深圳落户和发展心里有底。

## 五、江苏省总部经济发展的对策建议

### (一)科学制定江苏省总部经济发展战略

发展总部经济是以区域之间资源禀赋差异为基础,江苏省要成功发展总部经济,就应该正视自身在长三角地区区域经济布局与协调发展规划中所处的地位。冷静衡量自身条件,注重与区域经济的龙头(上海)和其他核心城市的差异性及补充性,充分利用区域经济发展的优势资源力量,找准

江苏省总部经济的层次定位,制定客观科学和具有前瞻性的总部经济发展战略。建议尽快出台《江苏省总部经济发展纲要》,确定江苏省未来一个时期内总部经济的发展方向和发展重点,从而为制定相关发展规划、扶持政策提供指导依据,避免发展总部经济的"概念炒作"和盲目跟风。

### （二）加快高级生产要素培育,提供专业化服务配套

一方面,为总部经济发展提供智力支撑。一是探索"猎头式"招才引智、顶尖人才定向推介等引才方式,增强科技创新、创业人才引进的针对性和有效性;二是要进一步发挥江苏高校人才培养的优势,鼓励高校围绕产业转型发展、优化发展的要求,积极调整办学定位,优化专业设置,推进学科建设,加大紧缺高技能型人才培养和培训力度。另一方面,重视发展总部经济所需的配套服务环境,特别重视现代服务业发展的支持作用。引进财务顾问公司、会计师事务所、律师事务所、证券公司、现代物流公司等专业机构,为总部企业提供金融、技术、法律、物流等专业性的配套服务,只有这样,才能吸引一些大型公司、企业、跨国集团和国家经济机构总部的入驻。总部经济的发展也必将反过来促进当地现代服务业水平的不断提升。

### （三）打造完整产业链,注重发挥总部经济牵引作用

目前,江苏省各地发展总部经济的方式主要是创建总部园区、建设总部地产、抛出优惠条件吸引争抢企业总部入驻,这是发展总部经济的必经阶段。但是如果仅停留于此,也只是硬性聚合了总部经济的物质承载躯壳,而忽略了总部经济的内核。总部经济绝不是表面上看起来的"企业总部的聚集",其本质内容应该是高端智能大规模集约聚合后产生的聚化效应,从而推动经济的飞跃发展。因此,在发展总部经济时,一方面,要关注企业的数量,更要严把入驻企业质量关,设立严格的企业总部认定标准;另一方面,要重视企业之间的关联性,致力于发展产业基础,打造完整的产业链,避免进驻的企业各自为政,无法产生相应的集聚效应。只有这样,才能在发展总部经济过程中实现经济做大和产业升级的效果。在此过程中,要遵循经济规律,避免强烈的政绩意识下过多的政府干预。从根本上说,总部经济的产生和发展不可能通过拔苗助长获得,而应根植于城市自身条件基础之上,是经济发展到一定程度的水到渠成。依托重点产业发展,招商引资一批总部企业入驻。产业发展和主体扩增齐抓共管,把握重点产业发展的契机,加大力度引入与区域经济适配度高、发展能级强的总部企业。

发挥总部企业牵引作用,推动产业链供应链深度互联和协同响应,带动上下游企业能级水平同步提升。优化总部经济发展布局,推进中心城区、城市新区和郊区新城差异化发展,促进总部企业有效集聚,推动企业数量、质量和经济贡献持续增长。

### （四）强化平台载体建设,持续优化营商环境

着力构建完善总部经济政策体系、服务体系,推进总部大楼、总部基地、总部经济产业园（集聚区）建设。打造高能级总部企业聚集区,多措并举提升区域"软"实力和"硬"实力。通过不断优化商业环境、完善市场经济制度,构建包括财税扶持（奖励）、投融资支持、土地保障、通关便利、人才支撑、办公场所补助等一系列支持总部经济发展的相关政策,设立市（区）总部经济发展专项引导资金。既要留住本地的总部企业并帮助其做大做强,更要进一步吸引国内外大企业、大集团或区域企

业的总部或分支机构、研发中心落户江苏。

重点吸引更多的人流、物流、信息流和资金流向江苏集聚,吸引更多的文化创意、科技研发、资产评估等机构,以及更多的中外金融保险机构地区总部、结算中心和跨国公司、国内大企业研发总部、营销总部、管理总部入驻。坚持本土培育与全球引进相结合的原则。聚焦高能级500强、行业龙头和行业"隐形冠军"等重点企业,支持在江苏省设立总部,积极承接省外总部资源。鼓励现有总部企业根植江苏、做优做强,引导其开展跨境、跨区域经营,走出去设立分支机构,向中国区总部、亚太区总部、全球总部企业发展。各地区负责做好总部企业引进、培育和服务工作,设立总部经济发展领导小组和领导小组办公室,负责研究、制定、细化本辖区总部经济发展目标,组织实施总部企业认定和政策兑现。抓好落实总部企业用地支持、人才激励奖励、人员出入境和停居留便利化支持、贸易便利化支持、金融服务支持等政策。

### (五)优化空间布局,加快总部经济集聚区建设

加快总部基地建设,提升中心城区极化功能。充分发挥中心城市信息、人才、科技、人居等资源优势,推动南京、苏州、徐州依托成熟、完善的商业、娱乐配套服务、丰富的文旅资源优势,重点发展以现代商贸业、国际商务、国际贸易、金融保险、文化创意、航运物流、专业会展、信息服务为主体的总部经济。在此过程中,总部经济集聚区的建设要注重独特定位,积极围绕所在地区的主导产业和优势产业,进一步优化要素组合和资源配置,促进产业结构优化升级,构建符合当地发展方向和具有当地特色的产业集群。

加快建设郊区型总部基地,形成"中心—外围"功能互补的区域发展格局。结合区域资源条件产业发展基础,以及主导功能培育方向等,各具特色地推进一批研发基地、培训基地等形态的郊区型总部基地建设,与中心城区总部基地形成差异定位,并联动发展。

整合资源,推进跨区域经济合作。深化长三角跨区域合作,主动参与、对接、融入上海"两个中心"建设,积极探索新模式、新机制,推进沪宁两地企业在金融、航运、贸易等领域的合作,不断拓宽本地企业的发展空间,促进企业发展壮大。鼓励各市企业参与区域合作,实施与周边城市和地区优势互补、协调发展的区域发展策略,主动寻求与泛长三角边缘地区、中西部地区产业分工合作,支持本地优势总部企业"走出去"拓展异地业务。发挥自主创新和产业发展优势,通过资本经营、战略合作和业务重组等方式,参与异地企业改组改造,进一步拓展市场空间和资源空间,延伸产业链,提升价值链,完善创新链,形成优势互补、务实互利和开放互动的开放型经济发展态势。

# 行业篇

# 第一章 江苏省软件与信息技术服务业发展报告

"十四五"时期是我国"两个一百年"历史交汇、"两个大局"交相重叠的重要时期。为贯彻新发展理念、构建新发展格局,统筹兼顾产业转型升级与安全体系建设,推动"强富美高"新江苏建设铺开新画卷,铸核心技术之魂,以软件为科技创新"推进器",彻底激活全省科技创新发展的全新动力。掣经济转型之擎,以软件业发展为提质升级"加速器",全面推动内需体系建设与产业现代化发展。立安全保障之盾,以软件业发展为社会运转"压舱石",切实保障网络空间与关键命脉行业的安全运转。固数字社会之基,以软件业发展为美好生活"催化剂",扎实推进政策治理体系和治理能力现代化,不断增进人民高品质生活福祉。

## 一、江苏省软件与信息技术服务业的发展现状

### (一)发展态势平稳,业务收入稳步增长

江苏省工信厅发布数据显示,2022年江苏省软件和信息技术服务业收入达1.32万亿元,同比增长10.27%,增速比三季度回升3.06个百分点,呈现强劲复苏态势。其中,工业软件产品收入517.5亿元,同比增长18.2%;工业互联网平台服务收入55.2亿元,同比增长25.5%;嵌入式系统软件销售2238.9亿元,同比增长8.6%。这显示出江苏省软件产业高质量发展与制造业智能化改造数字化转型双向赋能成效明显。

软件名城、名园、名企、名品等"七名"标杆建设取得一系列新成果。南京、苏州、无锡3个中国软件名城保持快速发展,向工信部推荐创建中国软件名园5家,列入国家重点软件企业增至33家。江苏省规划布局内重点软件企业培育入库企业148家,专精特新软件企业培育入库企业172家;向省内外大力推广首版次软件113项,信息技术应用创新产品1319项,培育优秀软件企业CEO、CTO、CSO共49名。此外,江苏成功举办第十一届"中国软件杯"大赛和全国最大规模的软件专业展会——2022中国(南京)软博会,线下观展人数超过3.3万人,线上浏览量突破405万人次,签约项目金额126.5亿元。

软件名城、名园是软件产业集聚发展的核心载体。工信部发布的软件和信息服务业发展规划中明确提出,以开展中国软件名园创建工作为抓手,进一步推动产业高效集聚发展。在江苏,产业园区不是将企业"大杂烩"式简单聚拢,而是通过建链、补链、延链提供更好的政务服务,营造良好产业生态。全省有18家国家高新区,数量居全国第一位,国家级创新型产业集群总数达19家。在优化升级产业园区建设过程中,不仅聚起了新兴产业,而且增强了辐射带动作用,促进了产城融合进度,使得产业与城市形成了互促互融的良好局面。江苏软件和信息技术服务业保持高质量发展态势,

打造具有竞争优势和全省特色的软件和信息技术服务业发展格局,为实现制造强省、网络强省提供了有力支撑。软件园区不仅成为软件产业集聚的载体,更成为地方发展数字经济的"桥头堡""孵化池"。

### (二)构筑"产业高地",创新能力大幅提升

江苏省是制造业强省,也是现代服务业强省。软件与信息服务业是江苏现代服务业最具优势的细分产业,其产值、竞争力长期位居全国最前列。同时,这一产业也是江苏生产性服务业的最关键、最活跃领域。江苏省积极响应"十四五"规划提出的主要任务,在强化产业创新发展能力和完善协同共享产业生态方面取得进展,加速模式创新、机制创新,提高了产业集聚水平。

在强大基础之上构筑"产业高地",引导企业"聚变"与"裂变",构建细分产业集群和产业链,实现高水平创新发展,这是江苏软件和信息服务业蓬勃之力源源不绝的另一个重要因素。

中国(南京)软件谷堪称江苏软件服务业"第一高地",也是"聚变"的典型。与南京在全省、全国软件和信息服务产业的地位相似,这里一直是全省同类产业园区的领跑者,而且遥遥领先。2020年软件业务收入2170亿元,同比增长20.6%,占全市比重36%;2021年软件业务收入2500亿元;2022年软件业务收入2600亿元,占全市比重近40%,规模继续领跑全省,近三年年均增速20%。2017年9月,国家工信部信软司、江苏省工信厅和南京市政府签署备忘录,共同推动软件谷创建继上海浦东新区之后第二个"中国软件名城示范区"。软件谷也是国家软件和信息服务业示范基地、江苏省唯一的国家数字服务出口基地;入选首批江苏软件名园(第一层次),名列首位。

软件谷核心区仅十余平方公里,却拥有六大软件产业集群。通信软件产业集群以华为、中兴等为龙头,2021年底有1245家企业,从业者约12万人,核心业务收入约1070亿元。大数据及信息安全产业集群以浩鲸科技、诚迈科技等为引领,682家企业,从业者约5.6万人,核心业务收入超302亿元。互联网产业集群以运满满、希音等为支柱,748家企业,从业者7.2万余人,核心业务收入约480亿元。此外,还有以亿嘉和等为核心的人工智能产业集群,以中兴光电子等为代表的芯片产业集群,以航天科工、润和软件等为先导的信创产业集群。在通信软件产业集群,华为南京研究院2005年入驻软件谷,深耕多年。信创产业集群围绕国家安全自主可控战略,已带动全市乃至全国工业控制、国防设备、智能电网设备、航空航天设备等多个国家重要装备制造领域的发展升级。

蓝鲸人网络科技公司在全球首创了"非线性编辑"交互模式,解决了手机端图文编辑效率低下的问题,一篇含有20张图片的文章可在3分钟内完成编辑。此模式一经发明,就被包括新浪在内的数十家公司借鉴,成为事实上的行业标准。为持续培育带有"自主创新基因""南京雨花基因"的新秀,软件谷打造了各类公共服务平台40余个,集聚各类众创空间、科技企业孵化器56家。

江北新区产业技术研创园、徐庄软件园、江苏软件园……软件谷之外,南京的软件服务产业"高地"众多,在不同细分领域各具特色,分布于江南江北、紫金山麓和秦淮河两岸。

南京以外,苏南和沿江其他城市的软件服务产业同样在迅速集聚和升级。据不完全统计,苏州已建设的32省省级现代服务业集聚区,涉及软件服务业的占三分之一以上。"十三五"以来,常州加速引导软件服务业等与先进制造业"两业"深度融合发展,先行先试、改革创新。2022年上半年,无锡已开始着重推动电子设计自动化(EDA)等关键工业软件的研发。

无锡(国家)软件园是无锡软件服务业的最大集聚区,也是江苏软件名园(第一层次)。其龙头

企业之一朗新科技长期助力国家电网、华润燃气、中国海关总署等1.2万余家政企客户的数字化转型,并为北京、杭州、雄安等多地打造"绿色数字城市"。同在无锡高新区的微纳产业园,自主研发基础软件、集成电路设计等已成为新的主导产业。作为拥有自主知识产权的创新型企业,无锡微纳产业发展公司初步实现了EDA工具软件国产化,已开始与华为合作。无锡盛景微成功自主研制了雷管芯片及其软件之后,目前国内市场该类型芯片价格已从最初的每个几十美元骤降至5元人民币,去年公司销售额达6亿元。

2017年以来,常州文化科技创意发展公司已从以文创和游戏开发为支柱转型为以软件及关联服务业为主导,形成了以工业软件、政务软件、医疗软件等特色鲜明的行业矩阵,以智能制造引领软件产业"提速换挡",进一步推动制造业转型升级。短短几年,智能制造软件商新友畅、智慧医疗软件商鑫亿等创新企业脱颖而出。

## (三)统筹发展安全,数字江苏建设迈出坚实步伐

数字基础设施加速升级。截至2022年底,全省千兆光网基本覆盖城乡所有家庭。全年新建5G基站5.6万座,累计建成18.7万座,实现全省乡镇镇区以上区域全覆盖。物联网终端用户数达2.3亿,全国排名第二。综合算力指数位居全国第二。工业互联网标识建设成效位列全国第一。车联网和智能网联汽车发展迅速,累计投入自动驾驶示范应用车辆超过900辆。

数据资源体系加快建设。截至2022年底,已完成省大数据共享交换平台与国家数据共享交换平台、全国一体化在线政务服务平台、94家省级部门、13个设区市全面对接,形成"上联国家、横通部门、下接设区市"的国家、省、市一体化大数据共享交换平台体系。江苏上线省公共数据开放平台。开展数据资产价值评估试点,确定资产价值评估的数据目录。

数字经济发展提质增效。截至2022年底,全省数字经济核心产业增加值占地区生产总值比重达11%。电子信息制造业营业收入达4.2万亿元,同比增长18%;软件业务收入1.3万亿元,同比增长16%,分别位居全国第二、三位。大数据、区块链、人工智能等新兴数字产业发展势头强劲,成功创建国家人工智能创新应用先导区(南京),工商注册区块链相关企业超过1.2万家,通过国家区块链信息服务备案项目258个,同比增长150.5%;专利授权639件,同比增长53%。农业、制造业、服务业数字化转型显著加快,两化融合发展水平连续八年保持全国第一,全年实现网络零售额12208.9亿元。

数字政务建设集约高效。电子政务外网实现省市县镇村五级全覆盖。建成运行省数字政府政务中台,上线运行省级公共数据开放平台,公共数据按需共享率达到95.6%,应开放公共数据开放率达到92.2%。政务服务"一网通办"率达到94%。长三角政务服务"一网通办"专栏接入江苏省事项68项、高频服务26项,三省一市实现140项政务服务事项或服务场景应用"一网通办、异地可办、就近办理"。新增"省内通办"事项70项,累计达200项,打破事项属地办理限制。

数字文化事业繁荣发展。以互联网游戏服务、动漫游戏为代表的文化新业态行业快速发展,全年营业收入达3412.5亿元,同比增长7.1%。建成大运河国家文化公园数字云平台并投入使用,率先实现省级数字文化馆平台与国家公共文化云的全类型数据对接,超900家文化馆(站)、社会机构入驻,累计线上服务人次超2亿。健全公共数字文化服务体系,建设完成公共数字文化工程1个省级分中心、109个市县(区)支中心、1300多个乡镇(街道)和近2万个村级基层点,形成涵盖省、

市、县(区)、乡镇(街道)和村的五级服务网络体系。

数字社会共建共治共享。积极落实国家智慧教育平台整省试点工作,全新上线江苏智慧教育平台。"三个课堂"建设成效更加凸显,省名师空中课堂基本实现中小学生全覆盖;建成2824间城乡结对互动教室,实现农村小规模学校和乡镇寄宿制学校全覆盖;建成345个省级中小学网络名师工作室,基本覆盖全学科及绝大多数区县。完善数字医疗健康服务,新增互联网医院15家。推进人社服务智慧化升级,推动58个事项形成支持服务对象"一次申请"的"打包快办"业务,完成15个"一件事"建设。优化智慧民政服务体系,构建省养老服务综合信息平台,开发"苏适养老"服务小程序,建成虚拟养老院110余个,年累计服务超过4000万人次。推动交通出行数字化改造赋能,建成83公里数字化高速公路、135公里智能网联道路。扎实推进全省数字乡村建设五大行动,成立江苏省数字乡村发展联盟。

### (四)信息技术快速发展,助力江苏制造"数字化转型"

2018年12月,江苏省工业和信息化厅发布《关于进一步加快智能制造发展的意见》,旨在加快推动互联网、大数据、人工智能和实体经济深度融合,推进工业经济高质量发展。2021年,江苏省人民政府办公厅(以下简称"省办公厅")发布《江苏省"十四五"数字经济发展规划》,提出到2025年,数字经济强省建设取得显著成效,数字经济成为江苏高质量发展的重要支撑。同年8月,省办公厅发布《江苏省"十四五"新型基础设施建设规划》,提出要在"十四五"时期,率先建成满足经济社会高质量发展的数字、融合、创新、智能的新型基础设施体系。2021年12月,省办公厅发布《江苏省制造业智能化改造和数字化转型三年行动计划(2022—2024年)》,旨在通过三年努力,全省制造业数字化、网络化、智能化水平显著提升,制造业综合实力显著增强,率先建成全国制造业高质量发展示范区。2023年3月5日,习近平总书记参加十四届全国人大一次会议江苏代表团审议时强调:"要坚持把发展经济的着力点放在实体经济上,深入推进新型工业化,强化产业基础再造和重大技术装备攻关,推动制造业高端化、智能化、绿色化发展,加快建设制造强省,大力发展战略性新兴产业,加快发展数字经济。"江苏深入贯彻落实习近平总书记重要讲话精神和党中央决策部署,把数字经济作为转型发展的关键增量,全面推进产业数字化、数字产业化,推动数字经济和实体经济融合发展,加快产业转型升级,着力打造具有国际竞争力的先进制造业基地。

从全省规上制造业企业智能制造能力成熟度水平看,2022年,35.8%的规上制造业企业处于智能制造能力成熟度一级,开始了数字化改造;23.9%的规上制造业企业达到成熟度二级,实现了核心业务环节的数字化网络化;14.1%的规上制造业企业迈进成熟度三级,实现了网络化集成及单点智能;6.6%的规上制造业企业达到四级以上的高成熟度,深度应用智能化。相较于2021年,2022年全省"三级及以上"高成熟度规上企业占比提升,说明省内企业转型升级成效明显。

综合选取企业样本量超过1000家的行业进行统计分析,从成熟度等级分布看,计算机、通信和其他电子设备制造业,汽车制造业,电气机械和器材制造业三级及以上高成熟度企业占比较高,分别为24%、20%和18%。

2022年,江苏省13个设区市智能制造发展指数平均得分为83,排名前三的城市分别为苏州(141)、无锡(127)、南京(117)。根据各市得分可以划分为三个梯队,苏州、无锡、南京处于第一梯队,得分均超过100;常州、徐州、南通处于第二梯队,得分在83—100之间;镇江、扬州、泰州、盐城、连云港、宿迁、淮安处于第三梯队,得分在 50—83 之间。

### (五)工业软件发展取得长足进步,效能实现质的飞跃

工业软件是指应用于工业领域,以提高工业企业研发、生产、管理水平和工业装备性能的应用软件,是工业制造的"大脑和神经",其核心作用在于帮助工业企业提质增效降本,并增强企业在高端制造的竞争力。根据作用不同,工业软件可分为研发设计类、生产控制类、经营管理类、嵌入式软件(设备控制类)。工业软件是制造业转型升级、构建现代化产业体系的"根"和"魂"。江苏工业软件产业发展取得长足进步,2022 年全省工业软件产品收入实现 517 亿元,同比增长 18.2%,位居全国第一;工业软件产业链收入 2829 亿元,在全国占比超 20%。当前,江苏正深入推进新型工业化,聚焦 16 个先进制造业集群和 50 条产业链的"1650"产业体系建设,不断推进软件和信息技术服务业发展。

作为企业数字化转型的"软装备",工业软件是企业推进两化融合的切入点,对企业转型突破有着关键的作用。江苏不断拓展应用场景,支持建设工业数据可信系统,促进工业数据资产流通,同时,支持工业企业主动开放应用场景,为国产工业软件提供更为广泛的应用市场。

在重点行业创新应用方面,江苏积极引导金融、政务、交通、医疗、教育、水利、住建、生态环境等重点领域用户支持信息技术应用创新,每年验证推广以自主基础软件为核心的信息技术应用创新解决方案和应用示范案例 100 项,选树 10 项信息技术应用创新标杆工程,参与编制行业信息技术应用创新建设指南和行业信息技术应用创新产品图谱。

江苏还支持创新产品首试首用,每年发布推广优秀工业软件产品和应用解决方案、首版次软件产品 100 项以上,支持关键领域"补短板"的攻关成果和首版次软件优先纳入应用推广指导目录,鼓励全社会首购首用、推广应用。

# 二、江苏省软件与信息技术服务业发展存在的问题

### (一)产业"有高原无高峰"现象依然存在

数字经济是以云计算、虚拟技术、物联网、软件定义、人工智能、区块链等新一代信息技术为载体,以数字化知识与信息为生产要素,结合信息通信技术,优化经济结构,提升经济发展效率的一系列经济活动。大型互联网企业掌握巨量数据资源,这些资源对发展云计算、物联网、人工智能起到关键作用。2022 年,江苏省数字经济规模为 5.1 万亿元,占全省 GPD 比重为 43.4%,占全国比重为 11.8%,规模继续位居全国第二。全省数字经济核心产业增加值占地区生产总值比重为 10.6%。数字经济正逐步成为江苏经济高质量发展的新动能。

江苏虽然软件业总量较大,但是大型企业较少,对标广东、浙江,"有高原无高峰",缺少像百度、阿里巴巴、腾讯这样的领军型互联网企业。广东省培育了华为、腾讯、树根互联、富士康、美的、华润等 6 家国家级综合性工业互联网平台型企业;浙江省拥有年营收超千亿级的数字经济企业 2 家,超百亿级企业 45 家,头部企业引领数字经济创新态势明显。与广东和浙江相比,江苏数字经济领域有影响力的引领型企业较少,这成为江苏数字经济发展的"软肋",因此在数字经济领军企业培育方面,

江苏还要下大力气。从数字经济产业占GDP比重来看,2022年江苏为43.4%,比上年提高了3.4个百分点,可见与自身相比,江苏进步很快。但横向比较来看,2022年广东和浙江两省数字经济占GDP比重分别为49.7%和51.5%,江苏比广东、浙江低6—8个百分点,差距仍然非常明显。相比先进省份,依托领军型互联网企业数据资源优势,推动工业互联网、智能制造、共享经济、新零售等快速发展方面还存在不足。

### (二)"卡脖子"技术亟待突破

江苏软件行业长期存在的一个问题是以芯片和工业软件为代表的自主创新不足。于省内整个产业而言,虽然已经表现出不错的自主创新势头,但和欧美等发达国家相比差距依然巨大。虽然工业软件的产业占比很小,却是制造业的大脑和神经,堪称工业领域的"皇冠",但在近年来的几次"卡脖子"事件中,工业软件和芯片两个短极依旧非常突出,这也为我们今后的发展明确了方向。

在企业发展上,江苏省仅有南瑞集团1家企业进入全国软件业务收入前十,数量不及山东等省份,缺少具有生态主导力的龙头企业和叫得响的品牌。在促进企业发展的外部发展生态上,"重硬轻软"观念没有得到根本转变,"不愿用""不敢用"国产软件现象依然存在,适配测试等产业公共服务能力跟不上软件企业需求,软件企业因轻资产的特点依然存在融资难问题,既懂工业又懂软件的复合型人才供给不足,这些都制约了江苏省工业软件创新发展。

工业软件产业的基础能力薄弱,正向研发设计能力存在不足。工业软件研发涉及工业制造技术、工程管理、应用数学、计算机与软件等学科的交叉融合,唯有多类创新主体(与学科)的共同参与才能促进工业软件的技术进步与产品创新。虽然我国产业体系几乎覆盖了全部工业产业大门类,但在诸多细分方向上存在关键环节的供给与需求被少数国际企业所掌握的现象。从粗粒度的产业循环角度看,我国产业体系是完整的,具有全面的工业需求;但在供给侧多个方向存在较大缺口,对国际供应依赖性较强。例如,我国研发设计类工业软件的国产化率较低(不足10%),三维几何引擎(CAD软件内核)、CAE求解器等工业软件基础及核心技术距离独立自主尚有差距;大多购买国外产品授权或者直接使用开源内核进行软件产品开发,导致工业软件基础与核心技术在特殊情况下存在"卡脖子"风险。

企业持续创新发展后劲不足,有待在开放合作中进一步激发创新能力。一是当前江苏软件企业仍以承接个性化定制项目为主要业务模式,较少以自主技术为核心形成标准化、通用型软件产品,长期来看不利于企业形成可持续发展能力。二是江苏软件企业较多专注于本土市场,而较少应对国际创新竞争的挑战,具备国际视野和国际竞争实力的企业数量不足。三是部分新兴技术创新应用、商业化进程滞后于国际发展趋势,软件企业有待进一步与全球软件创新生态接轨。

"十四五"期间,江苏省软件和信息服务业将坚持"自主创新、应用牵引、融合赋能、开放协同"的基本原则,持续加强关键核心技术攻关,强化应用牵引并开展应用示范。力争到"十四五"末,软件产业结构持续优化,核心竞争力不断提升,让全省软件产业规模再上一个新台阶。

### (三)软件园区特色化、专业化有待加强

园区同质化竞争严重,特色化、专业化发展有待进一步加强。当前,软件园区建设存在着发展质量不高、特色发展不够、创新能力不强、产业环境不完善等突出问题,未能有效形成差异化竞争、

特色化建设和错位化发展的良好格局。园区之间同质化竞争激烈,有些园区不顾自身资源约束盲目发展人工智能、大数据等不具备比较优势的产业,低水平重复建设现象突出。部分园区在产业规划布局上仍然强调大而全,忽视优势特色产业打造,严重影响园区核心竞争力提升和产业可持续发展。

园区基础设施有待健全,综合服务能力亟须完善。目前,现有部分软件园区综合功能仍待完善,平台建设滞后于产业发展和人才集聚需求,公共技术服务设施、城市基础设施、人才安居工程等功能缺口较大。园区内公共服务平台建设不完善,多数园区平台建设仍处于起步阶段,与企业需求尚未全面融合。此外,部分园区重产业、轻生活,与园区相配套的生活配套软环境建设不完善。

政策规划对园区覆盖力度有待加强,园区发展活力有待激发。政府层面统筹软件园区发展的专项政策和规划力度有待加强,各部门、各地区协同推进园区发展的政策、资金、规划、制度等不够聚焦。地方层面专门针对软件园区发展的政策数量不多、延续性不强。各个地方政府鉴于财力、理念等差异,推出的政策措施覆盖面较窄,软件园区政策"肥瘦不均"的现象明显,不利于产业集群与创新集群的融合联动发展。

### （四）新技术商业化落地难,供需结对存在卡点

国内基于大模型的新产品与国外存在差距,商业化落地困境值得持续关注。当前,国内大模型性能与GPT-4、LlaMA等头部产品普遍存在差距,发展面临高端芯片进口受限、高质量数据需求难满足等问题,且在商业化落地中面临"投入大、盈利难"的困境。

供需双方结对攻关存在卡点,供需双方在成果归属、安全、应用等方面需进一步形成共识。一是成果归属方面,供需双方在结对攻关中均有投入,划分攻关成果的知识产权归属、收益容易产生争议,影响了双方深度合作的积极性。二是场景开放方面,用户单位出于安全考虑,通常选择非核心场景或少量开放涉及敏感信息、重大基础设施的核心应用场景,在一定程度上弱化了结对攻关成效。三是应用推广方面,基于个性化需求形成的结对攻关成果,未必适用于市场的共性需求,软件企业需要找寻个性化研发与应用推广价值的平衡点。

## 三、江苏省软件与信息技术服务业发展的对策建议

### （一）深化新技术融合应用创新

创新是第一动力,软件行业技术周期短,技术迭代快,需要构建能够实现快速响应的创新体系。以理论创新为核心的大学和科研院所,以及以技术创新为核心的企业,共同建设以研发新技术为重点任务的平台和机制,使学院和企业的职能在创新中相互渗透,促进知识的创造、传播和转化。在产学研基础上,政府也要积极参与创新系统构建,围绕产业链部署创新链,引导企业和社会增加创新投入,建立相应的制度保护创新成果,完善推动技术创新的税收政策,通过合理的创新政策工具支持创新系统的运转。

为强化核心技术能力,江苏要支持开展软件开发能力培训,全面提升软件代码质量、工程文档规范水平和协同开发效率。依托第三方机构发展咨询与评测服务,持续提升软件开发的性能评价

与质量保障能力。推广软件订阅、计次收费等软件运营新模式,健全技术创新的市场导向机制,强化科技金融支撑,面向企业、科研院所搭建专业性投融资、知识产权服务渠道,健全创新项目推广制度,加快成果转化。

江苏要支持打造面向高端软件的综合创新平台,加快原始创新与集成创新。促进服务模式创新,引导中小制造企业通过提升软件与信息服务应用普及率实现降本增效,进一步塑造"新技术、新产品、新模式和新业态"的孵化与成长平台。鼓励企业与产学研单位共建关键软件协同创新中心、软件企业技术中心等创新载体,构建核心软件产业创新体系。围绕重点发展领域,优选具备整合产业链上下游能力的骨干企业,加快建设以企业为主体、联盟为支撑、产学研用协同发力的省级制造业创新中心。

### (二)培养引进高素质人才

对于软件产业而言,人才不仅是产业发展的第一资源,更是构成软件产业健康发展生态的关键要素。软件人才队伍的培养和建设是行业持续发展的核心动力。目前,江苏的软件名城、软件园区以及软件企业数量均为全国第一。省内有34家软件企业上市主板和科创板,10家软件企业入选中国软件业务收入百强,33家企业列入国家鼓励的重点软件企业清单。产业快速发展,意味着人才需求量更大。

不仅要吸纳高端技术人才,也要引入创业人才和管理人才。重点引入国际高端人才,重点从引入外资转移到引进高端产业人才,并通过相应的配套制度留住人才。提及人力资本投入的比例,解决高端人才的高价位薪资,强化用于人才培训的资金投入力度。利用学校、科研院所、企业等多种平台,充分发挥各平台在人才培养方面的优势,通过相互合作交流,培养出以理论知识为主的科研人才以及以实践能力为主的技能型人才,形成软件产业复合型人才体系。开发人才"第一资源"、服务壮大万亿产业,当务之急要持续深化产业与人才融合发展的机制体制建设,加速把各方面优秀人才集聚到江苏,共同打造软件人才高质量发展的生态圈。

软件产业人才培养的突破口在于产教融合的深化。江苏软件产业基础雄厚,为实现软件人才的产教融合提供了"硬支撑"。加之江苏省高校众多,科教资源丰富,这些都为产教融合得以"向深探索"打好了基础。江苏要继续强化软件基础教育,鼓励高等院校面向前沿领域、产业热点,加快建设信息技术新工科专业,有效促进学研对接、学用对接,提升软件人才供给质量。推动特色化示范性软件学院建设,创新职业教育人才培养模式,积极培育紧缺型、复合型产业技术人才。要突破传统路径依赖,应构建基于产教融合的软件信创人才培养体系,提升系统培育能力。

人才的持续健康成长,既离不开龙头企业构筑自主培养机制,辐射带动产业链上下游人才共同发展,也需要高校加入,实现产教融合,探索校企共育人才的新模式。实现产教融合,人才"供"与"需"的有效对接是关键。软件人才的培养主要集中在高等院校,主要包括基础软件开发人员、应用软件开发人员、硬件工程师和网络工程师。随着软件信息产业的快速发展,对院校人才培养方向、培养领域动态调整的要求也越来越高。作为人才主要供给端的院校,也需更"接地气",紧跟产业需求进行培育机制的"迭代"。目前,我国软件信息产业仍在不断发展之中,相关技术岗位还未成熟,需要不断更新工程体系与实验环境,遵循软件人才培养的成长图谱,分阶段、分层次创造软件学习与实践环境。

### （三）培育促进资源聚合的软件产业生态系统

工业软件产业链的正常运行要求实现上下游软件之间的匹配与兼容,受这一特征影响,不仅要求工业软件企业的自身产品覆盖从设计到封装使用的全流程工具链,还要求与上游软硬件设备供应商、下游应用需求方形成较为稳固的产销关系,这种密切嵌合的关系网日益成为工业软件产业的发展常态。在工业软件上下游相互嵌合的生态网中,新产品、新工艺相互促进、互为一体、滚动发展,使得生态网外的竞争者更难跻身产业链的某一环,实现反超。

江苏应加快建立产业链上各环节软件企业有效的合作机制,实现企业资源共享,拓宽生产要素的流通渠道,提升企业的市场生存能力。优化软件产业生态系统中各企业之间的协作机制,有效提升产业链的质量,增强供应链的韧性,强化创新链的内在联系,提高生产、物流、销售、售后、采购、管理等各个关联环节之间的效率。通过建设良好的产业生态系统,加强软件产业链上下游联系,实现系统内部数据、知识以及技术共享,实现跨主体之间的协作,促进企业之间的研发创新合作,提升软件产业的整体技术水平。

### （四）深入推进软件产业集群建设,推动软件园区体系化发展

江苏应鼓励各地引导优势企业、重点项目向特色软件园区集聚,提升产业载体引领高质量发展的实效。支持互联网产业园、互联网众创园、大数据产业园等各类产业创新载体错位发展,加快打造"产城融合"发展新格局。"产"的能级越高,能帮助更多人创新创业;"城"的体系越完备,能吸引更多人安家落户。而"产城融合"的最终指向,就是为高质量发展打造高品质空间。

要加大对中国软件名城建设的支持力度,稳步提升南京软件名城、苏州软件特色名城的发展水平,支持无锡创建中国软件特色名城。参照中国软件名园建设标准,优化江苏软件名园评估机制,加快培育省级特色软件名园,积极争创中国软件名园。

加快发展以基础软件、工业软件、行业应用软件为重点的高端软件产业集群,基于基础软硬件自主技术体系适配优化各类行业应用软件,支持研发一批行业通用软件和信息技术应用创新解决方案,加快建设信息技术应用创新先导区,打响江苏高端软件产业品牌。瞄准国内一流水平,遴选一批具有较强创新实力、具备发展潜质的工业软件骨干企业,采取"一企一策"方式,定向配置创新资源,支持开展重大科技项目攻关和产学研协同创新,打造若干有行业影响力的本土领军型企业。

### （五）完善软件产业市场制度,积极优化营商环境

充分发挥市场对资源配置的决定性作用,建立"有效市场＋有为政府"双重发展机制。政府作为市场制度的供给者,要利用功能性的政策,完善政府调节与监管的作用,维护公平的市场竞争秩序,防止软件企业利用产品绑定形式进行市场垄断。同时,要减少政府对要素的直接配置,在企业公平获取各类生产要素的基础上,发挥市场机制优胜劣汰的作用,促进企业技术变革,优化管理体系,提升产品与服务的质量,选择合适的软件产业发展路径。

大力提升营商环境,采取各种激励措施降低创新门槛,对于跨界创新的科创型初创企业特别是工业软件类企业,酌情为工业软件企业提供有针对性的专门政策及税收优惠,为工业软件企业提供无担保贷款、无息或低息贷款等科技金融服务以解决初创企业融资难等问题。大力实施

创新研发企业主体战略,以市场机制驱动企业自主创新研发,将研发人员、研发投入集聚于工业软件企业内部,以企业技术中心为载体,深度融合创新链与产业链,源源不断地产生新产品、新型专利。

鼓励产品研发应用,除了对新技术新产品研发进行补助外,还应鼓励金融机构提供固定资产贷款、研发贷等中长期贷款产品,对符合条件的给予贴息支持,并对符合条件的挂牌、上市企业给予资金等支持。进一步扩展融资途径,为软件和信息服务类企业运营输送"血液",必将激发企业创新发展活力,为软件和信息服务产业持续稳健发展带来新机遇。

# 第二章　江苏省服务外包业发展报告

服务外包作为服务贸易新兴领域、现代高端服务业的重要组成部分,对促进形成外贸新亮点、现代服务业发展新引擎和扩大就业新渠道具有重要的意义。2022年,深入贯彻落实国家和江苏省关于促进服务外包转型升级的相关文件精神,全国首批出台了《江苏省推进数字贸易加快发展若干措施》,以服务构建新发展格局为引领,强化科技创新、制度创新、模式和业态创新,强化产业支撑、平台支撑和环境支撑,积极推进服务外包数字化转型和融合发展,相关工作取得切实成效。

## 一、江苏省服务外包业的发展现状

2022年,江苏实现服务外包执行额683.9亿美元,其中离岸执行额335.9亿美元,同比增长11.3%,较全国高6.3个百分点,服务外包执行额、离岸执行额等主要业务数据约占全国四分之一,离岸业务总量连续14年居全国首位,在国家级示范城市建设、业务结构优化、业务领域拓展、数字化转型和融合发展等方面均取得明显成效。

### (一)示范城市支撑作用更加牢固

2022年,江苏省国家级服务外包示范城市无锡、南京、苏州分列离岸执行额前三位,分别为82.5亿美元、77.4亿美元、58.2亿美元;南通离岸执行额首度突破45亿美元,实现能级提升;徐州、镇江离岸执行额也均超过10亿美元,增加值均超亿美元。6个国家级服务外包示范城市离岸执行额合计占全省比重近9成,成为江苏省离岸外包业务发展的主要支撑。南京市在商务部等国家部委2022年发布的中国服务外包示范城市综合评价的得分仅次于上海,位列全国第二。省级服务外包示范城市——常州2022年贡献江苏离岸执行额增量近三分之一,为进一步争创国家级示范城市创造了有利条件。

### (二)数字化转型和融合发展成效显著

2022年,江苏省高端信息技术外包业务发展迅猛,信息技术解决方案离岸执行额6.6亿美元,同比增长41.1%;具有基础支撑作用的网络与数据安全离岸业务首超亿美元,同比增长48.1%。国家数字服务出口基地——南京软件谷信息技术业务离岸执行额逾10亿美元。全省新增5家省级数字服务贸易基地。浩鲸云等15家省重点服务外包企业的数字贸易创新案例印发全省。中天科技、徐州精创、江苏润和、华云数据4家企业入围全国首批国家级信息技术外包和制造业融合发展重点企业,为江苏省加快服务外包与制造业融合发展发挥重要的示范引领效应。

## 专栏1　徐州倾力打造长三角北翼服务外包新高地

记者　郑微

中国江苏网　2024-01-06　10:10

《2022年中国服务外包示范城市及申请城市综合评价结果》公布,徐州位列全国服务外包示范城市第34位,产业规模居苏北和淮海经济区首位。

2023年12月13日,2023中国(徐州)国际服务外包合作大会成功举行。徐州市领导会上提出,将大力打造苏北服务外包交付中心、淮海经济区服务外包首位城市和长三角北翼服务外包新高地。

地理位置优越、产业基础雄厚、政策力度支持大、人力资源丰富……作为中国典型的老工业基地和传统资源型城市,具备产业发展得天独厚优势的徐州将如何通过推动经济转型升级,大力发展互联网服务、数字服务外包等新兴业态,实现向产业链高端攀升,实现高质量发展,从而成为长三角北翼服务外包新高地?

徐州将抢抓数字经济和数字贸易新机遇,积极扩大开放、开展合作共赢,以高质量建设中国服务外包示范城市为引领,持续扩大服务外包产业规模,加强复合型人才招引培养,建立多层次、市场化的产业投融资机制,推动服务外包提能升级。

### 一、激活服务外包"新活力"

服务外包示范城市是中国服务外包发展的中坚力量。近年来,以高质量建设中国服务外包示范城市为引领,徐州积极引进国际知名企业和研发机构,鼓励本土企业主动拓展国际市场,持续扩大服务外包产业规模,不断提升徐州服务外包产业竞争力和影响力,全力激活服务外包"新活力"。

徐州是装备制造业大市、中国工程机械之都。为推动服务外包产业高质量发展,徐州充分发挥制造业优势,大力推进服务外包产业全方位参与智能制造,引导制造与服务相结合,推动制造业服务化发展。

在徐州,制造业服务化合作平台的积极搭建,打造出徐工信息汉云、赛摩协同智能等多个颇具特色的制造业服务化合作平台,为制造业企业实现信息化转型发展提供技术服务。

作为徐州本土培育的专业互联网公司,徐工信息汉云以技术为驱动,致力于为全球用户提供智能化改造、数字化转型解决方案,推动中国产品和技术走向全球。"作为国内成立最早的工业互联网企业之一,徐工信息汉云基于多年工业互联网实践探索经验,为各行业客户的提档升级、降本增效创新推出了众多产品和服务。"市商务局相关负责人介绍。目前,汉云工业已管理资产超8500亿元,服务装备制造、建筑施工、有色金属、工程机械、新能源、物流运输、智慧城市、核心零部件、教育等80多个专业领域,服务用户超过7万家,覆盖80个共建"一带一路"国家。

同时,徐州积极发挥龙头企业引领作用,推进制造业服务化,培育制造业服务化企业集群,以实现生产型制造向服务型制造转变;推动服务外包向高技术、高附加值、高品质和高效益转型升级,擦亮徐州"制造业服务化"名片。

目前,思爱普、贝塔斯曼、富士通等国际巨头以及华为、软通动力、中科曙光等国内领军企业齐聚徐州,培育出云意电气、精创电气等一批具有行业竞争力的本土企业。全市服务外包企业近3600家,从业人员超17万人,服务外包产业展现出蓬勃活力。

### 二、拓展产业发展"新空间"

自"十三五"以来,徐州在创建中国服务外包示范城市的目标指引下,把发展服务外包作为振兴徐州老工业基地、建设淮海经济区中心城市、推进双向开放、引领现代高端服务业集聚发展的重要抓手,采取了一系列行之有效的工作措施,推动服务外包实现"弯道超车"。

未来已来。面对下一步发展,徐州如何充分挖掘本地市场和国内市场潜力,做大产业规模,并进一步积极开拓国际市场?徐州给出的答案是,持续拓展产业发展"新空间"。

一方面,聚焦十大主导产业集群,徐州市持续做大工业互联网服务、软件研发和 IC 设计服务、工程技术服务等三大优势领域,不断做强安全科技服务、医药研发服务、供应链管理服务等三大特色领域,积极发展人工智能服务、电商平台和营销服务、检验检测服务等三大潜力领域,推动徐州市服务外包产业数字化、融合化发展。

据统计,2022 年,全市信息技术外包(ITO)、业务流程外包(BPO)、知识流程外包(KPO)占比分别达到 40.61%、24.71%、34.68%,其中软件研发服务增长 22.84%,工业设计服务增长 33.57%,医药和生物技术研发服务增长 25.98%,工程机械维修维护服务增长 22.69%,新能源技术研发服务增长 32.36%。KPO 在全市外包业态中占比逐年提升,服务外包产业呈现出产业结构不断优化、附加值不断提升的新局面。

近年来,徐州高新区将服务外包产业作为重点推动和发展的产业,不断进行产业升级转型的创新探索,推动服务外包产业发展的环境和氛围不断优化。目前,依托徐州安全科技产业园,徐州高新区打造了集安全产业发展、科技研发、安全技术与装备交易、安全监测为一体的中国安全谷,构建全国感知矿山中心、矿山物联网服务外包先行区。

"以徐州科技创新谷、徐州高新区大学生创业园为载体,我们已具备了重点发展软件研发及开发服务、信息技术解决方案服务、工业设计服务、数据分析服务、工程技术服务等服务外包重点领域的基础设施和实力,已经培育了一批知名企业和著名品牌,软件和服务外包产业规模、水平和竞争力不断提高。"徐州高新区相关负责人介绍。

另一方面,为更大力度拓展产业空间,徐州不断加快推进区域性产业科技创新中心、先进制造业基地、现代服务业高地,加快融入"一带一路"和长江经济带,为服务外包产业发展创造良好的基础环境。

与此同时,在区域市场拓展上,徐州积极承接服务外包发达城市产业溢出效应,立足淮海经济区中心城市优势地位,强化示范引领,加强区域互动,实现区域错位发展、协同发展。

**三、全力打造优质服务"新载体"**

如果说服务外包产业的持续稳定增长,是徐州经济转型升级的基础,那么推动徐州开放型经济高质量发展跑出"加速度",徐州还需要源源不断的新动能。由此,全力打造优质服务的"新载体"被摆上更为重要的位置,成为徐州发展服务外包产业的新的原动力。

一方面,徐州市紧扣服务外包产业发展所需,加快建立与北京、上海、苏南等领先地区服务外包产业协同合作机制,加强复合型人才招引和培育,持续完善知识产权保护体系,建立多层次、市场化产业投资融资机制,推动服务外包产业向更宽领域、更深层次发展。

另一方面,徐州市加快载体建设,目前全市各类服务外包载体面积超过 350 万平方米,建成了 5 家省级服务外包示范区、13 个市级服务外包示范区和 3 家省级服务贸易基地。

位于徐州市主城核心区的江苏淮海科技城,是徐州市实施创新驱动战略、打造区域性科技创新中心的重大部署,也是徐州市重点发展数字经济的主要载体。近年来,江苏淮海科技城锚定"科技创新策源地、高新产业孵化器、创新企业集聚区、科技双创示范区"功能定位,围绕徐州市着力培育壮大的"343"创新产业集群,大力发展都市型产业、数字型经济、科技型总部三种产业形态,着力构建新一代信息技术、生物医药大健康和科技服务业"2+1"主导产业体系。聚力打造全生命周期的"创新生态圈"和全要素供给的"服务生态链",形成了具有科技城特色的创新投资生态系统,推动数字经济赋能高质量发展。

目前,园区入驻企业超千家,各类科技型人才近万人,拥有省级服务外包示范区、省级互联网产业园、省级大众创业万众创新示范基地等33项省级资质,已成为淮海经济区创新型、服务型和数字型经济的主阵地。

徐州"十四五"规划明确提出,到2025年,徐州数字经济核心产业增加值占地区生产总值比重要大于10%。这为徐州数字经济的下一步发展提出了具体行动目标,也为徐州高标准建设中国服务外包示范城市指明了方向。

征程万里风正劲,重任千钧再前行。风头正劲的徐州服务外包产业正昂首阔步,踏上高质量发展新征程。

### (三)知识密集型业务增长迅猛

2022年,江苏离岸外包业务覆盖国家纳统的全部信息技术外包(ITO)、业务流程外包(BPO)、知识流程外包(KPO)三大类44个细分领域。知识密集、附加值较高的KPO离岸业务157.4亿美元,同比增长29.9%。其中,医药(中医药)和生物技术研发服务同比增长16.9%,达到30.0亿美元;新能源技术研发服务离岸执行额1.8亿美元,同比增长158.7%;新材料技术研发领域实现离岸业务突破,达到2.8亿美元。

### (四)目标市场结构更加优化

一是传统市场依然稳固。美国、香港特别行政区、欧盟仍居江苏省2022年离岸外包业务来源地前三位,业务额分别为65.5亿美元、64.9亿美元、42.3亿美元,占比分别为19.5%、19.3%和12.6%。二是面向RCEP国家(地区)的业务明显增长。2022年,江苏省承接日、韩等RCEP国家(地区)业务共91.6亿美元,同比增长14.1%,占比近三成。三是"一带一路"市场占比稳步提升。2022年,江苏省承接"一带一路"共建国家外包业务58.1亿美元,同比增长20.1%,占比17.2%,占比提升约2个百分点。

### (五)吸纳就业作用突出

2022年江苏省商务厅会同相关厅局积极组织服务外包企业利用"国家大学生个人就业服务平台—24365校园招聘服务"等网络平台发布招聘信息,组织开展江苏"百日千万网络招聘"等专项活动,并指导无锡举办"中国大学生服务外包创新创业大赛"。省、市各级累计组织专场招聘活动近600场,提供软件研发、生物医药研发等各类岗位7万多个。至2022年底,全省服务外包企业吸纳就业人数273万,较2021年底增加约20万人。

## 二、江苏省服务外包业发展存在的问题

### （一）江苏服务外包业发展面临的问题

近年来，江苏省服务外包保持持续稳定健康发展，业务规模持续保持全国领先，对支撑全省服务贸易发展、优化江苏省贸易结构起到重要促进作用。江苏服务外包业仍存在一些问题亟待解决，例如，龙头企业不够强，产业带动作用不够突出；产业集聚度有待提高，特色产业集群不够鲜明；传统优势领域有待进一步巩固，新行业、新业态、新模式亟需发展壮大；人才需求矛盾依然突出，中高端人才培引机制急需完善等。下一步，应该要克服外部环境不稳等不利因素，抢抓全球数字经济发展机遇，着力发挥各级示范城市、示范区、服务贸易基地的承载集聚和示范引领作用，瞄准服务外包重点领域，加快推进服务外包数字化转型，推动江苏省服务外包高质量发展。

### （二）江苏服务外包业发展的机遇与挑战

江苏服务外包在产业革命和数字革命叠加发展的新阶段面临诸多机遇：一是受新冠肺炎疫情影响，医药研发、检验检测等领域受到市场重视，为相关企业增加业务来源提供了难得机遇。二是国际社会对数字化产品和服务的需求持续增长，为数字服务企业发挥比较优势、提高市场占有率提供了机遇。三是在数字经济时代，数字化将成为服务外包的发展方向。江苏服务外包数字化转型起步较早，目前成效已经显现，有利于江苏企业在今后的国际竞争中抢占先机。四是在当今的世界经济发展格局下，欧美发达国家发包市场仍存在较大的不确定性。这也为江苏服务外包企业摆脱固有市场依赖、积极开拓新的市场需求、形成业务来源多元化发展趋势提供了空间和机遇。五是随着国家特色服务出口基地、服务外包示范城市、服务贸易创新发展试点、服务业扩大开放综合试点等平台建设不断走深走实，江苏服务外包产业有望形成既有特色、又能协同的发展格局。

机遇的背后也有挑战，而挑战主要源于外部：一是全球经济下行的趋势短时间不会有较大变化，导致国际市场需求下降，发包数量减少；二是部分发达国家推行贸易保护主义政策，给江苏服务外包企业承接离岸业务带来一定挑战；三是随着新冠疫情得到有效控制，印度等世界主要接包国企稳复苏，将在一定程度上挤占我国的市场份额。

## 三、江苏省服务业外包业发展的对策建议

2023 年，江苏服务外包将着眼构建国内国际双循环相互促进的新发展格局，结合全面深化服务贸易创新发展试点，认真落实商务部和省委省政府决策部署，坚持新发展理念，围绕推进贸易高质量发展总体要求，抢抓数字经济发展机遇，充分发挥服务外包在实施创新驱动和培育贸易新业态、新模式中的重要促进作用，加快服务外包向高技术、高附加值、高品质、高效益转型升级，在促进"两业融合""两化融合"以及提升"江苏服务"与"江苏制造"品牌影响力和国际竞争力方面发挥积极作用。

## （一）加快服务外包转型升级，促进数字技术与实体经济深度融合

一是完善平台载体。高标准推动建设服务外包示范城市，通过先行先试和示范引领，带动加快服务外包向高技术、高附加值、高品质、高效益转型升级，进一步办好服博会、数贸会、数交会等各类重要展会，支持各地开展形式多样的服务外包投资产业促进活动，加强产业交流和项目对接。二是要通过提供高质量、高效率、低成本的外包服务，吸引国际企业和客户来江苏发展业务，并在全球范围内推广江苏的服务外包，将引进国际知名企业和跨国公司来江苏设立区域总部作为发展离岸外包的重要抓手，特别是引进外资研发中心、供应链管理中心、客户服务中心等核心业务，促进江苏服务外包与国际市场接轨，提升江苏服务外包国际化水平，增强供应链产业链韧性。三是加快数字化转型，顺应经济社会数字化发展的新趋势。加强顶层设计，抓住数字经济和数字贸易发展机遇，大力发展数字贸易，运用数字技术，大力推进众包、云外包、平台分包等新业态新模式发展，推进建设数字服务出口基地和建立数字化服务标准四项任务，突出对新一代信息技术研发和应用的支持，突出两化融合示范企业的培育，新一代信息技术在内的信息技术外包业务成为服务外包数字化转型的重要支撑。

## （二）深化服务领域国际合作，促进数据领域的扩大开放

一是要统筹国际市场和国内市场，处理好"引进来"和"走出去"的关系。面对全球经济下行压力和西方国家压制的挑战，推进高水平对外开放，生物医药研发、设计外包、业务运营及维修维护以及飞机、船舶、高端装备等国际维修维护服务外包是江苏先进制造业与现代服务业融合发展、海关特殊监管区政策集成的结果，是今后生产性服务业出口新的增长点之一，要积极抢抓重点领域国际服务外包市场发展的机遇。二是加强与国际标准的对接，加速推出服务贸易自由化试点政策，提高政策透明度，增强企业的信心和投入。三是建议服务外包企业要走出国门，积极探索印度、菲律宾等国际服务外包市场成功经验，支持示范城市、示范园区和服务外包企业积极参加服贸会、进博会、服博会、数交会等商务部举办的境内相关展会以及 Gartner 峰会、德国汉诺威通信展、美国生物技术大会、意大利设计展等境外知名专业展会，进一步巩固欧美、日韩、香港特别行政区、新加坡等服务外包传统市场，加强与印度、俄罗斯、墨西哥、巴西等新兴市场合作，大力拓展"一带一路"共建国家和地区服务外包市场，构建多元化国际服务外包市场格局。

## （三）壮大市场主体，打造特色产业集群

一是进一步完善财政、保税、投融资等各类支持政策，支持各地与服务贸易创新发展引导基金加强对接，推动服务外包企业创新商业模式，提高国际竞争力和国际化经营水平，培育全球价值链中的"隐形冠军"和"小巨人"企业，形成具有国际竞争力的产业集群。二是龙头服务外包企业可以通过开展绿地投资、兼并收购等方式在海外设立分支机构，以建设国际化的经营网络，鼓励利用参展参会等传统方式开拓国际市场的同时，引导创新贸易促进模式，推进线下线上融合，巩固传统市场，拓展"一带一路"新市场。三是突出对国家级、省级示范城市（区）的支持，重点打造特色产业集群。强化公共服务平台建设，联合兄弟部门梯度培育一批省级技术支撑、数字化制造、信息及交易、互联网金融服务等功能性平台。

### （四）大力发展生产型服务外包，助力制造强国建设

党的二十大报告提出，构建优质高效的服务业新体系，推动现代服务业同现代制造业深度融合。伴随着新一轮科技革命和产业变革加速推进，服务外包发展前景光明，江苏服务型制造快速发展，促进制造与服务深入融合进展迅速。一是建议大力发展生产型服务外包，统筹发展效益和业务规模的关系，延伸产业链条，提升经济效益。要在行业标准化建设、产业链数字化转型、技术创新发展等方面重点发力，持续扩大服务外包规模、加快构建优质高效的服务外包创新体系，努力实现集约化、高效能发展。二是建议制造企业通过向产业链上下游环节拓展，不断增加服务要素在投入和产出中的比重，从加工组装产品为主向"制造＋服务"转型，从单纯出售产品为主向"产品＋服务"转变；不断优化服务外包制度架构和技术升级，发挥产业集群优势，大力培育产业集群，通过搭建平台、引导企业、开展项目推介等方式，充分利用服务业集群优势形成产业链上下游的配合关系，加强企业之间的交流和合作。

### （五）加强高质量外包人才梯队建设，不断拓宽就业空间

服务业在国民经济中发挥着服务全局的关键作用，对国民经济稳定发展贡献显著。一是建议加强服务外包基础能力建设，发挥先导优势，提高行业综合人才素质和管理水平，激发服务外包高端化、智能化发展动能，创造更加优渥的人才环境，促进外包领域高质量发展。二是要强化国际高端服务外包人才引进和培养，拓宽人才引进渠道，吸引高端人才和国际业务专业人才，实施与国际接轨的人才培养方案，培养服务外包领域更专业、高素质、全球化的人才，增强人才核心竞争力；要对离岸及在岸服务外包人才进行分类、归集、梳理，开展更有针对性的培训、交流以及职业规划等活动，加强示范城市高精尖人才汇聚优势向全国服务外包产业的辐射作用。三是要充分利用 RCEP、共建"一带一路"高质量发展的机遇，强化稳就业的目标导向，发挥服务外包就业"稳定器"的重要作用，充分利用好自贸试验区、服务外包示范城市等资源，用好国家对技术先进型服务企业在人才培训和职工教育方面的优惠政策，建立有效的服务外包人才"供应链"，合理调控岗位人才需求侧和供给侧的均衡度，以期实现就业吸引力和实际吸纳能力相生相长。

### （六）加强部门协同，加大政策支撑力度

一是充分发挥八部门协同工作机制，统筹全省服务外包推进工作，协调解决热点、难点问题，共同加强政策研究。各设区市相关部门要认真贯彻落实国家级、省级关于推进服务外包转型升级的文件精神和工作要求，创新工作方法，共同推动当地服务外包发展。二是加大政策支持力度。落实国家对符合条件的跨境应税行为、技术先进型服务企业等税收优惠政策及推动服务外包加快转型升级的扶持措施。加强对开展国际服务外包业务的支持，加强对示范城市和示范园区建设、公共服务平台建设、产业发展研究等的支持。鼓励各职能主管部门支持服务外包发展。鼓励企业和培训机构申报各级各部门对服务外包的支持项目。三是发挥行业协会和专家智库作用。支持行业协会开展统计分析、市场开拓、国际合作、行业自律、联盟建设和宣传推广等公共服务。支持成立服务外包领域专家智库，发挥其在理论研究、形势判断、规划引领等方面专业水平，为政府决策提供智力支撑。

# 第三章　江苏省文化旅游业发展报告

随着我国旅游业上升到国家战略发展新高度,将进一步发挥其在文化传承、传播、交流等方面的作用,推动社会主义文化强国建设。与此同时,文旅融合也成为建设文化强国、提升文化自信、推动文化"走出去"的重要路径和载体,被赋予新的历史使命和责任,逐渐成为旅游业发展的新态势,推动旅游产业的转型升级与创新。

江苏文化底蕴深厚,旅游资源丰富,是很多人心目中的"诗和远方"。党的十八大以来,江苏以高质量发展为主题,以高水平融合为主线,统筹抓好文化事业、文化产业和旅游业发展,各项事业取得新的重要进展,不少工作走在全国前列。舞台艺术创作生产形成"江苏现象",公共文化服务更趋高质高效,文化遗产保护传承利用得到有效加强,文旅产业加快转型发展,文旅融合从理念走向实践,全域旅游、乡村旅游、非遗旅游等发展经验在全国推广,文化和旅游对满足人民美好生活需要、助力经济社会高质量发展的作用日益凸显。

## 一、江苏省文化旅游业的发展现状

### (一)文化旅游业发展的新要求

在功能定位上,旅游业将更加深入和广泛地融入国家发展战略。《"十四五"旅游业发展规划》明确指出,"十四五"时期我国将全面进入大众旅游时代,并从实现共同富裕、构建新发展格局、创新驱动发展等层面对旅游发展提出了新的要求。具体而言,进入新发展阶段,旅游业要发挥为民、富民、利民、乐民的作用,成为迈向共同富裕道路上具有时代特征的幸福产业;构建新发展格局,有利于旅游业发挥独特优势,也对其提出扩大内需的重要任务;实现创新驱动发展战略为旅游业赋予新动能,也要求其实现创新发展。

在发展目标上,旅游业要实现更高质量、更有效率、更加公平、更可持续、更为安全的发展。本次规划在发展目标上并未设定数量、速度、规模等定量指标,而是重点围绕实现旅游创新驱动发展、优化旅游空间布局、构建科学保护利用体系、完善旅游产品供给体系、拓展大众旅游消费体系、建立现代旅游治理体系、完善旅游开放合作体系等方面,就如何推动旅游业实现高质量发展予以系统谋划。从数量目标到质量目标,既是旅游产业走向成熟的重要标志,也契合社会经济发展的总体趋势。

在工作重点上,旅游业将推动一系列重要工程和国家级项目建设。旅游业发展目标的实现既依赖于正确的发展导向,也离不开关键的支撑抓手。《"十四五"旅游业发展规划》分别就国家智慧旅游建设工程、文化和旅游资源普查工程、生态旅游优化提升工程、美好生活度假休闲工程、文化和旅游消费促进工程、旅游服务质量评价体系建设工程、旅游厕所提升工程、国家旅游宣传推广精品建设工程、海外旅游推广工程等做出具体部署。其中,美好生活度假休闲工程中关于建设世界旅游度假区、国家级旅游度假区、国家级旅游休闲城市和街区的内容引发关注。

2020—2022 年,疫情防控常态化是旅游业面临的现实条件。新冠肺炎疫情暴发以来,旅游业是受影响最大的行业之一,各方应予以充分重视。《"十四五"旅游业发展规划》中提及"疫情"二字多达 33 处,并在各方面提出具体要求。例如,要充分认识做好新冠肺炎疫情防控工作事关旅游业发展全局,将疫情防控要求贯彻到旅游业各环节、各领域;将在疫情防控常态化条件下创新提升国内旅游,在国际疫情得到有效控制前提下分步有序促进入境旅游、稳步发展出境旅游;要结合疫情防控工作需要,加快推进以数字化、网络化、智能化为特征的智慧旅游;要及时全面落实减税降费政策,切实为旅游市场主体纾困解难,并引导旅游企业主动适应疫情防控常态化条件下的市场需求变化探索新发展模式。

### (二)2022 年江苏省文化旅游业发展成绩突出

#### 1. 江苏省旅游业主要指标恢复情况

2022 年,全省文旅经济总体呈现探底回升、稳步恢复、承压波动的发展态势。全年接待境内外游客 5.34 亿人次,实现旅游业总收入 9263.82 亿元,按可比口径分别达 2021 年的 75.5％和 79.4％。其中,接待国内游客 5.33 亿人次,实现国内旅游收入 9201.43 亿元,分别恢复到 2019 年的 60.9％和 66.2％,高于全国 18.8 和 30.6 个百分点。全年纳入监测的景区和乡村旅游点接待游客、旅游消费总额分别达 2019 年同期的 53.91％和 44.68％。另据银联数据,全省文旅消费总额 3830.79 亿元,占全国文旅消费总额的 10.3％,位居全国第一。

#### 2. 文旅载体建设和分布情况

旅游业是以旅游资源为凭借、以旅游设施为条件,向旅游者提供旅行游览服务的行业,又称无烟工业、无形贸易。旅游业的资源供应和旅游服务供应都是旅游业发展的重要环节。旅游资源主要包括最核心的景区资源以及伴生的交通、住宿、餐饮、娱乐等行业。在旅游业发展的早期,旅游服务提供商主要是传统的旅行社,随着互联网的发展,越来越多的在线旅游平台应运而生,丰富了消费者旅游出行方式的选择。旅游资源和旅游服务的丰富和完善,能更好地吸引消费者,让消费者获得更好的旅游体验。

江苏省 5A 级景区数量持续增加,截至 2022 年 7 月,江苏省国家 5A 级旅游景区达 25 家(如表 1 所示)。2022 年,全省新增 4A 级旅游景区 9 个、省级以上旅游度假区 3 个、旅游休闲街区 19 个、乡村旅游重点村镇 42 个、全域旅游示范区 12 个,总数均居全国前列。一方面,国家出台政策鼓励旅游业的发展,鼓励各地区开发和建设优质景区;另一方面,国民收入水平的提升,使得居民出游意愿上升,去景区旅游的需求增多,也促使各地区提升景区品质招揽游客。5A 级景区数量增多,使得江苏省景区的容客量增强,能消化更多的旅游需求,为游客提供更优质的旅游服务。

表 1　江苏省 5A 景点及地区分布

| | | |
|---|---|---|
| 常州 | 常州市中国春秋淹城旅游区 | 5A |
| | 常州天目湖旅游区 | 5A |
| | 常州市环球恐龙城休闲旅游区 | 5A |

续表

| 淮安 | 淮安市周恩来故里旅游景区 | 5A |
|------|------------------------|-----|
| 连云港 | 连云港市花果山风景区 | 5A |
| 南京 | 南京钟山风景名胜区—中山陵园风景区 | 5A |
| | 南京夫子庙秦淮风光带 | 5A |
| 南通 | 南通市濠河景区 | 5A |
| 苏州 | 苏州园林景区 | 5A |
| | 苏州市周庄古镇景区 | 5A |
| | 苏州市同里古镇景区 | 5A |
| | 苏州市金鸡湖景区 | 5A |
| | 苏州市吴中太湖旅游区 | 5A |
| | 苏州市沙家浜·虞山尚湖旅游区 | 5A |
| 泰州 | 泰州姜堰溱湖旅游景区 | 5A |
| 无锡 | 中央电视台无锡影视基地三国水浒景区 | 5A |
| | 无锡灵山景区 | 5A |
| | 无锡市太湖鼋头渚景区 | 5A |
| | 无锡市惠山古镇景区 | 5A |
| 宿迁 | 宿迁市洪泽湖湿地景区 | 5A |
| 徐州 | 徐州市云龙湖景区 | 5A |
| 盐城 | 盐城市大丰中华麋鹿园景区 | 5A |
| 扬州 | 扬州瘦西湖风景区 | 5A |
| 镇江 | 镇江市金山·焦山·北固山景区 | 5A |
| | 镇江市句容茅山风景区 | 5A |

资料来源:江苏省统计局

大自然的鬼斧神工和历史变迁给江苏省带来了丰厚的自然资源和人文资源,为江苏省旅游产业的蓬勃发展奠定了坚实的基础。但江苏省旅游景点分布并不均衡,存在较大的差异:一是沪宁沿线的苏州、无锡、常州、镇江和南京(苏南区域)景点较多,二是长江北岸的扬州、泰州、南通(苏中区域)景点次之,三是江苏北部的徐州、淮安、盐城、连云港和宿迁(苏北区域)相对较少,江苏省5A景区主要分布在苏南地区。江苏省内13个设区市在经济、交通等问题上存在不小的差异,整体来看,江苏省各区域的旅游行业存在不同程度的发展差异以及实力差异。

3. 行业收入分布情况

2022年,接待省内跨城市游客量排名前三的城市为南京、苏州和无锡,占接待省内游客总量的46.87%。分地区来看,苏南地区接待的省内游客量超过江苏接待省内游客总量的一半(61.38%),与2021年持平,说明江苏省居民选择省内出游时偏好苏南地区。2022年上半年,江苏省省内游客客源以南京、扬州、无锡、苏州为主,合计占比54.9%。

表2　江苏省各市《2022年旅游业发展》主要指标一览

| 城市 | 旅游总收入（亿元） | 旅游接待总人数（万人） | 人均游客消费（元） |
|---|---|---|---|
| 南京市 | 1946.18 | 10340.64 | 1882.07 |
| 苏州市 | 1863.35 | 9922.81 | 1877.85 |
| 无锡市 | 1373.39 | 7920.98 | 1733.86 |
| 常州市 | 938.90 | 6371.50 | 1473.59 |
| 扬州市 | 685.37 | 5066.27 | 1352.81 |
| 连云港市 | 406.80 | 3411.55 | 1192.42 |
| 徐州市 | 403.43 | 3334.26 | 1209.95 |
| 南通市 | 399.80 | 2917.40 | 1370.40 |
| 盐城市 | 285.45 | 2574.06 | 1108.95 |
| 淮安市 | 280.85 | 2493.55 | 1126.31 |
| 镇江市 | 272.16 | 2355.58 | 1155.38 |
| 宿迁市 | 205.01 | 1738.31 | 1179.36 |
| 泰州市 | 203.13 | 1685.90 | 1204.88 |

资料来源：江苏省统计局

入境旅游反映了目的地的国际影响力，也是展示自身旅游形象的重要途径之一。江苏省的入境旅游市场由外国人和港澳台地区游客共同组成，2022年江苏省接待境外过夜游客48.5万人次，其中接待外国人31.23万人次；接待港澳同胞2.59万人次；接待台湾同胞14.72万人次。入境旅游国家（地区）主要集中于二十多个国家（地区），亚洲和我国港澳台地区占据了入境旅游的绝大部分份额，欧洲、北美洲和大洋洲依次排在其后。

### （三）常态化疫情防控下文化旅游业发展新特征

1. 新冠疫情影响严重，全行业波折中前行

旅游业因人员集聚性、流动性、接触性等特点，受疫情的负面影响更为敏感。寒暑假、春节小长假、五一和国庆黄金周等，原本是旅游旺季；但疫情的多轮反复和局部的地区发散，造成江苏旅游在努力复苏和间断停摆中波折前行。2020年初新冠疫情暴发，使得旅游企业在春节小长假处于停业状态；2021年夏天发生在南京、扬州等地的本土疫情，又打乱了江苏旅游业奋起直追的步伐；2022年初，各地疫情多点发散时有发生，3月份长三角地区疫情再起反复，特别是旅游名城苏州半年时间经历了三轮疫情，成为江苏抗疫的主战场。疫情防控政策力度加大，人们旅游出行受限，严重影响了旅游市场的正常经营。2022年也是近三年旅游业受疫情影响最深、行业景气度最弱的一年。直至2022年12月，全国新冠防控基本放开，不再查验健康码、核酸阴性证明，不需要报备，不再开展落地检和三天三检。

2. 纾困政策发力及时，江苏旅游复苏明显

2019年，江苏旅游业实现总收入14321.6亿元，接待境内外游客8.8亿人次。新冠疫情防控期间，受到航班取消、客运受阻、景区关闭、大型文娱活动取消、人员流动管控等影响，旅游业收入大

幅减少。2020年江苏旅游总收入仅为8250.6亿元,同比下降42.4%;接待境内外游客4.7亿人次,同比下降46.3%。2022年江苏旅游总收入9263.8亿元,接待境内外游客5.3亿人次。各级政府纷纷出台纾困惠企政策助力旅游复苏,江苏省文化和旅游厅先后出台"1+6+18+12+8+16"等系列政策,有效对冲了疫情的影响。2022年前三季度接待国内游客人次和国内旅游收入恢复到2019年的六成左右,恢复程度分别高于全国14.6、13.2个百分点。

**3. 旅游方式发生变化,周边游成为热门选择**

疫情常态化之下,文旅消费正发生着巨大的变化,消费的意愿和需求随之发生转变。疫情前,我国旅游业的特点是先外地后本地,先发展出入境游再发展国内游。疫情加剧逆全球化趋势,出入境旅游受到较大限制,跨省旅游常有"熔断",旅行主要方式发生变化:由出入境游转向国内游,国内游又更加集中为短途游、周边游;以短时间、近距离、高频次、自驾出行为特点的"轻旅游""微度假""宅酒店"成为热门选择。2019年,游客出游半径和目的地休憩半径分别为270公里和15公里,而在2022年,元旦、春节、清明、五一、端午五个节假日的出游平均半径为108.92公里,目的地游憩平均半径分别为7.04公里。在此契机下,短期、实惠的近郊乡村旅游已成为各大城市居民出游的首选。江苏省游客在乡村停留的时间越来越长,2021年上半年游客在乡村平均停留时间为213.09分钟,2022年上半年游客在乡村的平均停留时间升为250.05分钟。

**4. 游客偏好发生变化,慢休闲高品质更受青睐**

随着人们出游习惯日益"近程高频",被压抑的旅游消费需求在次数减少的情况下,呈现出追求服务高品质的新特征。新冠疫情前,我国旅游业的特点是先旅游、后休闲,当地景点以旅游观光为重而轻休闲娱乐。新冠疫情后,出游机会明显减少,旅游时间也有所缩短,利用长假的长途旅行计划更多被利用周末的短途旅行所替代。被压抑的旅游消费需求在次数减少的情况下,往往会追求单位次数下服务的高品质。调查发现,疫情后,游客对单位时间内的消费档次需求有明显上升。数据显示,2021年国内人均每次旅游消费899.28元,比上年同期增加125.14元,同比增长16.2%。2022年人均每次旅游消费806.32元,比上年同期下降92.96元,降幅为10.34%。对比2020年至2022年数据可知:2021年人均每次旅游消费金额有所增长回温,2022年又小幅下滑,整体上人们的文旅消费层次在提档升级。品质化已经成为未来旅游市场的重要发展趋势。一方面,市场的多样化供给为游客带来了多重选择;另一方面,随着年轻消费群体逐渐成为出游主力,周边游的个性化玩法也更加丰富。城市休闲、乡村度假和亲子研学度假这"三驾马车"正拉动周边游市场迅速发展。同时,疫情唤醒了民众的健康养生意识,休闲娱乐类的内容将更受青睐,生态旅游、乡村旅游以及康养类旅游热度也有所提升。

**5. "一老一小"文旅消费特点显著**

在2021—2022年的文旅消费市场上,"一老一小"消费特点显著。亲子游、研学游逐渐得到80后、90后家长的青睐。一方面,亲子游、研学游消费群体数量上升。目前,我国家庭结构以小家庭居多,年轻父母对于亲子游的青睐程度更高,80后、90后父母成为旅游市场的消费群体,成为亲子游、研学游等旅行形式的中坚力量。另一方面,亲子游、研学游消费需求增长。新一代家长更注重孩子综合素质能力的提升,研学旅行可以开阔孩子的眼界并增长知识,成为素质教育的新内容和新方式。"双减"政策下,研学游迎来发展契机。

与此同时,我国老龄化进程在加速,老年群体消费能力也在提升,老年群体对美好生活的需求也更加旺盛,旅居养老随之成为新的养老模式。在市场需求不断升级迭代的当下,越来越多的游客开始转向追求"沉浸"体验的异地生活方式。于是,具有时间跨度更长、空间维度更纵深特点的康养旅居应运而生,成为"银发一族"的新生活方式。

6. 行业格局发生变化,增效益促升级甚为迫切

江苏旅游业本身的发展不平衡、供需不适配被疫情放大,行业面临优胜劣汰的洗牌过程;经营压力与转型动力并存,及时把握消费需求的新变化、快速调整旅游产品和服务模式、增效益促升级是旅游企业的首选出路。疫情期间涉外旅游业务受限,从业人员面临失业风险,相关企业迫切需要转型升级。以传统和著名为特点吸引外地旅客的老牌景区,如果能够果断、灵活应对旅游方式、旅客偏好的变化,就有可能逆势而起。南京玄武湖公园 2021 年游客量约 950.08 万人次,仅为 2019年的五成不到,其中外地游客占比骤降;但 2022 年自营收入突破 1 亿元,创历史新高。其关键在于对市场定位的迅速调整,针对本地游客的核心服务群体,开发了"水上文旅+体旅系列""夜经济""观鸟游船专线""儿童探险乐园"等新业态、新产品和新项目。

此外,文旅消费意愿和需求更加细分,还呈现出了"在线化"的特点,在技术革命力量驱动下,科技正成为文化和旅游创新发展的内生动力。一是旅游营销依赖线上,OTA 和社交媒体成主流;二是"云"旅游通过 AR、VR 将景区线上呈现。数字文化和智慧旅游融合发展,不断满足人民群众品质化、多样化、个性化消费需求,让人们更便捷、智慧地感受"水韵江苏"的美好。

## (四)2022 年江苏旅游游客满意度

**专栏 1　有力有序促复苏　多姿多彩新体验**
——2022 年江苏旅游游客满意度调查解读

发布日期:2023-01-20　11:20　信息来源:江苏省文旅厅市场管理处(安全监管处)

为持续提升江苏省旅游服务质量,推进旅游业高质量发展,省文化和旅游厅委托第三方机构开展 2022 年江苏省旅游游客满意度调查研究工作。一年来,全省文旅系统高效统筹疫情防控和文旅发展,出台一系列纾困惠企和惠民惠游政策,持续推进实践创新,形成一批有显示度的文旅品牌和项目载体,有力促进文旅市场加快复苏。总体而言,"水韵江苏"魅力进一步彰显,旅游服务与质量安全管理全面加强,文旅融合、智慧旅游、文明旅游和诚信消费等全面提升,更好满足人们多样性、多层次的出游需求。

**一、全省游客满意度综合评价处于"满意"水平**

2022 年全省游客满意度调查研究以"旅游整体环境、旅游区点质量、旅游相关要素、旅游安全保障、文旅融合发展、智慧旅游建设、文明旅游宣导、诚信旅游服务"8 项指标开展调查,并对调查区域、调查对象、调查时段、访谈内容进行适度优化,更加客观、全面地反映新阶段全省文旅市场发展和服务质量水平。

经综合评价,今年全省游客满意度综合得分为 83.29 分,持续保持在"满意"水平。从各设区市满意度评价得分情况来看,南京、无锡、苏州三市达到 85 分以上,处于"满意度高"水平,全省其余设区市综合满意度均达到 80 分以上,处于"满意"水平。

## 二、全省游客满意度各项指标具体表现

（一）整体环境持续优化，水韵江苏魅力四射

全省通过加强旅游区点环境提升、强化全域旅游氛围营造等举措，推动旅游整体环境"颜值""气质"不断提升；成功举办第四届大运河文化旅游博览会、江苏省乡村旅游节以及"水韵江苏·有你会更美"文旅消费推广季等活动，"水韵江苏"文旅品牌知名度显著提升。调查显示，全省旅游整体环境满意度总体评价得分为84.47分。从各设区市得分情况来看，南京87.15、无锡86.90分、扬州86.35分，排名前三；与2021年相比，泰州、宿迁旅游整体环境满意度增幅明显。

（二）景区治理提质增效，服务品质提档升级

全省旅游区点精雕细琢，高标准抓好各类文旅品牌创建，持续推进游客中心、导览标识系统、旅游厕所等设施提档升级，不断优化景区交通、停车管理和讲解服务，组织开展各类培训或竞赛，提高景区服务质量和管理水平。调查显示，全省旅游区点质量满意度总体评价得分为83.20分。从各设区市得分情况来看，南京85.69分、无锡85.54分、常州85.08分，排名前三；与2021年相比，镇江、淮安旅游区点质量满意度提升较大。

（三）旅游场景多维拓展，夜间旅游快速出圈

以"文化引领＋科技创新""旅游需求＋休闲空间"为导向，提档升级系列旅游消费新场景，率先出台并实施夜间文旅消费集聚区建设指南和评价指标，推出一批常态化、特色化、多元化夜间文旅消费产品。调查显示，全省旅游相关要素满意度总体评价得分为83.62分。从各设区市得分情况来看，苏州85.87分、南京85.83分、无锡85.37分，排名前三；与2021年相比，盐城、镇江旅游相关要素满意度提升显著。

（四）精准防疫举措得力，安全监管从严从实

全省守牢安全底线，科学精准高效做好疫情防控工作，扎实推进安全生产专项整治，加强新业态管理，常态化开展节前安全综合督导检查和交叉检查，为游客营造安全有序的旅游环境。调查显示，全省旅游安全保障满意度总体评价得分为82.90分。从各设区市得分情况来看，无锡84.72分、常州84.57分、扬州83.92分，排名前三；与2021年相比，南通、盐城旅游安全保障满意度提升明显。

（五）文旅融合成效显著，旅游业态丰富多元

持续展开江苏特点的文旅融合新实践，深入推进文旅融合发展示范区、小剧场建设、无限定空间非遗进景区等新模式，推出一批文博场馆旅游、文化遗产旅游、文化演艺等文旅融合业态，在有效保护中，推动文物和文化遗产更加活起来。调查显示，全省文旅融合发展满意度总体评价得分为82.89分。从各设区市得分情况来看，南京85.47分、无锡85.39分、苏州84.89分，排名前三；与2021年相比，盐城、南通文旅融合发展满意度有明显提升。

（六）智慧文旅如火如荼，科技赋能行业创新

全面推进文化和旅游领域数字化建设，发行"水韵江苏"数字旅游卡，拓展云看展、云旅游、云直播、云演艺、沉浸式体验等新场景新应用，提升智慧化管理服务效能，为游客提供更多人性化、智慧化、精准化的文旅服务。调查显示，全省智慧旅游建设满意度总体评价得分为83.34分。从各设区市得分情况来看，苏州86.25分、南京85.45分、无锡85.26分，排名前三；与2021年相比，常州、南通智慧旅游满意度增幅相对较大。

（七）示范引领春风化雨，文明旅游久久为功

全省深入推进文明旅游建设工作，积极创建文明旅游示范单位，大力开展文明旅游宣传和主题实践活动，完善文明旅游引导服务，不断提高志愿者服务水平，逐步形成人人支持、人人参与文明旅游的社会新风尚。调查显示，全省文明旅游宣导满意度总体评价得分为 83.32 分。从各设区市得分情况来看，扬州 84.55 分、南京 84.22 分、常州 84.16 分，排名前三；与 2021 年相比，连云港、宿迁文明旅游宣导满意度有较大提升。

（八）信用体系不断完善，诚信服务深入人心

全省健全完善信用制度机制，积极引导企业创建"江苏省诚信经营示范单位""诚信示范街区"等品牌，加强旅游市场综合监管，提升旅游投诉处理效能，组织"诚信兴商宣传月"活动，全力维护游客合法权益。调查显示，全省诚信旅游服务满意度总体评价得分为 81.41 分。从各设区市得分情况来看，南京 83.01 分、泰州 82.52 分、扬州 82.49 分，排名前三。

## 二、江苏省文化旅游业发展存在的问题

江苏省旅游景区数量众多。截至 2022 年 7 月 15 日，全国共有 318 家 5A 级景区，其中江苏省就单独拥有 25 家，并且江苏省也是唯一一个省份所有 13 个设区市都拥有 5A 级景区。除了出色的景区数量外，江苏还拥有里程数达 15.8 万公里的公路，具有极其便利的交通。2020 年，江苏在各省（区、市）客源地潜在出游力和旅游产业发展指数排名预测中，均位居第一。但是，江苏省位于第一，并不代表江苏各个城市的旅游业都发展均衡且成熟，江苏省内的部分旅游业还存在些许问题，列举如下。

### （一）新兴领域政策法规滞后，行业监管面临挑战

2022 年是文化旅游业复苏调整的第三年，政府出台的政策涵盖了金融扶持纾困、中小企业发展、行业市场监管、产业融合等方面。但是行业发展速度往往快于政策制定的速度，更快于法规制定的时序，这既是客观实际，也是必须直面的难题。从立法角度来看，文化立法内容的前瞻性和涵盖面仍有不足。这导致在面对当前文化领域出现的新产业形态、新经营模式、新融资模式时，监管往往存在法律的空白点或灰色地带，容易出现权利和义务无法认定、无可遵守的特殊情况。旅游立法也需与时俱进。旅游业同样面临着相关法律难以匹配新业态迅速发展的实际。疫情催生的"云展览""云旅游""云演艺"等文化新业态，以及邮轮旅游、房车露营、冰雪旅游等旅游新业态，都可能面临着行业发展不规范、旅行者权益得不到有效保障的潜在问题，亟待规范引导。要想使新兴产业健康高质量发展，"有法可依"是基本保障。

### （二）缺乏自身独立品牌，未深入文化基底

江苏旅游景区缺乏自身独立品牌，对于人们而言，旅游这种非生活必需品，其需求弹性是非常大的，而且随着交通便捷程度的提高，人们可选择的范围就会更加广泛。如果一味模仿其他省份的旅游业发展，缺乏自身独立品牌，不具有独特性，就会千篇一律，不会吸引到太多游客。并且景区的

建设未深入其依附的文化基底，浮于表面，导致基础不牢，一阵新奇的热潮过后游客量就会逐渐减少，无锡的统一嘉园就是如此。旅游业中文化的最终落脚点不应该是高高在上的，而是可以给旅客带来共鸣以及文化认同感的。

### （三）景区建设缺乏科学规划，市场定位不清晰

景区经营者缺乏景区建设的科学规划，过于急功近利。就像已花费38亿元资金打造却惨遭烂尾的高邮神居山，它被称为"淮南众山之母""淮南第一山"，拥有悠久的历史背景以及文化底蕴，却由于开发者规划不当，低估了建设景区的工作量且高估了自身建设能力，自2013年开始建设的神居山景区到如今都还未建设成功，最后导致投入与产出不成正比，造成巨大的人力、物力的浪费。景区管理者决策失当，并且景区市场定位不清晰。2005年宣布破产的无锡统一嘉园成立仅4年，本想以三亿元拍卖，却惨遭流拍。该主题乐园建设完善，许多建设到今天都还十分完整。但是，由于其主题定位与市场相悖，客源稀少，入不敷出，最终流落，令人惋惜。由此可见，旅游业的发展需要科学的规划，并明确市场定位，旅游产业最终都是要求利润的，如果与市场需求不符，无法带来利润，那它的发展就会难以为继。

### （四）区域发展不均衡问题依然严峻

江苏不同地区经济、交通条件差异较大，旅游开发"重南轻北"，资源整合尚存不足，产业潜力有待挖掘。全国共有244处国家级风景名胜区，江苏仅有5处，且绝大多数位于苏南地区，而浙江拥有的数量高达20处。

从区域来看，文化旅游业集聚效应加强的背后是区域差距逐步扩大的隐忧。对比近三年全国规模以上文化及相关产业企业营业收入占比情况数据，2022年苏南地区营收占全省比重69.02%，而苏中地区和苏北地区占比持续保持较低水平。江苏省文化旅游业总体仍呈现出"南强北弱"的不平衡特征。2022年，苏南、苏中、苏北地区的国内旅游收入分别为6393.98亿元、1288.30亿元和1581.54亿元。另外，从5A级景区的分布来看，苏南地区数量最多，为17家，占总数的68%，苏中地区仅有3个景区入围，苏北地区则仅有5个景区入围。不同地区在旅游吸引力、承载力、市场化运作能力和产品供应能力等方面的差距仍然悬殊。

需要清醒认识到，文化旅游业南北间的不平衡现象既是发展问题，也是符合我国经济社会发展基本规律的长期实际，是未来一段时间内进行产业发展必须直面的形势和挑战。如何更好促进文化旅游业服务于区域发展战略，加强区域间协同创新能力，在符合客观条件的情况下缩小区域间的差距，或将成为江苏省"十四五"时期亟待破题的重点领域之一。

## 三、江苏省文化旅游业发展的对策建议

### （一）以文化旅游来对旅游业进行创新发展

古时，许多吸引文人墨客的名胜古迹都是拥有深刻的文化内涵，纵使是因为景色优美而吸引游人的，最终也会落点于许多名家的事迹抑或是优秀作品上使其更广为人所知。在现代，由于生活水

平的提高,在人们对旅游整体质量水平的要求越来越高的情况下,空洞的旅游已经无法满足游客的精神和文化需求,旅游业只有着眼于文化,才能使旅游产业走得更好、更远。旅游业与文化产业的结合,不仅可以丰富旅游的内涵,满足游客对旅游知识性的需求,而且对文化的传承和发展也有着推动作用。

刘东儒、陈娟在《中国宋城旅游主题公园发展思考》研究中发现,宋城的旅游经营者充分研究了国内以及国际市场对于文化旅游产品的需求,使宋朝的特有文化成为制造旅游产品的原料和素材,丰富了旅游产品的文化深度,从而构成可以使旅游者充分体验文化内涵的旅游产品。在对于文化与旅游业如何恰到好处融合的探讨中,宋城开发的成功经验值得借鉴,通过重现宋朝文化宋城创建了自身独立的品牌产品——"千古情"为代表的众多剧目演出,激发了大量游客的旅游热情。

文化与旅游业的结合,也不是一味地越新奇越好,旅游产业所选择的文化方向要与景点所在地的历史文化抑或是现代文化相符合,并且要迎合市场。无锡统一嘉园的建设就可以作为一个失败的案例来引发旅游研究者的思考,它以祖国统一作为基底文化来发展旅游业,却有几个不足之处:一是选址错误,建设者直接将妈祖文化移植到统一嘉园中,无法引起内陆人民的共鸣;二是文化单一,经营者对妈祖文化没有深刻理解且缺乏创新创造能力,无法为游客带来沉浸式的体验。

同时,文化旅游业是耗资巨大的产业,一旦有了错误的决断,就会造成无法挽回的损失。旅游经营者也需要对自身旅游业发展方向有清晰的认知,不然极有可能决策失当;对其文化基底也要有深刻理解,否则就无法合理运用,也就更谈不上对其进行创新发展了。

因此,要坚持以文塑旅、以旅彰文,推进红色旅游、文化遗产旅游、主题公园等已有融合发展业态提质增效。完善城市剧院剧场旅游演艺服务机制与功能,遴选扶持一批小剧场精品剧目和夜间旅游演艺品牌,提升江苏旅游演艺知名度、吸引力。推进"旅游+""+旅游",打造工业游、研学游、康养游、健身游、高铁游等新业态,以融合发展延伸文旅产业链条。推动有条件的地区深化绿色生态与红色资源、乡村人文资源联动发展,把美丽资源转化为"美丽经济",巩固脱贫攻坚成果,助力乡村振兴。

### (二)线上观赏与线下体验结合,优化数字化服务能力

2020 年,凭借人流聚集而带来经济效益的旅游业受到重大创伤,所有的预估收益都成了泡影。然而,在大数据时代,人们与科技联系越来越紧密,科技给人们带来许多便利,旅游业也应该紧跟时代步伐,融入科技,给旅客带来舒适的旅游体验。云旅游的意外走红给部分旅游景点挽回了些许损失,我们从中也可以看到旅游业发展的新角度。

鼓励数字科技全面融入旅游产业,借助云计算、物联网、大数据和人工智能等技术,创新旅游供给和旅游消费方式,促进旅游商业模式的改变。通过提高数字化服务能力,行业管理部门能更加准确地掌握市场动态,引导供需匹配,整合旅游资源,有效推动全域旅游的发展;旅游企业一方面能更高效地获取用户、运营用户、转化用户;另一方面,通过数字化方式组织运营阵地、沉淀品牌资产,不断创新产品、保障服务体验。通过"云参观""云剧场""云展览"等多种"云"模式,既可为居家旅游提供线上平台,又可为线下旅游提供有效推广。应加快智慧景区的建设,优化景区管理,落实"限量、

预约、错峰",推进在线预约预订、分时段预约游览、流量监测监控、科学引导分流、非接触式服务；普及电子地图、语音导览等服务,通过数字展览馆等建设,优化娱乐休闲体验。

在线下旅游中,游客可以根据线上提供的景区全景观视图对旅游景区深入观光,避免从前"囫囵吞枣"式的旅游方式,使游客可以充分探索旅游景区。除了全景观视图以外,现在还有以旅游景区为背景的虚拟游戏,将旅游景区的景色以及文化融入游戏中,通过游戏可以吸引年轻游客进行线下旅游。虚拟性旅游也是未来的一种畅想,旅游业的"破次元"(这里的"破次元"不是一般认为的虚拟转现实,而是现实转虚拟)也是一种可行的发展思路。将旅游业与虚拟现实技术结合起来,不仅可以降低发生公共卫生事件发生的可能性,还能大幅度提高旅游景区的游客容纳量,毕竟除了线下游客还有线上游客。

### (三)挖掘旅游资源,以融合理念丰富优质产品供给

进行江苏省文化和旅游资源普查,启动文化基因解码和文化图谱整理工程,推动更多文化资源转化为高品质旅游产品,设计开发富有文化内涵、彰显江苏"水＋文化"鲜明特质的旅游精品线路。一方面,围绕助力江苏大运河文化带建设走在前列,统筹发挥生态环境、国土资源、交通运输、水利等部门职能作用,以生态环境保护提升、沿线名城名镇保护修复扮靓运河文化景观,以文化旅游融合打造运河主题文旅产品,以航运转型完善运河旅游功能,共同把大运河文化带和国家文化公园建成"水韵江苏"最美、最精彩的旅游地标。另一方面,围绕创新开展长江文化的保护、传承、弘扬,更多采用"绣花"功夫修复历史文化街区,建设一批主客共享的滨江"最美公共文化空间",构建文化遗产、山水景观、宜居城市相融交织的长江国际黄金旅游带。

旅游产业是一个产业链长、受益环节多、覆盖面广的领域,通过门票免费或折扣政策可以唤醒游客压抑的消费需求,通过多元发展、跨界融合、拓展产业链可以提供增值服务,促进旅游业提质增效。应从单一的门票经济转换为多元化的旅游经济,树立"文旅＋"发展理念,促进教育、卫健、体育、会展、科技、工农业、水利与文旅的融合发展；整合资源,拓展产业链,包括住宿业、餐饮业、交通运输业、游览娱乐业、旅游用品、农副产品和纪念品销售等行业；升级农村旅游层次,催生乡村民宿设计、建设、融资、运管、培训、用品、餐饮、营销等多种服务业态。推动"文化＋演艺＋休闲＋夜景"的旅游消费模式,丰富夜间游览产品,创办和提升一批夜游主题活动,推出夜晚特色休闲娱乐项目和夜游精品线路；依托景区、文化产业园区、城市综合体等载体,提升餐饮老字号、名小吃、深夜食堂等品质,优化文化旅游演艺项目,提升夜间购物商场、步行街等服务质量,建设具有较强辐射带动能力的夜间文旅消费集聚区。

设计与景区有关的衍生产品,例如可以制作与景区文化或风景有关的周边,并且尽量向生活用品靠近,把旅游景点的景色和文化融入产品中,渗透进人们生活的方方面面,打造景区知名度；大力发展与景区有关的研学和民俗体验,给游客带来更加深入的体验感受；与知名 IP 的结合也是一个扩大知名度的途径,从而可以碰撞出新的火花形成新的旅游产品。各种旅游产品的研发是打开江苏旅游业发展版图的根本方法。

此外,还可以发展"＋旅游"的新型旅游业。"＋旅游"与"旅游＋"不同,"＋旅游"偏向弱化旅游,将旅游定位于附属地位。旅游毕竟不是生活必需品,但它有着巨大经济潜能,将其他方面与旅游结合起来,以其他方面来带动旅游业发展,例如"图书馆＋旅游""出版社＋旅游",等等。

### （四）硬件与软件综合提升，有效整合全域旅游资源

深入贯彻全域旅游概念，科学定位、合理布局、持续建设美丽乡村、旅游小镇、风情县城、文化街区，完善旅游综合体、主题功能区、中央游憩区等建设。重点是推出一批国家级和省级全域旅游示范区、乡村旅游重点村、文化产业示范园区（基地），培育国家级和省级全域旅游示范市，确保"国字号"文旅创建继续走在前列。深化非遗创意基地、非遗旅游体验基地建设，创新举办无限定空间的非遗进景区活动。推动知名度高、影响力大、综合效益好的旅游景区和度假区提档升级，建设非遗特色景区、特色村镇，引导文旅资源相对薄弱地区加强文化创意，善于"无中生有""点石成金"，创造更多的江苏旅游"新地标"。

优化公共服务基础设施、建设"快进慢游"交通工程、提供全域导览便民服务；"以文塑旅，以旅彰文"，结合自然、历史、文化、旅游等特色资源，在"吃住行、游购娱、商奇情"等方面丰富内容体验；打破传统景区"缺失实质性内容和差异化定位；观光旅游产品多、休闲体验游产品少；硬产品多、软产品少；美景多、文化内涵缺失"的瓶颈。不断推进国家和省级全域旅游示范区、全国乡村旅游重点村、全国文化和旅游消费示范城市等创建工作，以创促建，完善申报、推荐、验收、跟踪考核机制；持续推动文旅融合、城乡融合，实现区域资源的空间联动、相互赋能，加强品牌推广，提升全域旅游知名度。

### （五）立足开创新局，以更高站位推动旅游高质量发展

紧扣"争当表率、争做示范、走在前列"目标定位，推动旅游高质量发展走在前列。以"争当表率、争做示范、走在前列"为标尺，把推进旅游强省建设与提升长江生态环境和发展质效、打造大运河文化带"江苏样板"、绘就山水人城和谐相融新画卷、建设美丽江苏结合起来，找准突破口和着力点，推动旅游各项工作提质增效、争创一流，助力谱写"强富美高"新江苏建设的现代化新篇章。按照"生态优先、绿色发展"的理念，切实抓好沿江生态保护及环境综合整治工程，切实提升沿江环境质量。着力打造世界知名旅游目的地，打造一批国家文化产业和旅游产业融合发展示范区，培育一批富有江苏文化底蕴的世界级旅游景区和度假区，建设一批文化特色鲜明的国家级旅游休闲城市和街区，发展红色旅游和乡村旅游，以能级和内涵提升助推旅游强省建设。

### （六）建立自身旅游品牌，加强文旅合作

只有当一个旅游景点拥有自己的独特魅力，才能吸引到游客，使游客在众多旅游景点中选择它。除了创造开发新的旅游品牌以外，江苏旅游业还可以充实已有品牌，例如苏州的园林文化，时代处于不断发展之中，已有的品牌文化也需要跟上时代的步伐与时俱进，引起新时代的共鸣，否则容易被时代抛弃。抓住用好大运河文化带建设、长江经济带发展、长三角一体化发展和向海发展、苏北高铁贯通等叠加机遇，以省域宜居、宜业、宜游为目标，以江河湖海为脉络，推动沿江、沿大运河、沿海、沿湖地区因地制宜发展特色旅游，培育打造一批世界级、国家级旅游景区、度假区和旅游廊道，更好彰显"水韵江苏"新魅力。

深化长三角文旅联盟合作，全力推进《长三角文化和旅游高质量发展战略合作框架协议》落实、落地，进一步推动实现长三角地区休闲观光领域社保卡"一卡通"。充分把握一带一路、RCEP协定

签订的重要契机,开展系列文化和旅游推广活动,为入境游恢复做好准备。发挥江苏省国际直航航线以及境外旅游推广中心等优势,适时赴意大利、德国开展文旅推广活动,推出更多针对当地市场的旅游产品和线路。实施"亚洲旅游促进计划",落实第三次澜湄合作领导人会议共识,与东盟国家文化和旅游机构建立合作和联系,开展合作交流,互送客源。邀请外国驻华使领馆代表参加大运河文化和旅游博览会有关活动,进一步在国际上展示国内运河城市文化旅游形象和文化旅游资源,推动国际运河城市间文旅合作。

# 第四章 江苏省科技服务业发展报告

党的二十大报告中强调，"必须坚持科技是第一生产力""完善科技创新体系""加快实施创新驱动发展战略"。科技创新离不开科技服务业。科技服务业是指运用现代科技知识、现代技术和分析研究方法，以及经验、信息等要素，向社会提供智力服务的新兴产业。科技服务业具有人才和智力密集、技术含量和附加值高、创新性和渗透性强、发展潜力和辐射带动作用显著等特点。

在当前深入实施创新驱动发展战略、积极推进供给侧结构性改革、建立现代化经济体系的大背景下，加快培育和发展科技服务业成为重要的战略支撑。"十三五"以来，江苏高度重视科技服务业发展，以促进科技与产业融合、加快科技成果转移转化、推动科技服务业高质量发展为核心，深入实施科技服务业升级计划，基本构建了覆盖科技创新全链条的科技服务体系，服务经济的主导地位进一步巩固，对经济增长的促进作用进一步增强，为江苏社会经济高质量发展提供了有力支撑。

## 一、江苏省科技服务业的发展现状

我国科技服务业发展起步较晚，但随着国家政策对科技型企业自主创新的扶持，科技服务业得到了长足发展。"十三五"期间，江苏省科技服务业保持总体平稳、稳中有进、稳中向好的发展态势，科技服务业总量规模稳步扩大，内部结构持续优化，质量效益不断提升，贡献份额明显提高，改革开放步伐全面提速，以服务经济为主体的现代产业体系加快形成。

### （一）发展环境

1. 政策环境

政策环境的变化代表着政府对产业发展的支持力度，会影响到产业结构乃至整个产业的发展，因此，研究政策环境对科技服务业发展具有重要作用。近几年，我国陆续发布了多项关键性政策支持科技服务行业发展。

（1）国家政府部门出台的科技服务业政策

2014年10月28日，国务院发布的《关于加快科技服务业发展的若干意见》除了明确94项重点任务外，还部署了健全市场机制、强化基础支撑、加大财税支持、拓宽资金渠道、加强人才培养、深化开放合作、推动示范应用等7项政策措施，为我国科技服务业的蓬勃发展奠定了坚实的基础。

随后，国家又于2017年4月出台了《"十三五"现代服务业科技创新专项规划》，主要考虑落实《关于加快科技服务业发展的若干意见》（国发〔2014〕49号）重要部署，以及李克强总理在2016年中央经济工作会议上指出的"激发市场转化科技成果强力，培育技术和股权期权市场，拓展技术和知识产权交易平台，发展科技服务业"的新要求，以满足科技创新需求和提升产业创新能力为导向，重点选择研究开发及其服务、技术转移、创业孵化、知识产权、科技咨询、科技金融、检验检测认证、综合科技服务等八个方向。

2017年9月,国务院出台了《国家技术转移体系建设方案》,优化了孵化器、加速器、大学科技园等各类孵化载体功能,构建涵盖技术研发、企业孵化、产业化开发的全链条孵化体系。

2018年5月,科技部印发《关于技术市场发展的若干意见》,旨在深入落实《国家技术转移体系建设方案》,加快发展技术市场,健全技术转移机制,促进科技成果资本化和产业化,是细化和落实《国家技术转移体系建设方案》的重大举措。

2018年12月,科技部发布了《科技企业孵化器管理办法》,文件中将众创空间等科技创业孵化载体纳入孵化器管理体系,并对孵化器加强服务能力建设提出新要求;同时,也对加强服务能力建设、加强从业人员培训、提高市场化运营能力、鼓励企业化运作、积极融入全球创新创业网络等诸多方面指明了孵化器的发展建设方向。

2019年4月,中共中央办公厅、国务院办公厅发布了《关于促进中小企业健康发展的指导意见》,旨在推动专业化众创空间提升服务能力,实现对创新创业的精准支持。健全科技资源开放共享机制,鼓励科研机构、高等学校搭建网络管理平台,建立高效对接机制,推动大型科研仪器和实验设施向中小企业开放。

(2)江苏省出台的科技服务业政策

为了促进科技服务业的发展,江苏省近年来出台了一系列关于科技服务业的政策。

江苏省人民政府办公厅2015年发布《江苏省加快科技服务业发展的实施方案》,为深入实施创新驱动发展战略,推动科技创新和科技成果转化,促进科技经济深度融合,加快创新型省份建设,实施科技服务业升级计划,全面提升研发设计、创业孵化、技术转移、科技金融、知识产权、科技咨询、检验检测认证、科学技术普及等八大科技服务业态发展水平。

2020年5月,江苏省科协、江苏省工信厅印发了《2020年服务企业科技创新专项行动实施意见》,紧紧围绕江苏13个先进制造业集群,进一步推动省会合作工作深化开展,积极协调至少30家全国性学会乃至海外高端科技资源服务江苏,致力打造一团队一品牌、一平台一阵地、一项目一成果的"科创江苏"新模式。

2020年12月,科技部印发《长三角科技创新共同体建设发展规划》。三省一市科技部门经过调查研究和实地走访,征求相关部门意见建议,共同编制方案,提出"五大行动",其中"国家战略科技力量合力培育行动"被放在首要位置。这些政策完善了江苏省科技服务业发展的产业布局,细化了工作和任务。

2021年7月,江苏省政府办公厅印发了《江苏省"十四五"现代服务业发展规划》,主攻发展包括科技服务业等优势型服务业,加快构建全价值链科技服务体系,增强企业自主创新能力和市场竞争力,加强与上海科技创新中心联动发展,提升苏南国家自主创新示范区创新引领能力,支持南京建设综合性科学中心、苏州创建综合性产业创新中心,积极推动苏锡常共建太湖湾科技创新圈,建成具有国际影响力的沿沪宁产业创新带。到2025年,打造全国领先的科技服务发展高地,基本建成具有全球影响力的产业科技创新中心。

2021年9月,江苏省政府办公厅印发了《江苏省"十四五"科技创新规划》,这是进入新发展阶段江苏省在科技领域的第一个五年规划,也是指导今后乃至更长一段时间江苏科技创新工作的纲领性文件,意义十分重大。《江苏省"十四五"科技创新规划》把科技强省建设作为总命题、总纲领、总要求,为江苏省未来五年科技创新发展描绘了"路线图""施工图"。

不仅如此,江苏省各市也都出台了许多相关政策来促进江苏省科技服务业的发展。2022 年 12 月,苏州市人民政府发布了《苏州市打造科技服务业发展先导城市三年行动计划》,旨在加快打造科技服务业发展先导城市,提升科技创新体系整体效能,高水平建设创新型城市和产业创新集群。

2. 经济环境

经济环境包括产业布局、经济水平、经济结构和经济制度等,是产业发展的基础。经济环境的变化对科技服务业的影响主要表现在以下方面:

(1) 经济发展水平提高可以促进科技服务业的发展。通常情况下,某地区科技服务业发展和经济发展水平是正相关的。经济发展水平越高,基础设施越完善,可以吸引更多的资源和人才,科技服务业发展就越好。国内生产总值(GDP)是衡量地区经济发展水平的主要指标。

经济上的差距会影响各地对科技服务业资金支持、重视程度等,因此,经济发展水平对科技服务业影响较大。据江苏省统计局的数据,初步核算,2022 年地区生产总值 122875.6 亿元,迈上 12 万亿元新台阶,比上年增长 2.8%。其中,第一产业增加值 4959.4 亿元,增长 3.1%;第二产业增加值 55888.7 亿元,增长 3.7%;第三产业增加值 62027.5 亿元,增长 1.9%。全年三次产业结构比例为 4∶45.5∶50.5。全省人均地区生产总值 144390 元,比上年增长 2.5%。经济活力持续增强。全年非公有制经济增加值 92402.5 亿元,占 GDP 比重为 75.2%;民营经济增加值占 GDP 比重为 57.7%,私营个体经济增加值占 GDP 比重为 54.7%。年末工商部门登记的私营企业 372.0 万户,全年新登记私营企业 51.0 万户;年末个体经营户 988.8 万户,全年新登记个体经营户 115.2 万户。扬子江城市群、沿海经济带对全省经济增长的贡献率分别为 72.0%、18.4%。良好的经济基础可以给江苏省科技服务业发展提供充足的资金和有力的保障。

(2) 产业结构的不断调整是科技服务业大力发展的前提。近年来,中国三大产业结构不断调整,服务业所占比重逐步提高。科技服务业是现代服务业的重要组成部分,在产业结构不断调整中逐步发展起来。根据江苏省统计局的数据,江苏省已经实现产业结构呈现出"三、二、一"的梯度分布,服务业产值增长很快。2022 年江苏省第一产业增加值 4959.4 亿元,增长 3.1%;第二产业增加值 55888.7 亿元,增长 3.7%;第三产业增加值 62027.5 亿元,增长 1.9%。全年三次产业结构比例为 4∶45.5∶50.5。第三产业占比超过了第一产业和第二产业,提供了整个产值的 1/2,呈现出快速增长趋势,在经济发展中占据着举足轻重的地位。三大产业的调整更有利于促进服务业的发展,特别是新型现代服务业。

3. 社会环境

社会环境包含文化传统、价值观念、道德水平等,对科技服务业发展影响主要表现为:

(1) 社会需求的多样性成为科技服务业的重要推手。国民经济水平的不断提高,以及居民消费能力的提升,使得社会需求发生很大改变。从企业角度来看,企业产品设计、研发经费、推广等活动不仅需要靠自身的力量,很多情况下,还需要得到政府、科研机构、高校等主体的支持。从科研机构和高校角度来看,科研机构和高校的研究成果需要转化、推广及资金支持,但仅靠自身难以实现。从消费者角度来看,随着消费者收入的提高,消费观念发生转变,消费结构也发生改变。2022 年,江苏省居民人均可支配收入为 49862 元,人均消费支出为 32848 元。信息、旅游、娱乐等满足精神生活需求的服务性消费成为新的消费增长点。特别是随着科技不断创新,互联网大数据、云计算等新名词的出现,人们迫切需要科技的普及和知识的传播。科技服务业通过科学研究、专业技术服务、技术推广、科技信息交流、科技培训、科普等活动可以满足企业、科研机构、高校和消费者等多样性的需求,提供相应的服务。也可以说,正是社会需求的转变,使得江苏省科技服务业呈现出新的发展态势,产业逐渐走向细化。

(2)教育水平的提高为科技服务业提供有力的智力支持。科技服务业属于知识密集型产业,技术型、高素质人才是行业发展的必要支撑。根据江苏省统计局的数据,2022年末全省共有普通高等学校168所(含独立学院)。普通高等教育本专科招生数71.0万人,在校生数221.9万人,毕业生数57.4万人;研究生招生数10.0万人,在校生数30.0万人,毕业生数6.7万人。江苏省作为全国人才高地,人才工作总体呈现出数量持续增长、质量稳步提升、效能显著提高等特点,2022年末全省拥有中国科学院和中国工程院院士500人。高等教育水平越来越高,高精尖人才规模越来越庞大,可以从技术和智力方面进一步促进科技服务业的发展。

(3)从业人员的增加为科技服务业提供丰富的人力资源。科技服务业以智力产品的生产和增值服务提供为基础,而科技人才的质量与水平又决定了智力产品和增值服务的质量和水平,从业人员的能力和综合素质水平对于该行业的发展至关重要。近年来,江苏省科技服务业从业人数不断增加。2022年,江苏省科学研究和技术服务业的就业人数为37.85万人,研发人员数量高达77.7万人。科技人员投入结构持续优化。科技服务业作为知识密集型、技术密集型产业,其科技创新离不开科研人员的带动,江苏省逐年壮大的研发队伍为科技服务业发展提供了丰富的人力资源。

### 4. 技术环境

技术环境是指社会技术总水平及变化趋势,技术水平是产业的核心竞争力,也是产业发展的动力所在,技术的变革和创新对产业的发展起到关键作用。

(1)加快科技创新为科技服务业的发展注入动能。科技服务业发展离不开科技创新,而科技服务业的发展又是创新驱动的战略支撑。

科技创新加速科技投入的增加。根据江苏省统计局的数据,2022年,全社会研究与试验发展(R&D)活动经费支出与地区生产总值之比突破3.0%,研究与试验发展(R&D)人员达77.7万人。近几年,江苏省R&D经费占地区生产总值比重逐年提高,在研发投入的驱动下,科技创新逐渐成为推动江苏省经济快速增长的主动力。

科技创新推动科技成果产出增加。江苏省高度重视培育创新实力,创新成果产出逐年增加,技术交易市场日渐繁荣,交易规模和交易水平都不断提高。根据江苏省统计局的数据,2022年,全省专利授权量56.0万件,比上年下降12.6%,其中发明专利授权量8.9万件,增长29.7%;PCT专利申请量6986件,下降2.5%。年末全省有效发明专利量42.9万件,比上年末增长22.8%;万人发明专利拥有量50.4件,增长22.4%;科技进步贡献率达67.0%,比上年提高近1.0个百分点。这些成果体现了江苏省科技水平的不断进步,这也将带动科技服务业的发展。

科技创新推动科技成果交易市场不断完善。江苏省技术产品市场和交易额日益增加。根据江苏省统计局的数据,2022年江苏省签订技术合同8.74万项,比上年增长5.8%;成交额3889亿元,增长29.0%。省级以上众创空间1176家,比上年增长9.4%。随着江苏省科技投入与成果产出的不断提高,科技创新能力的不断增强,很大程度上推动了江苏省科技服务业的发展,并为科技服务业注入源源不断的动能。

（2）大数据成为科技服务业发展的重要技术支持。随着大数据时代的来临,越来越多的市场潜力不断被挖掘,科技服务业受到了其极大的影响。

大数据科技成果转化支持。科技服务业的发展离不开多元化平台的支撑,平台的发展消除了从业人员之间的交流障碍,有利于促进创新创造,并推动科技成果的转化和专业化,还可以通过平台及时获得有价值的信息,不断进行改进和完善,促进行业水平不断提升。从业人员借助大数据相关技术,让各行各业都能够了解并享受科技服务业的发展成果,建立专利技术、科技信息等知识产权信息库,让科技成果可以更快地转化为产业发展力,使行业潜力得到充分开发,并充分发挥对经济增长的促进作用。

以大数据为依托,提供个性化服务。利用大数据,能够进一步掌握社会、高校、企业和政府等对科技与知识的需求情况,从而对行业发展方向提供指导,针对需求推出更多的个性化服务。此外,在大数据技术的支持下,各产业单位间的沟通交流更加畅通,进一步实现资源共享和协同发展,提升了创新发展能力。

（3）"互联网＋"为科技服务业提供发展平台。"互联网＋"是科技服务行业未来发展的极大动力,科技服务业同样离不开科技创新,必须依赖于互联网先进技术的支撑,利用互联网挖掘更多的发展潜能,实现产业业态的创新,促进经济形态的转变,最终实现经济实体的整体提升。

"互联网＋"促进科技信息共享。"互联网＋"使得科技资源、科技要素和科研信息间的交流更加充分,使用更加合理,资源配置更加优化。"互联网＋"基于大规模的科研有关信息的共享,可以建立一系列制度、设备和人才等相关的信息资源库,从而构建社会化科研合作平台,这是实现科技服务业跨越式发展的必要条件。

"互联网＋"推动科研协同创新和科技成果转换。"互联网＋"为科技服务业发展指明了一条新的道路,加快了科研成果产业化转化脚步,行业发展获得了新的潜力与机遇。产业技术中心、企业技术中心等充分抓住时代机遇,不断拓宽和加深与外界的交流,促进科技服务业的创新发展。

## （二）发展状况

江苏省是中国经济发达的地区之一,科技服务业也进入了蓬勃发展的阶段,具有良好的优势和发展前景。江苏省科技服务业呈现规模大、贡献高、辐射强的特点,已经成为促进江苏省经济提质增效的重要动力之一。我们可以利用《江苏统计年鉴》等相关数据,从总体规模、创新成果、技术交易等方面更详细分析江苏省科技服务业的发展状况。

1. 科技服务业产值逐渐增加

江苏省科技服务业的地区生产总值逐年上升,从 2016 年的 1645.10 亿元上升到 2022 年的 3047.43 亿元,增长速度不断加快。图 1 显示了 2016—2022 年江苏省地区生产总值、第三产业产值和科技服务业产值及占比情况。从图 1 可以看出,虽然科技服务业的地区生产总值不断上升,但科技服务业占 GDP 和第三产业的比重的增长都比较缓慢,科技服务业占 GDP 的比重由 2016 年的 2.13％增加到 2022 年的 2.48％,科技服务业占第三产业的比重由 2011 年的 4.30％增加到 2018 年的 4.91％。据统计,2022 年江苏省科技服务业单位数为 3886 个,占本省各行业机构总量的 17.16％。

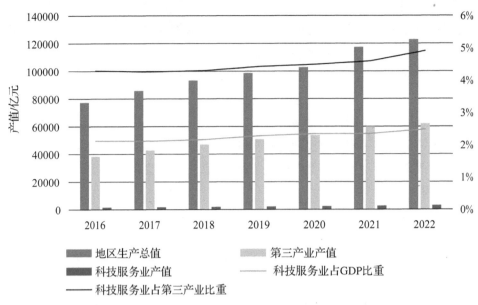

图1　2016—2022年江苏省GDP、第三产业、科技服务业产值及占比情况

2. 科技创新成果显著

过去五年来,在省委省政府的正确领导下,江苏省科技系统全面贯彻党的十九大、二十大精神,深入贯彻习近平总书记关于科技创新的重要论述和视察江苏重要讲话指示精神,深入实施创新驱动发展战略,科技强省建设取得了明显成效,为全省高质量发展提供了有力的科技支撑。

在创新投入方面,2022年江苏省全社会研发投入达3700亿元,较2017年增长超过60%;占地区生产总值比重将首次突破3%大关,达到创新型国家和地区中等水平。在创新产出方面,万人发明专利拥有量超过49件,高新技术企业总数达4.4万家,高新技术产业产值占规上工业比重达48.5%。

在创新平台方面,以苏州实验室为代表的战略科技力量集聚江苏,省产业技术研究院改革发展在国内外产生广泛影响,重点领域改革相关经验、做法在全国推广。

在创新贡献方面,全省科技进步贡献率达67%左右,技术合同成交额突破3800亿元,区域创新能力连续多年位居全国前列,多次获国务院督查激励表扬。

根据科技部和中国科学技术信息研究所发布的《国家创新型城市创新能力评价报告2022》显示,江苏省创新型城市建设成效显著。一是创新能力排名靠前。有两个城市进入前十位,其中南京第二、苏州第七;苏州是全国唯一进入前十的非省会和计划单列市;5个城市排名前25位。二是创新型城市数量多。13个设区市实现国家创新型城市全覆盖,参评数量居全国第一。三是创新驱动支撑高质量发展作用显现。南京由去年第四跃升为第二,无锡、常州、镇江各上升1位,排名分别为第12、第15和第24位。在创新治理力、原始创新力、技术创新力、成果转化力和创新驱动力五个评价指标上取得较大突破,有力地支撑了区域社会经济高质量发展。

3. 技术交易各项指标持续稳步提升

2022年,江苏省技术交易持续活跃。根据科技部火炬中心公布的2022年度全国技术合同交易数据,江苏省技术合同登记87353项、成交额3888.58亿元,分别比2021年增长5.81%和

29.04%,位居全国前列。江苏省技术合同交易体系日益完善,技术交易总量持续增长。

从技术交易类型看,登记的技术合同中技术开发、转让(含许可)、服务、咨询合同成交额分别为1882.07亿元、1118.14亿元、822.15亿元、66.22亿元。其中,技术开发合同仍居四类合同之首,占总成交额的48.40%,同比增长22.27%;技术转让(含许可)合同超技术服务合同跃居第二,占总成交额的28.75%,同比增长105.13%。

从技术交易领域看,成交额居前三位的分别为先进制造、电子信息、新材料领域。其中,先进制造领域技术合同保持领先,成交额为1440.56亿元,同比增长48.05%;电子信息领域技术合同成交额为804.71亿元,同比增长16.21%;新材料及其应用领域技术合同成交额为489.55亿元,同比增长50.05%。

从知识产权类型看,涉及知识产权技术合同共登记37455项,成交额为2311.90亿元,同比增长73.85%;占总成交额的59.45%,占比较2021年提高15.32个百分点。其中,专利、技术秘密合同成交额分别为866.10亿元、1368.31亿元,同比分别增长28.41%、143.93%。

从技术交易主体看,企业法人仍占据技术交易主体地位,输出技术合同49903项,成交额为3626.08亿元,同比增长31.31%,占总成交额的93.25%。高等院校输出技术合同29920项,成交额135.84亿元,同比增长8.84%。科研机构输出技术合同7382项,成交额为112.91亿元,同比增长31.90%。

2022年度,全省高校在省技术产权交易市场平台累计发布科技成果3708项、挂牌科技成果193项、成交34项,公示科技成果299项。全年共遴选省内高校3366项专利(成果)参与"专利(成果)拍卖季",征集550条技术解决方案参与"J-TOP创新挑战季",共促成技术交易480项,总成交金额2.07亿元,同比增长366.26%。

此外,2022年江苏省"揭榜挂帅"技术转移品牌活动首次整合"火炬科技成果直通车"国家级人才、项目、成果资源,推动专利开放许可试点,聚焦9个重点产业领域开展产业专场"需求张榜、在线揭榜"活动。全年促成技术交易项目588项,同比增长94.7%;成交金额3.02亿元,同比增长141.6%。

## 二、江苏省科技服务业发展存在的问题

《江苏现代服务业发展"十四五"规划》提出,到2025年,江苏省要打造全国领先的科技服务发展高地,基本建成具有全球影响力的产业科技创新中心。虽然江苏科技服务业取得了较快发展,但发展现状与能力还不能与科技和经济实力相匹配,满足不了其高质量发展的要求。对比这一目标,江苏科技服务业还有较远的距离。

### (一)骨干机构不多,地区发展不均衡

江苏科技服务业在发展过程中存在科技服务单位规模普遍较小、结构欠优、业务定位不明确、服务内容单一、核心竞争力不强等问题,缺乏持续稳定的服务业务、特色业务。江苏省服务业发展领导小组办公室的一份研究报告指出,虽然全省科技服务业增长速度较快,但在服务业中所占的比重仍然偏低,未能充分发挥其在提升经济发展质量中的作用。2022年,江苏科技服务单位数为3886

家,占服务业单位总数的 17.1%,营业收入占服务业总收入的 13.7%。在近几年江苏省服务业"百强服务机构"排行榜中,位居前列的仍是传统服务业的代表,科技服务机构占比仅有 10%,而且这些科技服务机构均位于苏南地区,地区分布不均衡。在研发设计、检测、科技咨询等领域,江苏缺少国内知名、国际一流、具有行业影响力的大型专业科技服务机构。部分科技服务机构尚未建立起适应市场经济要求的运行机制,过于依赖政府,服务效率不高,无法满足企业日益增长的服务需求。

### (二)机构品牌影响力还不强,新兴领域竞争优势还未形成

江苏科技服务业主体众多,但普遍存在规模较小、服务内容单一、核心竞争力不强和缺乏持续稳定的特色业务等问题,在研发设计、检验检测等领域缺少国内知名、国际一流的大型专业科技服务机构,特别是标志性、引领性的龙头科技服务企业、能够"走出去"的国际知名品牌和有较强影响力的自主品牌相对较少。江苏科技服务业领域新技术、新业态、新模式涌现不够多,不够快,在数字经济、共享经济等新兴服务经济领域,相较广东、浙江、上海等地存在一定差距,缺乏阿里巴巴、华为、腾讯等行业领军企业,在互联网数字服务、大数据应用等方面尚未形成较强的竞争优势。尤其是互联网、大数据、人工智能等新一代信息技术与传统服务业融合发展不够充分,虽然软件和信息技术服务研发设计等业态增长速度较快,但企业数字化转型基础较为薄弱,需要进一步明确数字经济在江苏省经济发展中引领性、主导性、支柱性作用和战略定位。

### (三)高端人才缺乏,创新能力不足

江苏科技服务业人才总量偏小,2022 年末江苏省科学研究和技术服务业用工人数仅有 37.85 万人,占江苏省服务业总人数 11.6%。据 2022 年江苏、北京、上海和广东四地统计年鉴数据显示,江苏作为地区生产总值排名第二的省份,科技服务业从业人员数是最低的,与江苏的经济地位不相符。科技服务机构虽然拥有学历层次较高的科技人员,但是缺乏复合型高端专业化科技服务人才,如创业导师、高级项目经理人等。人才培养与发展机制仍不完善,科技服务人才缺乏专业培养,缺乏明朗的职业发展通道和激励机制。科技服务的创新能力也不足,类似小米 MIUI 系统的研发设计众包模式、创客空间的工业设计创客模式、Yet2.com 的技术转移网络交易模式、36 氪的创业服务孵化模式等开创性的服务模式基本源于外省,产业模式和服务业态的创新还不够。《南京市"十四五"现代服务业发展规划》中指出,南京现代服务业科创载体偏少,针对两业融合的基础创新和源头创新不足,现代服务业创新水平与创新名城建设要求仍有差距。无锡市科技局副局长朱华章坦言,虽然拥有太湖实验室,但无锡的科创服务载体依然远不敷产业需求,现有科研机构多数集中于江南大学等几所高校,亟待与省产研院等合作,加快建设科创综合体等新型研发机构。朱华章认为,"新型研发机构"首先应面向产业端,有更宽广的视角,具备强大孵化功能,并能开展定制化研发。

## 三、江苏省科技服务业发展的对策建议

结合江苏省科技服务业的发展现状及问题,江苏省科技服务业应加强政策与计划支持力度,打造科技服务业发展良好环境,大力发展科技服务业多种业态,构建错位发展的科技服务业区域格局,加大高端人才培养引进力度,完善科技服务人才支撑体系,培育科技服务主体,加强江苏科技服

务品牌培育,加强科技公共服务平台建设,进一步提高综合服务水平,深入实施"创业江苏"行动,全力推进大众创新,支持科技服务机构"走出去、引进来",深化区域和国际开放合作。

### (一)加强政策与计划支持力度,打造科技服务业发展良好环境

加大政策集成支持力度。整合省现代服务业专项引导资金、省创新能力建设计划项目、省重点研发计划项目等计划资金,强化对研发服务标准、机构能力建设和集聚区建设的支持。推进政府采购公共研发服务,绩效奖补新型研发机构,加快落实研发费用加计扣除新政策,激发广大企业购买研发服务的积极性。加大对研发服务机构的高新技术企业、技术先进型服务企业认定力度,经认定的减按15%的税率征收企业所得税。通过财政补贴、政府购买服务、贷款风险补偿等方式加快科技服务业发展。

集成联动,营造科技服务业创新发展的良好氛围。加快建设苏州自主创新广场、常州科教城等科技服务示范区,集聚优质服务资源,打造服务品牌,构建贯通产业上下游的研发服务链。支持骨干机构组建研发服务产业联盟,开展跨领域协同、跨区域合作,形成集成化总包、专业化分包的综合研发服务模式。支持省技术转移联盟、省科技创新服务联盟等社会组织,充分发挥其在组织、协调、人才培养等方面的作用,推动江苏科技服务业发展。加强宣传和舆论引导,继续江苏省科技服务业"百强"机构名单,加大对优秀科技服务机构、成果和品牌的宣传力度,鼓励引导科技服务机构做强做优,形成支持科技服务业发展的良好氛围。

### (二)大力发展科技服务业多种业态

做强研发设计服务。聚焦需求,以苏南自创区和国家级高新区作为重点依托,以新型研发机构、省技术创新中心、国家技术创新中心以及省产业技术研究院作为主体,鼓励引导企业的研发机构为全社会提供研发设计服务。

做活创业孵化服务。推进骨干企业、科研院所、高校、创客等分工协同,打造产学研用紧密结合的高水平、专业化众创空间。重点打造一批众创街区,探索建设一批创新与创业、科技与产业、经济与生态紧密结合、一体化发展的众创街区。开展"苗圃—孵化器—加速器"科技创业孵化链条试点,建设一批科技产业园,探索众创空间、孵化器、加速器和创新型产业集群协同发展的机制。

做实技术转移服务。引导有条件的高等学校开展技术转移专业学历教育,支持高校院所技术转移机构和社会化技术转移机构设立技术经理人事务所,推动技术经理人专业化、职业化建设。

做优新服务业态。运用新一代互联网技术、人工智能技术、大数据技术等信息技术,统筹推进科技金融、知识产权、科技咨询、检验检测认证、科学技术普及等科技服务业态发展水平,促进江苏省科技服务业实现高质量发展。

### (三)构建错位发展的科技服务业区域格局

江苏各地要根据自身的资源禀赋,扬长避短,避免同质化竞争,走出富有地方特色的科技服务业发展之路。苏南地区充分发挥创新资源集聚度高、国际合作广泛等优势,大力发展研发服务、技术转移服务以及向国际标准看齐的高端检验检测服务等,加大高端创新资源引进力度,支持已有的江苏省产研院专业研究所、新型研发机构、技术转移机构等提升能力、发挥作用,在质的提升上下更大功

夫;苏中、苏北地区聚焦面广量大的中小企业创新发展需求,积极发展创业孵化服务、科技金融服务以及为研发服务提供支撑的检验检测服务等,打造龙头科技企业孵化器,集聚科技金融服务机构和检验检测机构,为企业提供有效的服务支撑。

### (四)加大高端人才培养引进力度,完善科技服务人才支撑体系

#### 1. 加强人才培养培训

完善学历教育和职业培训体系,加强对科技服务业从业人员的培养、培训。支持高校调整相关专业设置,鼓励高校科技服务中介机构引进和培养一批懂技术、懂市场、懂管理的复合型科技服务高端人才。鼓励高校科研人员通过兼职、挂职、参与项目合作等方式到相关企业开展创新创业活动,或携带专利成果到企业实施技术转移、创新创业。择优聘任一批有创新实践经验的企业家、企业技术人才到江苏具有博士、硕士学位授予权的高校担任产业教授(兼职)。加强高端人才引进,吸引高水平知识产权工程师、检验检测工程师、科技咨询评估师、天使投资人、风险投资人和外籍科技服务专家等急需紧缺人才提供高价值服务。加强从业人员使用,发挥产业研究机构、新型研发机构、企业研发机构研发辅助人员的重要作用。

#### 2. 加大人员激励力度

鼓励与科技服务业有关专业的博士后、留学人才积极申报江苏省博士后科研资助计划、江苏省留学人员创新创业计划,同等条件下给予适当倾斜。加强技术经纪人等人才队伍建设,畅通职业发展和职称晋升通道,在全国率先探索在研究员职称序列中设立科技服务专业职称,支持和鼓励高校、科研院所、科技企业设置专职技术转移工作岗位,多渠道鼓励科研人员从事技术转移活动。

### (五)培育科技服务主体,加强江苏科技服务品牌培育

强化科技招商推动科技创新的源头作用,以活动招商、基金招商、平台招商、机构招商为抓手,不断优化科技服务主体,加速集聚优质科技服务资源,支持北京大学长三角光电科学研究院等大院大所建设,支持建设以投资主体多元化、市场化运行机制、具备企业独立法人性质的新型研发机构。加大招引国内外知名科技服务企业、高校院所技术转移机构和新兴生产性科技服务业项目。助推一批优质的中小微科技服务企业"小升规";推出一批市级科技服务业明星机构,争创省研发型企业、技术先进型服务企业等品牌。支持江苏省本土上市公司、骨干企业研发机构将技术开发部门"主辅分离"注册成为具有独立法人资格的研发服务机构,为同行业提供技术、工艺、产品等研发设计服务。推动国内外高校、科研院所在江苏省建立技术转移中心,引进高校科研院所科技成果转移转化。依托省技术产权交易市场、国家技术转移东部中心等,招引一批综合性科技服务机构,构建线上线下融合发展的科技大市场。

支持行业协会、第三方机构和地方政府开展科技服务品牌培育和塑造工作,树立行业标杆和服务典范,构建形成具有江苏特色的品牌培育和价值评价机制,推进品牌区域化、国际化发展。引导企业开展自主品牌建设,鼓励服务业企业收购、兼并、参股国际品牌,推动国内外著名商业品牌在江苏集聚,发挥品牌效应。从事研发设计、创业孵化、技术转移、知识产权服务等领域的服务机构应探索"总部＋站点"的发展模式,打造一批连锁型、平台型科技服务集团。

### （六）加强科技公共服务平台建设，进一步提高综合服务水平

围绕区域创新创业需求，依托省级以上高新区核心区，培育打造一批具有较强竞争力的科技服务业特色基地，同时集成服务资源，将其打造成为集平台、项目、人才等要素于一体的科技服务综合体，构建贯通产业上下游的科技服务链条。支持基地内资源统筹与开放共享，建立线上线下有机结合的科技资源开放共享服务网络，打造多层次专业化科技资源共享服务平台，提高科技资源的利用效率。

瞄准新兴产业、优势产业创新和中小企业发展需求，重点围绕一区一战略产业，支持特色明显、产业集聚、要素集中的高新区和各类科技园区，打造一批高技术、开放协同、共享共用的公共服务平台。完善科技公共服务体系建设，积极推进研发服务公共技术平台建设，建立科技报告制度，实现科技计划项目实施进展、科学数据等向社会开放，推动重大科研设施和大型科研仪器等公共研发资源开放共享。支持苏州吴中区、南京经济技术开发区开展国家检验检测认证公共服务平台示范区创建工作，推进国家检验检测高技术服务业集聚区建设。培育"金册网"等第四方服务平台，通过引入市场调节机制，为中小企业在产品研发、生产以及销售各个环节提供检验检测、技术咨询、技术培训、技术交流等"一站式"专业化服务。以"互联网＋科技服务"为基础，高标准建设省技术产权交易市场，加快资源整合、引导供需对接、打通转移链条、加速要素流动、规范技术交易，打造全国领先、国际有影响的技术转移"第四方"服务平台，深度挖掘技术需求、成果供给、中介服务等各类信息，推动各类技术转移信息平台互联互通、开放共享，建立健全技术转移"全流程"线上服务平台。

### （七）深入实施"创业江苏"行动，全力推进大众创新创业

壮大科技服务载体。加快建设沿江科创带，着力打造科教智力资源集聚区、未来新兴产业引领区、智慧低碳都市样板区、开放协同创新先行区、科产城人融合示范区。面向产业提供公共技术服务，支持开发园区、龙头企业等牵头推进制造业创新中心、产业创新中心、技术创新中心和科技公共服务平台建设。推动"1＋11"科创核心区建设，布局建设一批科技服务业集聚区和科技服务业特色基地，因地制宜发展科技服务特色产业，提升产业集聚度。面向双创提供全链条创业孵化服务，打造"创业苗圃＋众创空间＋孵化器＋加速器＋产业园区"全流程创业载体建设模式，促进孵化载体与天使基金、风险基金、创投基金深度合作。在省级层面，统筹整合产业链、创新链、资金链和政策链，依托有条件的县（市、区）和高新区，推动建设一批创新资源富集、创业服务完善、创新创业活跃的众创社区，促进资源高效配置。围绕优势产业链，组建若干个产业协同创新联合体、产业技术创新战略联盟。

高标准提升创业孵化水平。制定众创社区建设考核评价办法、众创空间备案和管理办法，完善创新创业孵化链条和服务体系。深入实施"创业江苏"行动，开展"苗圃—孵化器—加速器"科技创业孵化链条建设试点。

积极完善创新创业生态系统。深入推进"创业中国"苏南创新创业示范工程，办好"创业江苏"科技创业大赛、"苏南全球创客大赛"等创新创业活动，进一步营造科技创业氛围。

### （八）支持科技服务机构"走出去、引进来"，深化区域和国际开放合作

支持国际高端科技服务机构"引进来"，吸引海外著名高校、研究机构及跨国公司在江苏建设研发中心或国际技术转移服务机构，充分执行国家外资研发中心免退税政策，支持部级国际创新园建设对外科技合作服务平台，通过建设各类国际技术转移服务机构，促进先进技术成果在江苏实现高效转化。

鼓励科技服务机构"走出去"，支持省内有条件的企业在境外以收并购或直接投资等方式设立海外研发机构或海外联合实验室，直接利用境外高端人才、先进科研条件和创新环境等创新资源在当地开展研发活动，促进省内企业创新及国际化发展。

加强国际科技服务交流与合作，深化与创新型国家和地区的产业研发合作，积极参与"一带一路"科技创新合作，定期举办国际创新合作与技术转移论坛，组织开展国际技术转移项目对接、专业机构培训，着力集聚全球高端创新要素，提升江苏国际技术转移和成果转化水平。

# 第五章　江苏省物流业发展报告

现代物流业是支撑国民经济发展的先导性、基础性、战略性产业。江苏是经济大省,也是物流大省,濒江临海,铁路大动脉穿越,干线公路和内河航道如毛细血管遍布全省。因为得天独厚的区位优势,更因为来自强大制造业和8000余万江苏居民的巨大物流需求,在江苏现代服务业的版图中,物流业基础雄厚。面对经济社会高质量发展、开拓"一带一路"沿线海内外市场等新的目标,显得"传统"的江苏物流业迎来新课题。江苏逐步形成了以枢纽经济为牵引、多业融合发展的物流产业集群,物流业高质量发展走在全国前列。近年来,江苏先后成功创建了南京港口型(生产服务型)、苏州(太仓)港口型、连云港港口型、南京空港型4个国家物流枢纽和苏州、常州两家国家骨干冷链物流基地。全省共有省级示范物流园区72家,6家入选国家级示范物流园区。同时,全省4A级及以上物流企业288家,稳居全国前列。

## 一、江苏省物流业的发展现状

### (一)物流需求规模稳定增长

2022年,江苏省物流需求规模实现稳定增长,社会物流总额预计超38万亿元,按可比价计算同比增长4.8%,占全国11.9%,社会物流总费用与GDP比率低于全国1个百分点。

2022年,南京市社会物流总额达5.3万亿元,自2019年以来逐年增长,年均增长11%;物流业增加值预计1084亿元,年均增长6.3%。2022年,南京空港型国家物流枢纽成功入选国家物流枢纽建设名单,是全省唯一一家入选的物流枢纽。位于南京空港经开区(江宁)的快递产业园是该枢纽的主阵地,园区集聚涵盖运输、仓储、加工、配送、信息平台等全产业链条物流企业近60家,包括亚洲第一、世界第三的中邮航综合口岸项目,圆通、顺丰等国内六大快递巨头,以及天猫昊超、盒马鲜生等新零售头部企业,通关量连续5年在全省跨境电商产业园中领跑。

江苏省拥有长江、淮河和运河等多条主要水路,水运行业是该省交通运输的重要组成部分。2022年,江苏省港口货物吞吐量达到12.97亿吨,其中外贸货物吞吐量达到6.17亿吨,占全国外贸货物吞吐量的比重为18.1%。江苏省还是中国内河航运的重要枢纽,2022年内河货物运输量达到7.69亿吨,占全国内河货运总量的比重为32.6%。

江苏省公路密度较高,路网覆盖全省各个城市和县区。截至2022年底,全省公路总里程达到33.1万公里,其中高速公路里程为6.8万公里,高速公路网基本形成,便利了人员和物资的快速流动。2022年,江苏省公路货物运输量达到23.3亿吨,同比增长2.2%。

江苏省铁路网与全国铁路网相连,是中国东部地区的交通枢纽之一。截至2022年底,全省铁路总里程为 5485 公里,其中高速铁路里程为 2903 公里。江苏省铁路线还是中国京沪高铁的重要组成部分。2022 年,江苏省铁路货运量达到 1.47 亿吨,同比增长 3.3%。

## (二)疫情下物流韧性恢复

2022 年,国际环境复杂严峻,国内疫情散发、多发,不确定性、不稳定性因素增加,对物流业发展带来明显冲击,行业运行波动性加大。面对复杂环境,国家政策支持引导力度持续强化,物流发展支撑体系不断健全,制度环境进一步改善,多措并举促使物流业保持韧性恢复,实现高质量发展,有力地支撑了产业链供应链循环畅通,有效地保障了民生顺畅有序。

---

**专栏 1　疫情下,江苏口岸如何畅通国际物流链**

发布日期:2022 - 04 - 14　来源:新华财经

新华社南京 4 月 13 日电(记者刘巍巍)受本轮疫情影响,长三角"包邮区"物流压力增大,尤其是对外贸大省江苏而言,国际物流保通保畅至关重要。记者近日在江苏太仓港、南京禄口机场等地采访发现,口岸地区精准发力,畅通水路、空运等通道,努力维护国际物流链稳定。

**一、"陆改水"打通最后一公里**

为缓解疫情造成的公路运输资源紧缺状况,江苏依托现有航线,发挥水运优势,为企业"陆改水"提供便利。

近日,太仓优上展示器具有限公司在江苏太仓港装船起运一批木质家具,约 5 个小时后到达上海洋山港。

太仓港国际货运有限公司部门经理罗劲松表示,这批货物原计划通过陆路运输运往上海港口,从上海出口到澳大利亚。因疫情管控等原因,货车无法按期往来于上海港口和太仓生产企业之间,导致货物积压。了解企业困难后,太仓海关工作人员帮助企业调整运输方案,将货物由太仓港运至上海洋山港,提高了物流效率。

在长三角公路运输受阻情况下,"陆改水"新通道活力释放。"近期太仓及周边企业采用'联动接卸'模式,将货物直接从太仓港运抵上海洋山港装船,少了集装箱卡车的陆路运输,有效解决了物流难题。"太仓海关物流管理科科长魏蔚介绍。一季度,太仓港累计完成外贸集装箱吞吐量 97.6 万标箱,同比增长 23.5%。

**二、"货包机"稳定空中物流网**

日前,西门子数控(南京)有限公司生产的一批价值 32 万元的变频器零件搭乘金鹏航空的货运包机,从南京禄口机场起航,发往荷兰阿姆斯特丹。

"我们公司出口的电子元器件产品,精密度高、单价高,国外买家对交货时间有很高要求。这批货物原定从上海浦东机场空运出境,受疫情影响,出口受阻。"西门子数控(南京)有限公司进出口部门经理李宴沁说。为准时交货,企业决定改从南京出口,搭乘南京—阿姆斯特丹货运包机,避免了延迟交货带来的违约损失。

目前,南京共开通飞往欧洲、北美洲的 2 条货运包机航线,一周执飞 6 班,单趟货运吞吐量约100 吨。南京禄口机场海关加派人手,24 小时保障进出境货运航线验放,助力货物快速通关。一季度,南京禄口机场海关共监管货运包机 179 架次,进出口货运量 1.54 万吨。

---

三、"强服务"打通运输堵点

眼下,江苏多地相关部门推出惠企助企"花式服务",全力保障物流畅通。近日,在无锡新区公路监管点内,20辆满载进口集成电路的集装箱卡车依次通过卡口,早已到场等候的海关人员车到即验,全程用时不足10分钟。

"由于疫情原因,我们原定从上海港报关进口的设备,运输存在一定难度,海关人员主动为我们提供政策辅导,指导我们先船运至连云港,再陆运至无锡清关,通关非常高效。这批设备将很快安装完毕、投入生产。"SK海力士系统集成电路(无锡)有限公司关务经理孙文益说。

在江苏常熟口岸,英特美光电(苏州)有限公司的9票出口货物近日办理完成了口岸更改手续。"这家公司的物流因疫情影响几乎停滞,我们得知情况后,协助企业筛选、更改合适的口岸。"常熟海关综合业务一科科长王一梅说。抗疫情、保生产,该关将统筹做好口岸疫情防控和促进外贸稳增长工作,打通国际物流供应链的堵点、断点、痛点,精准发力、精细施策,维护产业链供应链稳定。

## (三)乡村物流体系发展迅速

根据国务院《关于促进乡村产业振兴的指导意见》《全国乡村产业发展规划(2020—2025年)》以及《江苏省国民经济和社会发展第十四个五年规划和二〇三五年远景目标纲要》《江苏省"十四五"全面实施乡村振兴战略推进农业农村现代化规划》《江苏省"十四五"现代物流业发展规划》《江苏省冷链物流发展规划(2022—2030年)》等文件,为加快构建江苏现代乡村产业体系,促进农产品现代物流体系的发展提供了政策保证。

江苏省委、省政府《关于做好2022年全面推进乡村振兴重点工作的实施意见》,作为2022年江苏省委一号文件印发。文件明确提出,要深入实施"快递进村"工程,加强"一点多能"的村级寄递物流综合服务点建设。

江苏省邮政管理局全面融入地方推进"快递进村"工程,积极作为助力乡村振兴工作,努力完善农村寄递网络。截至目前,全省13790个建制村中4个以上品牌快递服务通达率99.91%,7个以上品牌快递服务通达率96.83%。13个设区市"快递进村"通达率均已超过95%。

2022年,为进一步推动提升农村地区快递服务水平,提高"快递进村"工程质量,江苏局将实施"快递进村"提升工程纳入全年八项重点工作,全面打造以"交通＋邮政快递＋社区"为特色的快递进村"江苏模式"。力争年内实施"快递＋现代农业"重点项目50个,业务量超千万件项目10个,业务量超百万件的项目10个。

人民生活水平不断提高,消费购买能力增强,对高品质农产品的需求大幅提升。2022年,江苏省实现社会消费品零售总额42752.1亿元,同比增长0.1%。社零总量占全国总规模的9.7%,位居全国第二。按常住地分,城镇居民人均可支配收入76643元,同比增长4.1%;农村居民人均可支配收入34664元,同比增长6.0%。

近年来电子商务迅猛发展,形成了"商家→物流运输→顾客"的农产品流通路径,减少了流通环节。2022年,全省农村网络零售额3000.5亿元,保持在全国第二位;全省农产品网络销售额达1226亿元,连续多年保持增长。2022年上半年,全省农村地区实现网络零售额1511.4亿元,同比增长8%。电商平台发展日益成熟,为农产品提供了线上销售渠道,使得第三方物流能够合理整合农产品资源,提高物流效率。

## (四)交通运输基础设施进一步完善

面对远超预期的多重困难挑战,全省交通运输系统按照党中央、国务院决策部署和省委、省政府工作要求,全面落实"疫情要防住、经济要稳住、发展要安全"的重大要求,切实担起"勇挑大梁"重大责任,为经济社会大局稳定作出了交通贡献。

2022年是江苏交通"重大项目建设攻坚年",全年完成交通建设投资1820亿元,再创历史新高。其中,北沿江高铁江苏段、通苏嘉甬高铁江苏段、仪禄高速、扬泰机场二期扩建等项目顺利开工,海太长江隧道、宁盐高速公路等一批总投资300亿元以上的重大项目提前半年左右开工建设。常泰长江大桥、张靖皋长江大桥、沪苏湖铁路等在建项目加快建设。南沿江城际铁路主体工程基本建成。完成9个内河航道项目竣工验收,涉及里程约275公里。江苏交通运输发展取得新成效。

得益于高宣高速、溧宁高速、盐射高速、宁马高速扩建等建成通车,江苏在2022年新增高速公路65.6公里;建成普通国省道290公里,新改建农村公路2950公里,农村公路二级及以上公路占比居各省区第一。南京燕子矶长江隧道建成通车,过江通道累计建成18座,在建9座。全省干线航道达标里程2488公里,千吨级航道连通85%县级及以上节点。南京禄口机场入境航班专用航站区和一号航站楼南指廊工程建成。全省11个县(市、区)被确定为"四好农村路"全国示范县创建单位。这些成绩都让江苏的综合交通网络更加完善。

2022年,全省集装箱公铁联运量、铁水联运量达到117万、92万标箱,分别增长22%和30%。内河集装箱运输量达110万标箱,同比增长20.9%;太仓港集装箱吞吐量突破800万标箱。全省新辟加密6条国际海运航线,近远洋航线基本覆盖重要贸易国家。新增稳定运行苏州至米兰等线路,全年累计开行中欧(亚)班列1973列,开行数量再创新高。全省在飞国际客运航线13条、货运航线10条,首家本土货运航空公司京东航空投入运营。新建2个综合货运枢纽,总数达32个。

截至2022年底,全省9个城市开通轨道交通,位居全国首位;轨道交通运营里程突破1000公里,位居全国第二。11个城市通过交通运输部绿色出行创建考核,连云港入选国家城市绿色货运配送示范工程。新增29个司机之家,总数达到85个。累计建成城市候机楼94个,共9个综合客运枢纽接入城市轨道交通。新辟省际毗邻公交7条、省内毗邻公交13条。普通国省道服务区(停车区)达148个,充电桩覆盖率42.5%。

## (五)运输结构调整成绩斐然

综合运输服务"一票制、一单制、一箱制"发展,是推进实现"人享其行、物畅其流"的重要载体,是构建现代综合交通运输体系、加快建设交通强国的重要内涵。近年来,各地围绕"一票制、一单制、一箱制"不断探索创新。部分民航、铁路企业合作推出"空铁联运"产品,旅客可以一键下单,一次购票;重点港口拓展"门到门"全程一体化服务,探索创新"一单联运"业务,取得一定成效。

2022年起,江苏省开展运输结构调整示范市创建工作,确定南京、无锡、徐州、苏州为示范建设城市。其中,"一单制"作为发展重点,贯穿于江苏示范创建、运输结构调整工作全过程。为推动大宗货物"公转水""公转铁"运输,江苏出台运输结构调整补助方案,安排专项奖补资金,重点在开行多式联运班列、推动多种运输方式信息平台互联互通、应用全程"一单制"联运服务等方面予以支持。

解决资金保障问题后,江苏重点探索基于国际海运提单的海铁、江海河联运CCA(二程船协议)模式和基于多式联运运单的"一单制"模式。这两种模式各有特色,前者将船公司海运服务延伸至铁路货场、内河码头,将国际海运提单签发为多式联运提单,目的地由原来的"港—港"变为"门—门",形成全程多式联运产品。目前,南京、无锡、徐州、苏州等市均已开展该模式探索。为加速产业培育,江苏一方面建立重点市场主体名录库,认定并发布多式联运、运输代理类五强企业榜单;另一方面组织开展多式联运、中欧(亚)班列、内河集装箱精品线路(航线)试点工作。此外,江苏还鼓励各市围绕港口、铁路等关键枢纽载体,大力培育多式联运经营人,支持骨干企业向多式联运经营人转型。

如今,江苏各地发展多式联运成绩斐然:连云港开展铁路国际标准箱"铁路箱下水、国外直接还箱"模式,纳入中国(江苏)自由贸易试验区连云港片区创新推广案例;江苏10个城市稳定开行了至沿海港口的海铁联运班列,多地实现天天班或一天多班,南京、无锡、常州、苏州等市开展海铁联运CCA(二程船协议)模式"一单制"试点。下一阶段,江苏将推动出台多式联运"一单制""一箱制"发展实施方案,加大多式联运经营人培育力度,全面推动"一次委托、一次结算、一次保险、全程负责"的"一单制"服务模式发展。

## 二、江苏省物流业发展存在的问题

### (一)物流成本偏高

在国家标准《物流术语》中,物流成本定义为"物流活动中所消耗的物化劳动和活劳动的货币表现"。简单来说,物流成本就是"货物在包装、仓储、搬运装卸、运输等物流活动中的所有花费"。对于全社会来说,全社会物流成本就是社会各方物流费用支出的总和,就是我们经常听到的"全社会物流总费用"。对于单个企业来说,企业物流成本就是生产经营中对物流活动支出的物流费用。但由于在业务、财务、统计三大企业核算体系中,没有物流科目,企业很难全口径说清楚自己的物流成本,往往用储运成本来替代物流成本,存在"物流冰山"。

现代物流一头连着生产、一头连着消费,在市场经济中的地位越来越凸显。近年来,江苏省物流业发展迅速,比如,快递量越来越大,速度越来越快,但是全链条运行效率低、成本高仍然是一个比较突出的问题。如何进一步提质增效降本,让企业和更多消费者受益,就成了亟待破解的问题。

江苏物流成本比较高,对经济高质量发展颇为不利,需要多加重视。社会物流总费用包括运输、存储、管理费用三大块,其中运输费用中的路桥费、油费等是大头,而存储费用则涵盖仓储、配送、包装、保险、货物损耗等支出,需要通过多方面的协同、优化,并应用先进技术来充分挖掘降本增效的价值空间,降低物流成本消耗,避免不必要的成本流失。

影响物流运输成本居高不下的因素很多,其中有人的因素,如专业人员缺乏、战略成本意识和全员成本意识的不足等;有技术层面的因素,如运输技术装备的落后、先进的管理技术手段和管理信息系统不够普及、运输规划不科学等;有制度方面的原因,成本核算、考核制度的不健全等;也有政策层面的原因,如运输资源的重复投资、重复建设,造成资源的无谓浪费,综合运输规划不合理等。

## (二)缺乏科技创新

新发展格局下,江苏省物流枢纽的现代化科技创新水平仍相对偏低。江苏省物流行业从业人员数量正在减少,不难得出当前江苏物流的自动化和智能化发展正进入快车道;另一方面,物流业科技创新专利申请数目较少,说明江苏物流科技创新能力相对不足。

### 1. 技术自主研发能力有待提升

例如,与美国联合包裹运送服务公司(UPS)的英国东米德兰机场(EMA)物流枢纽相比,江苏省物流枢纽存在着相对缺乏自主研发的物流技术等问题。UPS于2021年9月开放了扩建后的EMA物流枢纽,该物流枢纽新配备了自主研发的最新自动扫描系统和包裹分拣技术,能进一步提高UPS的运营效率和分拣速度。相比而言,江苏省物流枢纽缺乏自主研发物流技术的能力,导致技术应用的成本过高,从而对省物流发展水平的提升产生不利影响。因此,后疫情时代,江苏需要将物流企业科技创新能力的提升作为高质量发展水平的增长点,不断加大对物流科技创新以及专利发明的投入,尤其是在智慧物流等新科技应用以及"无接触配送"等末端配送模式创新方面要持续加大力度。

### 2. 现代化水平提升空间依然较大

虽然江苏省近年来出现了不少具有国际竞争力的大型物流企业,但是处于行业基层的运输企业的流通设施、装备仍然比较落后,亟需进行信息化、智能化升级。以智慧物流为主抓手的降本增效综合改革仍需加大力度,物流枢纽多而不强,集聚辐射效应发挥不充分,高端供给存在结构性短板,现代供应链服务能力和嵌入产业链深度、广度不足,本土"链主型"企业较为缺乏,应急物流保障、民生物流品质和绿色物流发展水平仍有较大提升空间。物流主体创新动力不够强,资金、技术、人才瓶颈依然存在,对新技术新业态国际标准、行业标准制定的参与度不够,在技术应用、产学研协同、智慧化改造等方面仍存在诸多问题。中小物流企业信息化基础薄弱,与产业发展需求相匹配的高技能、高层次物流人才仍有较大缺口。治理能力现代化有待全面增强。物流行业治理方式仍较为传统,与物流新业态发展相适应的规则标准、法律法规和政策措施相对滞后;治理合力不足,行业信用体系、统计评价体系和信息共享机制有待进一步健全;行业组织深度参与行业治理的力度不够,完善政府决策、引导行业自律和规范发展的作用发挥不显著。

## (三)冷链物流发展不平衡、不充分

发展冷链物流,有助于农产品出村进城。近年来,江苏省农产品冷链物流实现了较快发展,但仍存在发展不平衡、不充分的问题。

### 1. 产地仓建设滞后

冷链物流发展不平衡、不充分首先表现在冷链设施结构的不合理。江苏省现有冷库中,产地仓库容占比远远小于销地仓库容占比,农产品仓储保鲜冷链物流设施投入区域和布局不够合理,产地远不如销地,农村滞后于城市等问题突出。相关调研显示,目前在江苏省,产地仓和销地仓数量之比大约是1∶3。"最先一公里"产地仓、移动田头仓、冷藏保鲜库等设施建设不足。在农产品的生产加工、仓储物流、市场营销三个环节中,产地冷链设施基础最薄弱,许多地方甚至是空白。

2. 冷链物流技术水平低

冷链物流行业标准及信息技术水平有待升级。冷链物流行业缺少温度控制、操作规范等统一标准,现有的规范标准衔接不紧密、不成体系,各类标准形式多样,内容存在交叉、重复与空白。目前,冷链物流信息共享程度低,缺少公开、统一、高效的信息化平台,企业之间、企业与市场之间存在信息孤岛,导致冷链物流各环节出现信息"断链"现象。没有共享平台,意味着冷库串不起来,形成不了网。

3. 冷链物流规模小

江苏省农产品冷链物流企业还面临着规模普遍偏小的状况。目前,江苏省冷链物流行业整体呈现"小散乱"格局,冷链物流企业散户多、规模小,服务标准不统一,行业集中度低。大多数企业都是从自身配套的角度布局冷链设施,对体系化建设贡献度不高,缺少像京东、顺丰等全国性行业巨头,专业化第三方冷链物流服务企业较少,无法满足差异化的市场需求。全省专业化、社会化的冷链物流企业普遍规模较小,服务单一,缺乏全局性、长远性、战略性布局,普遍处于盲目和无序状态。各冷链物流企业规模小、集中度低,缺少有引领力的头部企业。冷链设施建设投入大、运营成本高、回收周期长,导致社会资本投资积极性不高,冷链物流发展受阻。

## (四)物流产业大而不强

江苏省物流产业规模大但规模经济效益释放不足,特别是公路货运市场同质化竞争、不正当竞争现象较为普遍,集约化程度有待提升。现代物流体系组织化、集约化、网络化、社会化程度不高,国家层面的骨干物流基础设施网络不健全,缺乏具有全球竞争力的现代物流企业,与世界物流强国相比仍存在差距。

虽然江苏省通过一系列措施,如建设港口、推动丝绸之路经济带发展等,已经吸引了一批外资企业和国际物流公司进驻,但与国际上成熟的物流中心相比还存在一定的差距。江苏省需要进一步加强与国际物流公司和国际组织的合作,借鉴国际先进的物流管理经验,提升江苏物流服务的水平和国际竞争力。

## (五)物流行业效率水平偏低

虽然江苏省内的物流相关基础设施正在逐步完善,但由于仍处在建设和规划阶段,其交通基础设施以及相应的园区、物流节点仍然不能适应目前物流行业的发展,造成物流行业效率水平较低。特别是部分货物的配送站点布局不合理,为配送便利大多建于主城区附近,用地规模大大受到限制,同时对周边的交通运输产生一定的影响。对于各个物流企业来说,企业的生产设施陈旧,货物的仓储及配送做不到有效衔接,整体效率水平较低。

## (六)环境污染愈加严重

物流业导致的环境污染具体分为两种情况:一是随着物流货运量的与日俱增,运输车辆、船舶污染气体的排放量大幅度增长,导致城市空气质量变差、雾霾加剧等,严重危害着人们的身体健康;二是随着电商的快速发展使得快递数量飞速增长,为保证商品的运输安全和品质稳定,商家采用大量材料进行包装,从而产生了大量废弃包裹材料。除了纸板的回收率较高之外,其他废弃物均被丢弃,致使固体废弃物日益增多,对环境造成了不可逆的危害。

近年来,随着长江大保护观念的深入人心,沿江港口码头船舶污染物接收设施建设进程加快,洗舱站、水上绿色综合服务区、码头和船舶岸电设施等新兴绿色环保项目,在船舶污染防治领域发挥重要作用的同时,其建设、使用、监管等方面还缺乏相应的法律支撑;船舶污染物送交、接收、转运、处置各环节涉及的监管部门众多,现行法律法规对相关单位在船舶污染物联单管理过程中的职责尚未明确;船舶载运危险货物安全和污染风险较大,对船舶载运危险货物的安全污染风险管控与长江大保护的要求还不相适应。

### (七)结构性失衡问题亟待破局

存量物流基础设施网络"东强西弱""城强乡弱""内强外弱",对新发展格局下产业布局、内需消费的支撑引领能力不够。物流服务供给对需求的适配性不强,低端服务供给过剩、中高端服务供给不足。货物运输结构还需优化,大宗货物公路中长距离运输比重仍然较高。

### (八)运力空前过剩

2022年,运力大幅过剩,运价跳水严重,这从实际市场就能看出:跑普货的无货可拉,跑大宗、冷链、医药小闭环的觉得市场尚可;危化品运输车辆闲置率颇高;前两年比较热的疆煤外运也"熄火"了。闲置运力纷纷到普货市场抢货,导致普货运输运价持续走低。这种运力失衡的苦果,更多的是被司机端所承受。

运力市场的失衡不仅体现在严重的供大于求,在上游客户眼中,运力市场参差不齐,无法遴选出价格与服务稳定性双优的运力车队,这也是一种失衡。雪上加霜的是,业界对于运力市场未来发展的预判并不乐观:一是担忧运力持续下降的局面在2022年下半年或者2023年不会逆转;二是运价持续走低,个体司机大规模退出市场;三是运力模式发展待定,未来究竟会演变成大车队模式还是会变得更加散、乱、小,仍是未知数。

## 三、江苏省物流业发展的对策建议

### (一)全力推进物流业数字化、智能化建设

大力推进物流企业计划管理、采购管理、合同管理模块建设,支持网络货运等物流新业态发展;同时引入区块链、大数据等技术集成,加快物流通道基础设施的数字化建设和改造,加速推广应用GPS跟踪追溯、智能标签、智能分拣设备、自动化立体仓库以及无人仓储、无人车船、无人港站等新技术,打造智慧港口航运、智慧航空邮政等智慧物流生态系统,实现物流全通道的智能化。苏南先发展物流枢纽和苏北后发展物流枢纽可以共同形成创新一体化新高地。优化"双飞地经济",即部分苏北后发展物流枢纽可以到苏南先发展物流枢纽建立研发机构,利用苏南先发展物流枢纽的科

技力量和人才,研发自身需要的可以实现产业化的物流新科技。结合 5G 的商业运用,最大程度提升各项物联网设备的交互能力,充分实现车辆、货物安全管理及物流全程的透明化与可视化,为后疫情时代的物流运输提供稳妥有力的坚实保障。

一是借助江苏打造智慧物流高地任务,实施设施互联互通、设备通用共享的物流网络工程,实现物流网络数字化。充分利用原有的智慧物流试点城市、企业做法,加快物流资源上网,促进物流枢纽、园区、物流企业之间的信息化互联、上网工程,以信息化、数据化、标准化实现空间互联互通。服务衔接国内外,形成新发展格局的数字化物流网络,促进多式联运、海铁联运、江苏与中西部地区的物流作业协同。同时,在供应链应用创新试点项目基础上,依托供应链平台与标准型试点企业,以标准化托盘的推广应用为切入点,逐步推进物流运输、仓储、装卸搬运、配送等环节一些通用性强的设备的标准化、信息化,实现设备的信息与数据共享。通过对基础设施、设备的信息提升、标准化推进、数据化改进等方式,逐步实现物流设施设备的互联互通,形成资源整合、作业协同、具有一定智能化的物流网络,为企业能够利用国内国际两个市场,实现双循环的发展提供支持。二是借助江苏大力发展数字经济机会,提升智慧物流服务水平。充分利用数字经济发展的机会,着力发展云计算和大数据、人工智能、区块链、智能网链汽车等数字产业契机,实施数字产业物流应用工程。三是借助打造具有国际竞争力的先进制造业基地目标,实施物流业与制造业深度融合工程,打造制造业供应链服务商品牌。在数字化物流网络构建基础上,应充分利用工业、物流业产业集群的特点,在构建现代物流体系基础上,建立物流园区(枢纽)与产业园区对接工程,根据工业智能化改造与数字化转型升级需求,以稳定供应链、产业链,提升客户作业效率、降低运营成本、提升客户体验为目标,以智能化仓储作为切入点,为客户提供智慧供应链物流服务,助力江苏工业产业迈向全球产业链、价值链的高端,建成先进制造业基地。

## (二) 推动物流提质降本增效

促进全链条降成本。推动解决跨运输方式、跨作业环节瓶颈问题,打破物流"中梗阻"。依托国家物流枢纽、国家骨干冷链物流基地等重大物流基础设施,提高干线运输规模化水平和支线运输网络化覆盖面,完善末端配送网点布局,扩大低成本、高效率干支仓配一体化物流服务供给。鼓励物流资源共享,整合分散的运输、仓储、配送能力,发展共建船队车队、共享仓储、共同配送、统仓统配等组织模式,提高资源利用效率。推动干支仓配一体化深度融入生产和流通,带动生产布局和流通体系调整优化,减少迂回、空驶等低效无效运输,加快库存周转,减少社会物流保管和管理费用。

推进结构性降成本。加快推进铁路专用线进港区、连园区、接厂区,合理有序推进大宗商品等中长距离运输"公转铁""公转水"。完善集装箱公铁联运衔接设施,鼓励发展集拼集运、模块化运输、"散改集"等组织模式,发挥铁路干线运输成本低和公路网络灵活优势,培育有竞争力的"门到门"公铁联运服务模式,降低公铁联运全程物流成本。统筹沿海港口综合利用,提升大型港口基础设施服务能力,提高码头现代化专业化规模化水平,加快推进铁水联运衔接场站改造,提高港口铁路专用线集疏网络效能,优化作业流程。完善内河水运网络,统筹江海直达、江海联运发展,发挥近海航线、长江水道等水运效能,稳步推进货物运输"公转水"。推进铁水联运业务单证电子化,促进铁路、港口信息互联,实现铁路现车、装卸车、货物在途、到达预确报以及港口装卸、货物堆存、船舶进出港、船期舱位预定等铁水联运信息交换共享。支持港口、铁路场站加快完善集疏运油气管网,有效对接石化等产业布局,提高管道运输比例。

### （三）大力促进一体化

推动智慧物流与先进制造业协同发展。物流业对制造业、金融业等其他行业的发展起着促进作用,尤其是智慧物流作为链接供应链、产业链的"中枢神经",在"十四五"期间,更应当主动与先进制造业相结合,在协同发展中谋求高质量跃升。因此,面对新的变局,需要打造更加智慧高效的物流产业体系,跨出与工业、农业、金融等其他产业协同联合的步伐,尤其是与先进制造业要加快实现跨界融合,精心营造政策支持、人才引进、资金扶持、减税降费等两业链接的环境氛围,大力推进两业在资源整合的基础上加强组织协同与流程对接,实行采购、运输、仓储、包装、装卸到配送、销售的智慧物流服务一体化运作,最终形成供应链服务循环生态体系,助力江苏经济在新时代稳步实现高质量发展。

促进省物流枢纽一体化联动,路径包括物流产业一体化和交通基础设施一体化两方面。物流产业一体化方面,苏南先发展物流枢纽可考虑把物流业新项目和物流企业落在苏北后发展物流枢纽,把物流产业链延伸到苏北后发展物流枢纽,形成一体化的物流产业体系。交通基础设施一体化方面,要重点规划和建设苏北后发展物流枢纽和苏南村镇的现代交通基础设施,补全其获取物流发展要素的短板。这两项举措也有利于增加江苏省区域内贸易比重和中西部流向江苏省的省际贸易比重,推进省物流枢纽"协助形成＋充分融入"统一大市场。

### （四）进一步完善物流网络

江苏省应继续推进物流基础设施建设,加大对交通运输、仓储设施的投入力度,提高物流基础设施的能力和覆盖范围。完善高铁快运网络布局,力争实现地级市高铁快运业务全覆盖,建设县、镇、村三级快递物流网络。加快国家物流枢纽、骨干冷链物流基地等建设,加强枢纽间互联互通。此外,加强区域间物流联动,形成更加高效的物流网络,提升物流服务水平。加快推进多类型的国家物流枢纽建设,推进物流枢纽、物流园区连点成网,提升现代物流枢纽服务能级。构建形成"物流园区(分拨中心)—配送中心—末端网点"三级城市配送网络体系。在设区市和较大规模的县城科学规划建设一批集仓储、分拣、加工、包装等功能于一体的城郊大仓基地,依托商贸、供销、交通、邮政快递等城乡网点资源,完善县乡村快递物流配送体系,提升末端网络服务能力。提升国际物流服务能力,加快构建便捷畅连、多向立体、内联外通的国际物流网络。增加面向"一带一路"共建重要贸易国家及重点产能合作区的国际空运航线航班,开辟至重要战略性物资基地海运直达航线。加强南京龙潭港、苏州(太仓)港等江海联运枢纽与上海、香港、新加坡等国际航运枢纽联动,优化至美西、美东、中东、西非等远洋航线运输布局。推进连云港港国际枢纽海港、通州湾新出海口建设,强化集装箱远洋航运功能。

### （五）坚持发展全链路的绿色物流

中国的绿色物流已经借助智慧给环保赋能,驶向一条绿色邮路。在国家政策指引下,电商平台和各大快递企业响应发展绿色物流的号召,已经取得初步成效。通过模式创新、技术助力、材料净化等多种方式,全链路的绿色物流加速落地。江苏应坚持低碳环保,推动物流全链路绿色发展。全面提升物流设施、技术、模式绿色化发展水平,推动绿色运输、仓储和包装等全链条绿色化发展。优化城市逆向物流网点布局,构建逆向物流新体系。突出重点领域,提升物流专业化服务能力。重点推进冷链物流、航空物流、高铁物流、应急物流、粮食物流等领域发展,加强物流重点领域锻长补短。

全面提升物流设施、技术、模式绿色化发展水平。推进绿色物流枢纽、园区和基地建设,加强土地和存量资源的集约利用,推广应用绿色节能物流技术装备,提升绿色化发展水平。推动仓储设施的节能降耗与绿色发展,引导企业规划和建设绿色仓储新设施,推动企业对旧有的仓储设施实现绿色化升级改造。推广绿色低碳运输工具,淘汰更新或改造老旧车船,推进内河船型标准化,加大新能源或清洁能源汽车在枢纽园区、城市配送、邮政快递等领域应用。

推动绿色运输、仓储和包装等环节协同运行,实现物流全链条绿色化发展。推广普及电子面单、环保袋、循环箱、绿色回收箱,推进物流企业与制造、商贸流通企业包装循环共用,推广使用循环包装和生物降解包装材料,推行实施货物包装和物流器具绿色化、减量化。

优化城市逆向物流网点布局,完善城市社区废旧物资回收网络。创新逆向物流回收模式,围绕家用电器、电子产品、汽车、快递包装等废旧物资,构建线上线下融合的逆向物流服务平台和回收网络。

加快培育龙头企业,因地制宜推动服务模式创新。各地乡村经济社会发展情况不同,物流服务需求存在较大差异,为此,要尽快打造一批具有统筹网络设施利用和服务运行能力的龙头物流企业,提高农村物流的组织化程度和供需适配精度,有针对性地开展多样化服务。对于规模相对集中、需求相对密集的物流需求,可推出定制化、公交化快递运行线路。在人口规模较大的行政村,可推广客运班车带货模式,降低物流运行成本。

# 第六章  江苏省公共服务业发展报告

公共服务是政府为满足城乡居民生存和发展需要,运用法定权利和公共资源,面向全体居民或特定群体,组织协调或直接提供的产品和服务。江苏省已进入以高质量发展促进共同富裕的关键阶段,人民群众对公共服务产品的要求已从"有没有"向"好不好"转变,期盼更加优质化、多样化的公共服务供给。丰富多层次、多样化生活服务供给,构建优质均衡的公共服务体系,是落实以人民为中心的发展思想、创造高品质生活的重大举措,是促进社会公平正义、扎实推进共同富裕的重要任务,是促进形成强大国内市场、构建新发展格局的重要支撑,对增强人民群众获得感、幸福感、安全感,促进人的全面发展和社会全面进步,具有十分重要的意义。

## 一、江苏省公共服务业的发展现状

根据我国国民经济行业的分类,公共服务业包括科学研究、技术服务和地质勘查业,水利、环境和公共设施管理业,教育,卫生、社会保障和社会福利业,公共管理和社会组织五个方面。江苏省公共服务业发展成果显著,制度体系更加健全、保障能力全面提升、均等化水平持续提高以及多样化服务供给有效扩大。从近几年江苏省统计局发布的统计数据来看,公共服务业五大产业都取得了显著成效,总产值在不断增加,规模在不断扩大。

### (一)公共服务业各行业发展百花齐放

#### 1. 科学研究和技术服务业

2022年,在省委省政府的正确领导下,全省科技系统全面贯彻党的十九大、二十大精神,深入贯彻习近平总书记关于科技创新的重要论述和视察江苏重要讲话指示精神,深入实施创新驱动发展战略,科技强省建设取得了明显成效,为全省高质量发展提供了有力的科技支撑。2022年,全省全社会研发投入达3850亿元左右,位居全国第二,比上年增长11.5%;占地区生产总值比重达3.12%,首次突破3%,接近创新型国家和地区中等水平;高新技术产业产值超7.8万亿元,占规模以上工业产值比重达48.5%,比2021年提高1个百分点。在创新平台方面,以苏州实验室为代表的战略科技力量集聚江苏,省产业技术研究院改革发展在国内外产生广泛影响,重点领域改革相关经验做法在全国推广。

科研基础条件不断加强,科技创新成果日益丰富。2022年,全省专利授权量56.0万件,比上年下降12.6%,其中发明专利授权量8.9万件,增长29.7%;PCT专利申请量6986件,下降2.5%。年末全省有效发明专利量42.9万件,比上年末增长22.8%;万人发明专利拥有量50.4件,增长22.4%。科技进步贡献率达67.0%,比上年提高近1.0个百分点。全省签订技术合同8.74万项,比上年增长5.8%;成交额3889亿元,增长29.0%。省级以上众创空间1176家,比上年增长 9.4%。全省高新技术企业年度新增超 7000 家,总数超 4.4 万家。积极开展促进科技型中小企业研发"春风"行动,获得科技部入库登记编号的企业超 8.7 万家,约占全国 1/4。全省已建国家高新技术产业化基地和火炬特色产业基地 182 个。

**表 1　2017—2022 年江苏省科技活动基本情况**

| 指标 | 2017 年 | 2018 年 | 2019 年 | 2020 年 | 2021 年 | 2022 年 |
|---|---|---|---|---|---|---|
| 规模以上工业企业(个) | 22007 | 22469 | 23015 | 19147 | 17805 | 19586 |
| 企业 R&D 经费内部支出(亿元) | 1833.88 | 2024.52 | 2206.16 | 2381.69 | 2716.63 | 2993.68 |
| 企业拥有有效发明专利数(件) | 140346 | 176120 | 180893 | 224512 | 242423 | 299124 |
| 高等院校从事科技活动人员数(人) | 77290 | 73921 | 82791 | 86517 | 92703 | 99408 |
| 研究与发展经费内部支出(亿元) | 2260.06 | 2504.43 | 2779.52 | 3005.93 | 3438.56 | 3835.43 |
| 研究与试验发展经费支出占地区生产总值比重(%) | 2.63 | 2.69 | 2.82 | 2.93 | 2.95 | 3.12 |

数据来源:《江苏统计年鉴 2023》

### 2. 教育

截至 2022 年,全省共有普通高等学校 168 所。普通高等教育本专科招生数 71.0 万人,在校生数 221.9 万人,毕业生数 57.4 万人;研究生招生数 10.0 万人,在校生数 30.0 万人,毕业生数 6.7 万人。中等职业教育(不含技工学校)招生数 23.5 万人,在校生数 67.3 万人。特殊教育学校招生数 0.3 万人,在校生数 2.0 万人。全省共有幼儿园 8143 所,比上年增加 27 所;在园幼儿 237.1 万人,比上年减少 15.4 万人。

**表 2　各阶段教育学生情况**

| 指标 | | 招生数 | | 在校生数 | | 毕业生数 | |
|---|---|---|---|---|---|---|---|
| | | 绝对数(万人) | 比上年增长(%) | 绝对数(万人) | 比上年增长(%) | 绝对数(万人) | 比上年增长(%) |
| 普通高等教育 | 本专科 | 71.0 | 9.0 | 221.9 | 5.1 | 57.4 | 9.5 |
| | 研究生 | 10.0 | 5.2 | 30.0 | 10.4 | 6.7 | 6.9 |
| 普通高中教育 | | 48.7 | 8.3 | 135.1 | 7.9 | 38.1 | 10.0 |
| 普通初中教育 | | 92.3 | 2.1 | 270.3 | 2.4 | 85.2 | 7.7 |
| 小学教育 | | 93.5 | −3.8 | 585.6 | 0.0 | 93.0 | 1.7 |

数据来源:《2022 年江苏省国民经济和社会发展统计公报》

### 3. 环境和社会保障

#### (1) 环境治理力度加大

江苏各地生态环境质量创 21 世纪以来最好水平。全年 PM2.5 平均浓度降至 31.5 微克/立方米,空气优良天数比率达 79%,国考断面优Ⅲ比例达 91%,比上年提升 3.9 个百分点。长江大保护取得显著成效,生态岸线占比提高至 64.1%,长江干流江苏段水质连续五年保持Ⅱ类;太湖蓝藻水华平均面积、最大面积分别比上年下降 10.3%、46.8%,连续 15 年实现"两个确保";长江、太湖流域及入海排污口整治完成年度任务。全省林木覆盖率、自然湿地保护率分别达24.1%和64.3%。城乡环境持续优化。全省城市污水集中处理率92.5%,比上年提高2.0个百分点。城市生活垃圾无害化处理率保持100%。国家级县域节水型社会达标建成率87.0%,实现省级节水型社会示范县全覆盖,累计完成3000余个取水口规范化建设,124个重点大中型灌区内建成577个渠首计量监测站。国家生态文明建设示范市县增至31个,比上年增加4个;生态文明示范区(生态工业园区)增至26个,比上年增加3个;国家生态园林城市和国家森林城市均达9个。

(2)社会保障体系不断完善

截至2022年底,全省参加城乡基本养老保险人数6014.6万人;参加基本医疗保险人数8119.5万人,参保率98.5%;参加失业、工伤、生育保险人数分别为2027.1万人、2401.0万人、2156.4万人。年末领取失业保险金人数28.3万人。商业补充保险"江苏医惠保1号"全年投保人数322.2万人,赔付人群6.2万人、25.8万人次,截至年底赔付总金额6.9亿元。社会服务能力加快提升。年末全省共有各类注册登记提供住宿的社会服务机构2626个,其中,养老机构2469个,儿童服务机构51个。社会服务床位45.8万张,其中,养老服务床位44.2万张,儿童服务床位0.4万张。年末共有社区服务中心2502个,社区服务站1.2万个。

4. 卫生

(1)健康江苏建设深入推进

2022年,江苏深入推进健康江苏建设25项行动,无锡、苏州、南京等11个设区市入选全国健康城市建设样板市。加快健康镇村建设,2022年新建成江苏省健康镇64个、省健康村415个、省健康社区321个,累计建成省健康镇308个、省健康村1963个、省健康社区1995个。深入开展爱国卫生运动,大力倡导文明健康绿色环保方式,全省居民健康素养水平提高到34.32%。全省平均预期寿命达到79.96岁,孕产妇死亡率5.06/10万、婴儿死亡率2.05‰,孕产妇死亡率、婴儿死亡率等主要健康指标均位居全国前列。

(2)卫生健康服务能力持续提升

截至2022年末,全省共有各类卫生机构36997个,比2021年增长551个,其中,医院2087个,疾病预防控制中心115个,妇幼卫生保健机构118个。年末,卫生技术人员71.1万人,其中,执业医师、执业助理医师27.9万人,注册护士31.8万人;疾病预防控制中心卫生技术人员0.9万人,妇幼卫生保健机构卫生技术人员1.8万人。各类卫生机构拥有病床56.3万张,其中,医院拥有病床44.4万张。截至2022年底,江苏新增三级医院57家,全省三级医院总数达217家;实施县级医院综合能力提升工程,实现三级医院支援县医院全覆盖,全省三级县医院增加到81家;基层服务能力显著增强,建成社区医院343个、农村区域性医疗卫生中心200个、基层特色科室1100个。

(3)持续深化医药卫生体制改革

江苏深入学习福建省三明市医改经验,不断深化公立医院综合改革。全省逐步建立分级诊疗体系,持续做实城市医联体、县域医共体、专科联盟,目前已建成各类医联体达768个;建成省市县三级胸痛、卒中、创伤、新生儿、孕产妇救治中心867个,大力提升危急重症救治水平;率先建立短缺药品监测预警机制,制定短缺药品清单,实行省、市、医疗机构三级储备。加快推进医疗服务价格改革,深化药品耗材招采制度改革,大力推进医保支付方式改革,持续深化人事薪酬制度改革。

（4）着力推动中医药事业发展

2022年末，全省中医药人员数达45957人，比上年增加1022人，增长2.27%。中医类别执业（助理）医师37103人，比上年增加644人，增长1.77%；中药师8238人，比上年增加464人，增长5.97%。全省每千人口中医类别执业（助理）医师0.44人。全省已建成基层三级中医馆737个、四级中医馆276个、五级中医馆96个，新增全国名中医3名，岐黄学者3名，全国名老中医药专家传承工作室28个，已有6位专家荣获国医大师称号，7位专家荣获全国名中医称号，数量位居全国前列。将中医医疗机构纳入医保定点管理，推进符合中医特色的复合多元付费方式，将更多中医医疗服务项目、中药纳入医保目录，加强中医药服务价格管理，充分发挥医疗保障制度优势，支持中医药传承创新发展。

表3　2017—2022年江苏省卫生机构、床位及卫生技术人员情况

| 分类 | 2017年 | 2018年 | 2019年 | 2020年 | 2021年 | 2022年 |
|---|---|---|---|---|---|---|
| 卫生机构数（个） | 32037 | 33253 | 34796 | 35746 | 36448 | 37001 |
| 卫生机构床位数（万张） | 46.98 | 49.15 | 51.59 | 53.50 | 54.86 | 56.30 |
| 卫生技术人员数（万人） | 54.80 | 59.00 | 63.33 | 66.55 | 69.18 | 71.37 |

数据来源：《江苏统计年鉴2023》

5. 文化和体育

（1）公共文化服务水平不断完善

全省共有文化馆、群众艺术馆116个，公共图书馆122个，博物馆366个，美术馆48个，综合档案馆113个，向社会开放档案319.3万卷。共有广播电台4座，电视台4座，广播电视台10座，县级融媒体中心（县广播电视台）64个，中短波广播发射台和转播台21座，广播综合人口覆盖率和电视综合人口覆盖率均达100%。全省有线电视用户1248.2万户，有线数字电视用户1243.2万户，有线电视数字化率99.6%。全年生产电视剧10部369集；领取电影公映许可证影片6部，均为故事性电影；出版报纸18.68亿份，出版期刊1.2亿册，出版图书6.6亿册。

（2）体育事业全面发展

2022年，江苏省体育产业总产出为5963.68亿元，比上年增长5.5%；增加值2026.98亿元，比上年增长5.8%；体育产业增加值占全省同期GDP的比重为1.65%，体育服务业增加值占体育产业增加值的比重为67.2%。成功举办江苏省第二十届运动会，共计62个项目、107项次，3万多名运动员参赛，参赛人数、竞赛规模均创省运会历史之最。江苏体育健儿在重大国际国内比赛中表现优异：北京冬奥会中获1枚金牌；田径世锦赛中获男子跳远金牌，实现我国男子跳远项目历史性突破；全国一类比赛中获得33金25银23铜共81枚奖牌，金牌和奖牌数分别列全国第2、第3位。公共体育服务水平持续提升，全省人均体育场地面积达3.48平方米，全年新建改建体育公园（广场）112个、新建健身步道786公里，推动120个大型体育场馆向社会免费或低收费开放，室外健身设施完好率提高至92.2%。冰雪系列赛事活动、长三角系列活动、全民健身大联动等全民健身活动在各地积极开展，全省由体育社会组织牵头开展活动13138项次，参与人数达1035万人次。

（3）文体旅不断融合发展

文化、体育、旅游的消费群体高度重合，经营场所也互为所用，三者融合将进一步呈现"1+1+

1＞3"的效应。2022年,江苏省文化和旅游厅公布首批江苏省文化和旅游产业融合发展示范区名单,南京市秦淮区、无锡市梁溪区、苏州市姑苏区、南通市崇川区等16家单位入选。这些示范区具备文化特色鲜明、旅游资源丰富、产业配套体系完善、产业发展优势明显等特点,在推动江苏省文化和旅游产业融合发展方面具有示范带动作用。此外,为打造一批高质量文体旅融合发展载体,充分发挥示范引领和辐射带动作用,认定南京聚宝山公园等10家单位为2022年江苏省体旅融合发展示范基地。

## (二)公共服务业规模扩大

### 1. 公共服务业产值稳步增长

初步核算,江苏省2022年全年地区生产总值122875.6亿元,迈上12万亿元新台阶,比上年增长2.8%。其中,第一产业增加值4959.4亿元,增长3.1%;第二产业增加值55888.7亿元,增长3.7%;第三产业增加值62027.5亿元,增长1.9%。全年三次产业结构比例为4∶45.5∶50.5。全省人均地区生产总值144390元,比上年增长2.5%。2022年,江苏全省第三产业增加值比上年增长1.9%。其中,科学研究和技术服务业增长7.6%,文化、体育和娱乐业增长0.7%。从规模以上企业营业收入来看,科学研究与技术服务业和卫生和社会工作产业已经连续五年增长,水利、环境与公共设施管理业和文化、体育和娱乐业的营业收入与去年相比略有下降,而教育业营业收入下降得较多。2022年虽然新冠疫情冲击不断,但是江苏省公共服务业的总产值依旧保持增长,公共服务业产值占第三产业比重维持在20%以上,整体呈现良好的发展态势。

表4 2018—2022年江苏省公共服务业规模以上企业营业收入 (单位:亿元)

| 产业 | 2018年 | 2019年 | 2020年 | 2021年 | 2022年 |
| --- | --- | --- | --- | --- | --- |
| 科学研究与技术服务业 | 2114.45 | 2192.66 | 2443.10 | 2856.4 | 3119.2 |
| 水利、环境与公共设施管理业 | 603.87 | 487.36 | 575.90 | 576.7 | 564.2 |
| 教育 | 129.26 | 153.01 | 151.40 | 165.9 | 117.3 |
| 卫生和社会工作 | 283.02 | 348.91 | 391.40 | 467.1 | 518.0 |
| 文化、体育和娱乐业 | 387.71 | 405.30 | 366.40 | 457.5 | 452.2 |

数据来源:《江苏统计年鉴2023》

### 2. 公共服务业固定投资稳中有升

2018—2022年期间,江苏省第三产业固定资产投资增长分别为3.7%、6.3%、4.1%、1.5%和0.0%,虽然面临新冠疫情的严峻挑战,但是投资结构在不断优化。2022年,江苏省公共服务业全年固定资产投资比上年增长3.8%,稳中有升,呈现良好的发展势头。从公共服务业细分行业来看,除了水利、环境与公共设施业的投资下降5.6%以外,其他的公共服务业固定资产投资均是提升的,卫生和社会的投资增速更是达到30%左右,这充分体现了江苏省在2022年所做出的重大贡献,始终以人民为中心,关注人民的健康以及社会的稳定发展。此外,五年以来,江苏省科学研究与技术服务业的固定投资增长分别是6.8%、8.6%、9.9%、24.9%和21.1%,从2018年低于10%的增速到2022年超过20%的增速,展现了江苏省非常重视科技的发展,不断推进科学技术设施的完善。江苏省文化、体育和娱乐业投资增速在2022年达到了24.5%,实现了疫情以来的正增长,产业逐渐恢复向好发展。

表5　2018—2022年江苏省公共服务业固定资产投资　（单位:%）

| 产业 | 2018年 | 2019年 | 2020年 | 2021年 | 2022年 |
|---|---|---|---|---|---|
| 科学研究与技术服务业 | 6.8 | 8.6 | 9.9 | 24.9 | 21.1 |
| 水利、环境与公共设施业 | 2.4 | −1.4 | 1.6 | 3.4 | −5.6 |
| 教育 | −7.5 | 30.8 | 16.4 | 5.6 | 8.4 |
| 卫生和社会工作 | −30.8 | −18.8 | 26.0 | 18.0 | 29.4 |
| 文化、体育和娱乐业 | 8.5 | 13.9 | −21.9 | −16.0 | 24.5 |
| 公共管理、社会保障和社会组织 | −11.0 | 15.0 | −49.6 | −17.1 | 2.4 |

数据来源:国家统计局

## （三）公共服务业体系更加健全

### 1. 制度体系更加健全

江苏省已经发布了《江苏省"十四五"公共服务规划》《江苏省基本公共服务实施标准(2021年版)》《江苏省全民健身基本公共服务实施标准(2022年版)》等政策文件,聚焦公共服务领域,更好地满足人民日益增长的美好生活需要。建立基本公共服务体系建设监测统计和群众满意度调查制度,定期发布基本公共服务水平指数和发展指数,群众满意度从2016年的74.6分提高到2020年的86.05分。不断优化基本公共服务,加强重大民生政策统筹协调,实施民生支出清单管理。优化调整财政支出结构,教育、医疗等重点支出增幅均高于财政支出总体增幅。强化省与市县事权和支出责任,印发了《基本公共服务领域省与市县共同财政事权和支出责任划分改革方案》及医疗卫生、教育、交通运输、公共文化等9个领域具体改革方案。

### 2. 保障能力全面提升

2022年,江苏省政府12类50件民生实事项目进展顺利,各项任务全面完成。截至2022年底,江苏基本医保参保人数达8119.46万人,参保率达98.5%以上。多层次医疗保障体系不断健全,群众医药负担明显降低,"15分钟医保服务圈"覆盖95%以上的乡镇和街道。养老托育服务短板加快补齐,全年累计新增托位数4万个,完成适老化改造3.6万家。城乡居民住房条件明显改善,累计改造城镇老旧小区4920个,完成棚户区改造132万户、农房改善40多万户。医疗卫生水平明显提高,所有设区市和县级市均建成国家卫生城市,人均预期寿命由76.63岁提高到79.7岁。文化事业蓬勃发展,文艺精品力作不断涌现,文化产业迅猛增长,公共文化设施实现城乡全覆盖,建成扬州中国大运河博物馆,大运河文化带江苏段成为全国示范样板,文明城市数量居全国第一。体育强省建设加快推进,成功举办第二十届省运会、第十一届省残运会,江苏健儿在东京奥运会、残奥会和第十四届全运会取得优异成绩。

### 3. 多样化服务供给有效扩大

2022年,江苏省新增省级普惠托育机构114家,千人口托位数超过3个,有效增加了3岁以下婴幼儿照护服务供给。为了更好地贯彻落实"老有所养",江苏省发布了《江苏省基本养老服务指导性目录清单(2022年版)》,将基本养老服务项目由过去的18项调整为30项,使基本养老服务更丰富、更精准、更贴合老年人实际需求,2022 年度共安排养老服务体系建设资金预算 9.2 亿元,不断优化养老服务体系建设。促进家政服务业提质扩容,全省具有一定规模的员工制家政企业近 3100 家。支持社会力量提供多层次多样化医疗服务,全省非公立医疗机构 16682 个,比上年增加 1002 个,占 45.78%。高质量发展体育产业,人均体育场地面积累计增加 50% 以上,体育产业增加值占 GDP 比重超过 1.5%。

## 二、江苏省公共服务业发展存在的问题

### (一)均等化结构性问题突出

江苏省基本公共服务分项的均等化程度有高有低,一些领域均等化"短板"明显,基本公共服务均等化建设的薄弱领域主要是基本社会保障和基本文体服务。基本社会保障是基本公共服务的重要组成部分,但江苏省在这方面仍然存在明显的短板。尽管在医疗、养老、失业等方面的社会保障覆盖面已经比较广泛并且制度也比较完善,但是在工伤保险和生育保险的保障标准、保障质量等方面还存在明显的不均衡。由于这类保险个人没有缴费义务,由用人单位根据其工资总额确定缴费金额。因此,对于经济发展比较薄弱、私营企业相对较多、从业人员流动性较大的行业地区来说,用人单位在监管不够严厉的情况下,更多会出于成本控制、经营效益考虑,仅为劳动者缴纳养老、医疗、失业三项保险,而放弃缴纳日常使用较少的工伤、生育保险,这在一定程度上影响了基本社会保障的均等化程度。

2017—2022 年间,江苏省公共图书馆、博物馆机构数及从业人员数量逐年增加,但是文化站的数量是呈现波动下降的趋势,从 2017 年的 1279 个减少至 2022 年的 1250 个。文化站是基本公共文化服务中重要的一环,其数量的减少导致部分地区的人们和群体能够享受到的公共文化服务减少,不能较好地满足他们的精神文化需求。此外,基本公共文化服务体系建设标准尚未统一以及缺乏有效的法律条文,导致基本公共文化服务均等化建设进度受阻。

### (二)流动人口的基本公共服务保障有待提高

根据第七次人口普查数据,江苏省的流动人口为 2366.38 万人。江苏省经济发达,吸引了大量的流动人口,在 2010—2020 年间流动人口规模迅速增长。同时,流动人口也是地区经济发展的重要动力,其基本公共服务需求也应受到同等重视。2021 年,江苏省出台《关于促进劳动力和人才社会性流动体制机制改革的实施意见》,实施意见要求推进基本公共服务均等化,常住人口享有与户籍人口同等基本公共服务。此外,《南京市流动人口服务管理条例》也于 2022 年正式施行。虽然一系列政策的不断出台保证了流动人口享受基本公共服务,但短期内,一些隐形障碍仍难被打破。在弱势流动人口救助、未成年人保护、劳动权益保障、社会保险等方面,还有比较多的具体工作没有落实或无法落实;在社会权利的行使,如选举、工会等方面,没有相应的规章制度,具体工作中也没有涉及。一些社区组织活动时会设置一些附加条件,要求参加活动的人员必须是本地户口或本区域人员,把部分企业外地来宁从业人员排除在外,导致其不能享受一般市民能享受的基本公共服务。

### （三）公共体育服务资源不合理利用

目前,江苏农村公共体育服务虽然已经能为江苏农村居民提供基本的体育活动场地和体育器材设备等多方面的服务,但管理较为混乱,比如医疗、工商、教育等部门都可以参与到江苏农村公共体育的管理中来,管理权界定不清,管理职能难以得到有效发挥。政府也出台了一些农村公共体育服务管理方案,但因未结合江苏不同地区的特点,导致执行难度大、可操作性差,从而制约了江苏农村公共体育的供给方式改革。虽然江苏农村公共体育资源不断丰富,但是体育资源的利用和配置存在不合理性,这也阻碍了江苏农村公共体育服务水平的提升。

## 三、江苏省公共服务业发展的对策建议

### （一）积极推进基本公共服务均等化

#### 1. 明确基本公共服务均等化的标准

首先,需要明确定义均等化的内涵,均等化不是简单的平均化,而是全体公民都能公平可及地获得大致均等的基本公共服务,其核心是促进机会均等,体现公平的同时又兼顾效率。加大基本公共服务均等化的宣传,扩大其影响力和号召力,鼓励社会力量积极参与基本公共服务体系建设,提供更多的优质服务。其次,需要不断完善基本公共服务均等化的指标建设,聚焦人均指标,综合考虑"资金""实物"指标,更加重视实物产出维度的均衡发展,并对均等化程度与保障程度进行科学评估。同时,在与发达地区基本公共服务保障水平进行比较时,将"资金"和"实物"的指标结合起来更好地对全省的基本公共服务保障水平做出正确的评判。最后,还需要根据实际情况不断明确和完善公共服务实施标准,公共服务业存在薄弱环节的原因之一是部分标准没有充分体现百姓关切,有些群众要求强烈的事项未被列入,或标准不具体;部分标准过于超前,不符合当前经济发展水平。所以,江苏省不仅要因地制宜地制定明确的公共服务实施标准,确保各市遵循既定的标准不断推进自身公共服务均等化建设,而且要根据人民群众的需求变化,不断调整和完善标准,确保标准的有效性和适应性,真正落实"想群众之所想,急群众之所急,解群众之所难"。

#### 2. 多措并举补齐基本公共服务均等化的短板

加大对文化、医疗以及兜底性基本公共服务的财政投入和转移支付力度,逐步缩小区域和城乡间差异。强化财力保障,坚持把基本公共服务作为公共财政的支出重点,优化民生财政支出结构,优先保障基本公共服务补短板、强弱项、兜底线,加强对普惠性非基本公共服务的支持。充分发挥财政资金杠杆作用,引导撬动社会资金投向公共服务领域。严格规范财政转移支付管理,提高财政资金使用效益。加大金融支持力度,综合利用债券、保险、信贷等方式,为公共服务项目融资提供支持。加强人才建设,围绕急需紧缺领域,加大人才引进和培养力度。创新多样化培训模式,提升各类公共服务人才素质和能力。实施苏南带动苏北、城市带动农村的人才对口支援政策,引导人才向基层和苏北地区、欠发达地区流动。持续开展高校毕业生基层培养计划、农村教师特岗计划、全科医生特岗计划。加强城乡社区工作者队伍建设,完善工资待遇、医疗保险及养老保障等激励政策。同时,进一步丰富供给方式,运用政府购买社会服务等方式为居民提供基本公共服务并减少供给成

本,更好地发挥市场和社会组织的专业性和高效性。

3. 保障流动人口享有公共服务权利

让更多流动人口享有基本公共服务的基本权利,关键要消除一些与不合理的制度和标准挂钩带来的城乡和区域间差异。消除由户籍制度带来的基本公共服务群体性差异,确保常住人口与户籍人口享受同等的基本公共服务水平。在教育和保险方面,将外来务工人员随迁子女纳入各地教育发展规划和财政保障范围,推动入学待遇和升学考试同城化,促进随迁子女与本地学生发展融合。推进进城务工人员与城镇职工同工同酬,平等参加职工社会保险并享受相关待遇。重点关注边缘弱势流动人口并提供针对性的公共卫生服务。针对老年人、非参保人员、失业或散工、文化程度不高等公共卫生服务利用率低的流动人群,利用大数据等手段有效识别并积极主动提供更加优质的公共卫生服务。积极促进老年流动人口社会融合体系建设,增强老年流动人口的居留意愿和自我认同感,强化老年体检服务。

## (二)加强农村地区公共服务体系的建设

1. 合理利用公共体育服务资源

为提升江苏农村地区的公共体育服务水平,政府部门应加强对公共体育供需的管理与引导。首先,明确各相关部门的服务职责,特别是体育、文化、经济和教育部门,并强化各部门之间的协作,共同推进农村公共体育服务的建设。其次,利用现代信息技术建立完善的农村公共体育服务管理系统,整合资源数据,确保各项服务职能得到有效发挥。尽管江苏省农村公共体育服务的资金投入以及资源丰富程度上都有所提升,但资源利用率的不足仍制约服务水平的提高。因此,需要对各农村地区的公共体育设施进行深入调研,了解健身器材和场馆的实际使用情况,从而合理调配现有资源。同时,鼓励企业参与农村体育设施的建设,如体育场、篮球场和游泳馆等,这样不仅能进一步开发公共体育资源,还能为农民创造更多营收机会,推动江苏农村经济的持续发展。

2. 不断提升农村养老服务水平

提供农村社区养老服务是一项以政府为主导的复杂工程。最大程度地满足老人的实际服务需要,是保障养老卫生服务高质量发展的前提条件。因此,要以农村社区养老及健康服务需求为导向,针对农村社区老年人进行养老服务及健康服务进行精准化需求分析,不断优化政策,加强农村社区养老与健康服务供给的服务质量和政策机制创新提升。要实现对农村社区养老和健康服务的精准提升,应该结合各地区的经济优势和产业特色,定制创新融合、多元提升的发展模式。整合多方资源,打造"医养产业+""康养文化+""健康科技+"等多层次、多元化、多功能的养老与健康服务模式。通过"上下联动+社会资本+群众参与"组织形式,因地制宜、区域化差异化定制创新发展模式,盘活社区服务与市场融合的管理运营方式。鼓励在有良好基础的乡村建立康养服务特色示范村,对农村社区的养老服务和健康支撑能力进行多元融合和创新,打造"产业+文化+医养+科技"智慧康养特色圈。深化医养结合,加强科技支撑,示范引领,加快江苏农村养老和健康服务的发展,全面提升江苏农村地区的养老卫生健康水平。

3. 系统推进农村教育事业发展

构建乡村优质教育服务供给体系是多主体、多因素合力的结果。一是建立乡村学校发展需求收集机制。通过教育督导、教研指导、线上反馈等多种方式,全面精准地掌握各地各校教育教学与管理工作的现实需要,解决教育服务供给与需求失衡的难题。二是开展乡村学生联网辅导试点计划。充分发挥网络优势,整合城乡优质师资资源,为乡村学子提供个性化的网上辅导,解决家长无力辅导孩子的难题。三是开展乡村教师成长远程辅导试点计划。统筹省内师范院校力量,分别在苏南、苏中、苏北地区组建乡村教师成长远程辅导中心,健全相应的规范和管理制度,以缓解农村教师教育水平不足、成长乏力的问题。四是完善城乡学校结对帮扶体系。扩大城乡结对互动课堂覆盖面,提升乡村学生实际学习成效,支持城市学校开发数字化课程并与乡村学校数据共享,以解决乡村学校优质教育服务与资源匮乏的难题。

### (三)推动区域公共服务协调发展

#### 1. 因地制宜推进公共服务建设

经济发展与公共服务发展是紧密联系的,不能一味地发展经济而忽略了公共服务的建设,这既不符合新发展理念,也不利于城乡均衡发展。江苏省各个地区的经济发展水平和基本公共服务水平之间存在着不均衡的情况,在经济发达的城市二者之间的匹配程度比较高,而在经济比较发达的城市其基本公共服务相对滞后,在经济比较落后的城市,其基本公共服务则呈现更低的发展水平。由此可见,基本公共服务发展的总体水平取决于经济的发展水平,但其发展并非一蹴而就,而是一个逐步推进的过程。因此,像南京、苏州这样的经济发达城市,基本公共服务的发展与经济发展是相匹配的,可以充分利用基本公共服务在经济发展中的重要作用,在现有基础上,不断优化和开辟新的基本公共服务增长点,以适应日益增长的经济需要。对于常州、扬州、南通等一些比较发达的城市,首要任务就是加强基本公共服务的建设,使其能够与经济发展相适应。对于经济较为落后的城市,如盐城、淮安等苏北城市,其基本公共服务必须以满足城镇居民的基本生活需要为前提,然后寻找新的经济增长方式。

#### 2. 提升区域公共服务质量

首先,进一步缩小省内公共服务差距。加大省级统筹力度,通过完善事权划分、规范转移支付、设立统筹基金等方式,完善对苏北等经济相对薄弱地区基本公共服务财政投入机制,形成省域内待遇趋同的调节机制。打破地域限制,探索以协议合作、连锁经营、开办分支机构、管理输出等方式,跨地区参与服务供给,分享先进的管理模式和高品质服务。优先支持在苏北、苏中地区规划设置高等院校,推动省内外高水平医疗机构、养老机构在苏北、苏中地区设立分院或院区,发挥优质资源的辐射带动作用。其次,优化都市圈公共服务资源配置。探索建立都市圈公共服务一体化推进机制,强化内部政策协同和资源共享,推进基本公共服务制度对接,逐步缩小基本公共服务差距,共同打造"幸福都市圈"。推动宁镇扬公共服务资源一卡通,扩大公共服务辐射半径,加快推进南京都市圈优质公共服务一体化、连锁化供给,充分发挥苏锡常地区产业、人口和城镇密集的独特优势,打造苏锡常普惠便捷优质共享生活圈,进一步强化对长三角一体化的支撑作用。加强徐州都市圈医疗卫生、社会保障、职业教育等领域改革创新,推动跨省域、跨城市公共服务制度对接和资源共享。最后,加强人才培养和创新驱动也是必不可少的。政府应该加大对公共服务领域的人才培养力度,吸引更多的优秀人才从事公共服务工作。同时,还需要鼓励创新,探索新的公共服务模式和方法,提高公共服务的发展水平。通过加强人才培养和创新驱动可以推动区域公共服务的协调发展,满足人民群众不断增长的需求。

### （四）不断推进生活服务高质量发展

#### 1. 促进家政服务业发展壮大

江苏省家政服务企业数量越来越多,但企业规模总体偏小。政府有关部门要适当介入,加快建立供给充分、服务便捷、管理规范、惠及城乡的家政服务体系,推动家政服务网点向基层社区、居住小区和农村地区延伸,进一步提升服务可及性、便利性。持续实施家政服务业提质扩容"领跑者"行动,支持中小家政服务企业专业化、特色化发展。发挥龙头企业示范带动作用,把家政服务、母婴服务、保洁服务、养老服务等服务需求有机结合,促进家政企业做大做强。强化系统培训和就业服务,提升家政服务规范化水平,完善家政服务人员持证上门制度,开展家政服务质量第三方认证。落实家政服务业发展税费优惠政策,强化对家政企业的金融、就业补贴、社保补贴等政策支持。

#### 2. 加快发展体育产业

推动体育服务业向高品质、多样化升级,普及推广体育休闲各类项目,加大高质量体育赛事供给。培育竞赛表演、健身休闲、场馆运营、体育培训等重点产业,推动水上、山地户外、冰雪、航空、马拉松、自行车、击剑、马术、汽摩和电子竞技等引领性强的时尚运动项目发展。完善体育消费券发行方式,推动体育消费支付产品创新。深入推进体育消费试点建设,优化体育休闲产业营商环境,加强体育休闲重点领域安全监管,营造假日体育休闲服务消费氛围,着力打造体育休闲服务消费优质生态。活跃农村体育消费市场,拓展夜间体育消费,积极开展体育大卖场、体育嘉年华等体育消费主题活动,编制江苏体育旅游地图,为群众提供更加便捷、更高质量的体育消费体验。推动体育社会组织向基层和不同人群延伸覆盖,深化体育社团改革,促进和规范社会体育俱乐部发展,组织和服务全民健身。加强社会体育指导员管理与服务,积极开展全民健身志愿服务。

#### 3. 提升养老产业服务水平

实施"养老服务+"行动,促进养老服务与先进制造、建筑设计、信息通信、健康养生、文化旅游、金融保险、教育培训等产业的融合发展。积极推动养老服务上下游产业相配套的各类企业和平台建设,不断创新服务模式、改善服务体验、扩大养老服务有效供给,加快形成较高程度的养老服务细分市场。深化医养融合,扩张社会力量,提升医养服务质量。推进医养结合是优化老年健康和养老服务供给的重要举措,是积极应对人口老龄化、增强老年人获得感和满意度的重要途径。加大医养结合力度,引入社会资本拓宽医养途径,扩大医养康养服务人才队伍,提升医养服务质量。加强科技赋能,提升养老健康精准服务。开展老年人智能技术运用培训,帮助老年人跨越智能技术运用障碍,增强互联互通、智能感知、精准定制的养老服务供给。增加智能化设备与智能技术运用,建立智能化管理与协同平台,提升养老服务整体管理水平。整合城乡优质医疗资源,拓宽"互联网+"等远程医疗服务,加强医养数据智能联动,促进农村社区养老与健康服务智能适老、服务精准,提升健康科技支撑。

### （五）系统提升公共服务效能

#### 1. 优化资源配置机制

首先,合理布局服务设施。坚持"资源跟着需求走、服务跟着居民走",健全服务设施与服务对象、服务半径挂钩的制度安排,科学布局服务设施选址。全面落实相关领域设施规划要求,对新建居住区特别是大型居住社区的养老、托育、教育、医疗、文化、体育等配套服务设施,做到与住宅建设同步规划、同步建设、同步验收、同步使用,并由行业主管部门参与评审验收;对于老旧小区公共服务用房不足的,积极推动采取回购、置换、租赁等方式,逐步补齐公共服务资源配置短板。其次,完善基层配置标准。适应群众需求,持续优化街道(乡镇)、城市社区(建制村)等基层公共服务配置标准,调整完善服务类别、服务项目、功能配置等,明确配置主体、牵头负责单位,推动基本公共服务在基层有效落实。加快推动公共服务资源扩容下沉,打造城市 15 分钟优质公共服务圈,推广建设"一站式"公共服务综合体,让群众在家门口享受到便捷高效的服务。推行城乡基层基本公共服务目录制度,促进服务标准衔接和区域统筹。最后,促进供需精准对接。逐步完善精准服务、主动响应的公共服务提供机制,健全公共服务需求表达和反馈机制,实现从"人找服务"到"服务找人"的转变。坚持功能为先、补缺补短、共建共享的原则,引导服务方式类似的各类平台和机构集中设置,提高资源配置效率,增强综合服务能力。对幼儿园、小学、社区养老托育、卫生等服务频次高的基层服务设施,应适度控制规模、合理安排密度,鼓励通过集团化、连锁化、总分馆(室)等方式共建共享优质资源。在加大数字化智能化服务手段应用的同时,为老年人、残疾人等特殊人群保留必要的现场服务窗口。

2. 规范发展公共服务供给模式

近年来,江苏省始终积极稳妥、规范有序地推进政府和社会资本合作(PPP),着力构建多元化投融资机制,发挥 PPP 模式助力社会经济发展的作用,提高公共服务的供给质量和效率。截至 2022 年 11 月底,江苏全省 PPP 在管理库项目 377 个,总投资 7583 亿元,涉及生态建设和环境保护、交通运输、医疗卫生、城镇开发、市政工程、养老、能源等 17 个领域。但是,依然存在项目单位对 PPP 政策文件学习不够、社会资本规范履约意识薄弱以及绩效评价体系不完善等问题,需要及时防范风险,规范实施 PPP 模式并不断创新公共服务供给模式。完善公共服务 PPP 项目监管模式,政府监管模式要解决 PPP 项目运作的依法合规问题,全面涉及 PPP 项目建设中可能发生的各种问题。完善公共服务 PPP 项目评估机制和合格合作方准入机制,形成多元的公共服务 PPP 项目"物有所值"评估机制。

# 第七章 江苏省商务服务业发展报告

商务服务业是指提供各种商业支持和专业服务的行业。这些服务可以包括但不限于管理咨询、会计、人力资源管理、法律咨询、市场营销、广告、公关、数据分析、技术支持等。商务服务业通常为其他企业或个人提供服务,帮助他们解决经营和管理上的问题,提高效率、降低成本、增强竞争力等。随着全球经济的发展,商务服务业也在不断发展和壮大,成为现代经济中不可或缺的一部分。作为一个跨领域、知识密集型的行业,商务服务业为各类企业提供了专业的支持和服务,从管理咨询到技术支持,从市场营销到人力资源管理,涵盖了经济生态系统中的各个方面。这不仅有助于提高企业的运营效率、降低成本,还推动了创新和竞争力的提升。商务服务业的蓬勃发展也为就业市场带来了丰富的机会,吸引了大量高素质人才的投入。随着全球化的推进,商务服务业的国际化程度不断提高,成为推动国际贸易和经济合作的重要力量。同时,商务服务业的数字化转型也引领着社会经济向信息化、智能化发展。因此可以说,商务服务业在现代经济中扮演着不可或缺的角色,为经济的稳定增长和可持续发展提供了有力支撑。

江苏省商务服务业的发展现状呈现出多元化、数字化和国际化的特点。作为中国经济发达地区之一,江苏省拥有苏南经济区和苏北经济区两大核心经济区域,其高度城市化和多元化的产业结构为商务服务业提供了广阔的市场需求和发展空间。在信息技术的推动下,商务服务业正加速向数字化、智能化方向发展,涌现出越来越多的互联网金融、电子商务、大数据分析等新型服务模式。同时,江苏省政府也通过出台一系列政策,鼓励创新创业、优化营商环境,为商务服务业的蓬勃发展提供了政策支持和创新创业平台。随着江苏省积极参与国际经济合作与交流,商务服务业的国际化程度不断提升,吸引了越来越多的外资企业和跨国公司在该地设立分支机构,为商务服务业的国际化发展提供了新的契机和动力。

## 一、江苏省商务服务业的发展现状

### (一)发展形势

#### 1. 国际发展形势

商务服务业正处于全球化的浪潮之中,其国际发展形势呈现出多重趋势。首先,随着信息技术的迅猛发展,商务服务业正逐步数字化和智能化。云计算、大数据分析、人工智能等技术的广泛应用为商务服务提供了更高效、更智能的解决方案,助力企业实现全球化经营。其次,商务服务业正面临着日益加深的跨界融合趋势。与科技、金融、文化等领域的交叉合作日益频繁,形成了新的产业生态系统,推动商务服务业向更广领域渗透,为企业提供多元化的支持与服务。同时,商务服务业也在注重可持续发展方面迈出重要步伐。绿色商务、社会责任等概念逐渐深入人心,促使企业在经营过程中更加关注环保、社会效益,推动商务服务业迈向可持续的发展路径。除此之外,新兴市场的崛起为商务服务业提供了巨大机遇。中国、印度、巴西等新兴市场国家的经济迅速增长,吸引了大量外国投资和跨国公司的关注,为商务服务业带来了更广阔的市场空间。最后,政策环境的变化也对商务服务业的国际发展产生着深远影响。各国政府通过调整政策,降低贸易壁垒、简化审批程序等,积极吸引外资,推动商务服务业的国际化发展。综上所述,商务服务业的国际发展形势充满希望与挑战,数字化、跨界融合、可持续发展、新兴市场崛起以及政策环境变化等趋势将持续推动该行业向更广阔的国际舞台迈进,为全球经济的繁荣与发展注入新的动力。

2. 中国香港发展形势

香港作为国际金融中心和商业枢纽,商务服务业发展日益多元化且蓬勃。首先,香港的金融服务业是其商务服务业的核心组成部分。香港作为亚洲的金融中心,拥有完善的金融体系和国际化的金融市场,吸引了大量金融机构和跨国公司在此设立分支机构,并提供多元化的金融服务,如银行业务、保险、资本市场等。其次,专业服务也是香港商务服务业的重要方面。香港拥有丰富的法律、会计、审计、咨询等专业人才,为企业提供高质量的专业服务,如法律咨询、财务顾问、企业管理咨询等。此外,香港的贸易物流服务业也十分发达。作为全球重要的贸易枢纽,香港拥有先进的港口和物流设施,为跨国公司提供了高效便捷的贸易物流服务,如货运、仓储、供应链管理等。另外,随着信息技术的发展,香港的数字经济和科技创新蓬勃发展,促进了电子商务、网络安全、人工智能等相关领域的商务服务业务发展。总的来说,香港商务服务业以金融、专业服务、贸易物流等多元化的形式,不断吸引着全球企业的关注和投资,为香港经济的持续繁荣做出了重要贡献。

3. 内地发展形势

中国内地商务服务业正处于蓬勃发展的关键时期,呈现出以下特点。首先,商务服务业已经逐渐成为中国经济的重要组成部分,其发展已经不再局限于传统的贸易、金融等领域,而是逐步涵盖了更多新兴的领域,如电子商务、文化创意、科技创新等。特别是随着信息技术的迅速发展,互联网、大数据、人工智能等新技术正深刻改变着商务服务的形式和模式,推动其向数字化、智能化方向发展。其次,中国内地商务服务业呈现出多样化的特点。在传统商务服务领域,如金融、贸易、物流等,中国内地已经建立起庞大的服务体系,并且这些领域的服务水平在不断提升。与此同时,新兴的商务服务领域也迅速发展,例如电子商务平台、互联网金融、软件开发、文化创意产业等,为商务服务业带来了新的增长点和创新动力。然而,中国内地商务服务业也面临着一些挑战和问题。其中最突出的是市场竞争激烈和服务质量参差不齐的现象。随着市场的不断扩大和竞争的加剧,一些企业为了争夺市场份额,可能会出现价格战和低水平竞争,导致服务质量下降。此外,商务服务业的发展也面临着人才短缺和科技创新能力不足等问题,这些问题需要政府、企业和社会各方共同努力解决。与其他国家相比,中国内地商务服务业的发展形式具有以下特点和优势:一方面,中国内地市场规模巨大,消费潜力巨大,吸引了大量国内外企业的投资;另一方面,中国内地政府出台了一系列支持政策,鼓励创新创业、优化营商环境,为商务服务业的发展提供了重要支持。此外,中国内地商务服务业在数字化、智能化、国际化等方面也正积极追赶和超越国际先进水平,不断提升自身竞争力。综上所述,中国内地商务服务业的发展呈现出数字化、多元化和创新化的特点,同时也面临着一些挑战和问题。在政府政策支持和市场竞争的双重驱动下,中国内地商务服务业将迎来新的发展机遇,为中国经济的持续增长和产业升级提供重要支撑。

## （二）发展现状

总体来说,江苏服务业稳定复苏,生产性服务业增势较好。2022 年,全省第三产业增加值比上年增长 1.9%。其中,金融业增长 7.2%,信息传输、软件和信息技术服务业增长 9.6%,科学研究和技术服务业增长 7.6%。2022 年 1—11 月,全省规模以上服务业营业收入同比增长 7.9%。其中,信息传输软件和信息技术服务业、科学研究和技术服务业、居民服务修理和其他服务业、租赁和商务服务业营业收入分别增长 12.2%、13.3%、11.8%、11.4%,实现两位数较快增长。生产性服务业快速增长。1—11 月,生产性服务业营业收入同比增长 8.8%,高出规上服务业 0.9 个百分点。工业生产稳定恢复,带动商务服务业增长 10.9%。产业科技创新持续加快,带动科技推广和应用服务业同比增长 33.3%。

### 1. 营业收入增长缓慢

2022 年统计数据显示,江苏服务业各行业的营业收入整体呈现出增长趋势,总体增速为 6.84%。值得注意的是,信息传输、软件和信息技术服务业以及房地产业(不含房地产开发业)表现突出,增速分别达到 11.04% 和 16.84%,显示出这些行业在经济发展中的重要性和活力。与此同时,租赁和商务服务业、科学研究和技术服务业以及居民服务等领域也呈现出稳健增长的态势,增速在 8% 至 11% 之间。然而,水利、环境和公共设施管理业的营业收入出现了下降,呈现 −2.17% 的负增长。这些数据反映了江苏经济结构的不断优化和服务业比重持续增加的趋势。综合而言,江苏的服务业营业收入增长稳健,表明江苏经济在持续发展中保持着良好的势头。

**表 1　江苏服务业分行业门类营业收入增速**

| 行　　业 | 营业收入(单位:亿元) | | 增速(%) |
| --- | --- | --- | --- |
| | 2021 年 | 2022 年 | |
| 交通运输、仓储和邮政业 | 6230.2 | 6332.3 | 1.64 |
| 信息传输、软件和信息技术服务业 | 5041.8 | 5598.5 | 11.04 |
| 房地产业(不含房地产开发业) | 920.0 | 1074.9 | 16.84 |
| 租赁和商务服务业 | 4390.4 | 4761.7 | 8.46 |
| 科学研究和技术服务业 | 2856.4 | 3119.2 | 9.20 |
| 水利、环境和公共设施管理业 | 576.7 | 564.2 | −2.17 |
| 居民服务、修理和其他服务业 | 226.9 | 253.1 | 11.55 |

资料来源:《江苏统计年鉴 2023》

### 2. 企业数量稳步增长

2022 年,江苏省的服务业企业数量和营业收入都呈现出增长的趋势,服务业企业的数量从 20808 个增长到 22640 个,营业收入从 21332.9 亿元增长到 22791.4 亿元。具体来看,内资企业是主要的组成部分,数量从 19977 个增长到 21761 个,营业收入也有相应增长,从 19995.4 亿元增长到 21276.5 亿元。国有企业、集体企业、股份合作企业、联营企业、有限责任公司、股份有限公司等不同类型的企业也都呈现出不同程度的增长。值得注意的是,私营企业在数量和营业收入方面都表现出较大幅度的增长,数量从 15092 个增长到 16658 个,营业收入从 10147.6 亿元增长到 11009.1 亿元。这表明,私营企业在江苏省服务业中的重要地位和持续增长的趋势。此外,港、澳、台商投资企业和外商投资企业在数量和营业收入方面都有一定的增长,反映了江苏省对外开放的态势。

表 2　江苏服务业按登记类型分企业的注册数与营业收入

| 项目 | 单位数(个) | | 营业收入(亿元) | |
|---|---|---|---|---|
| | 2021 年 | 2022 年 | 2021 年 | 2022 年 |
| 内资企业 | 19977 | 21761 | 19995.4 | 21276.5 |
| 国有企业 | 649 | 713 | 906.5 | 1000.3 |
| 集体企业 | 174 | 157 | 98.5 | 88.9 |
| 股份合作企业 | 15 | 14 | 5.3 | 4.9 |
| 联营企业 | 17 | 22 | 7.5 | 8.8 |
| 有限责任公司 | 3370 | 3578 | 6953.5 | 7299.4 |
| 国有独资公司 | 739 | 788 | 1832.0 | 1890.6 |
| 股份有限公司 | 407 | 402 | 1739.2 | 1759.1 |
| 私营企业 | 15092 | 16658 | 10147.6 | 11009.1 |
| 其他企业 | 253 | 217 | 137.3 | 105.9 |
| 港、澳、台商投资企业 | 410 | 444 | 742.7 | 892.6 |
| 外商投资企业 | 421 | 435 | 594.8 | 622.3 |

资料来源:《江苏统计年鉴 2023》

**3. 内部结构动态调整**

商务服务业行业内部结构主要从法律服务、咨询与调查服务、广告服务、教育培训以及商旅服务等五个方面来分析。首先,随着法治理念的推广,在法律服务领域,法律合规性与法律顾问团队的建设日益重要。其次,在咨询与调查服务方面,企业积极引入专业的咨询团队,提供商业咨询、市场调研等服务,帮助客户了解市场动态,优化经营策略。再者,在广告服务领域,企业逐渐意识到广告资源的价值,加强与广告公司的合作,提供更加个性化和精准的广告服务,增加收入来源。此外,在教育培训方面,企业开始重视人力资本,提升员工素质。最后,在商旅服务方面,企业不断优化设施和服务,提升商务旅客的入住体验,拓展客户群体,提高盈利能力。

法律服务逐步发展。江苏在 13 个设区市、95 个县市区、1259 个乡镇(街道)实现公共法律服务中心全覆盖,2.08 万个村(社区)配备法律顾问,2022 年 11 月制定出台《江苏省公共法律服务条例》。江苏研制发布涉及平台建设、公证、法律援助、人民调解等业务领域省级地方标准 20 余项,实现全省平台建设标准化统一。目前,江苏已基本建成以政府主导、覆盖城乡、多方参与、供给有效、运行规范、均等普惠、可持续为特色的公共法律服务体系。实践中,常州市建成面积达 7000 平方米,包含法律援助、人民调解、公证等 10 大类的市级公共法律服务中心,并配套建成市智慧法务中心。江苏省在全国开创了园区公共法律服务新模式,目前已在全省 176 个省级以上园区实现公共法律服务全覆盖。其中,一些地方为进一步提升法治化营商环境,还创新模式加强与政务服务整合,如南京市江宁区打造法律服务产业园,创新建立了面向企业的公共法律服务中心。

以下表3、表4为江苏省2018—2022年的律师和调解工作基本情况：

**表3 律师工作基本情况**

| 律师工作 | 2018年 | 2019年 | 2020年 | 2021年 | 2022年 |
|---|---|---|---|---|---|
| 律师事务所（个） | 1882 | 2043 | 2187 | 2300 | 2415 |
| 律师人数（人） | 26570 | 30461 | 35632 | 39185 | 43940 |
| 担任法律顾问（家） | 82623 | 90495 | 85840 | 91810 | 98225 |
| 民事案件诉讼代理（件） | 493375 | 599258 | 574162 | 661561 | 699851 |
| 刑事诉讼辩护及代理（件） | 62453 | 81066 | 67343 | 72460 | 60874 |
| 非诉讼法律事务（件） | 85362 | 119775 | 55260 | 112874 | 107362 |
| 行政诉讼（件） | 10793 | 13601 | 19347 | 19738 | 19705 |

资料来源：《江苏统计年鉴2023》

**表4 人民调解工作基本情况**

| 人民调解工作 | 2018年 | 2019年 | 2020年 | 2021年 | 2022年 |
|---|---|---|---|---|---|
| 人民调解委员会（个） | 25593 | 30476 | 29143 | 29292 | 24493 |
| 调解人员（人） | 116951 | 117023 | 108270 | 108854 | 97971 |

资料来源：《江苏统计年鉴2023》

教育培训稳步推进，科研投入力度加大。2022年，全社会研究与试验发展（R&D）活动经费支出与地区生产总值之比突破3.0%，研究与试验发展（R&D）人员达77.7万人。全省拥有中国科学院和中国工程院院士118人。各类科学研究与技术开发机构中，政府部门属独立研究与开发机构达451个。建设国家和省级重点实验室190个，省级以上科技公共服务平台259个，工程技术研究中心4945个，院士工作站156个。

咨询与调查服务趋于专业化、细分化。随着市场经济开放程度的日益加大，江苏咨询市场的规模仍具有一定的发展空间。在公司实体数量增长的同时，一批具备国际眼光和先进管理水平的从业者，推动江苏本土咨询公司逐渐向职业化、正规化的方向发展，从公司治理到服务范围逐步趋向与国际接轨。基于数据规模的扩张和数据价值的日益凸显，企业对于数据分析业务的需求持续提升，为咨询行业提供了发展机遇，同时也对咨询公司的技术手段、输出产品和服务的质量提出了更高的要求。在新一代信息技术加速发展的大背景下，少数咨询企业顺应技术变革趋势，积极探索转型，逐步将数据处理、云计算、人工智能等新兴技术与自身传统咨询服务结合，为各行业企业输出更为精准、全面的咨询服务解决方案。

商旅服务发展不稳定。商旅服务业在商务服务领域中具有重要地位，为商务旅行者提供了出行安排、住宿预订、会议组织等一系列关键服务。随着全球商务活动的增加，商旅服务市场规模不断壮大，成为一个竞争激烈的行业。科技的发展为商旅服务业带来了巨大机遇，如在线预订系统、移动应用程序的普及，使得商务旅行更加便捷、高效。同时，绿色商务旅行和远程会议等新兴趋势也在崛起，推动商旅服务业朝着更加环保和智能化的方向发展。然而，商旅服务业的发展仍受到政府政策和法规的影响，尤其在应对突发公共事件方面，需要企业积极应对挑战。商旅服务业在商务服务领域扮演着不可或缺的角色,未来将继续适应市场变化,不断提升服务水平,以满足商务旅行者日益增长的需求。

表5 接待海外旅游者人数和收入

| 项目 | 2018年 | 2019年 | 2020年 | 2021年 | 2022年 |
|---|---|---|---|---|---|
| 接待人数(人次) | 4008509 | 3994629 | 770316 | 618933 | 485326 |
| 外国人 | 2646909 | 2664614 | 516149 | 397531 | 312275 |
| 接待人天数(人天) | 15239145 | 15334352 | 8006937 | 5224348 | 4186923 |
| 旅游外汇收入(万美元) | 464836 | 474356 | 165672 | 114269 | 90452 |

资料来源:《江苏统计年鉴2023》

通过分析接待海外旅游者人数和收入的情况,并探讨其对商旅服务的影响。根据2018年至2022年的数据进行详细分析,我们发现在2018年和2019年的接待人数稳定在400万左右,但2020年因新冠疫情影响急剧下降至77万,2021年和2022年有所回升,但仍低于前两年水平。接待人天数在2020年也出现了显著下降,2021年和2022年有所增加,但仍远低于2018年和2019年的水平。在外国游客比例和旅游外汇收入方面,外国游客占总接待人数的比例逐年下降,2022年降至约64%,而旅游外汇收入受疫情影响较大。

江苏省广播电视台公开数据显示,江苏传统广告业务下滑。2022年,各平台、各形态的广告业务均受到影响。CTR数据显示,2022年电视广告刊例花费同比下跌14.6%。中国互联网广告市场规模同比下降6.38%,是近七年首次出现负增长。2022年第三季度,腾讯视频的媒体广告收入同比下滑26%,芒果TV前三季度广告业务收入同比下降26.33%。植入广告业务持续萎缩,剧集植入品牌数从2021年的420个下降至2022年的271个,降幅达到35%。

## 二、江苏省商务服务业发展存在的问题

### (一)人才短缺

在江苏省商务服务业发展过程中,人才短缺问题日益凸显。首先,商务服务业对于具备专业知识和技能的人才需求量巨大,然而市场上高素质的商务专业人才供给不足,导致行业人才短缺现象普遍存在。其次,商务服务业需要跨领域协调与合作,而一些商务人才可能缺乏跨领域综合能力,难以适应复杂多变的商务环境。再者,高端商务人才的引进困难也是一个突出问题,表现为高薪水的竞争和人才流动的限制等方面。此外,商务服务业人才培养体系不健全,教育资源不足、培养模式不合理等问题限制了新生代商务人才的培养。

### (二)服务质量参差不齐

江苏省商务服务业在发展过程中普遍存在服务质量参差不齐的问题。一方面,部分商务服务机构可能缺乏专业性或者服务水平不高,导致市场上存在服务质量良莠不齐的情况。这可能表现为服务流程不规范、服务态度不专业、服务内容不全面等问题,影响了客户的满意度和信任度。另

一方面,商务服务行业竞争激烈,一些企业可能为了获取更多的市场份额而降低服务质量或者提供低价低质的服务,从而造成市场上存在价格战和恶性竞争的现象。这种情况不仅损害了整个行业的声誉,也影响了行业的健康发展。因此,商务服务企业加强内部管理,提升服务水平和专业能力,加强员工培训,确保服务流程规范化、标准化;监管部门加强对商务服务行业的监督和管理,打击价格欺诈和不正当竞争行为,维护良好的市场秩序。

### (三)信息安全风险

首先,商务服务业涉及大量的客户信息和敏感数据,包括商业机密、个人隐私等,一旦这些信息泄露或被篡改,可能给企业和客户带来严重的损失和影响,甚至会导致客户的信任危机和企业的破产。其次,网络安全威胁不断增加,商务服务企业面临着更加严峻的信息安全挑战。一旦遭受网络攻击,可能造成系统瘫痪、数据丢失、业务中断等严重后果。另外,商务服务业中的一些新兴业态,如电子商务、云计算等,对信息安全的要求更为严格,因为这些业态依赖于互联网和大数据技术,信息传输和存储更加依赖于网络环境。商务服务企业采取一系列有效的措施加强信息安全防护,例如加密传输、完善权限管理、建立灾备机制、定期进行安全演练和培训等,提高信息安全意识和应对能力;同时,政府部门也应加大对信息安全领域的投入和支持,推动信息安全技术的研发和应用,保障商务服务业的信息安全。

### (四)法律法规不明确

首先,商务服务业涉及多个领域,如市场营销、商业咨询、网络服务等,每个领域都有一系列的法律法规,但这些法律法规可能存在模糊不清、互相矛盾等情况,给企业的经营活动带来一定的不确定性。其次,商务服务业的发展速度较快,涉及新兴领域和新型业态,但相关的法律法规跟不上行业的发展变化,导致一些新型商务服务活动缺乏明确的法律依据,企业难以确定自己的经营行为是否合法合规。另外,一些法律法规的制定和修改过程比较繁琐,需要经过一定的时间和程序,导致法律法规更新不及时,影响了企业的正常经营。为解决法律法规不明确的问题,需要政府加强对商务服务业的监管和规范,及时修订和完善相关法律法规,明确行业标准和规范,为企业的经营提供清晰的法律依据;同时,商务服务企业也应加强自身的法律风险意识,加强合规管理,遵守相关法律法规,规范经营行为,降低法律风险。

## 三、江苏省商务服务业发展的对策建议

### (一)经验借鉴

#### 1. 上海市

为落实党中央、国务院决策部署,国家发展改革委员会同有关部门和上海市、浦东新区研究起草了《浦东新区综合改革试点实施方案(2023—2027年)》(以下简称《实施方案》),近期正式公开发布。《实施方案》的主要内容,可以概括为"一个总体要求、五项工作原则、两阶段目标和五方面重要举措"。"一个总体要求"是指以习近平新时代中国特色社会主义思想为指导,深入贯彻党的二十大

精神,着眼解决新时代改革开放和社会主义现代化建设的实际问题,推进更深层次改革、更高水平开放,率先完善各方面体制机制。"五项工作原则"包括:坚持解放思想、守正创新;坚持开放合作、先行先试;坚持系统观念、协同高效;坚持共建共享、精细治理;坚持依法依规、守牢底线。"两阶段目标"分别是,到"十四五"期末,制度创新取得重要阶段性成效,一批标志性改革成果在面上得到推广;到2027年,基本完成试点任务,制度创新取得突破性进展,为全面建设社会主义现代化国家作出重要示范引领。有以下"五方面重要举措":一是加大规则标准等开放力度,完善高标准市场规则体系,提升全球资源配置功能,打造制度型开放示范窗口;二是完善科技创新体系,优化科技创新管理和协同创新机制,健全高水平的知识产权保护和运用制度,建设开放创新生态;三是深化人才发展体制机制改革,创新人才培养使用机制,为各类人才安居乐业提供良好环境,加快建设高水平人才高地;四是深化政府职能转变,营造市场化、法治化、国际化的一流营商环境,激发各类经营主体活力;五是深化人民城市建设实践,创新高效能城市治理体系,探索超大城市治理新路。

针对上述上海市在深化改革开放方面的举措和目标,江苏省商务服务业的发展可以采取以下对策建议:首先,加大开放力度,提升市场规则体系,放宽市场准入门槛,优化行业规范,鼓励外资企业参与。其次,完善科技创新体系,与高校、科研机构合作,推动服务方式、技术手段创新,提升服务质量和效率。第三,深化人才发展体制机制改革,推动人才培养和使用机制创新,提供良好发展环境和政策支持。再者,深化政府职能转变,营造一流营商环境,简化办事流程,提升政府服务效率,增强市场竞争力。最后,加大对城市建设投入,优化城市治理体系,提升城市服务水平,吸引更多商务活动和服务机构进驻。通过这些措施,江苏省可以更好地发挥改革开放的作用,推动商务服务业发展迈向更高水平。

### 2. 北京市

为促进生活服务业品质提升,推动商业便民、利民发展,加快城市一刻钟便民生活圈建设,结合内贸资金使用相关规定,北京市商务局制定出台了《关于申报2023年促进生活服务业发展项目的通知》。这份文件旨在促进便民商业、餐饮业、连锁超市和社区菜市场的发展。

根据该项措施,建议江苏省商务服务业在多个方面展开行动。首先,应积极推动便民商业网点的建设,特别是在旅游景区、体育场馆和文博场所等重点区域,支持新建蔬菜零售网点、便利店、便民早餐店和药店,以满足当地居民和游客的需求。其次,鼓励餐饮业发展,通过支持新建直营连锁餐厅、中央厨房以及更换高效油烟净化装置,促进绿色餐饮发展,提高服务水平。此外,连锁超市的发展也应受到重视,可以支持其数字化升级、新建门店及配送中心,并促进农超对接建设,以提升购物体验和农产品销售。最后,为了促进社区菜市场的转型升级,建议支持新建和硬件改造,同时推动智慧化建设,引入智能设备和信息化技术,以提高管理效率和服务水平。通过这些举措,江苏省商务服务业将得到全面提升,为居民提供更便捷、优质的商业服务。

### 3. 广州市

广州市从化区为促进商贸服务业发展而制定了《广州市从化区促进商贸服务业发展扶持办法》,主要包括落户奖、经营贡献奖、经营提升奖、招商载体引进奖,以及"一事一议"奖励等内容。针对不同类型和规模的商贸服务企业,设立了相应的奖励标准,涵盖了营业收入、增长速度等指标,并规定了奖励发放的具体条件和金额。同时,对企业提出了一定的要求,如不迁出区域、不减少注册资本等。该办法自发布之日起施行,有效期为5年。

江苏商务服务业的发展,可以借鉴广州市从化区的扶持办法。首先,江苏可建立类似的落户奖励机制,对符合条件的新注册或新迁入商贸服务业企业给予奖励。例如,营业收入超过一定规模的企业,按照其对地方经济社会发展贡献的比例给予奖励,以激励企业扩大规模、提高经济贡献。其次,江苏可以设立经营贡献奖励计划,鼓励商贸服务业企业做大做强。这包括对营业收入同比增长的企业给予奖励,奖励金额根据企业规模和贡献水平进行区分。比如,对于营业收入超过一定金额且同比增长 5% 以上的企业,奖励金额可达到该企业对地方经济社会发展贡献的一定比例,最高不超过 1000 万元。此外,江苏还可以通过设立人才奖励政策和招商载体引进奖励政策,吸引更多的优秀人才和企业入驻江苏,推动商务服务业的提质增效。最后,江苏各级政府还需加强政策宣传和落实,确保各项扶持政策能够得到有效执行。加强与企业的沟通和合作,及时了解企业需求,调整和优化政策措施,以实现政策的最大效益。同时,还应加强对商贸服务业发展趋势和市场需求的研究,提出更具针对性的扶持政策。

## (二) 对策建议

### 1. 加强技术与服务创新,优化商务营商大环境

江苏省商务服务业在技术创新和服务创新方面有着广阔的发展空间,可以通过数字化转型、人工智能应用、大数据分析、云计算服务、生态圈建设和人才培养等途径不断提升自身竞争力,实现更高水平的发展。首先,可以通过数字化转型实现商务服务的智能化和高效化。以江苏某商务服务企业为例,他们通过建立全面的电子商务平台,实现了线上订单处理、客户服务等功能,大大提高了服务效率,节约了人力成本。其次,人工智能的应用也是提升商务服务水平的重要途径。如市场营销公司可以采用机器学习算法进行数据分析,精准地预测市场趋势,帮助客户更好地决策。同时,利用自然语言处理技术优化客户服务系统,提升客户满意度。商业咨询公司可以利用大数据技术深入挖掘市场数据,为客户提供准确的市场分析报告,帮助客户把握市场机遇,提高市场竞争力。利用云计算技术,实现物流链的智能化管理,提高物流效率,降低运营成本。此外,商务服务生态圈的建设也是发展的关键。通过商务园区与政府、企业和高校合作,共同打造商务服务生态圈,实现资源共享、合作创新,推动商务服务业的快速发展。最后,人才培养是实现技术创新和服务创新的基础,相关院校应培养一批具备技术和商务双重能力的人才,为商务服务业的创新发展提供人才支持。

通过全新的发展机制,进行创新并探索其公共服务管理模式,落实以政府为主导,以企业为主导的创新能力,依托于全新的发展机制,实现供各方的共同参与。在公共服务建设方案中,可以围绕企业的创新机制,融合平台服务特色,重点完成企业孵化、科技研发、信息服务等功能。对于自身的平台服务范围,丰富整个一站式的体验,为企业的后续发展谋求创新,落实基本原则。在配套设施完善基础上,提升集聚区档次,打造现代服务业的建设品牌。且各级政府需要强化服务特性,加强集中管理并优化整个审批程序,对于政府自身的诚信度而言,重点建立并引导各领域的行业协会发挥自律功能。

### 2. 做好产业规划的顶层设计,完善物流服务体系

统筹农业产业发展规划,提高产业发展层次。政府应该做好农产品产业化发展规划,对于可规模化种植的农产品,应对农产品种植区域、农村合作社组建、农产品深加工产业园、农旅文化设计等

环节进行合理布局,完善以生产、加工、物流、销售、旅游等三产融合的产业链,使具有品牌特色的农产品得以产业化、规模化发展,提高产品产量和质量。对于不可规模化种植的农产品,制定种植技术标准,提高技术含量,统一包装,统一宣传,打造"小而美"的精品品牌。完善农村物流服务体系,提高农产品流通质量和效率。首先,生鲜农副产品对保鲜、时效性有较高要求,应该通过整合物流资源,加快建成冷链物流园区,实现"全程冷链"配送,特别是要完善末端"最后一公里"的配送。其次,推动农村快递物流网络节点体系建设,提升农产品流通质量和效率,例如通过整合资源,开展交邮合作、快邮合作、快快合作,实现农村邮件、快递件、客运班线共同配送、循环配送等模式,降低配送成本,切实提高农村快递物流运输效率。

3. 加大人才培养力度,提升集聚区的综合竞争力

在人才培养方面,推动高校、职业技校和企业深度融合,培养适用型人才,特别是与位于江苏省内的知名商学院和职业技术学院合作,开设商贸、物流、电子商务等专业课程,结合实习项目和企业实地培训,提高学生的实践能力,从而完善教育与培训体系,并通过政府支持和企业联合,开展针对不同层级员工的职业培训计划,涵盖现代商业管理、数字化转型、客户服务等方面的技能提升。其次,吸引与留住高端人才,通过创新激励机制,提供有竞争力的薪酬和福利,设立专项基金和奖励机制,以吸引国内外高层次人才,并改善生活设施和城市环境,提供优质的教育、医疗和文化资源,提高人才的生活质量和满意度。第三,提供创业支持和投资机会,吸引有能力的个人和团队在江苏省创业,推动商贸服务业的创新发展。政府应以产教融合为导向,整合当地教育资源,引导本科院校、大专院校和职业技术学校与企业需求对接,对已有专业和课程进行调整,增补储备型人才,培养适合行业发展的高素质管理人才,如目前紧需的物流管理人才、软件开发人才和电子商务运营人才等,增加专业人才供给量。

在提升集聚区的综合竞争力方面,通过加大对交通和物流基础设施的投入,提高物流效率,降低企业运营成本,推动智慧物流的发展,并建设高速互联网、5G网络和大数据中心,为商贸服务业的数字化转型提供强有力的支持,实现交通、物流和数字化基础设施的现代化。其次,在简化行政审批方面,采取减少行政审批环节和流程,并在法律法规方面进行加强知识产权保护,建立健全的商贸服务法律体系,提供公平、公正的市场竞争环境。然后,推进商贸服务业集聚区的发展,形成集群效应,促进资源共享和协同发展,并通过产业链上下游的延伸和整合,增强集聚区内企业间的合作与协同,提升整体竞争力,实现增强集聚效应。最后,推动技术创新,支持企业在商业模式、管理方式和服务创新方面的探索,鼓励应用新技术,如人工智能、大数据和区块链等,提高运营效率和客户体验。加强研究与开发,鼓励企业与高校、研究机构合作,建立商贸服务业的研发中心和创新实验室,推动新技术的应用和推广。

4. 完善商务服务业和制造业群互动模式

在江苏省的经济发展中,商务服务业和制造业的互动模式起着至关重要的作用,优化这一互动模式可以显著提升两大产业的综合竞争力和整体效益。首先,完善商务服务业和制造业的深度融合,实现产业协同发展。商务服务业通过提供供应链管理、金融服务和专业咨询,支撑制造业的转型升级。而制造业的创新需求和外包服务,则促进了商务服务业的新兴业务发展。其次,构建商务服务业和制造业的协同发展平台。通过产业联盟和联合创新平台,企业可以共享技术、资源和市场信息,共同制定行业标准,开展技术合作和市场拓展。信息共享平台和大数据应用进一步提高了制

造企业和商务服务企业之间的数据互通和信息共享能力,为精准决策和高效合作提供了有力支持。第三,通过打造综合性产业园区,为制造业和商务服务业的融合发展提供了理想的物理空间。多功能产业园区引入各类商务服务企业,形成制造业和商务服务业的集聚效应,促进资源的共享和合作的深化。完善的配套服务设施,如研发中心、展示中心和物流中心,为企业提供全方位的支持,增强了园区的综合竞争力。最后,政府政策的支持和引导是促进商务服务业与制造业互动发展的关键。可以通过制定相关支持性政策,如财政激励和税收减免,鼓励企业加大合作和投资力度。优化营商环境,简化行政程序,减少企业合作的阻力,并加强法制保障,营造公平、公正的市场环境。

# 第八章 江苏省商贸流通业发展报告

商贸流通业是指商品流通和为商品流通提供服务的产业,主要包括批发和零售贸易业、餐饮业、仓储业等。商贸流通业及与之相关联的生产与消费的中间环节,是工农、城乡和地区之间经济联系的桥梁和纽带,是社会化大生产的重要环节,是决定经济运行速度效益的引导性力量,是反映经济发展和社会繁荣程度的窗口。目前,学界对商贸流通业的界定有两种,主要表现为对商贸流通业包括的产业范围的差异,一般来说,分为广义和狭义两种。商贸流通业广义划分为批发、零售、住宿、餐饮、信息产业、金融产业;狭义划分为批发和零售业、住宿和餐饮业。在全球范围内,商贸流通业的定义通常是比较宽泛的,涵盖了商品和服务的生产、分配、交易和销售等各个环节。这包括了制造业、批发零售业、物流运输、电子商务等多个领域,同时考虑了国际贸易和跨境流通的因素。而在中国,商贸流通业的定义也会根据当地的实际情况而有所不同。例如,商贸流通业通常被划分为批发业、零售业、物流业、餐饮业等子行业,可能还会考虑到国内市场的特点和政府的政策导向。

中国商贸流通业的发展经历了多个阶段。自 1978 年改革开放以来,中国逐步放开了对外贸易的限制,吸引了大量外资进入,商贸流通业得以初步发展。随着市场经济体制的不断完善和加入世界贸易组织,中国商贸流通业进入了市场经济转型期,外资企业和民营企业蓬勃发展,零售业迅速崛起。进入 21 世纪,随着互联网技术的普及,中国商贸流通业迎来了电子商务的繁荣时期,电商企业崭露头角,推动了商业模式的创新和消费习惯的变革。近年来,中国商贸流通业呈现出多元化发展的趋势,线上线下融合、农村电商兴起、跨境电商发展等成为行业的新趋势。政府也加大了对商贸流通业的支持力度,促进了行业的健康发展和国内外市场的开拓。总的来说,中国商贸流通业在不断改革和创新中逐步壮大,为中国经济的快速发展和国际贸易的繁荣做出了重要贡献。

## 一、江苏省商贸流通业的发展现状

党的二十大报告提出要促进数字经济与实体经济深度融合。商贸流通业作为国民经济的先导性产业,正在成为引领国内大循环的核心。根据有关研究机构预测,在不考虑新冠肺炎疫情对经济冲击的情况下,数字化转型可以使零售企业成本降低 7.8%、营收增加 33.3%,物流企业成本降低 34.2%、营收增加 33.6%。2023 年江苏省政府工作报告提出,提升南京、苏锡常和徐州"三大商圈"集聚效应,完善县域商业体系,加快贯通县、乡、村电子商务体系和物流配送体系,促进线上线下消费融合,推动消费新业态向农村延伸。加快智能化改造、数字化转型,深入实施数字经济核心产业加速行动计划,做强做优"数智云网链"等新兴数字产业。

### (一)发展形势

#### 1. 国际发展形势

商贸流通业的国际发展形势正在经历多方面的变化。首先,跨境电商的兴起推动了商品和服务的国际化交流,促进了全球市场的互联互通。其次,供应链的全球化和数字化转型成为行业的重要趋势,企业逐渐注重灵活性和可持续性,利用信息技术实现了供应链的智能化管理。在全社会环保意识日益增强的背景下,绿色可持续发展成为商贸流通业的关键方向,企业积极推动绿色供应链建设,满足消费者对可持续性的需求。然而,贸易保护主义和地缘政治影响带来了一定的不确定性,地缘政治紧张局势可能导致贸易关系的变化和市场的波动。最后,新兴市场的崛起为全球商贸流通业带来了新的机遇和挑战,吸引了更多国际投资和跨国企业的关注。综合而言,商贸流通业的国际发展形势呈现出多元化和复杂化的趋势,企业需要及时调整策略,加强合作,以适应快速变化的市场环境。

2. 国内发展形势

在双循环背景下,构建商贸流通体系的新格局成为关键。双循环是指在外部环境不确定的情况下,利用我国雄厚的产业基础、完整的产业链条,以及超大市场规模优势,通过畅通生产、分配、流通和消费等再生产环节,一方面推动实现国内经济自我循环,另一方面积极对外开放,让世界各国和企业分享中国市场机遇,形成国内国际大循环相互促进的新发展格局。

在这一新发展格局下,商贸流通体系的地位更加凸显:首先,关于全球供应链与跨境电商平台方面,商贸流通业作为双循环的纽带和桥梁,通过构建全球供应链、跨境电商平台等,打通国内外市场边界,推动国内外两个体系有效对接、深度接轨。其次,以国内市场为依托,商贸流通业贯穿国内市场运行体系,健全商贸流通体系不仅包括培育强大流通企业,还包括完善流通网络体系、改善市场秩序和环境,推进形成统一市场。最后,在新型产业链与消费主导的产销体系中,借助信息技术,商贸流通业构建新型产业链,打造消费主导的产销体系,成为双循环下流通企业的新任务。虽然我国商贸流通体系已经较为完备,但存在一些短板和弱项,如国内统一市场尚未形成、农村流通现代化水平滞后、社区商业等流通基础设施供给不足,以及企业集约化水平不高等。总之,商贸流通业在新发展格局下将继续发挥重要作用,为构建双循环新发展格局提供支撑和动力。

3. 省内发展形势

江苏作为经济大省,商贸流通业现代化水平不断提高,新兴业态异军突起。随着江苏数字基础设施建设加快、数字技术创新步伐加快,江苏省商贸流通业总体呈现稳步增长的态势。截至 2022 年,江苏省网络零售额 1.22 万亿元,同比增长 5.1%,位居全国第三位,全省电子商务从业人员已达 269.9 万人,全省拥有国家电子商务示范基地 15 家,国家电子商务示范企业 12 家,数量均居全国前列。此外,全省社会消费品零售总额达到 42752.12 亿元,相较 2021 年的 42702.65 亿元略有增长,总体保持平稳。同时,江苏省进出口贸易总额也有所增长,达到 8177.54 亿美元,较 2021 年增长了 1.3%,显示了江苏省商贸流通业在国际贸易中的稳健发展态势。但是,江苏新业态信用体系建设不完善、传统商业数字化转型难推进、数字化转型政策支持不精准等问题,制约着江苏商贸流通业的数字化转型。

江苏省的商贸流通业具有广阔的发展前景和潜力。随着江苏省社会经济的快速发展和城镇化进程的加速推进,商贸流通业作为连接生产者和消费者的纽带,发挥着越来越重要的作用。首先,江苏地处长江经济带核心区域,交通便利,人口密集,市场需求旺盛。这为商贸流通业提供了良好的地理位置和市场基础。其次,江苏省拥有发达的制造业和现代服务业,为商贸流通业提供了丰富的商品和服务资源。尤其是在电子信息、装备制造、汽车、纺织服装等领域具有较强的产业优势,为商贸流通提供了丰富的货源和产品品类。再者,随着信息技术的发展和互联网应用的普及,江苏商贸流通业正逐步向数字化、智能化方向转型。跨境电商、物联网技术、大数据分析等新兴技术的应用,为商贸流通业提供了更多的发展机遇。同时,江苏省政府加大了对商贸流通业的支持力度,出台了一系列促进商贸流通业发展的政策措施,包括减税降费、优化营商环境、加强市场监管等,为企业提供了良好的发展环境和政策支持。

综上所述,江苏商贸流通业在充分利用地理位置优势、产业资源优势和政策支持的基础上,将迎来更加广阔的发展空间。企业可以加强技术创新、拓展市场渠道、提升服务水平,抓住机遇,应对挑战,实现更加稳健、可持续的发展。

## （二）发展现状

2022年,江苏省商贸服务业呈现出持续向好的发展态势。在数字化转型的推动下,商贸企业积极采用互联网和移动互联网平台拓展销售渠道,垂直电商和跨境电商等新兴业态不断涌现。同时,线上线下融合发展加速进行,传统零售企业加强了线上渠道建设,线上平台也积极布局线下门店,为消费者提供了更加便捷的购物体验。在供应链优化和物流升级方面,江苏商贸服务业引入了先进的技术和管理模式,提升了物流效率和服务质量。产业结构不断优化,传统零售行业进行了结构调整和升级,同时新兴业态如文化创意产业和高端消费品零售也蓬勃发展。政府加大了对商贸服务业的支持力度,出台了一系列支持政策,为商贸服务业的健康发展营造了良好的政策环境。

### 1. 消费品零售总额稳步增长

2022年,江苏社会消费品零售总额42752.1亿元,比上年增长0.1%。从消费类型看,商品零售额38676.2亿元,增长1.1%;餐饮收入额4075.9亿元,下降8.4%。全年限额以上单位商品零售额中,汽车类、石油及制品类分别增长2.8%、7.5%;中西药品类增长15.9%;饮料类、烟酒类分别增长5.1%、4.6%;金银珠宝类、化妆品类分别增长6.3%、3.1%;文化办公用品类增长8.8%;通信器材类增长5.1%。

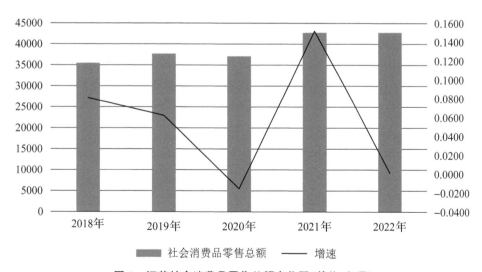

**图1　江苏社会消费品零售总额变化图(单位:亿元)**

资料来源:《江苏统计年鉴2023》

从表1可以看出,社会消费品零售总额从2018年的35472.62亿元增长到2022年的42752.12亿元,呈现出持续增长的趋势,表明了江苏省居民消费水平的不断提升和市场需求的持续扩大。

表1 江苏省按行业分社会消费品零售总额 （单位:亿元）

| 年份 | 社会消费品零售总额 | 批发和零售业 | 住宿业 | 餐饮业 |
| --- | --- | --- | --- | --- |
| 2018 | 35472.62 | 31812.29 | 266.67 | 3393.66 |
| 2019 | 37672.51 | 34662.72 | 305.76 | 2704.03 |
| 2020 | 37086.06 | 34313.39 | 254.62 | 2518.05 |
| 2021 | 42702.65 | 39407.59 | 281.12 | 3013.93 |
| 2022 | 42752.12 | 39590.37 | 248.28 | 2913.47 |

资料来源:《江苏统计年鉴2023》

2. 内部结构呈现动态变化趋势

批发和零售业是社会消费品零售总额的主要组成部分,表1数据显示,从2018年的31812.29亿元增长到2022年的39590.37亿元。这反映出江苏省批发和零售业的持续健康发展,受益于消费升级和经济结构转型的推动。住宿业的发展相对稳定,从2018年的266.67亿元略微下降到2022年的248.28亿元。这可能是受到疫情等因素的影响,但总体趋势保持在相对平稳的水平。餐饮业在2019年和2020年(受到疫情的影响)下降,但在2021年和2022年恢复增长,从2020年的2518.05亿元增长到2022年的2913.47亿元。这表明江苏省餐饮业逐步恢复活力,受益于市场需求增加和消费者信心的提振。综上所述,江苏省社会消费品零售总额持续增长,批发和零售业稳步发展,住宿业和餐饮业在经历疫情冲击后逐步恢复,整体呈现出积极向好的发展态势。

3. 各地级市呈现不同程度波动

表2数据描述了2021年和2022年江苏省13个地级市社会消费品零售总额情况及增速表现。2022年,苏州市社会消费品零售总额位居全省第一,为9010.71亿元;扬州市社会消费品零售总额增速名列13个地级市首位,增速为2.6%。增速出现正增长的有扬州市、无锡市、徐州市、南通市、盐城市、镇江市、泰州市、宿迁市,合计8个城市;南京市、常州市、苏州市、连云港市和淮安市出现了增速为负的波动。综合来看,虽然2021年至2022年间江苏省各市社会消费品零售总额呈现出不同程度的波动,但总体上保持逐步向好的态势,显示出江苏省各市在经济发展中的积极努力和良好态势。

表2 13个地级市分社会消费品零售总额变化 （单位:亿元）

| 地区 | 2021年 | 增速 | 2022年 | 增速 |
| --- | --- | --- | --- | --- |
| 南京市 | 7899.41 | 9.7% | 7832.41 | −0.8% |
| 无锡市 | 3306.09 | 10.4% | 3337.60 | 1.0% |
| 徐州市 | 4038.02 | 22.9% | 4102.73 | 1.6% |
| 常州市 | 2911.40 | 20.2% | 2856.16 | −1.9% |
| 苏州市 | 9031.30 | 17.3% | 9010.71 | −0.2% |
| 南通市 | 3935.48 | 16.8% | 3956.87 | 0.5% |

续表

| 地区 | 2021 年 | 增速 | 2022 年 | 增速 |
|------|---------|------|---------|------|
| 连云港市 | 1203.31 | 9.0% | 1197.69 | −0.5% |
| 淮安市 | 1828.25 | 9.1% | 1820.19 | −0.4% |
| 盐城市 | 2684.30 | 21.1% | 2700.59 | 0.6% |
| 扬州市 | 1480.92 | 7.4% | 1518.91 | 2.6% |
| 镇江市 | 1346.83 | 17.9% | 1364.02 | 1.3% |
| 泰州市 | 1576.94 | 18.3% | 1588.36 | 0.7% |
| 宿迁市 | 1460.36 | 16.1% | 1465.89 | 0.4% |

资料来源:《江苏统计年鉴 2023》

**4. 商贸流通业发展的基础持续向好**

2022 年,全省居民人均可支配收入 49862 元,比上年增长 5.0%。其中,工资性收入 28124 元,增长 5.2%;经营净收入 6421 元,增长 3.3%;财产净收入 5352 元,增长 0.7%;转移净收入 9965 元,增长 7.8%。按常住地分,城镇居民人均可支配收入 60178 元,增长 4.2%;农村居民人均可支配收入 28486 元,增长 6.3%。城乡居民收入比值为 2.11,比上年缩小 0.05。全省居民人均消费支出 32848 元,比上年增长 4.4%。按常住地分,城镇居民人均消费支出 37796 元,增长 3.4%;农村居民人均消费支出 22597 元,增长 6.9%。

**表 3　江苏省人民生活水平情况**

| 指标 | 2018 年 | 2019 年 | 2020 年 | 2021 年 | 2022 年 |
|------|---------|---------|---------|---------|---------|
| 居民人均生活消费支出(元) | 25007 | 26697 | 26225 | 31451 | 32848 |
| 居民家庭恩格尔系数(%) | 26.1 | 25.6 | 27.7 | 27.5 | 27.8 |

资料来源:《江苏统计年鉴 2023》

2018 年至 2022 年间,江苏省居民人均生活消费支出呈现逐年增长的趋势,从 25007 元增加到 32848 元。与此同时,居民家庭恩格尔系数在这段时间内也出现了一定的波动,总体维持在较为稳定的水平。恩格尔系数在这里表示居民家庭食品支出在总支出中所占比例,较低的恩格尔系数通常意味着居民生活水平较高,因为食品支出相对较低。综合来看,江苏省居民的生活水平在过去五年持续稳步提升,人均生活消费支出增加,同时恩格尔系数保持在相对稳定的水平,表明居民生活质量得到了一定程度的改善。

从制造业看,规模以上工业中,高技术、装备制造业增加值比上年分别增长 10.8%、8.5%,对规上工业增加值增长贡献率分别为 48.6%、85.2%,占规上工业比重为 24.0%、52.6%,比上年均提高 1.5 个百分点。分行业看,电子、医药、汽车、电气、专用设备等先进制造业增加值分别增长 6.3%、11.0%、14.8%、16.3% 和 6.0%。新能源、新型材料、新一代信息技术相关产品产量较快增长,其中新能源汽车、锂离子电池、太阳能电池、工业机器人、碳纤维及其复合材料、智能手机、服务器产量分别增长 93.2%、23.4%、36.2%、11.3%、64.6%、49.5% 和 114.3%。

**5. 对外贸易发展稳中提质**

江苏省 2022 年进出口总额 54454.9 亿元,规模再创历史新高,比上年增长 4.8%。其中,出口

34815.7亿元,增长7.5%;进口19639.2亿元,增长0.4%。从贸易方式看,一般贸易进出口总额31257.1亿元,增长7.1%,占进出口总额比重为57.4%,比上年提升1.2个百分点。从出口主体看,私营企业、国有企业、外商投资企业出口额分别增长12.2%、9.8%、2.9%。从出口市场看,对欧盟、日本出口分别增长14.1%、4.2%,对印度、俄罗斯、东盟出口分别增长29.7%、4.2%和16.1%。从出口产品看,机电、高新技术产品出口额分别增长7.1%、7.2%。对"一带一路"共建国家进出口14902.9亿元,增长13.1%,连续7年保持增长;占进出口总额比重为27.4%,比上年提升2.0个百分点。

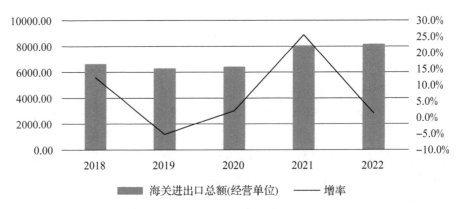

**图2 江苏省对外贸易进出口总额变化图(单位:亿元)**

数据来源:《江苏统计年鉴2023》

从图2可以看出江苏省海关进出口总额在2018年至2022年间呈现出不同程度的波动和增长。2018年,海关进出口总额为6640.43亿美元,增长率为12.3%,显示出较为强劲的增长势头。然而,2019年海关进出口总额下降至6294.70亿美元,增长率为-5.2%,可能受到国际贸易环境和市场不确定性因素的影响。2020年,海关进出口总额略微回升至6427.75亿美元,增长率为2.1%,表明外贸形势有所改善。2021年,海关进出口总额大幅增至8068.73亿美元,增长率达到25.5%,显示出外贸回暖和经济复苏的明显迹象。然而,2022年海关进出口总额增至8177.54亿美元,增长率仅为1.3%,增速有所放缓。综合来看,江苏省的海关进出口总额在近几年间经历了波动,但整体呈现出增长趋势,显示出江苏省对外贸易的活跃程度和经济发展的稳定性。

## 二、江苏省商贸流通业发展存在的问题

江苏省商贸流通业发展面临着诸多问题,主要包括市场竞争激烈、产业结构亟待优化、物流配送效率低下、人才短缺和监管不严等方面。要想解决这些问题,需要政府、企业和社会各方共同努力,采取有效措施促进行业的健康发展。

### (一)缺乏专业化人才和创新人才

江苏省商贸流通业在发展过程中面临着缺乏专业化人才和创新人才的问题。首先,随着商贸流通业的快速发展和变革,对专业化人才的需求日益增长,但目前市场上存在着人才供给不足的状况。许多企业在招聘和培养人才时发现,招不到专业领域的人才,无法满足企业的需求。其次,商贸

流通业对创新人才的需求也日益迫切。随着新技术的涌现和新模式的出现,需要具备创新意识和能力的人才来推动行业的发展和转型升级。然而,市场上目前仍然存在创新人才供给不足的情况,很多企业在创新方面面临困难。此外,商贸流通业的人才结构也存在一定的问题。长期以来,企业对于管理和销售人才的需求比较大,而对于技术研发和创新人才的需求相对较少,导致人才结构不够合理,限制了行业的发展。另外,商贸流通业的工作环境和薪资待遇相对较低,吸引力不足,也制约了人才的流动和培养。综上所述,江苏省商贸流通业在发展过程中面临着缺乏专业化人才和创新人才的问题,需要政府、企业和教育部门共同努力,加大对人才培养和引进的支持力度,建立人才培养机制和激励机制,吸引更多的专业人才和创新人才加入商贸流通业中,推动行业的可持续发展。

### (二)市场竞争激烈,秩序缺乏监管

近年来,江苏省借助数字技术和互联网平台,网络交易蓬勃发展,电子商务等线上零售方式的市场规模不断扩大,吸引了更多的顾客流量。但是,新业态、新模式的市场监管等相对落后,市场秩序需要进一步治理。一是直播带货野蛮生长,扰乱市场秩序,主要集中在"货祸分不清,虚假宣传、假货频出""带货主播入行门槛低,身份杂,责任意识淡薄""带货平台缺乏专业的审核和监管机制""直播带货监管不明确、不严格,消费维权困难"这四个方面。二是电商大数据杀熟、虚假打折等问题,一些经营者设置诱导用户沉迷、过度消费的算法模型,对不同群体进行差别定价,实行"价格歧视"。对于黏性强的用户利用信息不对称,不动声色地加价或拒绝优惠推送的差别化价格策略。原本应该让价格更透明的互联网,变成了价格最不透明的地方。

江苏省商贸流通业在发展过程中面临监管不严、市场秩序混乱的问题。首先,监管部门的力度和执行效率不足是导致市场秩序混乱的主要原因之一。一些监管部门在监管力度和执法力度上存在欠缺,导致一些商贸企业存在违法违规行为,例如虚假宣传、价格欺诈、假冒伪劣产品销售等,严重损害了消费者的权益,破坏了市场秩序。其次,监管体系不完善也是导致监管不严的重要原因之一。商贸流通业涉及多个环节和领域,监管部门之间存在信息不畅、协作不力的情况,导致监管空白和监管盲区的存在,容易被一些不法分子利用,扰乱市场秩序。另外,一些地方政府存在监管缺位或者监管不力的情况,对一些违法违规行为采取的处罚不严厉、不及时,导致一些企业的违法成本较低,侵害了其他合法企业的利益,破坏了市场竞争环境。最后,监管部门的监管手段和技术水平相对滞后,不能及时有效地应对新型违法犯罪行为和技术手段,导致监管工作存在局限性和不足。综上所述,江苏省商贸流通业在发展过程中面临监管不严、市场秩序混乱的问题,需要加强监管部门的监管力度和执行效率,健全监管体系,加强各监管部门之间的协作与配合,提高监管手段技术水平,加大对违法违规行为的查处力度,维护良好的市场秩序和公平竞争环境,推动商贸流通业健康发展。

江苏省商贸流通业在发展过程中面临着日益激烈的市场竞争和增大的生存压力。这一竞争主要有多方面的因素。首先,随着互联网技术的普及和电子商务的迅速发展,传统零售企业面临着来自线上电商平台的强大冲击。消费者日益倾向于在网上购物,导致传统实体店的客流量和营业额逐步下降,企业面临严峻的生存挑战。其次,新兴商业模式如社交电商、直播电商等的崛起也对传统商贸企业形成了挑战。这些新模式具有更低的成本、更广泛的受众群体,使得传统企业在市场竞

争中处于劣势地位,生存压力进一步增大。同时,商贸流通业内部的竞争也日益加剧,同行之间争夺市场份额、价格战频繁。为了获得更多的市场份额,一些企业降低产品价格以吸引消费者,但这种竞争方式会降低行业整体利润率,加剧企业的生存压力。此外,随着供应链管理技术和模式的不断创新和普及,企业之间的供应链竞争也日益激烈,传统商贸企业需要不断调整自身的供应链模式,提高供应链效率和灵活性,以应对竞争压力。总的来看,江苏省商贸流通业在面临激烈的市场竞争和生存压力的同时,也需要不断加强自身的核心竞争力,提升服务品质和创新能力,积极应对市场变化,以确保企业的可持续发展。

### (三)物流配送效率不高,生产管理效率偏低

江苏省商贸流通业在发展过程中面临着物流配送效率不高的问题。首先,物流配送网络覆盖面不足,特别是在农村地区,物流配送的服务和覆盖面相对较低,导致农产品等货物的销售困难,农民收益难以得到有效提升。其次,末端配送环节存在着效率低下的问题。由于市场需求的碎片化和配送路线的复杂性,使得末端配送成本居高不下,同时配送时效性也受到影响,导致消费者的体验感和满意度降低。此外,物流配送过程中存在着信息不对称和"信息孤岛"的情况。商家和物流公司之间信息交流不畅,缺乏有效的信息共享平台,导致配送过程中信息丢失、延误等问题频发,增加了配送的不确定性风险。另外,物流配送行业内部竞争激烈,企业之间存在价格恶性竞争,降低了企业的盈利能力,也影响了服务质量和效率。综上所述,江苏省商贸流通业在发展过程中物流配送效率不高的问题比较突出,需要政府、企业和社会各界共同努力,加大物流基础设施建设力度,提升物流配送网络覆盖面,优化配送路线和末端配送环节,加强信息共享和技术应用,推动物流配送行业向着高效、智能和可持续发展的方向迈进。

数字经济的发展动摇了传统零售业的主导市场地位,网络销售的扩张速度也是传统零售业难以企及的。当前,传统零售业的发展一方面经受着来自不同形态零售内部竞争的打击与挤压,另一方面也面临着数字化转型的难题:一是运营模式传统,灵活应变不足。江苏省传统零售企业自营比例低,难以在成本控制方面掌握主动权,大部分企业对联营的品牌和渠道控制力弱,没有商品定价权,制约了传统零售向O2O的转型发展。连锁超市采销分离,商品采购、分配都需要通过总部审批,运转效率相对较低,市场灵活性、销售应变力不高。二是资源、人才缺乏,转型面临瓶颈。传统零售业数字化转型是一个长期的过程,需要投入大量资金和人力资本,面临着资金短缺、利润回收周期长等难题。电商运营模式与传统零售业有所不同,相应的数字人才不足也制约着传统零售业的数字化转型。

### (四)数字产业及设施分布不均衡,规模经济亟待发展

江苏省商贸服务业在数字产业及设施分布不均衡,规模经济亟待发展,影响了行业的质量发展。长三角地区由于商贸流通行业基础设施的建设一直不断加强,运输体系日趋完善,物流园区建设成效显著,但苏中、苏北以及农村地区的消费基础设施建设相对较为薄弱,特别是县镇级地区,还未能建立起相应的商品集散中心,因此,省内不同地区之间的基础设施建设仍存在较大差距。农村批发市场建设相对滞后,农村商贸流通缺乏相关配套设施,现代化程度不高、各类辅助功能不强的集贸市场仍然是农村商品流通的主要场所。一些新业态、新模式监管规范滞后,基础设施建设统筹力度

不够,集约化建设水平不高,消费领域的质量标准体系建设亟待加快。

首先,数字产业及设施分布不均衡是当前江苏商贸服务业的一大挑战。虽然苏南地区拥有发达的数字产业和现代商贸设施,如南京、苏州等城市,但在苏北地区,特别是部分农村地区,数字化程度较低和现代商贸设施相对较少,存在明显的区域发展差异,制约了商贸服务业的全面发展。

其次,江苏商贸服务业面临规模经济亟待发展的挑战。由于商贸服务业在江苏省内部的市场碎片化严重,中小型商贸企业居多,规模较小、产能利用率较低,导致生产效率不高、成本较高。同时,面对市场竞争和不断增长的消费需求,发展规模经济迫在眉睫,需要加强企业之间的合作与整合,提升产业链的整体效益。

针对这些挑战,江苏省商贸服务业可以采取一系列措施来加以应对。首先,加大对数字产业和现代商贸设施在苏北地区、农村地区的投资力度,促进数字化和现代化水平的全面提升,缩小区域发展差距。其次,鼓励商贸企业进行规模化经营,推动企业间的合作与整合,实现资源共享、优势互补,提升产业链的整体竞争力。此外,政府可以出台相关政策,支持商贸服务业的发展,鼓励企业加大研发投入,提高产品质量,拓展市场份额,推动商贸服务业的转型升级和可持续发展。

## 三、江苏省商贸流通业发展的对策建议

### (一)完善产品流通网络与商贸设施网络

加快完善农畜产品流通网络是提高农畜产品销售效率、保障农民收入、促进农村经济发展的重要举措。首先,需要加强基础设施建设,包括农产品集散地、冷链物流设施等,以确保农畜产品能够及时、安全地运输到市场。其次,要推动信息化建设,利用互联网和物联网技术,建立起全面的农畜产品信息平台,提供供需信息匹配、价格信息发布等服务,降低信息不对称成本,促进交易的有效进行。同时,要加强市场监管,建立健全的质量安全监测体系,加强对农畜产品流通环节的监督检查,保障消费者权益和产品质量安全。此外,还需要加强产销对接,促进农畜产品生产和市场需求的有效衔接,引导农民根据市场需求调整产销结构,提高农产品销售效益。最后,要加强农畜产品流通网络的品牌建设和宣传推广,提升消费者对农畜产品的认知度和信任度,扩大农产品市场份额,促进农村经济的持续健康发展,从而可以加快完善农畜产品流通网络,提升流通效率,促进农产品销售,助力农村经济脱贫致富。

完善城市商贸设施网络对于促进城市经济发展、提升居民生活质量至关重要。首先,需要加强城市商贸设施的布局规划,合理配置商贸设施,确保便捷的交通通道和充足的停车位,提升市民购物的便利性和舒适度。其次,应加强商贸设施的建设和改造,包括购物中心、超市、便利店等,提升设施的设备水平和服务质量,满足消费者不断升级的需求。同时,还要注重商贸设施的智能化和信息化建设,引入先进的技术手段,提升设施的管理效率和运营水平,提供更加智能、便捷的购物体验。此外,还应加强商贸设施的环境治理和景观美化,营造良好的消费环境,提升城市形象和品位。最后,要注重商贸设施与周边产业的融合发展,发挥商贸设施的辐射带动作用,推动周边产业的发展,实现城市商贸设施网络的全面提升。通过以上措施,可以完善城市商贸设施网络,促进城市商贸业的发展,提升城市综合竞争力,为居民提供更加优质的消费体验。

### （二）推进实体商业转型，提高企业效能

推进实体商业转型融合发展是适应当前经济形势的必然选择。首先，需要加强创新驱动，鼓励实体商业积极引入新技术、新模式，打造智慧商业，提升服务水平和竞争力。其次，要注重多元化经营，拓展业态结构，将商业与文化、休闲、娱乐等元素融合，创造多样化的消费场景，满足消费者多层次、多样化的需求。同时，需加强品牌塑造，提升产品品质和品牌影响力，树立良好的品牌形象，赢得消费者信赖。此外，要推动产业链协同发展，加强与供应链、物流等环节的合作，优化资源配置，提高效率，降低成本。最后，需要政府引导和政策支持，提供相关政策倾斜，降低转型成本，鼓励实体商业加速转型，提升整体行业发展水平。综上所述，推进实体商业转型融合发展需要全社会共同努力，通过创新、多元化经营、品牌塑造、产业链协同和政策支持等多方面的措施，促进实体商业的转型升级，推动商业形态的优化与变革。

不同规模的企业需采取不同的数字化转型措施：一是大型企业的数字化转型方面，对国家的产业结构转化以及产业水平提升有重要作用。因此，转型必须要有系统化的顶层设计，要有相应规划编制，从而分层分类地推进，推动数字驱动的产业变革，塑造新型的核心竞争力。二是中小企业数字化转型方面，由于疫情的暴发和数字技术在线上和社区零售等的应用，政府需要帮助中小企业进入全渠道化运营，借助外部服务商的高效管理工具和完善的售后服务来推动全渠道化运营。

### （三）提升政府治理能力，加强政策支持

一是向数字政府转变，通过数字化、智能化方式对流通业新业态、新模式进行监管和服务，提升政府治理精细化程度，并借助数字化手段建立相对统一、健全的流通标准体系。二是探索创新融资性政策，从财政政策等角度完善落实配套政策。三是为商贸流通业创造良好营商环境和外部支持，以适应数字经济时代市场竞争环境的快速变化。

政府可以针对商贸流通业企业制定更加优惠的税收政策，如减免企业所得税、增值税等税收，降低企业经营成本，提高行业盈利能力。加大财政补贴力度，可以向商贸流通业企业提供财政补贴，用于技术创新、产业升级、设备更新等方面的投入，鼓励企业加大对产业发展的投入，推动行业向高端、高质量发展。提供金融支持，可以通过设立专项基金、提供贷款担保等方式，以及建立健全政策服务平台和加强政策宣传等。

### （四）畅通营销渠道，引导新业态发展

为畅通省内外贸一体化营销渠道，首先需要建立起高效的信息共享平台。通过利用现代化的信息技术，建立省内外贸企业间的信息共享机制，包括产品信息、市场需求、价格变动等信息，以便及时准确地把握市场动态，为企业的营销决策提供参考依据。其次，要加强省内外贸企业之间的合作与互动。通过开展联合营销、跨界合作等形式，促进省内外贸企业之间的资源共享和互补，提高市场竞争力，拓展营销渠道。同时，还需加强对外贸易政策的宣传和解读，为企业了解和把握国际市场政策环境提供支持和指导，促进省内外贸企业更好地开展国际营销活动。此外，要积极发展电子商务平台，为省内外贸企业提供便捷的线上销售渠道，拓展市场覆盖面，提高产品销售额。最后，需要政府加大对省内外贸一体化营销渠道建设的支持力度，出台相关政策措施，鼓励和引导企业加

强合作,共同推动省内外贸一体化营销渠道的畅通和发展。综上所述,畅通省内外贸一体化营销渠道需要加强信息共享、促进企业合作、宣传政策环境、发展电子商务平台和加强政府支持等多方面的努力。

促进跨境贸易多元化发展,加快跨境电子商务综合试验区建设,建成线上公共服务平台和线下产业园区"两平台",建立完善信息共享、智能物流、金融服务、电商诚信、统计监测、风险防控"六体系"。推动有条件的跨境电商企业布局建设境外展示中心、分拨中心、零售终端,建立海外直采、运贸一体、产贸融合的创新发展平台,构建海外生产、营销、物流和售后服务网络。建立综合保税区内外企业市场联动机制,对区内企业进口符合条件的基建物资及设备,在海关有效监管前提下,按现行规定暂免征收进口关税、进口环节税。依托综合保税区,推行"保税仓储+保税展销"、进口商品直销平台等模式,建设市内进口免税店。深化服务贸易创新发展,着力扩大生产性服务和医疗等生活性服务进口,推动特色文化产品加工、资源勘查开发、清洁能源技术、中医药、特色餐饮等服务出口,促进外贸结构转型升级。

### (五)夯实数字基础设施,加强市场建设

一是统一规划数字基础设施建设,避免不合理布局和重复建设。二是要加强不同区域统筹布局,协同推进智慧城市和数字乡村建设,聚焦县域,进一步完善顶层设计,面向市场、产业和人口,促进"数字化+县城"的特色化、品牌化。通过强化示范推广,促进区域协调发展。三是在示范区引领指导的作用下,实现商贸流通业现代化、品牌化、信息化的新飞跃,树立省级流通数字化转型示范县(市、区),积累创新试点经验并推广,促进城乡流通数字化转型协调发展

加强特色商品交易市场建设是促进本地区经济发展的关键举措之一。首先,要建立完善的政策支持体系,通过税收激励、财政扶持等方式,鼓励特色商品的生产和销售。其次,要加强特色商品交易平台的建设,提供在线交易、供需信息匹配、支付结算等服务,提升交易的便捷性和安全性。同时,要加强特色商品品牌建设和宣传推广工作,通过举办展销活动、推出宣传活动等方式,提升消费者对特色商品的认知度和好感度。此外,还要加强物流配送和售后服务支持,确保特色商品的及时送达,提升消费者的满意度。最后,要加强产业链合作,形成产业链协同发展的局面,提升特色商品的附加值和市场竞争力。

# 第九章　江苏省金融业发展报告

2022年,江苏省金融系统坚持以习近平新时代中国特色社会主义思想为指导,深入学习贯彻党的二十大精神,按照党中央、国务院决策部署,坚持稳中求进工作总基调,加大稳健货币政策贯彻力度,扎实落实稳经济一揽子政策和接续措施,切实服务实体经济,有效防控金融风险,为全省经济社会高质量发展提供有力金融支撑①。

## 一、江苏省金融业的发展现状

### (一)银行业运行稳健,信贷支持实体经济力度进一步提升

1. 金融机构资产规模保持平稳增长

截至2022年末,全省银行业表内资产总额27.5万亿元,同比增长13.5%,比上年提升2.8个百分点;表外业务余额20.8万亿元,同比增长15.1%,比上年提升3.6个百分点。全年共实现税后净利润2988亿元,同比增长16.1%,比上年提升8.5个百分点。其中,全省法人银行业金融机构表内资产同比增长13.0%,税后净利润同比增长20.5%。

表1　2022年银行业金融机构情况统计表

| 机构类别 | 营业网点 | | | 法人机构(个) |
|---|---|---|---|---|
| | 机构个数(个) | 从业人数(人) | 资产总额(亿元) | |
| 一、大型商业银行 | 4932 | 107327 | 99848 | 0 |
| 二、国家开发银行和政策性银行 | 84 | 2507 | 13947 | 0 |
| 三、股份制商业银行 | 1312 | 38177 | 41355 | 0 |
| 四、城市商业银行 | 1055 | 40468 | 58294 | 4 |
| 五、城市信用社 | 0 | 0 | 0 | 0 |
| 六、小型农村金融机构 | 3366 | 51660 | 39617 | 61 |
| 七、财务公司 | 16 | 521 | 1934 | 14 |
| 八、信托公司 | 4 | 719 | 532 | 4 |
| 九、邮政储蓄 | 2511 | 25164 | 12097 | 0 |
| 十、外资银行 | 79 | 2225 | 1849 | 3 |

---

① 中国人民银行江苏省分行货币政策分析小组:《江苏省金融运行报告》,http://www.pbc.gov.cn/goutongjiaoliu/113456/113469/5127467/2023110917535217243。

| 机构类别 | 营业网点 | | | 法人机构（个） |
| --- | --- | --- | --- | --- |
| | 机构个数（个） | 从业人数（人） | 资产总额（亿元） | |
| 十一、新型农村机构 | 270 | 4954 | 1145 | 74 |
| 十二、其他 | 15 | 2589 | 4273 | 11 |
| 合计 | 13644 | 276311 | 274891 | 171 |

数据来源：江苏银保监局

注：营业网点不包括国家开发银行和政策性银行、大型商业银行、股份制银行等金融机构总部数据；大型商业银行包括中国工商银行、中国农业银行、中国银行、中国建设银行和交通银行；小型农村金融机构包括农村商业银行、农村合作社和农村信用社；新型农村机构包括村镇银行、贷款公司、农村资金互助社和小额贷款公司；"其他"包括金融租赁公司、资产管理公司、消费金融公司、民营银行、理财子公司等。

### 2. 本外币存款同比增多

2022年末，全省金融机构本外币存款余额21.9万亿元，同比增长11.6%，比上年提升1.4个百分点；全年存款新增2.3万亿元，同比多增4654亿元。分部门看，住户存款余额同比增长21.2%，比上年提升9.3个百分点；非金融企业存款、机关团体存款余额同比分别增长6.9%和1.8%，比上年分别下降1.2个和0.5个百分点。分币种看，人民币各项存款余额同比增长12.0%，比上年提升2.3个百分点；外汇存款余额同比下降10.0%，比上年下降34.8个百分点。

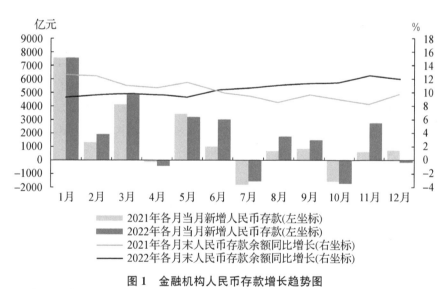

**图1 金融机构人民币存款增长趋势图**

数据来源：中国人民银行南京分行

### 3. 信贷总量稳定增长

2022年末，全省本外币各项贷款余额20.7万亿元，同比增长14.6%，高于全国4.2个百分点；比年初新增2.6万亿元，比上年和2017—2021年平均增量分别多2345亿元、8895亿元。

从币种看，全省人民币贷款余额同比增长14.6%，比上年下降0.6个百分点；外汇贷款余额同比增长4.1%，比上年下降23.9个百分点。从期限看，短期类贷款余额7.2万亿元，同比增长18.4%；中长期贷款余额13.2万亿元，同比增长12.7%。

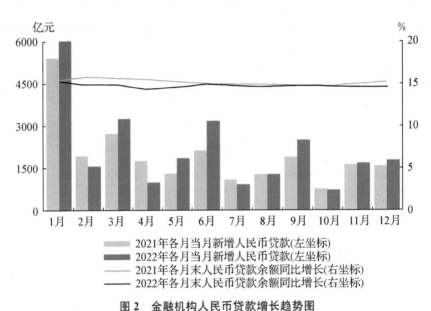

**图2 金融机构人民币贷款增长趋势图**

数据来源:中国人民银行南京分行

　　从投向看,结构持续优化,金融支持重点领域力度进一步加大。制造业贷款增长加快。2022年,全省本外币制造业贷款余额2.6万亿元,同比增长22.3%,比上年提升7.4个百分点,连续27个月实现两位数增长,连续8个月增速超过20%。绿色金融快速发展,2022年末,全省金融机构绿色信贷余额2.4万亿元,同比增长45.2%。科创企业融资渠道不断拓宽,全省累计发行双创专项金融债68亿元。普惠小微融资量增、面扩。2022年末,普惠小微贷款余额2.6万亿元,同比增长28.2%,惠及普惠小微贷款户数261万户,同比增长22.3%,比年初新增47.6万户。坚决落实好普惠小微贷款延期还本和阶段性减息政策。2022年,全省金融机构累计为84.3万户普惠小微经营主体办理延期还本超8385亿元,为67.9万户普惠小微经营主体减息18亿元。

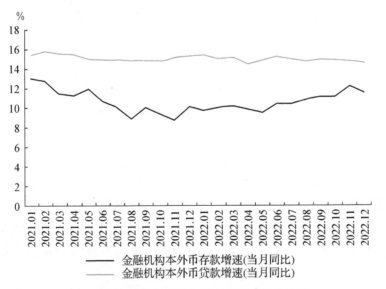

**图3 金融机构本外币存、贷款增速变化趋势图**

数据来源:中国人民银行南京分行

4. 贷款利率持续下降

积极释放 LPR 改革潜力,不断优化存款利率监管,助推全省实体经济综合融资成本持续下行。充分发挥省内各级自律机制作用,维护良好的竞争秩序。以评促建,提升金融机构自主定价能力。2022 年,全省新发放的一般贷款、企业贷款、普惠小微贷款加权平均利率分别为 4.83％、4.33％、4.91％,同比分别降低 0.33 个、0.28 个、0.34 个百分点。

**表 2　2022 年金融机构人民币贷款各利率区间占比情况统计表　(单位：%)**

| 月　　份 | | 1 | 2 | 3 | 4 | 5 | 6 |
|---|---|---|---|---|---|---|---|
| 合　　计 | | 100.0 | 100.0 | 100.0 | 100.0 | 100.0 | 100.0 |
| LPR 减点 | | 14.2 | 14.0 | 15.0 | 16.1 | 17.2 | 19.8 |
| LPR | | 7.0 | 6.2 | 8.4 | 6.4 | 7.0 | 8.7 |
| LPR 加点 | 小计 | 78.8 | 79.8 | 76.6 | 77.5 | 75.8 | 71.5 |
| | (LPR,LPR+0.5％) | 25.4 | 24.4 | 24.0 | 23.2 | 23.5 | 24.1 |
| | [LPR+0.5％,LPR+1.5％) | 34.1 | 32.5 | 32.2 | 30.5 | 29.6 | 27.9 |
| | [LPR+1.5％,LPR+3％) | 11.9 | 12.4 | 12.2 | 13.6 | 12.3 | 11.5 |
| | [LPR+3％,LPR+5％) | 4.3 | 5.2 | 4.6 | 5.0 | 5.2 | 4.1 |
| | LPR+5％及以上 | 3.0 | 5.4 | 3.8 | 5.1 | 5.3 | 3.9 |
| 月　　份 | | 7 | 8 | 9 | 10 | 11 | 12 |
| 合　　计 | | 100.0 | 100.0 | 100.0 | 100.0 | 100.0 | 100.0 |
| LPR 减点 | | 19.4 | 19.3 | 22.2 | 22.0 | 22.6 | 26.3 |
| LPR | | 7.8 | 6.4 | 7.2 | 6.6 | 6.7 | 7.2 |
| LPR 加点 | 小计 | 72.8 | 74.2 | 70.6 | 71.4 | 70.6 | 66.5 |
| | (LPR,LPR+0.5％) | 23.0 | 24.2 | 25.8 | 24.6 | 25.6 | 23.5 |
| | [LPR+0.5％,LPR+1.5％) | 27.3 | 27.1 | 25.8 | 24.8 | 25.3 | 25.9 |
| | [LPR+1.5％,LPR+3％) | 11.8 | 12.1 | 10.6 | 11.1 | 10.8 | 9.9 |
| | [LPR+3％,LPR+5％) | 5.3 | 5.2 | 4.0 | 5.0 | 4.2 | 3.3 |
| | LPR+5％及以上 | 5.4 | 5.6 | 4.5 | 5.9 | 4.7 | 3.9 |

数据来源:中国人民银行南京分行

图 4　金融机构外币存款余额及存款利率趋势图

数据来源:中国人民银行南京分行

5. 金融风险防控严实有力

江苏省金融系统将常态化推进"大排查、大处置、大提升"行动与完善风险监管体系有机结合，打造全面、准确、及时、可操作的风险预警、处置和防御体系。积极稳妥化解单体机构风险，有效防范化解重点领域风险，全省银行业保持稳健运行。截至 2022 年末，全省银行业不良贷款余额 1450 亿元，不良贷款率 0.7%，同比下降 0.04 个百分点，逾期 90 天以上贷款占不良贷款比例 67.6%，均处于较低水平。全省法人银行业金融机构不良贷款余额 588 亿元，不良贷款率 1.1%，同比下降 0.13 个百分点；资本充足率 13.7%，同比下降 0.12 个百分点；贷款拨备覆盖率 375.2%，同比提升 38.5 个百分点，风险抵御能力增强。

## （二）证券业稳健发展，多层次资本市场体系建设成果显著

1. 证券市场主体稳步发展

截至 2022 年末，全省共有境内上市公司 637 家，占全国（5079 家）的 12.5%。其中，主板 339 家、科创板 96 家、创业板 175 家、北交所 27 家。上市公司总市值 6.5 万亿元，占全国的 8.2%。2022 年，全省新增首发上市公司 70 家，占全国新增家数（428 家）的 16.4%。

全省共有新三板挂牌公司 820 家，占全国新三板挂牌公司总数的 12.5%。全省共有江苏股交中心挂牌展示企业 14964 家。

2. 经营管理总体稳健

截至 2022 年末，全省证券公司总资产 9424 亿元，净资产 2241 亿元，净资本 1575 亿元，同比分别增长 5.2%、8.7%、6.9%。全省证券公司 2022 年共实现营业收入 334 亿元，净利润 141 亿元。2022 年，全省证券公司代理客户证券交易金额累计 65.6 万亿元，全市场占比达 10.0%；受托客户资产 5.4 万亿元，全市场占比达 8.2%。

3. 证券基金经营机构差异化发展格局逐步形成

公募基金法人机构实现"零"的突破。由苏州银行、新加坡凯德基金和苏州工业园区经济发展有限公司出资联合组建的苏新基金管理有限公司，获证监会批复设立。证券公司走出去取得新进展。华泰证券获批设立新加坡子公司，进一步开拓海外市场，服务资本市场双向开放。创新业务稳妥有序开展。华泰证券、东吴证券成为首批获得科创板做市业务资格的券商；南京证券获批证券投资基金托管业务资格；东海证券成为场外期权二级交易商，综合金融服务能力得到进一步提升。

4. 期货业务平稳发展

截至 2022 年末，全省共有 9 家期货公司、201 家期货分支机构。2022 年 8 月，弘业期货成功在 A 股上市，成为我国首家"A＋H"股上市期货公司。9 家期货公司资产总额 464 亿元，同比增长 30.3%；净资本 46 亿元，同比增长 5.6%。2022 年，9 家期货公司代理成交额 25.6 万亿元，实现营业收入 14 亿元，利润总额超 2 亿元。9 家期货公司均获得资产管理业务资格，期末受托资产净值为 228 亿元。

表 3　2022 年证券业基本情况统计表

| 项　　目 | 数　量 |
| --- | --- |
| 总部设在辖内的证券公司数（家） | 6 |
| 总部设在辖内的基金公司数（家） | 0 |

续表

| 项 目 | 数 量 |
|---|---|
| 总部设在辖内的期货公司数(家) | 9 |
| 年末国内上市公司数(家) | 637 |
| 当年国内股票(A股)筹资(亿元) | 1963 |
| 当年发行H股筹资(亿元) | 119 |
| 当年国内债券筹资(亿元) | 15644 |
| 其中:短期融资券筹资额(亿元) | 5726 |
| 中期票据筹资额(亿元) | 2714 |

注:苏新基金管理有限公司目前处于筹建准备期。

数据来源:江苏证监局、江苏省地方金融监管局、中国人民银行南京分行。

## (三)保险业运行平稳,支持经济发展能力进一步增强

1. 保险行业稳步发展

2022年末,全省共有保险法人机构5家,其中,财产险公司2家,人身险公司3家。全省共有保险公司分支机构5434家,同比减少245家,其中,财产险公司分支机构2480家,同比增加13家;人身险公司分支机构2954家(含省级分公司),比上年减少258家。

2. 原保险保费收入平稳增长

2022年,全省累计实现原保险保费收入4318亿元,同比增长6.2%,保费规模居全国第二位。其中,财产险实现原保险保费收入1265亿元,同比增长10.9%;人身险实现原保险保费收入3053亿元,同比增长4.5%。2022年,全省保险业共提供各类风险保障1040.3万亿元,同比增长87.9%。

3. 经营质量不断提升

产险综合费用率下降明显,2022年,车险综合费用率为22.8%,非车业务原保险保费收入占比为39.9%。人身险保障水平不断提升,2022年末江苏省人身保险保障型产品保费(普通型寿险、健康险和意外险)占比达69.4%,同比增速超过6.5%。

4. 保险行业多方面改革成效明显

完善多层次医疗保障体系。补充医疗保险"惠民保"产品供给更加丰富,江苏省12个地市推出了当地群众可投保的"惠民保"产品。积极助力老龄事业,2022年江苏专属商业养老保险参保人数1.7万人,实现保费收入2亿元。巩固车险综合改革,稳步推进新能源车专属条款落地。农业保险服务质效提升。从各设区市上报的37个农险产品中认定10个产品为2022年度农险创新保护产品,支持保险机构创新引领发展。

表4 2022年保险业基本情况统计表

| 项 目 | 数 量 |
|---|---|
| 总部设在辖内的保险公司数(家) | 5 |
| 其中:财产险经营主体(家) | 2 |

| 项　　　目 | 数　　量 |
| --- | --- |
| 寿险经营主体(家) | 3 |
| 保险公司分支机构(家) | 5434 |
| 其中:财产险公司分支机构(家) | 2480 |
| 寿险公司分支机构(家) | 2954 |
| 保费收入(中外资,亿元) | 4318 |
| 其中:财产险保费收入(中外资,亿元) | 1265 |
| 人身险保费收入(中外资,亿元) | 3053 |
| 各类赔款给付(中外资,亿元) | 1248 |

数据来源:江苏银保监局

### (四)融资总量稳步增长,金融市场平稳运行

**1. 社会融资规模平稳增长**

2022年,全省社会融资规模增量为3.4万亿元,占全国社会融资规模的10.6%。从融资结构看,本外币贷款增量为2.6万亿元,占社会融资规模增量的77.0%,仍是主要渠道。非金融企业直接融资增量为5147亿元,同比少增2840亿元,其中,企业债券融资同比少增2928亿元;非金融企业境内股票融资同比多增87亿元;政府债券增量为1734亿元,同比少增66亿元。

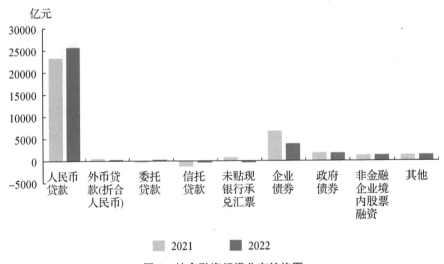

**图5　社会融资规模分布结构图**

数据来源:中国人民银行南京分行

**2. 守正创新,开创债务融资工具新局面**

2022年,全省企业共发行各类债务融资工具1.1万亿元,剔除央企后的发行金额连续第11年保持全国第一。落地资产担保债务融资工具、科创票据、碳资产债券、转型债券等创新产品。2022年,328家企业发行交易所公司债773只,融资5489亿元,47家原始权益人发行65单ABS,融资421亿元。截至2022年末,全省共有546家企业存续公司债券2255只(不含违约类),存续规模

1.6万亿元,全省存量公司债发行人家数、剔除央企后的存续金额均居全国第一,共有107家原始权益人存续ABS166只,存续规模1251亿元。江苏首只高速公路REITs产品"华泰江苏交控REIT"获证监会批复,并发行上市。

**3. 充分发挥结构性货币政策工具的精准滴灌作用,推动经济转型升级**

2022年,江苏省累计投放再贷款再贴现3872亿元,普惠金融领域支持力度持续加大。截至2022年末,全省金融机构已经通过"苏碳融"支持绿色企业1165家、金额138.5亿元,贷款加权平均利率4.5%。创设挂钩再贷款再贴现政银金融产品——"苏创融",探索金融支持科技创新的新路径、新机制。产品创设以来,累计发放金额584亿元,贷款加权平均利率4.3%,惠及1.5万户科技创新型企业。

表5 2022年金融机构票据业务量统计表 (单位:亿元)

| 季度 | 银行承兑汇票承兑 | | 贴现 | | | |
| --- | --- | --- | --- | --- | --- | --- |
| | | | 银行承兑汇票 | | 商业承兑汇票 | |
| | 余额 | 累计发生额 | 余额 | 累计发生额 | 余额 | 累计发生额 |
| 1 | 23002.1 | 11430.7 | 8725.0 | 20411.1 | 1368.1 | 2884.3 |
| 2 | 23682.5 | 18932.6 | 9925.3 | 40171.6 | 1393.9 | 4875.1 |
| 3 | 23318.9 | 25901.7 | 10162.1 | 56620.2 | 1335.0 | 6555.6 |
| 4 | 23329.1 | 33176.3 | 11013.1 | 74959.8 | 1464.2 | 8886.4 |

数据来源:中国人民银行南京分行

表6 2022年金融机构票据贴现、转贴现利率统计表 (单位:%)

| 季度 | 贴现 | | 转贴现 | |
| --- | --- | --- | --- | --- |
| | 银行承兑汇票 | 商业承兑汇票 | 票据买断 | 票据回购 |
| 1 | 2.57 | 3.93 | 2.38 | 2.02 |
| 2 | 1.75 | 3.51 | 1.76 | 1.50 |
| 3 | 1.67 | 3.43 | 1.62 | 1.29 |
| 4 | 1.61 | 3.50 | 1.47 | 1.33 |

数据来源:中国人民银行南京分行

## (五)外汇管理和跨境人民币业务稳步推进,金融改革创新落地见效

**1. 外汇管理改革有序推进**

持续提升贸易投资便利化水平,全省全年办理资本项目收入支付便利化业务78亿美元;办理贸易外汇收支便利化业务1534亿美元,试点企业、银行数量及业务规模分别是上年同期的4.4倍、1.8倍和2.3倍。进一步便利企业跨境融资,推动100家企业集团备案开展跨国公司跨境资金集中运营管理业务,3家企业备案开展跨国公司本外币一体化资金池试点业务。截至2022年末,辖内开展跨境融资便利化试点企业33家,落地便利化业务35笔,实现外债签约额度7.1亿美元。开展企业汇率避险扶持专项行动,2022年,全省运用衍生品管理汇率风险的规模同比增长34%,外汇

套保比率达35.5%。成立分局地区外汇线索研判中心,严厉打击外汇领域违规行为。

2.跨境人民币业务加快推进

紧抓重点区域、重点领域,持续优化"政策工具推广＋跨境人民币结算"联动模式,深入开展重点企业专项推进行动。全省跨境人民币业务量同比增长32.8%,增幅比上年提升近10个百分点。同时,注重发挥关键银行作用,要求相关银行全流程挖掘东盟贸易企业客户开展跨境人民币结算的潜力。2022年,全省对东盟国家跨境业务总量同比增长33%,本外币占比与上年相比提高近2个百分点。

3.金融改革创新持续深化

持续推进区域金融改革创新试点工作。2022年,昆山市金融支持深化两岸产业合作改革创新试验区建设取得积极成效。5项资本项目外汇业务创新试点政策全面落地,跨境人民币同业融资业务规模不断扩大;积极发展债券创新产品,落地新三板市场定向发行可转债、苏州首单贴标权益型出资票据、昆山首单永续票据等业务。南京获批建设科创金融改革试验区。金融支持自贸试验区高质量发展扎实推进,支持自贸试验区建设工作机制不断完善,自贸试验区信贷支持、金融服务以及开放创新等工作稳步推进。

### (六)金融管理和服务质效持续提高,金融生态环境不断优化

1.支付服务环境持续优化

2022年,江苏省支付清算系统处理业务11亿笔、金额625.4万亿元,同比分别下降1.0%和增长10.8%。持续优化银行账户服务工作,全省商业银行为企业和个体工商户等经营主体新开立单位银行账户124.4万户,涉及企业和个体工商户82.9万家。严格贯彻落实降费让利要求,全年全省各银行和支付机构累计减免支付手续费超13亿元,指导辖内24家银行和支付机构的支付服务客户端与"小微查"智慧联接,惠及用户超3400万户。移动支付场景建设不断深化,全省已完成13个地市公交、南京等五城地铁移动支付全覆盖,拓展商圈2066个、医院3999家、校企园区2207个。全面提升支付适老服务水平,全辖1.2万余个银行网点完成适老化改造,1.4万余个农村普惠金融服务点提供适老化服务。

表7 支付体系建设情况表

| 年份 | 支付系统直接参与方(个) | 支付系统间接参与方(个) | 支付清算系统覆盖率(%) | 当年大额支付系统处理业务数(万笔) | | 同比增长(%) |
|---|---|---|---|---|---|---|
| 2021 | 19 | 8158 | 100.0 | 11539.5 | | −3.4 |
| 2022 | 19 | 10845 | 100.0 | 8481.0 | | −26.8 |
| 年份 | 当年大额支付系统业务金额(亿元) | 同比增长(%) | 当年小额支付系统处理业务数(万笔) | 同比增长(%) | 当年小额支付系统业务金额(亿元) | 同比增长(%) |
| 2021 | 5204000.0 | 11.1 | 55180.5 | 20.5 | 291000.0 | 20.7 |
| 2022 | 5852455.0 | 11.3 | 54274.4 | −1.7 | 287622.0 | −1.0 |

数据来源:中国人民银行南京分行

2. 金融科技工作稳中有进

持之有序推进金融科技赋能乡村振兴示范工程,强化成果转化和宣传推广,提升江苏省农村地区金融科技应用水平。目前,31 项示范工程任务稳步推进,其中 24 项任务进度超过 80%,12 项任务进度已达 100%。全面统筹落实江苏省金融数据综合应用试点工作。目前,19 项试点任务有序实施,所有任务进度达到或超过 85%,其中 13 项任务进度已达 100%。

3. 数字人民币试点工作成果显著

截至 2022 年底,累计落地场景 93.6 万个,开立个人、对公钱包分别为 2649.2 万个、170.7 万个,受理商户门店 48.3 万个,累计交易 7652 万笔、流通交易金额 3400 亿元,财政支出及发放各类奖补资金超过 400 亿元,试点发放小微贷款 7737 笔、188 亿元。民生缴费、文旅消费、交通出行以及农村普惠金融服务点等基本实现受理全覆盖。按照人民银行总行部署,2022 年底江苏全省纳入数字人民币试点范围。

4. 经理国库质效有力提升

2022 年,江苏省各级国库依法履行经理国库职责,着力推进国库高质量发展。及时准确办理预算收入收纳、退库和库款拨付,切实保障政府预算顺利执行,国库资金收支安全高效,确保增值税留抵退税等减税降费政策快速落地见效。不断推动业务创新,积极推进跨境缴税退税业务电子化办理,数字人民币应用拓展至税费缴纳、退库、预算单位工资发放、财政拨款等领域。持续优化营商环境,不动产登记交易税费缴纳实现从"最多跑一次"向"只进一个窗"的升级。

5. 征信管理亮点突出

全省建成省级地方征信平台 1 家,地方征信平台 13 家,实现征信平台全覆盖,全年依托平台促成 23.1 万家企业获得融资 1.1 万亿元。全面开展"征信修复"乱象治理百日行动,净化征信市场环境。有效落实动产和权利担保统一登记制度,全省通过动产融资统一登记公示系统累计登记 165 万笔,查询 614 万笔。

6. 金融消费者权益保护水平不断提升

采取多种措施保障消费者救济渠道畅通,确保疫情防控期间投诉咨询热线不断档、服务不掉线,全年共接收金融消费者来电 3.7 万件,全部妥善处理。累计成立 88 家金融纠纷调解组织,范围覆盖省市县三级,全年调解金融纠纷 5754 件。建设了"线上+线下""集中性+阵地化"金融宣传全网格,全年开展形式多样的宣传活动超 4 万次,受众超 5000 万,有效提升国民的金融素养。

## 二、江苏省金融业发展存在的问题

"十四五"时期,世界百年未有之大变局加速演进,国内外经济环境正在发生深刻变化,我国仍然处于重要战略机遇期。在新的机遇和挑战面前,江苏金融发展面临诸多新形势、新要求、新任务[①]。

从国际经济环境看,世界经济增长相对乏力,特别是中美博弈加剧,经济全球化遭遇逆流,新冠肺炎疫情影响广泛深远,产业链供应链面临非经济因素冲击,全球经济不稳定性、不确定性明显增

---

① 江苏省地方金融监管局:《江苏省"十四五"金融发展规划》,http://www.jiangsu.gov.cn/art/2021/9/14/art
_46144_10013156.html? gqnahi=affiy2.

加。我国已转向高质量发展阶段,发展不平衡、不充分问题相对突出,面临人口老龄化、杠杆率过高、创新能力不适应高质量发展要求、城乡区域发展和收入分配差距较大、资源环境约束增强等重大挑战。但也要看到,国际力量对比深刻调整,和平与发展仍然是时代主题,经济全球化和区域一体化是大势所趋,我国制度优势显著,经济长期向好,市场空间广阔,发展韧性强劲。

从金融发展形势看,全球金融市场动荡加剧,主要发达经济体出现非常规货币政策常态化倾向,人民币汇率波动频繁,输入型金融风险点明显增多。我国处在转变发展方式、优化经济结构、转换增长动力的攻关期,传统要素优势减弱,资本边际效率下降,金融法治和监管制度仍有较多短板,房地产与金融业深度关联,金融体系内部风险隐患尚未彻底消除,金融科技广泛运用重塑金融业态的同时也带来了治理挑战。同时也要看到,在以习近平同志为核心的党中央坚强领导下,现代中央银行制度和现代金融监管体系加快建设,中国特色多层次资本市场体系逐步形成,参与国际金融治理能力不断提高,金融高水平双向开放不断深化,一批重大风险隐患点精准拆除,金融风险处置取得重要阶段性成果。

江苏金融在供给结构、创新活力等方面与国内外先进地区相比仍有一定差距,存在杠杆率攀升较快,大型企业、上市公司、债券市场、地方投融资平台、房地产等领域风险传导压力较大,非法金融活动花样翻新等难点问题。要深刻把握新发展阶段,坚持贯彻新发展理念,服务构建新发展格局,以"争当表率、争做示范、走在前列"历史使命为航标,牢牢抓住江苏实体经济发达、科技水平高、人才资源富集、产业体系比较完备、现代化建设基础坚实、多重国家战略机遇叠加交融等优势,有效提升金融要素对经济循环畅通的支撑,加快转变金融发展理念、结构、模式,全面释放金融改革发展动能,统筹金融发展和金融安全,努力构建与高质量发展相适应的现代金融体系。

---

**专栏1　围绕"五个聚焦"提升金融服务质量**[①]

2022年以来,受国内外超预期因素影响,我国经济下行压力加大,经营主体困难增多。人民银行南京分行认真贯彻党中央、国务院决策部署和人民银行总行工作安排,及早布局、靠前发力,围绕重点领域重点行业,聚焦普惠小微、绿色发展、科技创新、乡村振兴和助企纾困五个领域,全面提升金融服务水平,有效满足经济社会发展和人民群众生活需要。

一、聚焦小微企业,强化普惠金融服务

将强化货币政策工具运用与推动建立金融服务小微企业"四贷"长效机制相结合,促进普惠金融"增量、扩面、降价、提质"。通过积极拓展首贷、扩大无还本续贷、促进信用贷投放、推广随借随还贷等方式精准引导金融机构扩大贷款发放;通过搭建首贷服务中心、开发数字化金融产品等方式提升普惠小微融资便利度;建立金融顾问服务机制、常态化银企对接机制、"政银担"合作机制,发挥普惠金融服务政策合力。

---

① 中国人民银行江苏省分行货币政策分析小组:《江苏省金融运行报告》,http://www.pbc.gov.cn/goutongjiaoliu/113456/113469/5127467/2023110917535217243。

二、聚焦低碳经济,发展绿色金融

聚焦碳达峰碳中和目标,系统谋划全省绿色金融发展思路,完善绿色金融配套政策,提升货币政策工具激励效能,健全绿色金融产品服务体系,引导金融机构持续加大绿色信贷投放,对江苏省绿色低碳发展形成有力支撑。运用对接再贷款政策、与企业碳账户挂钩的普惠型绿色金融产品"苏碳融",推动金融机构发放优惠利率贷款、中长期贷款和信用贷款等,精准支持绿色企业名录库内的绿色企业。

三、聚焦科技创新,健全金融服务机制

针对科技创新中小企业的融资需求与特点,联合江苏省科技厅创设"苏创融"政银金融产品。完善科技金融组织体系,推动省内金融机构设立科技支行、科技金融事业部或科技金融团队,为科技创新提供专业化金融服务。拓宽科技企业差异化融资渠道,指导省内金融机构积极探索知识产权质押、应收账款质押、股权质押等业务品种,创新特色化、个性化科技信贷产品,满足科技企业多样化融资需求。

四、聚焦乡村振兴,强化"三农"金融服务

紧紧抓住种子和耕地两个关键点。一方面,会同省科技厅、农业农村厅确定一批重点种业企业,开展金融支持种业振兴专项行动,做好融资精准对接。支持和引导金融机构创新为种业服务的金融产品,支持以企业为主体的商业化育种能力提升建设,大力推进种源关键核心技术攻关。另一方面,指导全省金融系统进一步加大对高标准农田建设金融支持"因地施策"创新金融产品和服务,发放更优惠利率、更长期限贷款,保障建设资金需求,高效、有序推动江苏高标准农田建设。

五、聚焦助企纾困,支持经营主体恢复发展

积极参与"苏政40条""苏政办22条"和"惠农16条"等各项纾困政策制定,联合相关部门编制政策措施服务指南,加大宣传解读力度,促进政策效应尽快显现。同时,对重点群体实施阶段性延期还本付息。全省人民银行系统指导金融机构对2022年12月31日前到期的中小微企业、个体工商户、货车司机等贷款,按市场化方式进行阶段性延期还本付息,力争做到"应延尽延";对受疫情影响的个人住房贷款、消费贷款,灵活采取合理延后还款时间、延长贷款期限、延迟还本等方式予以支持。

# 三、江苏省金融业发展的对策建议

2023年是全面贯彻落实党的二十大精神的开局之年,也是实施"十四五"规划承上启下的关键之年。江苏省将以习近平新时代中国特色社会主义思想为指导,全面贯彻落实党的二十大精神、中央经济工作会议精神和习近平总书记对江苏省工作重要指示精神,坚持稳字当头、稳中求进,完整、准确、全面贯彻新发展理念,把实施扩大内需战略同深化供给侧结构性改革有机结合起来,增强科技创新支撑作用,加快实施产业基础再造。着力推动高质量发展,更好统筹发展和安全,突出做好稳增长、稳就业、稳物价工作,全力推动经济运行率先整体好转,充分展现江苏"走在前、挑大梁、多做贡献"的责任担当。江苏省金融业将坚持稳中求进的工作总基调,精准有力贯彻落实好稳健的货币政策,着力支持恢复和扩大消费、重点基础设施和重大项目建设,推动普惠小微、乡村振兴、科技创新、制造业、绿色发展和能源保供等重点领域和薄弱环节的金融服务提质增效。持续深化金融改革,为辖区经济高质量发展营造适宜的货币金融环境,为全面推进中国式现代化江苏新实践提供有力金融支持。

### (一)强化政策协同,持续优化金融服务

作为国民经济的血脉,金融与其他政策有着极高的协同性。进一步巩固信贷全国领先优势、保持社会融资增量位次、增强贷款增长的稳定性和可持续性。做好"加减法",既要提升存量贷款的使用效率,又要优化新增贷款投向,有序推动存量贷款从低效占用转向高效流动。注重协同联动,用好、用足各类政策,推动金融供给侧结构性改革,特别是为战略性新兴产业、未来产业提供高度适配的全生命周期、全链条、全方位优质服务。

### (二)进一步聚焦服务实体经济,发挥资本市场枢纽功能

建设现代化产业体系,离不开科技创新的牵引。以科技创新推动产业创新,发展新质生产力,离不开股权投资、创业投资。提高直接融资比重,推动股票发行注册制走深走实。同时,还要引导资本支持高水平科技自立自强,进一步会同地方政府和相关部门深入开展科技企业、专精特新企业上市培育工作,支持上市公司充分利用再融资、并购、重组等方式实现转型升级、做强做大,引导股权投资投早、投小、投硬科技,支持产业创新。

江苏高科技投资集团是国内最早一批设立的省级私募股权和创业投资机构,管理资本规模1359.3亿元,投资支持了1353家创新创业企业,其中79%的投资项目为高科技企业,125家IPO企业中科创板31家。继续夯实三大交易所江苏基地建设,打造国内首家多层次资本市场差异化服务平台,为企业上市、金融干部能力提升搭建资本市场渠道。

### (三)完善企业融资产品和服务

完善不动产融资抵押登记服务,对金融机构和小额贷款公司、融资担保公司、典当行等地方金融组织开展抵押融资业务,不动产登记机构依法高效办理不动产登记手续。金融机构开展动产和权利融资业务的,依法依规通过动产融资统一登记公示系统进行登记公示。发展绿色信贷,支持制造业绿色低碳发展,促进绿色低碳技术推广应用。鼓励保险机构依法合规开展制造业贷款保证保险业务,为缺乏抵押担保手段的制造业中小企业适时提供增信服务。大力发展融资租赁业务,为制造业企业技术改造、扩建生产线提供重点设备租赁服务。支持符合条件的重点城市和重点企业开展产融合作试点,提供信用贷款、融资租赁、融资担保、质押担保等金融产品和金融服务。

### (四)提升商业银行农村金融服务广度、深度

支持地方性中小商业银行下沉服务网点,进一步向县域和重点乡镇延伸,提高基础金融服务的覆盖面。各商业银行切实加强普惠金融事业部建设,以"三农"、小微企业等领域金融服务为重点,专项配置信贷、人员、费用等资源,通过科学的风险管理、合理的利率定价和差异化的考核评价,建立完善敢贷、愿贷、能贷、会贷机制,推动金融资源更多流向"三农"、小微企业和县域经济。鼓励各商业银行建立专门的乡村振兴金融业务条线,打造乡村振兴金融服务特色支行或网点。

## （五）完善风险防控长效机制，为高质量发展清障铺路

中央金融工作会议提出，要切实提高金融监管有效性，依法将所有金融活动全部纳入监管。坚持和加强党对金融工作的全面领导，聚焦风险防控常态化，防范化解各类金融风险。健全完善金融风险防控长效机制，推动成立省金融风险化解委员会，推进风险防控"四项机制"，落实好地方金融监管和金融风险防控处置的属地责任。针对金融风险隐蔽性、复杂性等特点，要进一步强化对重点领域金融风险研判，加快处置存量风险，坚决防控增量风险，毫不松劲打好防范化解重大金融风险的主动仗和持久战，确保全省金融大局安全稳定。

# 第十章 江苏省文化创意业发展报告

2022年,江苏省紧紧围绕"强富美高"的建设目标,出台了多项扶持产业发展的政策,使得江苏省文化创意产业的发展得到进一步推进。文化创意产业的繁荣发展离不开强大经济实力的支撑。2022年,江苏省的GDP排名依然位居全国第二,并且GDP的增量是全国第一,省内经济蓬勃发展的同时,江苏省居民的收入水平和消费水平也随之提升。随着收入水平的不断提升,人们对于高品质的文化产品需求也愈发强烈,以创意为内核、休闲娱乐性较强、科技含量较高、凸显消费个性的文化消费产品或服务将逐渐成为人们所追求的主流方向。文化市场中存在巨大的消费潜力,网络文化业、旅游文化业、文娱休闲业等文化创意产业逐渐焕发生机,江苏省的文化创意产业也因此在文化产业中崭露头角,引人注目。同时,与江苏成为现代化强国建设中具有鲜明特色的省域范例相适应,全社会文化自信、文明程度将达到新高度,文化事业和文化产业高质量发展走在全国前列,思想文化引领高地、道德风尚建设高地、文艺精品创作高地更加凸显,江苏文化形象更加鲜明,软实力显著增强,影响力大幅提升,文化领域治理体系和治理能力实现现代化。

## 一、江苏省文化创意业的发展现状

创意城市的崛起能够成为经济发展的重要动力,以文化创新驱动的创意城市正成为国家和区域城市经济发展的关键引擎。江苏提出了"三轴一圈"的空间布局,即建设扬子江创意城市群、世界级运河文化遗产旅游廊道、沿海特色文化产业集聚区三条轴线,推进长三角文化产业一体化发展。这是一种新的制度型创新和地域生产力结构优化的探索,是江苏"两争一前列"、助力建设社会主义文化强国、主动参与全球竞争并介入全球城市文化价值链高端环节的全面战略创新。

中国省市文化产业发展指数由产业的生产力、影响力和驱动力这三个分指数共同构成,其中,生产力指数是从投入的角度评价文化产业的人才、资本等要素和文化资源禀赋;影响力指数是从产出的角度来评价文化产业的经济效益和社会效益;驱动力指数是从外部环境的角度评价文化产业发展的市场环境、政策环境和创新环境。根据文化部和中国人民大学联合发布的"中国省市文化产业发展指数(2022)"显示,江苏省文化产业的发展实力综合排名位于第五,在全国处于领先地位,生产力指数位于全国第四,影响力指数位于全国第五,驱动力指数位于全国第五(如表1所示)。与2021年相比,江苏省综合指数、生产力指数和驱动力指数均有提升,其中驱动力指数提升较大,从排名全国第十上升到全国第五,说明2022年江苏省文化产业更加繁荣且更具创新性。

表 1　2022 年中国省市文化产业发展指数排名前十的省市

| 综合实力排名 | | 生产力指数排名 | | 影响力指数排名 | | 驱动力指数排名 | |
| --- | --- | --- | --- | --- | --- | --- | --- |
| 1 | 北京 | 1 | 广东 | 1 | 北京 | 1 | 浙江 |
| 2 | 广东 | 2 | 北京 | 2 | 浙江 | 2 | 广东 |
| 3 | 浙江 | 3 | 浙江 | 3 | 广东 | 3 | 北京 |
| 4 | 上海 | 4 | 江苏 | 4 | 上海 | 4 | 上海 |
| 5 | 江苏 | 5 | 山东 | 5 | 江苏 | 5 | 江苏 |
| 6 | 山东 | 6 | 上海 | 6 | 山东 | 6 | 山东 |
| 7 | 福建 | 7 | 福建 | 7 | 河南 | 7 | 四川 |
| 8 | 四川 | 8 | 河南 | 8 | 湖南 | 8 | 福建 |
| 9 | 河南 | 9 | 四川 | 9 | 四川 | 9 | 湖北 |
| 10 | 湖北 | 10 | 湖北 | 10 | 福建 | 10 | 安徽 |

数据来源:《2022 中国省市文化产业发展指数报告》

## （一）公共文化服务体系完善

### 1. 公共文化基础设施不断完善

截至 2022 年底,全省共有文化馆、群众艺术馆 116 个,公共图书馆 122 个,博物馆 366 个,美术馆 48 个,综合档案馆 113 个,向社会开放档案 319.3 万卷。共有广播电台 4 座,电视台 4 座,广播电视台 10 座,县级融媒体中心(县广播电视台)64 个,中短波广播发射台和转播台 21 座,广播综合人口覆盖率和电视综合人口覆盖率均达 100%。全省有线电视用户 1248.2 万户,有线数字电视用户 1243.2 万户,有线电视数字化率 99.6%。全年生产电视剧 10 部 369 集;领取电影公映许可证影片 6 部,均为故事性电影;出版报纸 18.68 亿份,出版期刊 1.2 亿册,出版图书 6.73 亿册(部分数据如表 2 所示)。

表 2　江苏省文化单位机构数　（单位:个）

| 文化机构 | 2002 年 | 2007 年 | 2012 年 | 2017 年 | 2022 年 |
| --- | --- | --- | --- | --- | --- |
| 文物保护管理机构 | 61 | 63 | 58 | 51 | 47 |
| 博物馆 | 90 | 108 | 266 | 322 | 373 |
| 公共图书馆 | 101 | 105 | 111 | 115 | 122 |
| 文化馆 | 109 | 116 | 119 | 115 | 116 |
| 文化站 | 1493 | 1313 | 1300 | 1279 | 1250 |

数据来源:国家统计局、江苏省统计局

### 2. 公共图书馆规模逐年扩大

进入 21 世纪以来,江苏省公共图书馆的规模逐年扩大,并向数字化、专业化方向不断发展,提供服务的能力也在不断提升,有效地满足了人民群众日益增长的文化需求,全面且持续地提高了省内人民群众的文化素养。截至 2022 年底,全省县级以上公共图书馆藏书量达 11506.89 万册,比 2002 年增加 8751.59 万册,年均增长 7.4%;公用房屋建筑面积 191.3 万平方米,比 2012 年增加 123.54 万平方米,年均增长 10.9%;阅览座位数 8.29 万个,比 2012 年增加 4.09 万个,年均增长 7%;电子阅览室终端数 6863 个;举办展览 2968 次,十年增长近 4 倍(如表 3 所示)。

表 3 江苏省公共图书馆基本情况

| 公共图书馆 | 2002 年 | 2007 年 | 2012 年 | 2017 年 | 2022 年 |
|---|---|---|---|---|---|
| 总藏量(万册) | 2755.3 | 3490.7 | 6490 | 8598 | 11506.89 |
| 公共房屋建筑面积(万平方米) | — | 60.8 | 67.76 | 152.4 | 191.3 |
| 阅览座位数(万个) | — | 2.7 | 4.20 | 6.54 | 8.29 |
| 电子阅览室终端(个) | — | — | 4509 | 6769 | 6863 |
| 举办展览(次) | | | 787 | 1566 | 2968 |

数据来源:国家统计局、江苏省统计局

3. 人民群众文化活动丰富多彩

2022 年,江苏省群众艺术馆和文化馆(站)机构数为 1366 个,从业人员达 7498 人,覆盖各县(区)乡镇(街道);群众文化活动场所举办展览 24432 次,比 2012 年增加了 17124 次,年均增长 12.8%;组织文艺活动 145767 次,比 2012 年增加了 106415 场,年均增长 13.9%;总支出合计 20.22 亿元(如表 4 所示)。

表 4 江苏省群众文化场所情况

| 群众文化场所 | 2002 年 | 2007 年 | 2012 年 | 2017 年 | 2022 年 |
|---|---|---|---|---|---|
| 机构数(个) | 1610 | 1429 | 1419 | 1394 | 1366 |
| 从业人员(人) | 5814 | 5757 | 6575 | 7302 | 7498 |
| 举办展览(次) | — | 5631 | 7308 | 8884 | 24432 |
| 文艺活动(次) | — | 31812 | 39352 | 65557 | 145767 |
| 总支出(亿元) | — | 4.45 | 9.85 | 16.31 | 20.22 |

数据来源:国家统计局、江苏省统计局

4. 广播电视覆盖率稳步提升

江苏省积极推进广播电视"村村通""户户通"工作,至 2015 年广播电视已达到省内人口全覆盖率,有线广播电视数字化、网络化也得到快速推进。截至 2022 年底,全省共有广播电视台 74 个、电视转播发射台(座)109 个、职工人数 6.54 万人,制作广播电视节目共 74.6 万小时。与 2002 年相比,职工人员、公共广播节目播出时间、公共电视节目播出时间,分别年均增长 4.5%、3.6%、2.6%(如表 5 所示)。

表 5 江苏省广播电视情况

| 广播电视 | 2002 年 | 2007 年 | 2012 年 | 2017 年 | 2022 年 |
|---|---|---|---|---|---|
| 职工人数(万人) | 2.69 | 3.69 | 5.12 | 7.34 | 6.54 |
| 广播节目制作(万小时) | 27.6 | 52.88 | 58.2 | 57.79 | 56.39 |

| 广播电视 | 2002 年 | 2007 年 | 2012 年 | 2017 年 | 2022 年 |
| --- | --- | --- | --- | --- | --- |
| 电视节目制作(万小时) | 10.76 | 15.68 | 20.57 | 19.58 | 18.21 |
| 广播人口覆盖率(%) | 99.6 | 99.9 | 100 | 100 | 100 |
| 电视人口覆盖率(%) | 99.48 | 99.9 | 99.9 | 100 | 100 |
| 有线电视数字化率(%) | — | — | 89.8 | 92.3 | 99.6 |

数据来源:国家统计局、江苏省统计局

## (二)文化艺术创作精品纷呈

### 1. 优秀出版物众多

2022 年,江苏省出版图书 2.59 万种,新出版图书种类 9044 万种,图书总印数 6.73 亿册;出版期刊 453 种,总印数 1.16 亿册;出版报纸 132 种,总印数 18.68 亿份。进入 21 世纪以来,江苏各类出版物一直保持快速增长,相比 2002 年,图书出版种类同比增长 4.3 倍,种类更加丰富。品种多样的出版物满足了群众文化生活需求,同时涌现出较多精品佳作。《我心归处是敦煌:樊锦诗自述》获中宣部第十六届精神文明建设"五个一工程"优秀作品奖(图书类);《大运河画传》《敦煌岁时节令》和《天地人生:中华传统文化十章》三种图书入选 2022 年度"中国好书",入选总数居全国各省(区、市)第一。这些优秀图书的出版不仅体现了江苏精品出版取得了阶段性成果,而且展现了江苏精品出版继续保持走在全国前列的良好态势。

优秀出版作品的呈现和传播离不开优秀的出版社和期刊。凤凰出版传媒集团是全国文化体制改革先进单位,连续 14 届入选"全国文化企业 30 强",位列 2022 年"全球出版 50 强"第 10 位,综合实力继续位居全国前列。《钟山》《雨花》《扬子江》等期刊在全国享有较高声誉,《扬子晚报》和《新华日报》同时入围 2022 年"亚洲品牌 500 强"排行榜,分别位列第 184 位和第 445 位。同时,江苏省还注重出版事业的发展,实施精品出版"攀峰"行动,抓好国家、省重点出版物规划系列项目,推出"马克思主义哲学前沿研究丛书""当代中国马克思主义理论研究丛书""抗日战争专题研究""童心向党·百年辉煌主题绘本系列""中国大运河专志系列"等重点图书,打造《江苏文库》《全清词》《全清戏曲》等大型出版项目。截至 2022 年底,《江苏文库》出版达 1002 册,收录与整理文献 1985 种,影印本图书 557 册(约 50 万张图片)、排印本图书 169 册(总字数约 6300 万字)。

### 2. 广播影视影响不断提升

江苏广电集团努力在全国"打头阵、做示范",传播力、引导力、影响力、公信力持续提升,多次获得新闻、内容、技术类国际国内重要奖项,再度入选"全国文化企业 30 强"和"中国 500 最具价值品牌排行榜",并且入围 2022 年"亚洲 500 最具价值品牌"排行榜,位列 125 位。江苏有线始终保持行业领先地位,成为全国有线网络用户规模、营收规模和利润总额均居前列的广电网络运营商。2010 年至 2022 年,连续十三年入选"全国文化企业 30 强"。常州国际动漫周、中国(南京)动漫创意大会成为全国影响最大的动漫活动之一。幸福蓝海集团三度荣获"全国十佳电视剧出品单位",多部作品荣获"五个一工程"奖、飞天奖、金鹰奖、白玉兰奖等知名奖项。目前,幸福蓝海院线的票房已跻身全国前十,江苏省第一。

### 3. 文艺创作精品丰富多彩

为丰富群众文化生活,江苏省大力开展文化基础设施建设,建成了江苏大剧院、紫金大戏院、江南剧院等为代表的一批文化艺术场馆,同时创作出一大批文艺精品来满足人们多类别、多层次文化需求。文艺精品创作品质不断提升,话剧《人间正道是沧桑》《家有九凤》,昆剧《瞿秋白》,锡剧《烛光在前》《装台》,淮剧《范公堤》,滑稽戏《又见炊烟》,戏剧小品《打折》,舞剧《红楼梦》,长篇小说《金色河流》,中篇小说《过往》,电影《守岛人》,电视剧《人世间》,纪录片《无声的功勋》等艺术精品广受好评。"紫金"文化品牌、"扬子江"文学品牌美誉度不断提高。虽然新冠疫情反复,但江苏艺术表演团体依旧保持了高水平的艺术表演创作。一方面,组织优秀戏剧作品在全国经营性剧院演出,拓展市场、扩大影响;另一方面,进校园、进乡村持续开展公益演出,推动江苏文艺精品"走出去"。截至2022年,江苏艺术表演团体机构634个,年演出7.39万场,国内观众达2200万人次。

### 4. 工艺美术高质量传承发展

江苏是中华文明重要的起源地之一,文化底蕴丰厚,拥有丰富的非物质文化遗产资源,江苏的传统工艺在全国的传统工艺当中也占据着十分重要的位置。在江苏11项人类非物质文化遗产当中,传统美术1项、传统工艺5项;在江苏的162个国家级非物质文化遗产项目、745个省级非物质文化遗产项目当中,传统美术类的非遗分别为29项、90项,占有很大的比重。传统工艺美术品生产历史悠久,为了加强文化遗产保护和振兴传统工艺,江苏省以国家级、省级非物质文化遗产代表性项目名录为基础,对具备一定传承基础和生产规模、有发展前景、有助于带动就业的传统技艺项目推荐纳入国家传统工艺振兴目录,对列入传统工艺振兴目录的项目予以重点支持。鼓励非遗传承人、设计师、艺术家等参与乡村手工艺创作生产,推动纺染织绣、金属锻造、传统建筑营造等传统手工艺传承创新,既保护了文化遗产、推动文化传承和创新发展,又带动了大量就业,增加城乡居民收入。首批全国"大国非遗工匠"评选中江苏19位大师入选,南京云锦、宜兴紫砂、扬州漆器、苏州苏绣等传统工艺品生产融合现代工艺和艺术审美,精品力作不断涌现。

## (三)文化产业发展回升向好

21世纪以来,江苏省立足于独特的区域优势,经济得到了迅速发展,并且在政治、社会、教育等方面都取得了很大的进步,人民对精神方面的需求愈发强烈,从而激发了文化产业发展的活力,文化市场持续繁荣,人民文化生活也日益丰富。新冠疫情对文化产业的发展造成了一定的冲击,2022年江苏省文化产业的发展呈现恢复向好态势。

### 1. 财政文化支出稳定增长

江苏省政府不断加大财政对文化产业的投入力度,推动文化事业蓬勃发展,并且专门设立了文化发展基金。2007年,江苏将省级专项资金江苏艺术基金纳入部门预算,同时将南京图书馆、江苏省美术馆、江苏省文化馆和南京博物院公共文化设施免费开放运转经费纳入部门预算。2022年,支持纳入省以上免费开放范围的各类公共博物馆、纪念馆、爱国主义教育基地、公共图书馆、美术馆、文化馆(站)、公共体育馆(场)等公共文化体育设施向全社会免费或低收费开放,累计下达经费超5.03亿元。此外,江苏还建成了扬州中国大运河博物馆,并且已经实现基层综合性文化服务中心全覆盖。2022年,江苏省文化旅游体育与传媒支出3905亿元,比上年下降2%,主要原因是受疫情影响较大。

### 2. 非物质文化遗产保护有效

江苏省一直重视非物质文化遗产的保护工作,利用财政、基金等多种手段进行非物质文化传承保护,并积极加入非物质文化宣传工作中。以大运河文化带江苏段为主脉,打造纵贯全省的运河沿线城市文旅长廊,传承保护长江文化,并充分挖掘和梳理大运河和长江流域文物资源,保证文化的真实性和延续性。2022 年,江苏省非物质文化遗产保护重点项目有 210 项,保护预算资金达 3634 万元。

### 3. 文旅融合深化发展

江苏省是全国闻名的旅游文化大省,拥有众多的旅游资源,苏州古典园林、南京明孝陵和扬州瘦西湖等闻名遐迩,南京被评为"世界文学之都",扬州、淮安被列为"世界美食之都",盐城荣获"国际湿地城市"称号。全省拥有国家 A 级旅游景区共 600 多家,其中,5A 级旅游景区 25 家,4A 级景区 208 家,国家级旅游度假区 8 家,国家级旅游休闲街区 3 家,全国乡村旅游重点村镇(乡)60 家。江苏省也一直重视文化与旅游融合发展,紧紧围绕"以文化促进旅游品质提升、以旅游促进文化广泛传播"这一工作思路,实现文旅相互促进、相互融合。2022 年国庆期间,江苏 A 级以上旅游景区和乡村旅游点接待游客达 1992.22 万人次,旅游消费总额 83.95 亿元,同比 2021 年分别增长 69.78% 和 64.19%,并且推出形式多样、内容丰富的文旅节庆活动,充分满足了省内外游客多样化、品质化的旅游休闲需求。

### 4. 文化市场繁荣发展

改革开放以来,江苏社会经济发展迅速,市场活力被激发,文化消费新产品、新模式不断涌现,江苏省政府出台各类政策,鼓励文化和旅游、互联网融合发展,采取政府补贴、市场引导等形式丰富、繁荣文化市场,同时不断加大文化市场执法,江苏文化市场发展繁荣有序。2022 年,江苏省规模以上文化企业达 10986 家,比上年新增 2239 家;全年实现营收 14110.2 亿元,比 2021 年增长 1020.2 亿元;文化及相关产业从业人员达 112.2 万人,比上年增加 5000 多人。江苏省文化产业的快速发展不仅对就业的促进作用显著,还能拉动企业营业收入的稳步增长。

党的十九大以来,江苏省立志建设高标准文化市场体系,健全文化要素市场运行机制,构建更加规范有序的市场环境,提升资源配置效率。推动"文化+"融合发展,将文化元素融入制造产品研发设计等价值链高端环节,实现文化资源多次开发、多重效益。完善文化科技创新体系建设,加强重大共性技术研发,打造一批文化创意研发机构,培育一批文化融合领军企业,建设一批国家文化和科技融合示范基地。

## 二、江苏省文化创意业发展存在的问题

2022 年,江苏省文化创意产业虽然稳中向好,取得了诸多的佳绩,但是在发展过程中依然存在问题与不足,主要体现在区域产业发展不平衡、文化品牌塑造力不足、企业大而不强以及缺乏专业人才。此外,还存在相关产业政策和法律上的缺失,对于文化创意产业产权的保护力度不足以及产业发展政策不完善等问题。

### (一)文化品牌塑造力不足

#### 1. 文化创意产业园定位不清晰

文化创意产业园的发展速度过快,如雨后春笋般涌现,但是在发展过程中缺乏清晰的定位

和规划。全国共有文化创意产业园2682个,作为经济大省的江苏拥有文化创意产业园252个,约占全国总数9.3%,仅次于北京市10.9%(295个)、广东省10.7%(289个)和浙江省10.4%(279个)。但是文化产业的发展并不只注重文化创意产业园的数量,大量涌现的产业园在空间的建设缺乏创意和规划,导致文化街区面临着共同的尴尬:千篇一律,这在很大程度上造成了文化资源的浪费。江苏省虽然拥有丰富的文化底蕴,但是许多文化创意产业园没有将文化较好地融入园区的建设中,将园区打造成纯粹的商业模式,缺乏灵魂,缺乏精髓,不利于品牌的塑造。其次,随着消费者对品质生活要求的不断提升以及个性化消费需求的不断增加,各产业之间竞争越来越激烈。产业园企业提供的服务和产品同质化严重,市场竞争力较弱,不利于江苏省文化创意产业的高质量发展。江苏省许多文化创意产业园缺乏自身特色和鲜明定位,从创意产业园的命名方式来看,大多是"地点+文化创意产业园"模式进行命名,既缺乏清晰的记忆点,又无法展现出园区的优势。

2. 文化未被深入挖掘和融合

江苏虽有丰富的文化资源,但在某些地区没有对当地文化的内涵和精华进行深层次的挖掘,造成许多景区"有景无文",没有很好地体现当地的特色。比如徐州有着丰富的"楚汉文化",但徐州仅有龟山汉墓、狮子山楚王陵两个4A级景区,景点规模较小,对游客的吸引力不够。此外,这两个景区的文旅产品的品质普遍不高,文化体验活动也比较简单,对文化资源的利用主要是以观光为主,"楚汉文化"的精髓还没有被充分挖掘出来,很难带给游客深层次的文化体验。

虽然文化产业兴起的时间较短,在发展水平上滞后于其他产业也属于正常现象,但是文化创意产业要想激发出新的活力,就需要与其他产业进行深度融合。数字技术已成为当代新的经济增长动力,并且江苏科技在全国处于领先位置。2022年,江苏全社会研发投入占地区生产总值比重达3.1%,高新技术产业产值占规上工业比重达48.5%,科技进步贡献率达到63.5%,居全国前列。2022年,江苏获国家自然科学基金立项数超4000项,国拨经费超24亿元。文化与数字技术的融合是当下的潮流,但是江苏还未有此类出圈的作品。河南卫视从2021年春晚的《唐宫夜宴》,到端午奇妙游的《祈》,再到七夕奇妙游的《龙门金刚》,所推出的国潮作品爆款频出。此外,还有令人惊艳注目的舞蹈诗剧《只此青绿》、冬奥开幕式"二十四节气"等。截至2022年底,江苏省博物馆总数为373家,共有藏品1753737件(套),如此丰富的文化资源尚未得以充分挖掘与深度融合,尚未展现江苏的文化魅力。不仅要让文物"活"起来,更要让其"火"起来。

## (二)文化企业竞争力弱

### 1. 企业大而不强

江苏省文化企业已经具有一定的规模和影响力,但是面临着大而不强的困境,尤其是缺少能够为新兴业态发展提供平台支持的龙头企业。2022年,江苏省共有规模以上文化及相关产业企业10986家,全年实现营收14110.2亿元,而北京市拥有规模以上文化企业5601家,实现营业收入17555.3亿元。虽然江苏省的规模以上文化企业数量是北京的1.96倍,但营业收入只是北京的80%。从国家文化和科技融合示范基地认定数量看,全国共有85家国家文化和科技融合示范基地,江苏有5家,占比全国6%,与辽宁和上海的数量相当,但是相比北京的11家、浙江的9家以及广东的8家仍有差距;从41家单体类基地看,仅有江苏省广电有线信息网络股份有限公司1家,占比全国 2%；从第十四届"全国文化企业 30 强"及提名来看,仅有江苏凤凰出版传媒集团有限公司、江苏省广电有线信息网络股份有限公司、江苏省广播电视集团有限公司三家企业入选。

2. 产业集聚效应较弱

处于不同环节的文化企业聚集起来形成一个有机的整体,有利于优化区域内资源配置、延长产业链以及减少人力资源的流失,提升整个文化产业集聚区的核心竞争力,增强集聚区的影响力。尽管江苏已经拥有各类文化产业园区或示范基地,但是与上海、北京等经济发达地区相比,企业的聚集能力相对较弱,文化产业链延伸不够,并且文化企业大而不强,缺乏龙头企业和知名品牌的引领。江苏存在一批文化产业园所吸纳的企业数量较少,文化企业之间也缺少沟通合作,造成企业独自奋斗、竞争力不足的局面。此外,在创新、生产、发行等中间环节关联较低会导致产业整体协调性差,文化产业链上下游脱节。迪士尼是世界范围内具有影响力的文化 IP,这离不开其制作、发行、制片、出版等中间环节的紧密联系、环环相扣;上海的张江科技园已形成集成电路、生物医药、软件及文化创意和新能源、新材料等战略性新兴产业集群,产业链延伸较长,其文化产业的竞争力和影响力较大。

### （三）专业人才不足

1. 文化传承人呈老龄化

非物质文化遗产传承人中年轻人较少,缺乏新鲜血液的问题日益凸显,给文化创意产业的创新发展带来了不利影响。年轻人是文化传承与创新的中坚力量,由于就业压力、生活成本等种种现实问题,许多年轻人对从事非物质文化遗产传承工作缺乏兴趣。这导致非物质文化遗产传承人队伍以中老年人为主,难以满足文化创意产业创新发展的需求。文化传承人的老龄化不仅不利于文化创意产业的创新发展,还容易造成工艺美术等非物质文化遗产的失传。传统工艺需要耗费大量的时间和精力进行学习和实践,如果传承人队伍老龄化,这些工艺就可能面临失传的风险,非常不利于文化的传承。

2. 高端专业型人才缺乏

江苏省拥有丰富的文化创意人才资源,如南京大学、苏州大学、南京理工大学,为江苏省的文化创意产业发展输送了大批优秀的人才。但中高端、领军人才相对匮乏,仅仅依靠高校教育是不够的,还需要与企业进行紧密的协作,同时要学习国外的有关理念和发展经验,加大本地人才的培养力度,引进外地优秀人才。此外,目前的高校人才培养机制更多地注重培养技术和专业型人才,忽略了市场调查、行业融合等领域的需要,对学历、职称的过分重视,这也是造成文化行业人才匮乏的原因之一。

## 三、江苏省文化创意业发展的对策建议

### （一）推动区域产业协调发展

1. 加强政府引导

江苏省近年来在文化创意产业上建成了众多文化创意园区,包括江苏(国家)未来影视文化创

意园区、苏州阳澄湖数字文化创意产业园、常州创意产业基地等。这些产业园区大都集中在南京为代表的苏南地区，而苏北、苏中地区较少，省内发展不够平衡，存在明显的区域差异。省内应该重视地区间的协调发展，出台政策使苏南、苏中和苏北都可以发展强有力的创意园区，在省内创意产业空间上合理布局，建造属于自己的区域文化特色。引导资金建设重大项目，带动区域产业发展，发挥区域产业优势，共同发展，提升各区域文化创意产业竞争力。针对地区差异性，组织苏南地区的文化创意产业在苏中、苏北布局，带动当地文化创意产业发展。从经济层面上，利用政策补贴，缩短地区间的经济发展水平，进而带动江苏文化创意产业整体竞争力的提升。

2. 培育创新环境

长三角地区是中国文化创意产业发展的先行地区，江苏省应紧随长三角地区的发展潮流，在把握长三角地区文化创意产业总体发展趋势的同时，挖掘苏南、苏中和苏北的城市文化内涵，结合自身优势，确立自身的发展特色和方向。其次，加强创意开发，不仅在文化产业中创造出符合时代潮流的产品，更要在传统产业中融入创意元素，将一些传统行业演化成新的文化产业，实现传统行业的创意赋能。为此，江苏省需要加大对创意产业的培养力度，重视文化创意产业教育，培育出更多高端文化创意人才。其次，良好的文化发展环境对于文化创意产业的发展也起到至关重要的作用，一个好的创新环境必然少不了对于创新的保护制度，因此首要工作就是开发和完善知识产权保护制度。另外，文化创意产业是一个知识密集型的产业，归根结底人才是首要的生产要素，因此要从个人、家庭、学校和社会全方位地加大创新型人才的培养，注重培育青少年文化艺术方面的特长。最后，加强文化创意产业集群发展。文化创意产业集群发展要综合考虑各地的比较优势和竞争优势。综合竞争力较强的南京、苏州、无锡和常州等城市可优先发展影视和动漫制作、时尚设计等附加值较高的子产业；苏中、苏北地区可以将文化创意与旅游业相结合，大力发展创意旅游，提升传统旅游业的活力，还可以将文化创意产业与农业相结合发展生态农业、观光农业等。另外，江苏有着深厚的历史文化，应充分挖掘传统文化的特色，例如"南京云锦""苏州刺绣""无锡泥人""扬州漆器"等地域特色文化资源。

## （二）加强文化品牌的塑造力

### 1. 建设优质文化创意产业园区

文化创意产业园作为城市中的艺术创意空间，是城市文化的名片和独特的文化风景线。文化创意产业园的发展正处于一个调整时期，不仅需要政府制定相应的法律法规来促进其合理地规划与发展，同时也要求经营主体有明确的、差异化的园区定位，要有意识地去塑造知名的文化产业园品牌。尤其是在文化创意产业园与文化旅游融合的大趋势下，文化创意产业园在知名度和美誉度方面还有很大的提升空间，因此，实施品牌化发展是文化创意产业园摆脱目前困境的一种重要营销手段。此外，应该进一步深化与文化创意产业的地域性合作，借鉴北京、上海和深圳在文化创意产业领域的行业经验和成功模式，引导不同地区的企业、艺术家、工艺师在各领域相互合作，积极推进其与江苏文化创意产业的和谐互动，促进行业整体健康有序发展。

### 2. 精心打造文化品牌

为应对江苏文化知名度不足的问题，需要精心打造"水韵江苏"这一现有IP，扩大IP的传播力和影响力，并且可以与其他的品牌IP进行跨界联动以及推出文化产品来持续扩大影响力。除"精彩江苏""水韵江苏"江苏品牌及苏州《浮生六记》等文艺演出品牌外,江苏仍应做好类似文旅品牌的打造和宣传,加强江苏特色文化品牌塑造。强化对楚汉文化、维扬文化、金陵文化和吴文化等文旅品牌的培育和打造,以文旅大品牌效应带动区域旅游发展,推动文化产业与旅游产业的深度融合。推出具有地方特色的文化旅游线路,如在金陵文化区开发六朝古迹寻访旅游线,在吴越文化区开发近代工业历史旅游线,在两汉文化区开发楚风汉韵拾遗旅游线,在维扬文化区开发大运河文化主题的研学游旅行线等。推动旅游产业与当地历史文化有机融合与创新发展,如各地旅游产品的创意设计需将拥有本地特色的历史文化名镇名村融入其中,打造出有地方特色的乡村旅游项目,提升区域特色文化的影响力。此外,要积极学习和借鉴周边省市的先进经验,构建江苏的对外协作机制,加强文化品牌之间的联动性,拓展与其他省市的文化节、旅游节等主题文化活动的覆盖面,不断提升江苏省的品牌影响力。

## (三)增强企业竞争力

### 1. 强化主体培育

一是培育重点门类的龙头企业。在演艺、影视、传媒、出版、广电、文旅等重点领域培育一批在产业链关键环节具有掌控力的文化企业,帮助其成长为细分领域的龙头企业,鼓励支持有实力、有创意性的企业进行并购重组,加快企业规模化、集团化发展步伐,培养若干超百亿、超十亿并具有行业影响力的知名企业和龙头企业,使其成为文化创意产业发展的标杆企业,打造品牌效应,引领文化创意产业中小企业发展。二是依托龙头企业打造产业联合体。借助在产业链中具有整合能力和主导力的领先企业,致力于打造创新型的产业联合体,延长文化产业链以及实现区域内资源的有效配置。依托江苏制造业优势,重点打造文化演艺、广播电视、公共文化、游乐游艺、旅游装备等文化装备制造产业联合体;依托扬州光线中国电影世界、无锡国家数字电影产业园等,打造影视产业联合体;依托南京江北新区等,打造扬子江数字版权产业联合体。三是引导企业集聚发展。围绕文化创意产业重点领域,在江苏"一群一带一区一体系"区域空间布局的基础上,鼓励文化企业间的跨区域合作与有机联通,推动技术、资金和人才的流通,并探索实施跨区域的政策协同新模式。四是加大财政扶持力度。充分利用紫金文化产业基金和江苏省大运河文化旅游发展基金,汇集各方资源,通过项目投资促进企业主体及产业联合体发展,实现文化创意企业高质量发展。

### 2. 重视产业集聚效应

集聚效应作为经济发展过程中的常见现象,对产业的发展起到了重要推动作用,针对文化创意产业,重视集聚效应有助于形成地区文化品牌,促进产业内部的良性竞争。江苏文化创意产业发展虽然已经初具规模,但还未很好发挥集聚效应,市场占有率相对不高,竞争力较弱,因此可以通过培育重点文化创意产业园区、龙头企业以及开发重点项目等形成产业集群和完整的产业链,提升产业竞争力。同时,培育区域特色重点品牌,以重点大项目带动产业发展,发挥优势,共同发展,提升文化创意产业竞争力。为了进一步解决文化创意产业链的发展障碍,江苏有必要进一步推动现有文化创意产业园在全国范围的跨界合作,建立完善的保障协作机制,互惠互利、合作共赢。发挥政府的主导作用,对外来文化企业予以扶持,从而吸引更多相关文化企业到江苏发展。

### （四）加大人才培养力度

1. 加强非遗传承人才培养

非遗的科学保护是根本，人才建设是关键，人才建设是非遗保护工作的重要任务。首先应根据不同非遗类型，精准制定传承人才保护与培养政策举措，并由不同职能部门和社会组织参与其中，对传统工艺型非遗人才，可设立专门的人才培训机构和工作坊；对传统戏剧、音乐、舞蹈、体育、游艺与杂技型等非遗人才，由文旅厅和地方协会共同保护培养；对端午节、庙会等根植于地方文化、与地方民众联系紧密的民俗类非遗人才保护培养，则充分吸纳民间组织和地方民众广泛参与。要经常性举办非遗传承人培训班，增强非遗传承人的责任感和使命感，收徒传艺，积极参加各种宣传展演活动，切实发挥好非遗传承保护的主体作用。持续推进非遗学科专业建设及人才培养，支持高等院校和中高职学校开展非物质文化遗产相关学科、专业建设和人才队伍建设，合理规划并增设"非遗保护"本科专业，不断完善非遗课程体系，推进"非遗学"学科体系建设和产学研深度融合。此外，还需要提升非遗传承人的地位：一方面，提高传承人的社会地位，通过制定传承人职业发展规划和培训计划，为传承人提供明确的发展路径和晋升机会。另一方面，提高传承人的经济地位，为青年人才提供进修学习的经费支持，通过紧密对接传承人技艺和市场需求，创造性转化、创新性发展非遗项目，推出有市场竞争力的产品，为传承人带来更多提高经济收入的机会。

2. 培养高素质文化人才

江苏作为文化教育大省，拥有全国最多的高校资源，这是其作为文化创意产业强省的天然优势。在此基础上，各个高校要进一步加强文化创意理论研究及相关学科专业的建设，发挥高校在专业人才培养、工艺技术创新、专业理念研究等领域的重要作用，进一步探讨文化创意产业"产、学、研"一体化合作机制的可行性。随着产教融合、校企合作的模式不断创新并日趋常态化，企业有机嵌入高校的教学、科研和管理，通过合作建设实践实训基地、共同推进产教融合项目等方式为高校助力赋能，使人才培养更具有针对性。通过借力企业实战经验丰富的技术型、行业型优质师资，有效推进学校"文化＋科技＋文创""专业＋产业＋企业"教育教学改革，提高人才培养质量和市场适应力。

### （五）完善产业发展布局

1. 加强政策推动作用

加强政策的推动作用，更加注重政策集成创新联动。加快构建完善的政策体系，将《江苏省"十四五"文化发展规划》作为核心文件，聚焦江苏文化创意产业发展的重点领域，在数字文化、创意设计、演艺娱乐、文旅融合、文化智能制造、影视创意、网络视听、动漫游戏等垂直重点领域出台细化政策。例如，在实施文化产业数字化战略的过程中出台相关文件《江苏省关于推动数字文化产业高质量发展的意见》，主要在数字文化内容建设、新型基础设施打造、技术创新融合应用、资源要素潜力挖掘、市场主体培育壮大、新型业态模式培育、重点产业引导突破、生态体系完善重塑、政策保障有效落地等方面进行布局谋划，为江苏数字文化产业发展提供有效和科学的指导。

2. 健全相关法律体系

首先，文化创意产业的概念和基本范畴不明确，在基本问题上的规定和解读存在差异，因此需要对其进行明确定义并统一规定,以避免保障不力、资源配置混乱等问题。其次,相关部门需要系统地制定市场准入、市场管理、市场退出等领域的具体规定,为文化创意产业的发展提供更具有操作性的法律基础。例如,在市场准入方面,应对文化创意产业园区的认定、规划、经营等进行详细规定。很多中小企业是开发文化创意产品的主要投资商,应该为中小企业确立合理的激励机制,使其在文化产业市场中积极进行产业投资和营销。此外,在支持文化创意发展的法律框架中关于产权的保护力度不够,最核心的法律是《著作权法》,不仅需要进一步完善《著作权法》,还应制定以文化创意产业为重点的知识产权保护体系。

### 3. 建设高标准文化市场体系

健全文化要素市场运行机制,构建更加规范有序的市场环境,提升资源配置效率。完善文化科技创新体系建设,加强重大共性技术研发,打造一批文化创意研发机构,培育一批文化融合领军企业,建设一批国家文化和科技融合示范基地。办好中国(南京)文化和科技融合成果展览交易会、南京(国际)动漫创投大会。制定实施金融支持文化高质量发展的实施意见,健全文化产业投融资体系,推进省级文化金融合作试验区、服务中心、特色机构建设,争创国家文化金融服务示范区。实施金融支持电影三年行动计划,完善"苏影保"专项电影金融服务,出台电影金融风险分担政策,探索建立完片担保机制。用好紫金文化产业基金、大运河文化旅游发展基金和政府专项债券中大运河项目资金。推动一批重点文化企业上市。完善文化产业统计制度,加强文化产业行业组织建设,加强文化市场信用体系建设,强化文化市场管理和综合执法。支持江苏省文化产权交易所健康发展。

# 集聚区篇

# 2022年江苏省现代服务业高质量发展集聚示范区<sup>①</sup>

## 一、南京未来科技城（南京）

### （一）园区概况

南京未来科技城位于高铁南站至禄口机场发展"金轴"与绕越高速交汇点,规划面积38.1平方公里,核心区面积4.62平方公里,科教人才、区位交通、生态环境优势突出。而在"一城两镇"战略的推动下,上秦淮湿地片区已成功从一片空地"蝶变"为科技孵化、总部办公、电影小镇、湿地公园等多种产业业态、产城紧密融合的未来科技城。

### （二）园区定位

未来科技城按照"创新、协调、绿色、开放、共享"的发展理念和"走在最前列、建设新南京"总体要求,围绕建设国内一流科技创新创业基地和产业集聚高地目标,明确"一城、两镇、三产业、四系列"新一轮发展思路,把重点建设南京未来网络小镇和华谊兄弟（南京）电影小镇作为战略提升行动的核心内容,构建无线通信、智能制造、文化休旅三大产业链,形成未来网络、未来制造、未来影视、未来旅游四大未来系列产业特色。

### （三）园区优势

未来科技城大力推进创新创业、创业人才引育和新兴产业聚集发展。目前,在建创新创业载体88.6万平方米（其中,建成53余万平方米,投入使用31余万平方米）,创业服务中心、公共配套服务中心、科技交流中心、商业综合体以及人才公寓等公共配套设施相继建成并投入使用。同时依托江苏未来网络研究院、东南大学通信技术国家实验室、3D打印研究院等创新核心资源,注册各类企业1030家,入园企业销售收入突破30亿元,引进高端创业人才3000多人,其中院士2人、国家千人计划9人、博士200余人,创成南京中关村高端人才创新创业基地、国家火炬江宁未来网络特色产业基地、国家级科技企业孵化器、国家级高新技术创业服务中心、国家小微企业创新创业示范基地等一批国家级名牌基地,成功举办2017全球未来网络发展峰会,南京未来网络小镇入选江苏省首批特色小镇。

---

① 因篇幅限制,只列举其中的12个集聚区。

### （四）远景规划

下一步,未来科技城将围绕省委"两聚一高"、市委"一个高水平建成、六个显著"目标,紧扣江宁"三区一中心"发展定位,以全面推进苏南示范区建设为核心,以"修复生态环境、重建山水格局"为前提,全力构建创新生态体系。力争五年内,园区入驻企业达到 2000 家,区域经济总量突破 200 亿元,税收收入超 20 亿元,人口集聚 20 万人,并带动 2 万人就业,着力打造成为集科技、文化、旅游、商业、休闲为一体的未来科技生态新城。

## 二、惠山生命科技园（无锡）

### （一）园区概况

园区位于无锡北部的江苏省无锡惠山经济开发区核心区,2008 年作为上海张江生物医药基地合作园区启动建设,2009 年 8 月开园。一期占地 1500 亩,已完成开发建设;二期规划用地 600 亩,将建设逾 50 万平方米的现代生物医药产业化基地,根据无锡市政府规划纲领,园区为无锡市医疗器械产业集聚区。

### （二）园区定位

功能布局包括服务外包区、企业加速器、产业港、现代医疗器械、高端生物制药、前沿精准医学、总部经济集聚区,建成载体 50 万平方米医疗器械,规划面积 100 公顷,绿地率 32%,水面率 6%大园区配套,工作、生活两相宜。

### （三）园区优势

园区交通便利,3 公里接驳沪宁、京沪、宁杭三条主要高速,距无锡苏南硕放国际机场仅 20 公里,距上海浦东国际机场仅 150 公里。京沪高铁,运行时速 350 公里/小时至北京仅 4.5 小时;沪宁城际铁路,运行时速 350 公里/小时至上海 30 分钟;轻轨一号线,终点站位于生命园 A 区,到达中心商务区仅需 8 分钟。

### （四）远景规划

惠山生命科技园将潜心打造涵盖研发、孵化与产业化一体的生命科技全产业链条,依托时代天使、申瑞生物、西比曼生物、药明生基、正则医学检验所、创新药研究院、CASI 制药、保诺科技等行业领军企业和新秀,打造口腔数字、诊断试剂、免疫治疗等特色鲜明的优势产业链,培育出先进医疗器械、高端生物医药、前沿精准医学三大主导产业。

## 三、淮海人力资源服务产业园（徐州）

### （一）园区概况

淮海人力资源服务产业园于 2018 年 10 月正式立项建设,一期占地 3.3 万平方米,总投资 5 亿元,分为人力资源服务机构集聚区、众创空间孵化区、协会平台入驻区、综合配套服务区、成果展示区五大功能板块。

### (二)园区定位

产业园坚持按照"政府引导、企业主体、市场运作"的发展模式,围绕"共享、创新、赋能"的建设理念,坚持以"1 个高地(即淮海经济区的人力资源服务业高地),2 个空间(即人力资源行业集聚空间、中小人力资源企业孵化空间),3 个中心(即区域人力资源配置中心、人事人才公共服务中心、人才信息互通共享中心)"为建设目标,致力于打造成为淮海经济区规模最大、实力最强、服务体系最健全、辐射面最广、品牌最优的人力资源服务高地。

### (三)园区优势

园区区位优势和交通优势突出,距离徐州高铁站约 1.5 公里,距离淮徐高速徐州东出口约 3 公里,徐州地铁 1 号线近在咫尺。

### (四)远景规划

淮海人力资源服务产业园区将打造成集线上、线下服务于一体的创新型智慧园区,建立"云"服务平台,为企业和人才发展搭建关联共享产业链,提供系列化一站式智慧服务,提升管理服务效率,提高产业附加值。

## 四、常州西太湖健康产业服务业集聚发展示范区

### (一)园区概况

常州西太湖科技产业园(江苏武进经济开发区)是苏南国家自主创新示范区、苏南现代化建设示范区的重点平台,位于常州市地理中心、常州未来城市发展的新方向、独具滨湖生态优势的西太湖(滆湖)北侧核心地带,规划面积 90 平方公里,核心区面积 5.5 平方公里。

### (二)园区定位

园区是国内发展先进碳材料起步最早、成果最多、机制最活、影响最大的区域,规划建设了功能新材料产业园、石墨烯科技产业园、江南石墨烯研究院等平台,成功孵化出碳元科技、第六元素、二维碳素等先进碳材料领军企业,在石墨烯领域创造了 7 项全球第一和 3 项国内第一,成功创建了"常州国家石墨烯新材料高新技术产业化基地""江苏省功能新材料产业集群""江苏省新型工程材料特色产业园"等品牌。园区还全力打造了西太湖国际医疗产业园,形成了以常州国际医疗器械城、西太湖医疗产业孵化园、亚邦生命科技园和福隆医疗产业园为主体的产业载体群,注册在园区的企业已超过 350 家,成功创建了"常州国家医疗器械国际创新园""医疗器械外贸转型升级示范基地""江苏省医疗旅游先行区"等品牌。园区已经成为长三角最具知名度、最具发展潜力的健康产业集聚区。

### （三）园区优势

园区坚持"科技创新、金融驱动、宜居宜业、产城融合"的发展理念,高举石墨烯和中以合作两面大旗,立足创新驱动,走有内涵、差别化的特色发展道路,形成了"三大比较优势":一是生态良好、风景优美。濒临总面积 164 平方公里、碧波万顷的西太湖(滆湖),拥有 14 平方公里黄金水岸线和超过 40% 的绿化覆盖率,第八届中国花卉博览会主展区也坐落其内,是常州空气质量最高、水质最佳、生态最优、景观最美的区域,被称为"城市后花园"。园区已成功创成国家生态工业示范园区,还是全国绿化模范单位。二是区位优越、交通便捷。园区位于长三角区域的几何中心,是环湖发展带、沪宁发展带和沿江发展带交汇的重要区域,沿江高速、常泰高速、312 国道等干线公路,常州高架、延政西路、长虹西路等城市主干道和京杭大运河穿区而过,高铁、地铁、快速公交等公共交通设施配套完善,交通网络发达,出行便捷。三是产业坚实、特色分明。园区基本形成了"4＋1"("四大特色产业"和"一大国际合作")的发展格局。

### （四）远景规划

未来,园区将围绕肿瘤治疗中心、西太湖康复疗养中心、西太湖中医药养生中心、西太湖国际医疗旅游中心等重点项目开发高端体检、诊疗、康复、养生、养老为特色的健康养生旅游品牌。

## 五、苏州生物医药产业园服务业集聚区

### （一）园区概况

苏州生物医药产业园位于苏州工业园区,是苏州工业园区培育生物产业发展的创新基地,是苏州工业园区倾力打造的创新科技载体,也是园区孵化和培育生物医药产业的主阵地。

### （二）园区定位

苏州生物医药产业园以大数据、云计算、物联网为代表的新一代信息技术产业;以航空航天、高端装备为代表的特色产业,以及以新能源、生物医药等为代表的新兴产业已经形成产业集群,重点发展电子信息、生物医药、智能装备、汽车零部件、新材料等主导产业,成为推动高质量发展的创新能极。园区加快特色转型,融入了新一代信息技术发展的时代浪潮。

### （三）园区优势

园区已经具备大规模开发建设的总体框架,形成了良性循环的软硬投资环境,地理交通条件优越,区内交通四通八达,道路宽敞平坦。园区坚持按照"规划先导、基础先行、内外资并举、可持续发展"的要求,本着"外向型、高起点"和"持续、快速、安全、健康"的发展理念,充分发挥园区原料丰富、设施齐备、物流便捷和贴近市场等方面的独特优势,通过完善基础设施配套、稳步推进产业链招商,历经 15 年的发展,已建成载体 118 万平方米,汇聚 500 余家各类生物医药创新企业,形成了创新药物、高端医疗器械与体外诊断、生物技术三大重点产业集群。

## （四）远景规划

苏州生物医药产业园将紧密跟踪细胞与基因治疗、核酸药物、AI制药、医疗机器人、创新 IVD 诊断、心脑血管植介入医疗器械等医药前沿技术，以全新的载体物理空间、全新的公共服务平台、全新的产业生态环境继续为苏州工业园区生物医药产业的发展，为人类的健康生活做出新贡献。

# 六、南通中央商务区集聚区

## （一）园区概况

南通中央商务区项目位于南通市新城核心区，北侧与市政府大楼隔"市民广场"相望，东侧与南通大学毗邻，西面是南通外国语学校及经济开发区管委会，南面毗邻现代化的体育会展中心，约 3 公里处为著名的旅游胜地——狼山，以及江南名园——啬园。项目规划占地面积约 1500 亩，规划建筑面积约 280 万平方米，主导产业为现代商贸。该项目是南通市 CBD 项目的核心，将打造成大型综合性高端精品商务社区。

## （二）园区定位

南通为构建多层次新型消费商圈，将围绕南大街、北大街、任港湾和五龙汇、南通创新区、中央商务区等重点片区，建设 11 个特色鲜明的城市核心商圈。招引奥特莱斯等品牌折扣店、品牌首店入驻南通，打造成上海都市圈外事外企领域高知人群周末休闲度假的重要目的地。

## （三）园区优势

与南通市府直线距离 1 公里，位居城市发展力、潜在力、价值力的黄金宝地，占领国家一类对外开放口岸、国家主枢纽港的经济战略高地，在沪苏通经济圈联动发展的城市格局中，处于国家层面上的 CBD 空间组织形态，具备了跟上海、深圳对话的"城市格局"。

## （四）远景规划

随城市全方位融入上海、苏南地区，将园区发展为交通一体化、生活同城化，集金融、贸易、商业、居住、服务、文体等为一体的高质量集聚区。南通中央商务区自身的虹吸效应与先达远见在区域内汇聚了多元配套，为企业发展和市民工作生活提供了源源不断的活力能量。

# 七、老新浦风情街区

## （一）园区概况

老新浦风情街区位于连云港市中心城区，街区总占地约 21.3 万平方米，囊括民主路老街、陇海步行街、盐河古巷"两街一巷"，辐射体育中心、中央百货、苏宁广场等五大综合体，是市区经济文化的交汇点和增长极。

### （二）园区定位

立足月光经济、假日经济、周末经济，打造港城文化年、元宵灯谜会、啤酒文化节、中秋嫦娥奔月、十一国潮节等品牌活动，并提档升级各街区夜市，先后打造出步行东街休闲购物夜市、步行中街精品夜市、步行西街特色美食夜市、步行西街小商品童玩夜市、盐河巷海鲜排档夜市、民主路老街主题文化夜市以及民主路老街本地美食夜市共 7 个特色夜市，形成业态各异、特色鲜明的一公里"三街七市"夜间文旅消费集聚区，带动 5200 余人实现自主创业就业，实现经济效益近 23 亿元。

### （三）园区优势

通过改造智慧停车场、调整经营业态、打造网红景观，千方百计引进消费、留住消费、带动消费，逐步形成以高铁为核心，以陇海步行街、盐河巷、民主路老街为休闲旅游购物目的地，以陇海步行街东街休闲购物夜市、中街精名品夜市、西街童玩小商品夜市、西街美食夜市、盐河巷排档夜市、老街文化夜市、老街本地美食夜市为品牌的"一核三街七市"的一公里省级夜间文化和旅游消费集聚区，为广大游客提供了良好的休闲购物、餐饮娱乐、度假游玩体验，深受港城消费者和外地游客喜爱。

### （四）远景规划

老新浦风情街区将持续整合街区和周边优势资源，以项目化引领街区改造更新，集约化推进业态品质提升，品牌化打造街区特色活动，建设集食、宿、训、游为一体的现代服务业高质量发展的"老新浦"样板，让市民重温老字号、老场景、老味道，邂逅"最新浦"。

## 八、淮安市综合大市场

### （一）园区概况

淮安综合大市场位于淮安汽车北站西侧，是淮安市建设苏北重要中心城市、打造江北工贸名城的重要载体，也是全市重点推进的"十项重点工程"之一。

### （二）园区定位

功能定位为苏北重要中心城市的示范商贸功能区、新型服务业态的集聚区和淮阴城市建设的样板区。已建成家居建材、日用品批发、汽车汽贸三个投资 10 亿元以上特色市场集群，居然之家、大宁百货等知名商贸企业入驻淮阴，推动辐射周边 2000 万人口的综合市场群和现代物流基地初具雏形，打造出一个巨型的综合市场群。

### （三）园区优势

交通地理位置优势明显，市场北至宁淮高速，东至翔宇北道，南至淮河路，西至韩候大道，南接主城,北依机场、铁路、航道、高速公路等综合枢纽,是淮安城市的北大门。目前,总投资 10 亿元的大宁百货、总投资 5 亿元的婚纱博览城、总投资 10 亿元的义乌商贸城等重大项目已建成营业。

### (四)远景规划

目标定位为规划建设 10 平方公里左右淮安综合大市场,形成建材装饰、汽摩、五金、灯具、日化用品等市场集群,配套建设配载、物流、展示、电子结算中心。

## 九、盐城西伏河数字智能创新社区

### (一)园区概况

数字智能创新社区,是盐南高新区以西伏河科创走廊为轴线打造的新型社区,总规划面积 8 平方公里,北至世纪大道,南至盐渎路,西至文港路,东至范公路,空间布局为"一廊两带五区域"。核心区规划面积 3.8 平方公里,四至范围为开放大道以东、范公路以西、世纪大道以南、盐渎路以北,包含高端数字产业应用社区、研发孵化中心和国家级高新技术创业园 3 个功能板块,重点发展科技研发、创意制造、科创服务等数字智能创新生态产业。

### (二)园区定位

以文化提升城市品位,以商业赋能城市活力。西伏河数字智能创新社区以大数据和智能科技产业为主导,融合文化创意、数字人居为一体的集群空间,打造"生产""生态""生活"融合的创新、创造、创意空间,是整个盐南高新区产业建设的先导与标杆。

### (三)园区优势

瞄准数字经济、人工智能、机器人、5G 商用等产业链关键环节,新引进科比特无人机、更酷机器人等科创项目 50 多个。精心打造西伏河产学研协同创新中心,引入北大创新中心、港科大训练营、盐工智谷等一批产业孵化转移平台,实现科技成果转化 10 余项。

### (四)远景规划

打造具有国际水准的现代化智慧研发办公园区,并将目光转向产商融合,依托产业园的优质平台,打造一个以运动、创新为核心的"活力社区"。作为一个定位超前、明智且有远见的特色产商融合项目,充分发挥最优的服务优势和最优的环境优势,吸引更多的优质企业与商家入驻西伏河,携手共创美好未来。

# 十、扬州人力资源产业园

## （一）园区概况

扬州人力资源产业园位于扬州市邗江区月城科技广场，建筑面积3.3万平方米，分设人力资源公共服务区、园区管理区、园区展示区、企业入驻区、服务拓展区等多个功能板块。产业园于2019年投入运营，目前集聚了各类人力资源企业和上下游关联机构45家，吸纳就业人数8963人，构建了人才招聘、技能培训、劳务派遣、猎头、人才测评、服务外包、企业管理咨询、法律财税服务等业态为一体的人力资源服务产业链，有效满足了扬州"323＋1"现代产业集群及周边产业园区企业对于人力资源服务的需求。

## （二）园区定位

江苏扬州人力资源产业园具备"示范带动、产业集聚、企业孵化、互联网＋、人才提升、园区服务"等六大功能。致力于发挥苏中区域经济的"主战场"，创新要素集聚的"主阵地"，新动能培育的"主引擎"，产业分工协同的"助推器"等多重作用。

## （三）园区优势

扬州人力资源产业园以大数据、云计算、物联网为代表的新一代信息技术产业，以航空航天、高端装备为代表的特色产业以及以新能源、生物医药等为代表的新兴产业已经形成产业集群。重点发展电子信息、生物医药、智能装备、汽车零部件、新材料等主导产业，成为推动高质量发展的创新能极。园区加快特色转型，融入了新一代信息技术发展的时代浪潮。

## （四）远景规划

目标是以公共服务为先导，以职业培训和大众创业为两翼，通过构建人力资源服务体系，完善产业园管理机制与运营机制，搭建公共服务、科技创新服务与人才市场化服务平台，发挥集聚产业、拓展服务、孵化企业、培育市场功能，形成政府部门宏观调控、市场主体充分竞争与合作、行业协会促进行业自律的运行格局。规划成为立足扬州、对接宁镇扬、领跑苏中、辐射江苏，打造成为苏中人力资源服务产业的领跑者、宁镇扬人力资源配置的重要枢纽、扬州产业转型升级耦合互动的新引擎、创新驱动发展的助推器。

# 十一、靖江粮食产业园

## （一）园区概况

靖江是长江下游最大的小麦集散地、全国最大国产弱筋小麦集散地、华东地区最重要的粮食集散地。靖江粮食产业园依江而建，拥有4个五万吨级码头泊位、2个四万吨级专用油品泊位、6个五千吨级内贸泊位。园区入驻了江苏华穗粮食有限公司、扬子江现代粮食物流有限公司、南方小麦交易市场等行业知名企业。

### （二）园区定位

靖江粮食产业园的定位为面向国际、国内一流的重要园区，集粮食中转集散、储运、加工配送、现代交易、保税仓储、检测、大数据等功能于一体的区域性现代粮食物流枢纽。

### （三）园区优势

经过多年发展，靖江粮食产业园已成为集粮食储备、物流、信息、检测、交易、配送于一体的现代粮食物流基地，被国家确定为六大主要跨省粮食物流通道中 50 个重要节点之一，先后获评"中国十佳粮食物流产业园""江苏省粮食物流产业园"等荣誉称号。

### （四）远景规划

积极推进"中国好粮油"行动示范县项目，并以此为风口，推动粮食产业绿色化、信息化、智能化、人性化，加快形成"互联网＋粮食＋金融＋物流"的区域性现代粮食市场服务体系。通过举办农产品推介会、展销会、粮食产销洽谈会等品牌推介活动，搭建粮食产销协作平台，靖江粮食流通优势进一步放大，靖江粮食交易市场和集散地知名度不断提升。"靖江市优质弱筋小麦"和"东线一帆"大米品牌的知名度、影响力不断提高，也使得越来越多的人认可和熟知靖江优质粮食。

## 十二、江苏通湖物流园

### （一）园区概况

江苏通湖物流园位于宿迁经济开发区，于 2020 年 5 月正式投入运营，两期项目共占地约 430 亩，建筑面积约 24 万平方米，总投资约 10 亿元。园区分为智能配载中心、区域分拣中心、仓储保管中心、城市配送中心、智能车源中心和智慧信息中心六大功能版块，主营物流服务、代理服务、金融服务、车辆服务和社会服务等五大核心业务。

### （二）园区定位

江苏通湖物流园自成立以来，以打造宿迁物流产业集聚高地为愿景，依托园区配套设施和信息化服务能力优势，统一标准、统一服务、统一系统，整合宿迁物流市场车源、货源，通过信息平台充分利用社会零散运力，最大限度发挥专线物流企业运输能力，以平台化、标准化、集约化的操作方式增强服务生产制造企业及商贸企业的能力。园区主要业务包括货物干线运输、省内分拨、同城配送、仓储、供应链金融、保险、产品展销、车辆服务、物流信息化服务、企业管理咨询服务、房屋租赁服务、住宿服务及物业服务等。

### （三）园区优势

园区地理交通条件优越，区内交通四通八达，道路宽敞平坦。园区坚持按照"规划先导、基础先行、内外资并举、可持续发展"的要求,本着"外向型、高起点"和"持续、快速、安全、健康"的发展理念,充分发挥园区原料丰富、设施齐备、物流便捷和贴近市场等方面的独特优势,不断完善基础设施配套,稳步推进产业链招商,全面提升管理服务水平。

### (四)远景规划

江苏通湖物流园将不断改革创新,将用高标准管理、高效能服务,积极投身加快推动地方现代物流体系建设的实践,努力将物流园打造成宿迁乃至苏北物流行业的品牌高地,争创"国家 AAAA 级物流企业"。

# 举措篇

# 一、江苏省出台有效应对疫情助企纾困信用管理与服务的新政策新举措

2022 年 4 月,江苏省政府办公厅印发了《关于有效应对疫情新变化新冲击进一步助企纾困的政策措施》(以下简称"江苏助企纾困 22 条"),在全面落实"苏政 40 条"的基础上,进一步帮助企业纾困解难,着力稳住全省经济基本盘。从以信促融、实施包容审慎监管、开展信用修复等方面,明确进一步应对疫情、助企纾困的信用管理与服务的新政策新举措。

一、"江苏助企纾困 22 条"明确鼓励银行推出纯信用金融产品,支持金融机构将企业信用作为信贷投放重要参考因素。为此,省信用办指导省公共信用信息中心加快平台网络建设和对接,统筹各地信用信息共享平台、综合金融服务平台和地方征信平台,集约高效建设融资信用服务平台,提升与省公共数据平台、企业信用信息公示系统、部门业务系统等横向平台互联互通水平,确保信用信息全量、准确、及时共享,更好汇聚政银合力,助力解决中小微企业融资难题。截至 4 月 13 日,江苏省"信易贷"平台累计注册企业 96.6 万家,入驻金融机构 393 家,累计撮合完成授信 2.12 万亿元,授信支持企业超过 21.9 万家,其中首贷企业 7.7 万家,占比 35%;平台今年新增授信金额 1330.41 亿元,其中信用类贷款授信 630.64 亿元。

二、"江苏助企纾困 22 条"明确对疫情期间出现的失信行为进行审慎认定,确因疫情不可抗力导致的,不记入失信记录。近年来,我省各地各部门纷纷出台政策,在社会民生、交通运输、市场监管、生态环境、文化旅游等领域要求对企业失信实施包容审慎监管。

三、"江苏助企纾困 22 条"明确组织信用服务机构协助失信企业开展信用修复。自 2016 年以来,积极组织开展信用修复工作。在落实国家层面关于信用修复相关规定的基础上,积极推动各部门健全行业信用修复制度,明确修复条件、流程等。持续在全省范围内组织开展企业信用修复培训班,帮助企业完成信用修复流程。新冠肺炎疫情期间,更是将信用修复作为积极应对疫情影响助力企业纾困解难的重要措施,提升信用修复效率,实现信用修复一日办结,帮助企业尽快恢复生产经营。2022 年至今,全省累计完成信用修复 7999 件。

四、"江苏助企纾困 22 条"明确健全严重失信主体名单退出机制。省委、省政府高度重视我省信用领域突出问题专项治理工作,将其纳入 2022 年度省政府十大主要任务和百项重点工作,同时列入了全省优化营商环境的行动计划。年初,我省根据国家要求,制定出台《江苏省信用领域突出问题专项治理工作方案》,提出了"争取到 2022 年底,严重失信主体数量退出全国前三,占比不高于全国平均水平"的工作目标,确定了"条块结合,合力共治""依法依规,分类施策""建立机制,长效管理"三项基本原则,形成了"退出一批、有序清理异常经营主体""帮扶一批、助力企业信用修复""惩戒一批、依法依规开展失信约束""持续推进、强化制度建设"四项工作举措。各地各部门均对此项工作表示了高度支持,镇江、盐城等 9 个设区市召开工作动员部署会,13 个设区市均出台了信用领域突出问题专项治理实施方案,常州、南通等 4 个设区市建立了常态长

效的组织和考核机制,南京、常州和镇江等市建设了失信治理的信息化系统。今年以来,全省严重失信主体名单累计退出 5174 家;受行政处罚企业方面,一季度以来,退出 5.82 万家企业,占同期公示量的 55.91%。

# 二、国务院同意在南京等6个城市
# 开展服务业扩大开放综合试点

2022年12月,国务院同意在沈阳、南京、杭州、武汉、广州、成都开展服务业扩大开放综合试点,为期三年。至此,服务业扩大开放综合试点增加到11个。先批北京,再选天津、上海、海南、重庆。新增获批城市后,形成了"1+4+6"的试点格局。

近年来,南京服务业规模稳步扩大,结构持续优化,质量效益不断提升,去年服务业增加值首次突破万亿元,总量位居全国第十,占GDP比重62.1%,是江苏首个国家服务业综合改革试点城市。国家级新区南京江北新区和中国(江苏)自由贸易试验区南京片区"双区叠加",也为南京服务业发展创造了良好环境和发展优势。

在国务院的批复中,新增试点城市要稳步扩大规则、制度、管理、标准等制度开放,紧紧围绕本地区发展定位,深入推进服务业改革开放,加快发展现代服务业。同时,要服务国家重大战略,开展差异化探索,在加快发展现代产业体系、推进高水平对外开放等方面获得更多可复制、可推广的经验,为全国服务业开放发展和创新发展发挥示范作用。

具体而言,下一步南京要把服务业开放创新与建设服务构建新发展格局先行示范区紧密结合,学习借鉴服务业扩大开放综合试点城市经验,全面拓展东西双向开放、陆海联动开放。同时,聚焦服务业重点行业和现代服务业与先进制造业融合发展,分类放宽准入限制,着力构建以服务业为主导的开放格局;聚焦"产业开放+园区开放",着力突破生物医药全产业链开放创新、禄口国际机场对外开放、跨境资金流动和结算、数据安全有序流动等重点事项。

# 三、江苏省发布江苏省重点物流企业 30 强

2022 年 12 月,江苏省物流产业促进会、江苏省物流与供应链研究院基于统计数据资料,开展江苏省重点物流企业竞争力评价工作,正式发布 2022 年度江苏省重点物流企业 30 强名单,这是我省首次正式对省重点物流企业竞争力进行评价并公开发布,今后将每年开展这一评价工作,并公开发布评价结果。

省重点物流企业竞争力评价对象为在省重点物流企业目录内,具有较大规模、较高社会贡献度、较强行业代表性和经营状况良好的独立法人企业,省重点物流企业竞争力评价主要按照主营业务收入、纳税总额、收入利润率三个评价指标的不同权重进行得分排序,并在此基础上,综合考虑安全、信用和舆情等方面因素,最终形成 30 强名单。2022 年度省重点物流企业 30 强名单覆盖全省 10 个设区市,涉及货物运输代理、普通货物道路运输、货运港口、其他道路货物运输、装卸搬运、内河货物运输、快递服务和其他道路运输辅助活动 8 个行业小类。具体名单如下:

2022 年度江苏省重点物流企业 30 强

中储南京智慧物流科技有限公司

江苏顺丰速运有限公司

中国外运长江有限公司

江苏江阴港港口集团股份有限公司

江苏中博通信有限公司

张家港港务集团有限公司

林森物流集团有限公司

江苏飞力达国际物流股份有限公司

江苏连云港港口股份有限公司

淮安市翔和翎物流有限公司

江苏德邦物流有限公司

诺得物流股份有限公司

江苏众诚国际物流有限公司

中集世联达长江物流有限公司

镇江港务集团有限公司

南京盛航海运股份有限公司

南京港(集团)有限公司

徐州徐工智联物流服务有限公司

大丰海港港口有限责任公司

江苏亚东朗升国际物流有限公司

南京长安民生住久物流有限公司

江苏佳利达国际物流股份有限公司

江苏华溢物流有限公司

南京福佑在线电子商务有限公司

江苏扬子江港务有限公司

江苏恒隆物流有限公司

江苏汇海物流有限公司

南京长江油运有限公司

常熟威特隆仓储有限公司

江苏金马云物流科技有限公司

# 四、江苏省发改委在第十二届江苏—澳门·葡语国家工商峰会上推介江苏现代服务业

2022年10月20日，第十二届江苏—澳门·葡语国家工商峰会在澳门开幕。根据省政府工作安排，省政府副秘书长黄澜出席会议并在开幕式上致辞。澳门中联办有关部门负责人、外交部驻澳门特派员公署负责人，澳门特区政府有关部门主要官员，中葡论坛（澳门）常设秘书处负责人，葡萄牙、东帝汶等葡语国家驻澳代表，澳门中华总商会、澳门江苏联谊会等各界代表出席开幕式。

开幕式上，我委作了江苏现代服务业推介，播放《月涌大江流—江苏现代服务业迎风而上纪实》宣传片，并着重从三个方面介绍"十四五"以来江苏现代服务业发展情况，展示江苏现代服务业发展成就：一是推进实施《"十四五"现代服务业发展规划》，制定落实全方位纾困政策，大力提升现代服务业综合实力，着力实施生产性服务业和生活性服务业"双轮驱动"，加快构建"775"现代服务产业体系；二是大力推动数字赋能服务业发展，扩大开放合作，创新业态模式，加快促进江苏服务业转型升级；三是加强科技创新、文化旅游、健康养老、经贸往来等方面互利合作，拓展江苏与澳门合作新领域，谱写共同繁荣发展新未来。峰会期间，我委参会人员还陪同黄澜副秘书长拜访了澳门特区政府政策研究与区域发展局，就深化苏澳两地服务业合作、促进共同发展进行深入交流。

# 五、江苏省发改委组织召开服务业工作座谈会

2022年9月21日,省发改委在南通组织召开设区市发改委服务业工作座谈会,分析1—8月全省服务业运行情况,安排部署下一步工作措施。会上,各设区市发改委服务业条线负责同志围绕1—8月服务业指标完成情况、近期促进服务业发展的主要措施、四季度工作安排等进行了工作交流。我委服务业处介绍了省级现代服务业高质量发展集聚示范区、领军企业综合评价工作方案,两业深度融合标杆引领典型遴选工作方案的编制情况,征求各市发改委对省生产性服务业十年倍增实施方案的意见建议,并就专项资金项目考核验收、专项资金审计发现问题整改落实等进行了工作安排。

# 六、江苏省发改委服务业处积极推进 纳入国家两业融合试点项目建设

为进一步推进我省先进制造业和现代服务业深度融合(简称"两业融合")试点工作、加快推动纳入国家两业融合试点项目建设,2022年8月31日,服务业处赴南通市、苏州市组织开展两业融合工作调研。在南通中天科技股份有限公司,详细了解企业生产、研发和经营情况,与公司负责人就智能工厂建设、工业互联网创新应用和拓展总集成、总承包业务等两业融合重点方向进行了深入交流;在常熟波司登集团召开座谈会,了解企业在供应链管理、工业设计服务、品牌营销服务等方面的创新举措以及企业两业融合相关项目建设情况。调研组还分别与两企业负责人及南通、苏州两市发展改革委相关同志一起,共同梳理总结企业以品牌为引领的"制造+服务"融合助力企业高质量发展的经验做法,建议进一步修改完善后将其作为向国家推荐的典型案例。

下一步,服务业处将以两业融合试点工作为抓手,组织开展省级两业融合试点综合评价,遴选标杆引领典型,形成一批具有江苏特色、可复制、可推广的典型经验和做法,推动先进制造业和现代服务业相融相长、耦合共生,以两业深度融合推动产业向价值链高端攀升,不断提升产业发展的质量和效益。

# 七、2022 年江苏省省级现代服务业
# 发展专项资金投资计划下达

为充分发挥省级现代服务业发展专项资金的引导作用,推进我省现代服务业发展,经过组织申报、评审、信用审查、查重、委主任办公会审议、公示等环节,近日省发展改革委会同省财政厅联合下达 2022 年省级现代服务业发展专项资金投资计划。本年度专项资金安排聚焦两业融合发展和服务创新,大力支持全产业链工业设计、现代供应链等知识密集型生产性服务业,大数据、工业互联网等数字经济核心服务业及健康服务等服务业发展;突出助力受新冠肺炎疫情影响较大的行业纾困解难,对现代物流、文化旅游等服务业行业予以重点支持;对省级现代服务业高质量发展集聚示范区、领军企业、省级养老服务高质量发展示范企业、国家和省级示范物流园区等进行奖补;前期还对疫情防控期间承担重要生产生活物资保供物流企业进行补助。

下一步我委将积极发挥好专项资金的引导作用,进一步加强项目事中事后监管,做到项目开工、建设、验收"三到场",组织项目单位签订和履行项目实施承诺书,严格按照批准的项目内容进行建设;并将定期开展专项资金项目调度,组织项目单位每季度报送项目进展情况,开展项目绩效评价,及时组织项目考核验收工作。

# 八、江苏省发改委组织开展
# 生产性服务业专题调研

　　为切实做好《江苏省生产性服务业十年倍增计划》的编制实施工作，2022年7月下旬，省发改委服务业处会同省工程咨询中心组成调研组，先后赴常州、南通、盐城、扬州等地开展专题调研。调研组通过实地走访、座谈交流、问卷调查相结合的形式，深入服务业企业、项目、园区，全面了解各地生产性服务业发展现状，以及现代服务业"331"工程实施、省级现代服务业发展专项资金项目、纳入本年度服务业重点项目推进实施等情况，并认真听取基层单位对改进完善服务业相关工作的意见建议。

　　调研组实地走访了天地常州自动化、中远海运南通物流园、江苏悦达汽车研究院有限公司、扬力集团等企业，深入了解相关企业生产性服务业发展情况和服务业重点项目推进情况，并组织部分重点企业、集聚区和市、县（区）发展改革委服务业条线召开座谈会，听取相关单位对推进生产性服务业发展、传统服务业转型升级主要措施、打造生产性服务业特色亮点领域以及服务业政策贯彻落实、省级现代服务业发展专项资金的评定、使用和验收、"331"工程综合评价等服务业相关政策的意见建议。

# 九、江苏省发改委服务业处召开服务业发展工作视频会

2022年7月14日，服务业处组织召开设区市发改系统服务业发展工作视频会，分析上半年全省服务业运行情况，交流下半年服务业发展重点工作。

会上，各设区市发改委服务业处围绕当地上半年服务业运行情况、服务业纾困解难政策出台与落实情况、服务业重点项目建设情况、省级现代服务业发展专项资金项目考核验收情况等进行工作交流。我委服务业处介绍了上半年全省服务业运行情况、今年省级现代服务业发展专项资金安排以及配合专项资金审计、上半年省服务业重点项目建设等有关工作情况，并就生产性服务业高质量发展调研、省级专项资金项目组织实施和绩效评价及考核验收、专项审计发现问题整改、省服务业重点项目调度、"331"工程实施等进行了工作安排。

# 十、江苏省发改委印发《苏锡常都市圈发展行动方案（2022—2025 年）》

　　苏锡常都市圈是国家明确布局的现代化都市圈,为深入落实国家长三角区域一体化发展战略和新型城镇化战略,近日,经报省委省政府主要领导同意,我委印发《苏锡常都市圈发展行动方案(2022—2025 年)》(苏发改规划发〔2022〕658 号,以下简称《行动方案》)。《行动方案》聚焦合力打造高质量发展示范区,部署实施六大领域重点行动,一是产业科技创新高地共创行动,提出共建沿沪宁产业创新带、发展产业智造服务联盟、实施数字经济赋能工程、营造良好创新创业生态;二是高端开放合作体系共建行动,提出打造"一带一路"交汇点建设主力军、参与上海大都市圈建设、提升区域合作水平、构建国际一流营商环境;三是城乡深度融合协同推进行动,提出完善城镇功能结构、深化城乡融合发展、发展特色协同平台;四是沿江绿色生态廊道共筑行动,提出构筑生态安全格局、推进污染协同防治、创新绿色低碳发展模式;五是现代基础设施高效联通行动,提出推进都市区高效联通、畅通对外联系通道、做强特色枢纽经济、共建能源水利保障体系;六是普惠便捷优质生活圈共享行动,提出联合塑造江南文化品牌、完善基本公共服务体系、强化高品质服务供给、协同创新区域社会治理。同时,《行动方案》还制定 30 个重要工程项目、22 项重要政策和 15 条重要改革举措"三张清单",进一步提升指导性、针对性和实施性。

# 十一、江苏省政府办公厅印发《关于进一步释放消费潜力促进消费加快恢复和高质量发展的实施意见》

为认真贯彻落实《国务院办公厅关于进一步释放消费潜力促进消费持续恢复的意见》,充分发挥消费对经济循环的牵引带动作用,助力稳住经济大盘,推动高质量发展,2022 年 6 月 25 日省政府办公厅印发了《关于进一步释放消费潜力促进消费加快恢复和高质量发展的实施意见》(以下简称《实施意见》)。《实施意见》由省发展改革委、省商务厅牵头研究制订,经省政府第 108 次常务会议审议通过。

按照长短期结合、稳定当前消费、综合施策释放消费潜力、畅通国内大循环的要求,《实施意见》提出了 5 方面 23 项重点举措。一是促进市场加快复苏,充分激发和释放消费需求。全面恢复商业场所正常经营,持续开展消费促进系列活动,全面激活餐饮文化旅游体育消费,鼓励汽车、家电等大宗消费。二是持续稳市场预期,进一步增强消费潜能动力。围绕保市场主体,精准施策助企纾困,完善基本消费品保供稳价机制,稳就业促增收提升消费能力,合理增加公共消费。三是把握消费升级趋势,全力打造品质消费新高地。提升新型消费供给能力,加快发展绿色消费,培育壮大健康养老托育家政服务消费,充分激发县乡消费潜力,多渠道增加优质消费供给,完善消费品流通体系,高质量推进消费载体平台建设。四是优化消费市场环境,加快建设放心消费新生态。破除消费市场壁垒障碍,加强消费领域执法监管,加快完善消费维权机制,健全完善标准体系。五是强化政策制度保障,夯实消费高质量发展基础。强化财税支持,优化金融服务,强化用地用房保障,压实各方责任。

《实施意见》强调,省发展改革委、省商务厅、省市场监管局等有关部门要充分发挥省完善促进消费体制机制工作联席会议制度作用,全力打造有利于消费潜力释放的良好政策环境和市场环境。各地要加强组织领导,完善落实配套措施,确保各项任务举措落地见效。鼓励各地结合实际制定出台更大力度促消费政策措施,省级财政对促消费成效明显的地区将给予适当奖补。

# 十二、江苏省政府办公厅转发我委《关于推动生活性服务业补短板上水平提高人民生活品质行动方案（2022—2025 年）》

经省人民政府同意，省政府办公厅转发了我委《关于推动生活性服务业补短板上水平提高人民生活品质行动方案（2022—2025 年）》。该行动方案围绕加快推进生活性服务业发展补短板强弱项，提出重点实施公共服务、服务场地设施、社区服务能力、从业人员专业技能和职业素养四项补短板行动；聚焦持续推动生活性服务业上水平提品质，提出重点实施生活服务质量、生活性服务业发展能级、城乡生活品质、生活服务发展环境四项提升行动。方案还提出要健全工作统筹机制，压实地方主体责任，加大纾困解难支持力度，围绕补短板行动和提升行动，因地制宜、因城施策编制生活性服务业发展年度任务，研究制定具体措施，加大政策支持力度，开展高品质生活城市建设行动，加强监测评价，探索将生活性服务业发展关键指标纳入有关综合考核范围，确保各项任务落地落实，更好推动生活性服务业补短板上水平。

# 十三、江苏省第一批高质量发展领军企业认定名单公布

企业是市场的主体,是经济的基础细胞,现代服务业企业的高质量发展是行业高质量发展的必要条件。为深入推进实施现代服务业高质量发展"331"工程,充分发挥市场主体作用,推进现代服务业企业做强做大,2022年3月,根据《江苏省现代服务业高质量发展领军企业培育工程实施方案》(苏发改服务发〔2021〕1052号)和年度申报指南,经企业自主申报、各市审核推荐、形式审查、专家评审、信用核查等程序,近日,省发展改革委正式认定南京巨鲨显示科技有限公司等50家企业为第一批高质量发展领军企业。

培育市场主体一直是我省推进现代服务业发展的重要举措之一。"十三五"期间,江苏先后认定生产性服务业领军企业138家,其中在科技服务、信息技术服务、金融服务、现代物流、商务服务、服务外包等六大重点服务产业领域共培育领军企业95家,在电子商务、节能环保服务、检验检测、售后服务、人力资源服务、品牌和标准化等六个服务业细分领域和行业共培育领军企业43家,有效推进了相关服务业行业的发展。按照《江苏省"十四五"现代服务业发展规划》的总体要求,围绕构建江苏特色"775"现代服务产业体系,去年底,我委启动开展了第一批高质量发展领军企业认定工作,分类指导培育现代服务业企业,多要素支持现有省级服务业重点企业发展。力求在政策上具有延续性,在培育目标上覆盖领域范围更有广泛性和代表性。

本次认定的第一批领军企业主要分布在科技服务、软件和信息服务、金融服务等7个优势型服务业重点产业领域,占比为62.5%;健康服务、节能环保服务等7个成长型服务业重点领域,占比为17.5%;人工智能服务、现代供应链管理5个先导型服务业领域,占比为20%。以期通过强化骨干龙头企业引领,发挥领军企业在行业发展中的枢纽性作用,注重科技赋能,提高质态优势,延伸产业链条,提升全省现代服务业产业发展辐射力和品牌影响力。

后续,省发展改革委将会同各地、各有关部门及行业协会加强对领军企业的跟踪监测,总结推广其先进经验做法,持续协同推进培育认定。

# 十四、江苏省认定第一批省级现代服务业高质量发展集聚示范区

为加快推动全省现代服务业高质量发展,2022年3月,经组织申报、形式审核、专家评审、信用审查、主任办公会审议和社会公示等程序,省发展改革委认定南京浦口现代服务业集聚区等23家服务业集聚区为第一批省级现代服务业高质量发展集聚示范区。总体来看,本次认定呈现出以下三个特点:一是突出产业集聚。23家集聚区年平均营收超46亿元,主导产业营业收入占比均在70%以上,亩均累计投资超900万元,集聚企业8700多家,吸纳总就业人数超15万人;二是突出重点领域。科技服务、软件和信息服务、文化旅游、节能环保、人力资源、健康养老等六个优势型和成长型服务业领域共认定集聚示范区20个,占比超过85%,成为重点支持方向;三是突出示范带动。苏州(太湖)软件和信息服务业集聚区、中国物联网国际创新园、常州大数据产业园等一批在推动产业数字化发展、促进先进制造业现代服务业融合等方面具有较强示范引领作用的单位入选其中。

下一步,省发展改革委将强化政策指导、压实地方责任、实施动态管理,适时开展绩效评价,努力把省级现代服务业集聚区打造成为"十四五"时期全省服务业转型升级和创新发展的主阵地。

# 十五、开拓第三方市场服务双循环格局"一带一路"沙龙·南通站成功举办

2022年3月2日,香港贸发局、江苏省发展改革委、南通市政府联合举办"一带一路"沙龙南通站活动,以"开拓第三方市场、服务双循环格局"为主题,设置物流、数字化、RCEP、投资等议题,邀请苏港物流、供应链、商贸、园区等领域领军企业高管和行业专家作主旨报告,探讨"一带一路"建设合作新机遇,助力企业利用香港专业服务优势和功能平台,有效应对国际形势变化和疫情影响,开拓"一带一路"第三方市场。香港贸发局华东华中首席代表吕剑,江苏省发展改革委二级巡视员陆建康,南通市副市长李建民出席活动并分别致辞。江苏"一带一路"重点项目企业,现代物流、纺织、装备制造等行业,供应链环节涉及"一带一路"市场等200余家企业代表参加活动。

活动邀请国际集装箱运输知名企业分析利用香港国际物流专业服务助力江苏企业融入双循环,邀请全球消费品供应链先行企业分享了纺织服装企业如何应用大数据、区块链等新技术更好地开拓海外市场,邀请江苏海投公司主要负责人介绍了当前赴阿联酋投资机遇和中阿(联酋)产能合作示范园提供的优质服务和安全保障,香港贸发局研究部负责人分析了RCEP对外贸企业的正向影响及香港作为商贸平台的功能,为企业更好地利用香港平台拓展"一带一路"市场开拓新思路、提供新方案。主讲嘉宾还与参会企业进行了直接对话交流,解答了企业在集装箱滞留码头、数字化转型、海外生产基地建设、海外仓选址等方面的问题,线上交流氛围浓烈,企业表示此次活动内容丰富、干货不断、收获满满。南通市发展改革委、南通市商务局、南通市港澳办、南通市工商联参与活动协办。

# 十六、江苏省发改委服务业处组织参加
# 第十五届亚洲金融论坛线上活动

  2022年1月10日，第十五届亚洲金融论坛在香港举行。本届论坛以"引领未来新常态 迈向可持续发展"为主题，聚焦疫情影响下全球经济走势，深入分析市场变化，就经济前景、气候变化、绿色金融发展、数字经济及可持续发展等内容进行研讨，香港特别行政区行政长官、全国政协经济委员会主任、亚投行行长及来自全球各地和主要经济体的政商领袖、金融及投资专家、科技巨头和经济学家等出席论坛。

  我委会同香港贸发局南京代表处在宁设立江苏分会场，我委服务业处、南京市发改委、南京银行、奥特佳商贸等单位及企业代表参加分会场活动，并就推进苏港两地服务业合作进行交流。各设区市发改委及相关企业代表近250人参加了论坛线上活动。

# 政　策　篇

# 一、江苏省数字经济促进条例

（2022年5月31日江苏省第十三届人民代表大会常务委员会第三十次会议通过）

## 第一章　总则

第一条　为了推动数字经济与实体经济深度融合，推进数据要素依法有序流动，保障数据安全，建设数字经济强省，促进经济高质量发展，根据有关法律、行政法规，结合本省实际，制定本条例。

第二条　本省行政区域内促进数字经济发展，以及为数字经济提供支撑保障等相关活动，适用本条例。

本条例所称数字经济，是指以数据资源为关键要素，以现代信息网络为主要载体，以信息通信技术融合应用、全要素数字化转型为重要推动力，促进公平与效率更加统一的新经济形态。

第三条　数字经济发展应当遵循创新引领、融合发展，应用牵引、数据赋能，公平竞争、安全有序，系统推进、协同高效的原则。

第四条　省人民政府应当加强对数字经济发展的领导，统筹部署、组织推进全省数字经济发展。

县级以上地方人民政府应当将数字经济发展纳入国民经济和社会发展规划，并根据需要制定本地区数字经济发展规划，支持开展数字技术创新和应用，培育和发展新产业新业态新模式，加快建设与数字经济发展相适应的产业生态体系、公共服务体系和现代治理体系，营造优良的数字经济发展环境。

县级以上地方人民政府应当建立数字经济推进协调机制，完善数字经济发展政策，协调解决数字经济发展中的重大问题。省发展改革部门和设区的市、县级人民政府确定的数字经济主管部门承担协调机制日常工作。

第五条　省发展改革部门负责拟定促进全省数字经济发展战略、规划和重大政策，推进实施数字化发展重大工程和项目。

省工业和信息化部门负责制定并实施数字经济发展相关专项规划和政策措施，推进数字产业化发展、工业数字化转型、数字技术应用和信息基础设施建设。

省科技部门负责指导、协调数字经济创新平台建设，推动数字技术基础研究、关键核心技术攻关和科技成果转化。

省网信部门负责协调推动公共服务和社会治理信息化，统筹协调网络安全、网络数据安全、个人信息保护和相关监督管理工作。

省政务服务管理部门负责公共数据管理，组织协调公共数据归集、共享、开放。

省通信部门负责协调推进信息通信基础设施建设和应用。

省其他有关部门在各自职责范围内做好促进数字经济发展相关工作。

设区的市、县级人民政府确定的数字经济主管部门负责推进本地区数字经济发展具体工作。

第六条　省人民政府以及有关部门应当在参与"一带一路"建设等对外合作中加强数字经济领域对外交流合作，构建数字经济开放体系。鼓励和支持中国（江苏）自由贸易试验区探索数据跨境安全有序流动。

省人民政府以及有关部门应当按照长三角区域一体化发展、长江经济带发展等国家战略要求，加强跨省域合作，推动重大数字基础设施共建共享、数据标准统一、数据资源共享开放、智能制造协同发展以及区域一体化协同治理应用。

县级以上地方人民政府应当加强省内外数字经济跨区域合作，创新体制机制，加强政策协调，共同促进数字经济发展。

第七条　鼓励和支持各类市场主体参与数字基础设施投资建设、数字产业化发展、产业数字化转型、治理和服务数字化以及数据开发利用。

## 第二章　数字技术创新

第八条　省人民政府以及有关部门应当推动数字技术创新，加强数字技术基础研究、应用研究和技术成果转化，完善产业技术创新体系和共性基础技术供给体系。

省人民政府以及有关部门应当建立数字经济关键核心技术攻关新型体制机制，支持企业、高等学校、科研机构聚焦传感器、量子信息、网络通信、集成电路、人工智能、区块链等重点领域，提高数字技术基础研发能力，突破高端芯片、工业软件、核心算法等关键核心技术。

第九条　省人民政府以及有关部门应当围绕云计算、大数据、物联网、新一代移动通信、人工智能、区块链等领域，推动建设国家和省级实验室、产业创新中心、制造业创新中心、技术创新中心等创新平台。

第十条　省人民政府以及有关部门应当统筹协调数字经济产业链整体发展，推进产业链核心企业带动上下游企业协同创新，提升产业链创新水平。

第十一条　县级以上地方人民政府以及有关部门应当推动数字技术融合创新，强化企业创新主体地位，发挥企业在数字技术创新中的重要作用，支持各类市场主体平等获取数字技术创新资源。

引导企业与高等学校、科研机构开展数字经济产学研合作,共建技术创新联盟、科技创新基地、博士后科研工作站等创新平台,推动获取重大原创科技成果和自主知识产权。

第十二条　县级以上地方人民政府以及市场监督管理、知识产权、版权等部门应当加强数字经济领域知识产权保护,推动知识产权转化运用,建立快速维权体系,依法打击知识产权侵权行为。

第十三条　科技等部门应当支持数字经济产业领域科技创新,可以通过专项资金支持科技成果转化,采用发放科技创新券等方式购买检验检测、研发设计、中间试验、科技评估、技术查新、知识产权、技术培训等服务。

第十四条　支持数字技术创新产品和服务的应用推广,将符合条件的数字技术产品和服务认定为首台(套)装备、首批次新材料、首版次软件,列入创新产品目录。

省人民政府或者其授权的单位可以根据需要,将数字技术产品和服务列入全省集中采购目录。确因数字技术产品和服务应用推广需要,政府采购达到公开招标限额标准的首台(套)装备、首批次新材料、首版次软件的,经依法批准,可以通过非公开招标方式进行采购。

## 第三章　数字基础设施建设

第十五条　县级以上地方人民政府应当支持完善通信网络、算力等信息基础设施,建设物联网、车联网等融合基础设施,布局创新基础设施,推动传统基础设施数字化升级,构建数字基础设施体系。

第十六条　省工业和信息化、通信部门应当会同省发展改革部门根据省数字经济发展规划,编制省数字基础设施发展规划,报省人民政府批准后实施。

设区的市应当根据省数字基础设施发展规划,编制、实施本地区数字基础设施发展规划和数字基础设施建设专项规划。有条件的县(市)可以编制、实施本地区数字基础设施发展规划和数字基础设施建设专项规划。

编制、实施数字基础设施发展规划和数字基础设施建设专项规划应当遵循适度超前、合理布局、共建共享、互联互通的原则,重点推进高速泛在、天地一体、云网融合、智能敏捷、绿色低碳、安全可控的数字基础设施建设。

第十七条　县级以上地方人民政府编制国土空间规划时应当统筹考虑数字基础设施的空间布局安排。交通、电力、市政、公共安全等相关基础设施规划应当结合数字经济发展需要,与数字基础设施相关规划相互协调和衔接。

第十八条　县级以上地方人民政府以及有关部门应当加快通信网络基础设施建设,支持新一代移动通信网络和高速固定宽带网络部署,推进城乡信息通信网络服务能力一体化,提升网络性能和服务能力。

新建、扩建建设工程,建设单位应当根据规划,按照国家和省有关标准预留基站站址,配套建设通信网络基础设施,与主体工程同步设计、同步施工、同步验收。推动老旧小区改造配套建设通信网络基础设施。

第十九条　公共机构以及公共场所、公共设施的所有者、管理者或者使用者应当支持通信网络基础设施建设,按照国家和省有关规定开放建筑物、绿地、杆塔等资源,推进智慧杆塔建设和一杆多用。

推动通信网络基础设施与铁路、城市轨道、道路、桥梁、隧道、电力、地下综合管廊、机场、港口、枢纽场站等基础设施以及相关配套设施共商共建共享共维。

第二十条　省自然资源部门应当统筹本省卫星导航定位基准服务系统和配套基础设施建设，提供卫星导航定位基准信息公共服务。

鼓励符合法定条件的组织参与卫星互联网基础设施建设，构建通信、导航、遥感空间基础设施体系。

第二十一条　省人民政府以及有关部门应当推进算力基础设施建设，统筹全省数据中心合理布局，推动智能计算中心、边缘数据中心等新型数据中心建设，支持互联网、工业、金融、政务等领域数据中心规模化发展，提升计算能力，强化算力统筹和智能调度。

省、设区的市人民政府以及有关部门应当推进数据中心向集约高效、绿色低碳方向发展，推动已建数据中心节能改造。支持数据中心集群配套可再生能源电站，鼓励数据中心参与可再生能源市场交易；支持数据中心采用大用户直供、建设分布式光伏等方式提升可再生能源电力消费。

第二十二条　鼓励有条件的地区建设泛在互联、智能感知的物联网，推进基础设施、城乡治理、物流仓储、生产制造、生活服务、生态环境保护、应急管理等领域感知系统的建设应用、互联互通和数据共享。

第二十三条　县级以上地方人民政府以及交通运输等部门应当推动发展智能交通，加速交通基础设施网、运输服务网、能源网与信息网络融合发展。

县级以上地方人民政府以及工业和信息化等部门应当加快国家级和省级车联网先导区建设，扩大车联网覆盖范围，提高路侧单元与道路基础设施、智能管控设施的融合接入能力，推进道路基础设施、交通标志标识的数字化改造和建设。

第二十四条　省人民政府以及有关部门应当在数字经济重点方向布局未来网络试验设施等创新基础设施。

支持发展开源社区、开源代码托管平台，建设人工智能技术应用平台、自主安全可控的区块链底层平台和重点领域大数据训练平台等。

第二十五条　县级以上地方人民政府应当统筹推进能源、城乡建设、物流、教育、健康、文化、旅游、体育、自然资源、水利、生态环境保护、应急管理等领域的传统基础设施数字化、智能化改造，建立健全跨行业基础设施协同推进机制。

第二十六条　数字基础设施依法受到保护。任何组织、个人不得侵占或者擅自迁移、拆除数字基础设施，不得实施非法侵入、干扰、破坏数字基础设施的活动，不得危害数字基础设施安全。

确因公共利益或者其他法定事由需要迁移、拆除数字基础设施的，应当依法给予补偿。

## 第四章　数字产业化

第二十七条　省人民政府应当根据全球数字经济的技术、产业发展趋势，结合本省数字产业发展水平和各地区禀赋差异，统筹规划全省数字产业发展，围绕数字经济核心产业，通过推进产业链强链补链、保障供应链安全、培育产业集群等方式，构建优势产业链，促进产业协同和供应保障，提高数字产业整体竞争力。

第二十八条　县级以上地方人民政府以及有关部门应当按照全省数字产业发展要求，结合本地区实际,通过规划引导、政策支持等方式,在集成电路、物联网、工业机器人、新型显示、智能终端、光电缆、通信设备、核心电子元器件以及设备制造等特色优势领域,加快重大项目推进、产业链上下游对接配套、骨干龙头企业培育,打造具有国际竞争力的产业高地。

第二十九条　省人民政府以及工业和信息化、发展改革等部门应当统筹规划软件产业发展,支持基础软件、工业软件核心技术自主创新和开源软件发展,提升自主可控关键软件和创新应用软件供给能力。

县级以上地方人民政府以及有关部门应当根据全省统一布局,结合本地区产业基础和特点,推动软件产业集群建设,培育软件名城和软件名园,构建安全可控、开放协同的现代软件产业体系。

第三十条　县级以上地方人民政府以及有关部门应当结合本地区实际,培育云计算、大数据、区块链、人工智能等新兴数字产业,促进跨界融合和集成创新;前瞻布局类脑智能、量子信息、基因技术、宽禁带半导体、下一代移动通信等未来产业。

第三十一条　鼓励企业平台化发展,在工业互联网、网络销售服务、物流专业服务、信息资讯服务、检验检测服务等重点领域,支持和培育平台经济重点企业。

县级以上地方人民政府以及有关部门应当引导和支持平台企业加强数据、产品、内容等资源整合共享,探索适宜本地区的平台经济发展场景和模式,推进平台经济领域互联互通;按照国家规定明确平台企业定位和监管规则,促进平台经济健康发展。

第三十二条　县级以上地方人民政府以及有关部门应当推进文化产业线上线下融合,推动文化遗产资源的数字化转化,发展网络视听、数字影视、数字广告、互动新媒体等数字文化产业,引导沉浸式体验、动漫游戏、数字演艺等健康发展。

第三十三条　县级以上地方人民政府以及发展改革、科技、工业和信息化、商务、市场监督管理等部门应当采取措施,引导和支持数字经济核心产业龙头企业、高新技术企业,以及科技型中小企业和专精特新中小企业发展,培育多层次、递进式的数字产业企业梯队,形成大中小企业相互协同、优势互补的发展格局。

第三十四条　县级以上地方人民政府以及有关部门应当结合本地区实际,推进数字经济相关产业园区优化发展,培育建设特色数字产业创新、数字技术应用创新等载体。

第三十五条　引导互联网企业、行业龙头企业、基础电信企业开放数据资源和平台计算能力等,支持企业、高等学校、科研机构以及其他组织、个人创建数字经济领域科技企业孵化器、大学科技园和众创空间等线上线下创新创业平台。

鼓励第三方专业化服务机构为数字产业相关企业引进落地、融资增资、股改上市、平台化转型、并购和合作等提供服务。

## 第五章　产业数字化

第三十六条　县级以上地方人民政府应当促进数字经济与实体经济深度融合,利用数字技术促进产业改造升级,催生新产业新业态新模式,推动制造业、服务业、农业等产业数字化。

第三十七条　县级以上地方人民政府以及有关部门应当推动企业实施制造装备、生产线、车间、工厂等的智能化改造,提升企业研发设计、生产制造、经营管理、销售服务等环节的智能化水平,推广网络化协同、个性化定制、柔性化生产、共享制造等服务型制造新模式,实现工业生产模式变革。

第三十八条　县级以上地方人民政府以及有关部门应当支持数字技术在先进制造业集群的深度应用,鼓励产业链龙头企业打造供应链数字化协作平台,实现产业链上下游的供需数据对接和协同生产。支持工业骨干企业、工业数字化转型设备供应商和服务商等组建数字化转型联盟,分行业研发推广数字化解决方案,促进集群企业协同转型。

第三十九条　县级以上地方人民政府以及有关部门应当加大对工业互联网发展的支持力度,推进企业级、区域级、行业级等工业互联网平台建设和应用,培育国家级跨行业跨领域工业互联网平台,提升工业信息安全保障能力;支持企业基础设施、业务、设备和数据上云、上平台,推动运用高适配、快部署、易运维的工业互联网解决方案,降低中小企业的工业互联网使用成本,普及应用工业互联网。

第四十条　县级以上地方人民政府以及工业和信息化等部门应当推动纺织、冶金、化工、建材、轻工、机械、医药、电子等传统优势制造业的数字化转型,鼓励工业生产方式和组织模式创新,提高全要素生产率。

第四十一条　支持装备制造企业研制高端数控机床、工业机器人等数字化装备,加强新型传感器、智能测量仪表、工业控制系统、网络通信模块等智能核心装置的集成应用,提升智能装备供给能力。

支持软件企业、智能装备制造企业围绕工业企业数字化转型需求,开展工业基础软件、工业控制软件、数据管理软件、系统解决方案的联合攻关,加强工业软件支撑能力建设。

第四十二条　县级以上地方人民政府以及有关部门应当推进研发设计、现代物流、检验检测、商务咨询、人力资源服务等生产性服务业数字化,提升生产性服务业智能化、网络化、专业化水平。

县级以上地方人民政府以及有关部门应当推动数字技术与健康、养老、旅游、体育、文化、居民出行、住宿餐饮、教育培训等生活性服务业深度融合,发展体验式消费、个性需求定制服务等新业态,丰富数字服务产品供给。

第四十三条　县级以上地方人民政府以及有关部门应当在风险可控前提下推动发展数字金融,优化移动支付应用,按照国家有关规定推行数字人民币应用,推进数字金融与产业链、供应链融合。

第四十四条　县级以上地方人民政府以及有关部门应当制定相关政策,完善发展机制、监管模式,引导和支持电子商务发展,促进跨境电商综合试验区建设,支持数字化商贸平台建设,加快数字贸易发展,推广新零售,发展社交电商、直播电商等新业态新模式。

第四十五条　县级以上地方人民政府以及农业农村等部门应当推进农业数字化,加快种植业、畜牧业、渔业、种业、农产品加工业等领域数字技术应用,推广应用智能农机装备,加强农业农村大数据建设,强化益农信息服务,加大农村仓储、物流、冷链设施建设支持力度,提升农业生产、加工、销售、物流等各环节数字化水平。

支持新型农业经营主体、加工流通企业与电商企业对接融合,发展直采直供、冷链配送、社区拼购等农产品销售服务新业态新模式。

第四十六条　县级以上地方人民政府以及有关部门应当建立公共服务与市场化服务相结合,技术、资本、人才、数据等多要素支撑的数字化转型服务生态。

鼓励和支持企业、高等学校、科研机构、学会、协会、商会等围绕产业数字化转型,提供诊断咨询、应用培训、测试评估等服务。

支持建立公共型数字化转型促进中心,鼓励行业龙头企业建立开放型数字化转型促进中心,重点面向中小企业提供数字化转型诊断和低成本、轻量化、模块化的数字化解决方案。

## 第六章 治理和服务数字化

第四十七条 县级以上地方人民政府应当推动数字技术在政府治理中的创新应用,推进政府治理数字化,发挥数字化在政府履行经济调节、市场监管、社会管理、公共服务、生态环境保护、突发事件应对等方面职能的支撑作用,构建协同高效的政府数字化履职能力体系,提高事前预防、事中监管和事后处置能力。

第四十八条 县级以上地方人民政府以及有关部门应当推动非现场监管、移动电子执法和风险预警模型等现代化管理应用场景建设;全面推动政务服务一件事、社会治理一类事、政务运行一体事三大领域清单改革,加快实现一网通办,做好不见面审批服务。

县级以上地方人民政府以及有关部门应当推广电子签名、电子印章、电子证照、电子档案的应用。除法律、行政法规另有规定外,电子证照以及加盖电子印章的电子材料,可以作为办理政务服务事项的依据。

第四十九条 县级以上地方人民政府应当加强智慧城市建设,促进数字技术在城市治理中的应用,通过数据资源整合共享和开放,实现城市运行态势监测、公共资源配置、宏观决策、统一指挥调度和事件分拨处置的数字化,提升城市治理水平。

县级以上地方人民政府应当开展智慧社区建设,以数字技术强化社区服务和管理功能综合集成,推动政务服务、公共服务、数字商务向社区延伸,提升精细化、网格化管理能力,构建居家养老、儿童关爱、文体活动、家政服务、社区电商等数字化创新应用场景。

第五十条 县级以上地方人民政府应当推进数字乡村建设,加快基本公共服务向乡镇、村居延伸,实行涉农服务事项线上线下一体化办理,推动数字技术与农业农村基础设施融合发展,促进数字技术在乡村产业发展、农村集体资产管理等领域的综合应用,提升乡村治理数字化水平。

提升园区公共服务、物业管理、产业集聚、人才服务、创新协同等方面的智慧化服务水平,支撑园区内企业数字化转型和数字产业集聚发展。

第五十二条 县级以上地方人民政府以及教育部门应当按照有关规定加强智慧校园建设,完善教育资源和信息管理公共服务平台,打造个性化、终身化的教育信息化公共服务体系,推进线上线下教育常态化融合发展新模式。

第五十三条 县级以上地方人民政府以及卫生健康、医疗保障等部门应当加强智慧医疗健康体系建设,推进全省统一医疗保障信息平台落地应用,统筹全民健康信息平台、医院信息平台建设和信息互联互通,强化医疗健康大数据开发应用,发展互联网医疗,促进大健康产业发展。

第五十四条 省人民政府以及人力资源社会保障部门应当加强智慧人社体系建设,依托全省人社一体化信息平台推进就业创业、社会保障、人才人事、劳动关系等领域数字化转型,与有关部门开展协同合作,以社会保障卡为载体,在居民服务领域逐步实现多卡合一、一卡通用。

第五十五条 县级以上地方人民政府以及民政、工业和信息化等部门应当加强智慧养老体系建设,推进移动终端、可穿戴设备、服务机器人等智能设备在居家、社区、机构等养老场景集成应用,推广智慧养老服务平台,提供简便快捷的养老政务服务、公共服务、公益服务和链接市场服务。

第五十六条 县级以上地方人民政府以及有关部门应当按照优化传统服务与创新数字服务并行的原则,针对老年人等运用智能技术困难群体,制定完善相关措施,保障和改善其基本服务需求和服务体验。

## 第七章 数据利用和保护

第五十七条 县级以上地方人民政府以及有关部门应当遵循促进流通、合理使用、依法规范、保障安全的原则,发挥数据的基础资源作用和创新引擎作用,加强数据资源全生命周期管理,促进数据资源开发利用和健康发展。

第五十八条 县级以上地方人民政府以及有关部门应当统筹推进国家机关、法律法规授权的具有管理公共事务职能的组织、公共企业事业单位为履行法定职责、提供公共服务收集、产生的公共数据资源汇集整合、共享开放和开发利用。

公共数据应当以共享为原则、不共享为例外。公共数据应当通过公共数据平台进行共享开放。

县级以上地方人民政府以及有关部门应当加大公共数据资源供给,统筹运用公共数据平台,释放公共数据价值,规范公共数据管理。具体办法由省人民政府制定。

第五十九条 县级以上地方人民政府以及有关部门应当统筹建立公共数据开放范围动态调整机制,创新公共数据资源开发利用模式和运营机制,满足组织、个人的合理需求。

县级以上地方人民政府以及有关部门应当推进公共数据创新应用,运用公共数据发展和完善数据要素市场,支持和推动公共数据资源开发利用,提升公共数据资源价值。

鼓励和支持组织、个人依法开发利用公共数据资源,提供数据产品和数据服务。

第六十条 县级以上地方人民政府以及有关部门应当通过产业政策引导、社会资本引入、应用模式创新、强化合作交流等方式,引导企业等组织、个人有序开放自有数据资源。

第六十一条 县级以上地方人民政府应当推动数据要素市场化建设,发展数据运营机构、数据经纪人,推进数据交易,规范数据交易行为,促进数据高效流通。有条件的地区可以依法设立数据交易场所,鼓励和引导数据供需双方在数据交易场所进行交易。

第六十二条 县级以上地方人民政府应当健全网络安全保障体系和数据安全治理体系,依法实施网络安全等级保护制度和数据安全审查制度,建立健全数据安全风险评估、报告、信息共享、监测预警、应急处置机制,推动建立政府监管、平台自治、行业自律、公众参与的多元共治体系。

第六十三条 各地区、各部门应当按照数据分类分级保护制度,对本地区、本部门以及相关行业、领域的数据开展分类分级管理,确定本地区、本部门以及相关行业、领域的重要数据具体目录,对列入目录的数据进行重点保护。

第六十四条 组织、个人与数据有关的权益依法受到保护。

数据的收集、存储、使用、加工、传输、提供、公开等处理活动,应当遵守法律、法规,尊重社会公德和伦理,遵守商业道德和职业道德,诚实守信,履行数据安全保护义务,承担社会责任。

开展数据处理活动,不得危害国家安全、公共利益,不得损害组织、个人的合法权益。

第六十五条 数据的处理者应当依法建立健全全流程数据安全管理制度,组织开展数据安全教育培训,采取相应的技术措施和其他必要措施,保障数据安全。

处理个人信息应当具有明确、合理的目的,遵循合法、正当、必要和诚信原则,依法制定、公开个人信息处理规则,明示处理的目的、方式和范围,保障所处理的个人信息的安全。禁止通过误导、欺诈、胁迫等方式处理个人信息。

县级以上地方人民政府有关部门依法履行个人信息保护和监督管理职责。

第六十六条　工业和信息化等部门应当组织企业开展数据管理国家标准实施工作,推动企业规范数据管理,提升数据质量。引导行业龙头企业参与制定行业数据国家标准并应用推广,提升行业数据标准化水平。

第六十七条　各地区、各部门应当推行首席数据官制度,由本地区、本部门相关负责人担任首席数据官。首席数据官应当协同管理本地区、本部门数据与业务工作,推动数据共享开放,建立与数字经济相关企业联系机制,提升本地区、本部门数据治理能力。

鼓励企业建立首席数据官制度,由企业相关负责人担任首席数据官,推动企业构建数据驱动的生产方式和管理模式。

第六十八条　支持社会化数据服务机构发展,依法依规开展公共数据、互联网数据、企业数据的采集、整理、聚合、分析等加工业务,提升数据资源处理能力,培育壮大数据服务产业。

## 第八章　保障和监督

第六十九条　省人民政府以及有关部门应当统筹使用省级专项资金,用于数字经济关键核心技术攻关、重大创新平台、公共技术平台和产业载体建设、应用示范和产业化发展等。

有条件的设区的市、县在本级财政预算中安排资金予以支持。

第七十条　省人民政府设立数字经济产业投资基金,用于数字经济领域重大项目建设和关键产业发展;鼓励有条件的地方设立数字经济股权基金,吸引社会资本支持数字经济发展。

县级以上地方人民政府应当完善投融资服务体系,拓宽数字经济市场主体融资渠道,发挥政策性基金作用,重点支持数字经济领域重大项目建设和高成长、初创型企业发展。

第七十一条　县级以上地方人民政府以及有关部门应当落实国家和省对高新技术企业研发、信息技术产品制造、软件开发、信息服务以及科技企业孵化器、大学科技园和众创空间等的优惠政策,并为相关组织、个人提供畅通的办理渠道。

第七十二条　鼓励和引导金融机构、地方金融组织对符合国家和省数字经济产业政策的项目、企业、平台和创新人才,在贷款、政策性融资担保以及其他金融服务等方面给予支持。鼓励银行业金融机构创新产品和服务,加大对数字经济核心产业的支持力度。

鼓励和支持数字经济创新型企业通过股权投资、股票债券发行等方式融资,提高直接融资比例,改善融资结构。

第七十三条　省人民政府以及有关部门应当推进数字经济标准体系建设,制定和实施关键核心技术、通用算法、数据治理和安全合规等领域的地方标准。

鼓励企业、高等学校、科研机构、行业协会等参与制定数字经济相关国际规则、国际标准、国家标准、行业标准和地方标准。支持依法制定数字经济相关企业标准、团体标准。

第七十四条　本省应当加强数字人才建设,将数字经济领域引进的高层次、高技能以及紧缺人才纳入人才支持政策范围,为其在职称评定、住房、落户、医疗以及配偶就业、子女入学等方面提供支持。探索建立适应数字经济新业态发展需要的人才评价机制。

鼓励企业事业单位、社会组织等培养创新型、应用型、技能型、融合型人才。推进数字经济相关学科建设,支持高等学校、中等职业学校、技工院校开设数字经济专业、课程,与企业合作办学,共建现代产业学院、联合实验室、实习基地等,培养数字经济相关人才。

第七十五条　县级以上地方人民政府以及人力资源社会保障等部门应当加强数字经济领域劳动用工服务指导,鼓励依托数字经济创造更多灵活就业机会,完善平台经济、共享经济等新业态从业人员在工作时间、报酬支付、保险保障等方面政策规定,保障数字经济新业态从业人员的合法权益。

第七十六条　县级以上地方人民政府应当在土地供应、电力接入、能耗指标分配、频谱资源配置等方面完善政策措施,强化创新服务,为促进数字经济发展提供保障。

第七十七条　县级以上地方人民政府有关部门应当加强数字经济相关技术知识、法律知识的宣传、教育、培训,提升全民数字素养和数字技能。

教育、人力资源社会保障等部门应当指导和督促学校以及其他教育机构将数字经济知识纳入教育教学内容。

公务员主管部门应当将数字经济知识纳入公务员教育培训内容。

广播、电视、报刊、互联网等新闻媒体应当开展数字经济公益性宣传。鼓励企业事业单位、社会组织等加强从业人员数字经济知识培训,提升应用、管理和服务水平。

第七十八条　县级以上地方人民政府以及有关部门应当支持举办数字经济领域的国内国际展览、赛事、论坛等活动,搭建数字经济展示、交易、交流、合作平台,推动建立供需对接渠道,加强数字经济相关企业、产品、服务宣传,提高企业市场开拓能力。

县级以上地方人民政府以及有关部门应当支持数字经济领域企业参加境内外展览展销等活动。

第七十九条　县级以上地方人民政府以及有关部门应当建立健全与数字经济发展相适应的监管体系,创新基于数字技术手段的数字经济监管模式,提高数字经济监管和治理水平,优化数字经济营商环境,完善数字经济治理体系。

县级以上地方人民政府以及有关部门应当建立数字经济统计监测机制,开展数字经济统计、分析,依法向社会公布。

第八十条　市场监督管理部门应当依法查处滥用市场支配地位、达成并实施垄断协议以及从事不正当竞争等违法行为,保障数字经济市场主体的合法权益,营造公平竞争市场环境。

第八十一条　县级以上地方人民政府以及有关部门应当依法组织对使用财政资金的数字经济项目进行审计监督,保障财政资金的使用效益。

第八十二条　县级以上地方人民政府以及有关部门应当创新监管理念和方式,建立数字经济创新创业容错机制,对数字经济领域的新技术新产业新业态新模式实行包容审慎监管,对在数字经济促进工作中出现失误错误的有关部门及其工作人员,符合国家和省规定条件的可以不作负面评价。

第八十三条　省、设区的市人民政府定期对本级数字经济发展情况进行评估,对下一级人民政府数字经济发展情况开展监督检查。数字经济发展情况评估可以委托第三方机构开展。评估情况向社会公布。

第八十四条　违反网络安全、数据安全、个人信息保护等法律、法规规定的，依法给予行政处罚；给他人造成损害的，依法承担民事责任；构成犯罪的，依法追究刑事责任。

县级以上地方人民政府、有关部门及其工作人员在数字经济促进工作中不依法履行职责的，依法给予处分；构成犯罪的，依法追究刑事责任。

## 第九章　附则

第八十五条　本条例自 2022 年 8 月 1 日起施行。

# 二、江苏省发展改革委等部门关于印发《江苏省促进绿色消费实施方案》的通知

苏发改就业发〔2022〕535 号

省有关部门和单位,各市发展改革委、工业和信息化局、住房和城乡建设局、商务局、市场监管局、机关事务管理局、城市管理综合行政执法局:

为贯彻落实国家发展改革委等部门印发的《促进绿色消费实施方案》,促进消费结构绿色转型升级,推动实现碳达峰碳中和目标,省发展改革委、省工业和信息化厅、省住房城乡建设厅、省商务厅、省市场监管局、省机关事务管理局会同省有关部门和单位研究制定了《江苏省促进绿色消费实施方案》,现印发给你们,请结合实际,抓好贯彻落实。

附件:江苏省促进绿色消费实施方案

江苏省发展和改革委员会

江苏省工业和信息化厅

江苏省住房和城乡建设厅

江苏省商务厅

江苏省市场监督管理局

江苏省机关事务管理局

2022 年 5 月 23 日

## 江苏省促进绿色消费实施方案

绿色消费是始终贯彻绿色低碳理念的消费行为。为深入贯彻落实国家发展改革委等部门印发的《促进绿色消费实施方案》,加快促进消费结构绿色转型升级,推动实现碳达峰碳中和目标,结合我省实际,制定本实施方案。

## 一、总体要求

### (一)指导思想

以习近平新时代中国特色社会主义思想为指导,全面贯彻党的十九大和十九届历次全会精神,深入贯彻习近平生态文明思想,增强全民节约意识,反对奢侈浪费和过度消费,健全完善绿色消费政策制度体系和体制机制,扩大绿色低碳产品有效供给,大力发展绿色消费新业态、新模式、新场景,系统推进吃、穿、住、行、用、游等各领域消费绿色转型升级,加快形成简约适度、绿色低碳、文明

健康的消费新风尚,为服务构建新发展格局、推动高质量发展、创造高品质生活提供重要支撑。

### （二）工作目标

到2025年,全省绿色消费政策制度体系及激励约束机制建立健全,绿色消费方式得到普遍推行并深入人心,重点领域和部分地区率先实现消费绿色转型,形成一批促进绿色消费的先进模式和经验,初步建立绿色低碳循环发展的消费体系。

到2030年,全省绿色消费政策制度体系和体制机制更加完善,绿色消费方式成为公众自觉选择,各领域各地区全面实现消费绿色转型升级,重点领域消费绿色低碳循环发展模式更加成熟,高标准建成全国促进绿色消费的"江苏样板"。

## 二、全面推动重点领域绿色消费发展

### （一）加快提升食品消费绿色化水平

大力推进绿色优质农产品基地建设,加强绿色食品、有机农产品认证和管理,开展绿色食品"五有"规范化建设,推广有机农产品发展的"秦邦模式"和"戴庄模式",增加绿色优质农产品有效供给。力争2025年全省农产品消费中绿色食品消费占比达70%以上。强化粮食、蔬菜、水果等农产品供应链各环节标准化建设,提高节约减损管理水平。深化爱粮节粮宣传教育,引导消费者合理适度采购、储存、制作食品和点餐、用餐,积极开展"光盘行动",坚决制止餐饮浪费行为。建立健全绿色餐饮标准体系,深入开展绿色餐厅、绿色餐饮企业和绿色餐饮街区创建活动,鼓励"种植基地＋中央厨房"、智慧数字经营等新模式发展,督促食品经营者落实主体责任,打造绿色健康安全的餐饮产业链。推动党政机关、企事业单位、学校等加强用餐管理,深化绿色食堂建设,厉行反食品浪费措施。指导基层群众性自治组织、社会团体依法依规依约落实节粮减损、文明餐桌等要求。（省发展改革委、省教育厅、省工业和信息化厅、省民政厅、省农业农村厅、省商务厅、省国资委、省市场监管局、省粮食和物资储备局、省机关事务管理局等按职责分工负责）

### （二）鼓励发展绿色低碳衣着消费

推动完善绿色纤维及其深加工产业链,推广应用生物基纤维及再生纤维规模化制备、节能少水无水纺织印染、废旧纺织品高值化利用等装备和技术,鼓励发展绿色服装设计和制造产业,提升绿色低碳服装供给能力。全面推动各类机关、企事业单位、学校等采购使用具有绿色低碳认证标识的制服、校服。规范旧衣公益捐赠,鼓励企业和居民通过慈善组织向有需要的困难群众依法捐赠合适的旧衣物。鼓励具备资质的单位和个人合理布局设置旧衣回收网点、专用回收箱或相关设施,积极发展在线回收、一袋式上门回收等新型回收模式。支持废旧纺织品服装综合利用示范基地建设,加强定向回收、梯级利用和规范化处理。（省发展改革委、省教育厅、省工业和信息化厅、省民政厅、省生态环境厅、省住房城乡建设厅、省商务厅、省国资委、省市场监管局等按职责分工负责）

### （三）积极发展绿色低碳居住消费

加强高品质绿色低碳建筑建设,稳步发展装配式建筑,积极推广可再生能源建筑应用示范,推进超低能耗、近零能耗、零碳建筑试点示范。推动城镇新建民用建筑全面执行绿色建筑标准。将节能环保要求纳入老旧小区改造。推进绿色农房建设,稳步提升新建农房节能标准。全面推广绿色低碳建材,组织开展绿色低碳建材宣传和下乡等活动。大力发展装配化装修,鼓励使用节能灯具、节能环保灶具、节水马桶等节能节水产品。倡导绿色低碳家居生活方式,合理控制室内温度、亮度和电器设备使用。提升农村用能电气化水平,因地制宜加强太阳能、生物质能等可再生能源在农村生活中的应用。(省发展改革委、省工业和信息化厅、省自然资源厅、省住房城乡建设厅、省农业农村厅、省市场监管局、省能源局等按职责分工负责)

### (四)大力发展绿色低碳交通消费

大力推广应用新能源汽车,积极落实国家新能源汽车购置补贴、税收减免等政策措施,加大新能源汽车在充换电、通行路权等使用环节的支持力度。加快推进公共领域车辆电动化。到2025年,新增或更新地面公交、城市物流配送、邮政车辆、出租汽车等新能源和清洁能源车辆占比达80%。深入开展新能源汽车下乡和以旧换新等活动,支持"融资租赁""车电分离""电池银行"等新模式新业态发展。支持充换电、新型储能、加氢等配套基础设施建设。在重型卡车、船舶、港口设备等领域,加快推行LNG、纯电动、氢燃料电池等动力替代。深化"国家公交都市建设示范城市"创建工作,推动构建公交优先、高效衔接、便捷舒适的城市绿色低碳出行体系。到2025年,全省城区常住人口100万人以上城市绿色出行比例达到70%以上。(省发展改革委、省工业和信息化厅、省住房城乡建设厅、省交通运输厅、省商务厅、省市场监管局、省能源局、省邮政管理局等按职责分工负责)

### (五)全面促进绿色低碳用品消费

引导企业强化绿色产品质量管理,加强绿色品牌研究、设计和创建,培育一批具有较强市场影响力的"苏字号""国字号"绿色品牌。扎实做好绿色商场创建工作,促进商贸流通企业绿色发展,力争2025年全省50%以上大型商场(建筑面积10万平方米及以上)基本达到国家绿色商场创建要求。积极推广绿色低碳产品,推动电商平台和商场、超市等流通企业设立绿色低碳产品销售专区,举办线上线下专场展销活动。组织开展绿色智能家电、环保家具、可再生能源供热发电设备等绿色低碳产品下乡活动,加大对居民购买绿色低碳产品的信贷支持。大力发展高质量、高技术、高附加值的绿色产品贸易,充分利用进博会、跨境电商等新平台新渠道,积极扩大绿色低碳产品进口。全面推进过度包装治理,严格贯彻落实限制商品过度包装的强制性国家标准,提升商品包装绿色化、减量化、循环化水平。落实一次性塑料制品使用、报告制度,督促指导商品零售场所开办单位、电子商务平台企业、外卖企业等每半年报告一次性塑料制品使用、回收以及环保替代产品使用情况。(省发展改革委、省工业和信息化厅、省商务厅、省市场监管局、省邮政管理局等按职责分工负责)

### (六)有序引导绿色文化旅游消费

大力推动景区使用低碳环保旅游交通工具,配套建设充电装置,推进游步道、骑行专线、登山步道等建设,鼓励引导游客采取步行、自行车和公共交通等低碳出行方式。将绿色设计、节能管理、绿色服务等理念融入景区运营,降低对资源和环境消耗,实现景区资源高效、循环利用。推动景区结合实际,规范垃圾分类投放、分类收集和分类运输过程管理。督促全省A级景区内禁止使用不可降解塑料制品,引导星级饭店不再主动提供一次性日用品。促进乡村旅游健康发展,加强湿地保护和生态修复,提升生态碳汇能力。制定发布绿色旅游消费公约或指南,加强公益宣传,倡导文明旅游、绿色消费,规范引导景区、旅行社、游客等践行绿色环保理念。(省发展改革委、省自然资源厅、省生态环境厅、省交通运输厅、省商务厅、省文化和旅游厅等按职责分工负责)

### (七)充分激发全社会绿电消费潜力

落实新增可再生能源和原料用能不纳入能源消费总量控制政策,建立完善绿色电力市场化交易机制,全面提升绿色电力消纳能力。发挥大型国有企业的示范引领作用,丰富拓展绿色电力应用场景,鼓励用电企业开展分布式光伏发电建设,积极推进分布式光伏与储能、微电网等融合发展。研究制定高耗能企业使用绿色电力的刚性约束机制,逐年提高绿色电力消费最低占比,对符合条件的企业适度降低阶梯电价加价标准。到 2025 年,高耗能企业电力消费中绿色电力占比不低于30%。组织电网企业定期梳理、公布本地绿色电力时段分布,有序引导用户更多消费绿色电力,对消费绿电比例较高用户在实施需求侧管理时优先保障。统筹推动绿色电力、绿证、碳排放权交易,探索建立绿色电力交易与可再生能源消纳责任权重挂钩机制,鼓励市场主体通过自发自用、电力市场购买、绿证认购可再生能源用电量完成可再生能源消纳责任权重,探索在碳排放量核算中将绿色电力相关碳排放量予以扣减。持续推动智能光伏创新发展,大力推广建筑光伏应用,发挥党政机关等公共机构率先垂范作用,加快提升公共机构和居民绿色电力消费占比。(省发展改革委、省工业和信息化厅、省生态环境厅、省住房城乡建设厅、省国资委、省能源局、省机关事务管理局等按职责分工负责)

### (八)大力推进公共机构消费绿色转型

推动各类公共机构率先购买使用新能源汽车。党政机关应当带头使用新能源汽车,按照规定逐步扩大新能源汽车配备比例。用于相对固定线路执法执勤、通勤等新增及更新车辆原则上全部选用新能源汽车。新建和既有停车场配备电动汽车充电设施或预留充电设施安装条件。积极推行绿色办公,鼓励无纸化办公和双面打印,鼓励使用再生纸、再生耗材等循环再生办公用品,限制使用一次性办公用品。加快推进线上线下有机融合的公物仓建设,鼓励有条件的公物仓面向社会开放服务,提升公共机构资源循环利用效率。严格执行党政机关厉行节约反对浪费条例,规范公务活动开支,倡导召开视频会议,提升公务用车使用管理效能,推动文明、节俭举办活动。(省发展改革委、省财政厅、省住房城乡建设厅、省机关事务管理局等按职责分工负责)

## 三、强化科技和服务支撑

### (一)加快绿色低碳技术推广应用

鼓励企业研发和引进先进适用的绿色低碳技术,推行生产方式、生产装备绿色化,加快构建绿色制造体系。实施工业节能技改工程,加快推广应用先进节能低碳工艺技术和装备。加快建设技术需求及技术创新供给市场服务平台,推进节能服务产业发展。编制发布江苏省低挥发性有机物含量产品目录,推动重点行业低挥发性有机物含量原辅料和产品替代。依托相关专项资金,支持企业加强绿色低碳技术、智能技术、数字技术等研发推广和转化应用,提升餐饮、居住、出行、物流、商品生产等领域智慧化绿色化水平。(省发展改革委、省科技厅、省工业和信息化厅、省生态环境厅、省住房城乡建设厅、省交通运输厅、省商务厅、省邮政管理局等按职责分工负责)

### (二)提升绿色供应链服务能力

鼓励国有企业率先推进供应链绿色转型,培育一批绿色供应链主导企业,引导上中下游各主体、产供销各环节加快绿色化发展,打造覆盖产品全生命周期的绿色供应链。组织相关行业龙头企业创建国家级绿色供应链管理企业,争创国家绿色供应链试点。积极开展绿色供应链区域合作,推广应用绿色供应链管理技术、标准和认证,制定实施扶持绿色供应链发展的政策措施。依托"一带一路"绿色发展国际联盟、APEC绿色供应链合作网络等国际平台,加强国际交流和合作,支持绿色低碳贸易主体成长发展,推动构建国际化绿色供应链体系。(省发展改革委、省工业和信息化厅、省商务厅、省国资委等部门按职责分工负责)

### (三)大力发展绿色物流配送

深化快递包装绿色产品认证推进工作,引导企业优先选购使用获得绿色认证的快递包装产品。鼓励使用商品和物流一体化包装,大幅减少物流环节二次包装,到2025年电商快件不再二次包装率达99%以上。鼓励选择可循环、可复用快递包装,健全快递包装投放回收机制和配套设施。在保证寄递安全的前提下,优先采用简约包装,推广应用低克重高强度快递包装纸箱、免胶纸箱、可循环配送箱、标准化物流周转箱等新产品,鼓励合理减少填充物使用。推进城市绿色货运配送示范工程创建,建设完善城市绿色货运配送信息平台,大力发展共同配送、统一配送、夜间配送。鼓励网订店取、自助提货、即时配送等末端配送模式规模化发展。(省发展改革委、省交通运输厅、省商务厅、省市场监管局、省邮政管理局等按职责分工负责)

### (四)促进闲置资源共享利用和二手交易

有序发展交通运输、住宿餐饮、生活服务、文体教育等领域共享经济,鼓励闲置物品、设施、设备等共享交换和合理利用。全面落实取消二手车限迁政策,对外省市转入二手车上牌,不再设置排放标准等限制迁入条件。深化汽车流通领域放管服改革,促进二手车便利交易,进一步扩大二手车流通。积极发展家电、消费电子、服装等二手商品交易,鼓励建设集中规范的"跳蚤市场",规范发展"互联网+二手"模式,提高二手商品交易效率。支持社区旧货市场有序发展,促进居民家庭闲置物品交易和流通。倡导中小学绿色漂流阅读,促进图书资源循环利用。优化二手交易环境,加强线上线下一体化监管,建立健全信用评价体系,完善交易纠纷解决机制。鼓励二手检测中心、第三方评测实验室等配套发展。(省发展改革委、省教育厅、省公安厅、省自然资源厅、省交通运输厅、省商务厅、省市场监管局等按职责分工负责)

### (五)完善废旧物资循环利用体系

积极开展废旧物资循环利用体系示范城市建设。完善再生资源回收网络,推进废旧物资回收与生活垃圾分类回收"两网融合"。培育一批再生资源回收利用重点企业,支持再生资源分拣中心、交易中心和综合利用基地建设,提升再生资源利用规模化、规范化、清洁化水平。保障废旧物资回收车辆合理路权,允许符合条件的车辆进城、进小区、进单位。大力发展线上线下融合、消费回收联动的"互联网+回收"模式。健全乡村回收网络体系,鼓励供销系统开展农村废旧物资回收。以废旧家电、消费电子、家具等耐用消费品回收为重点,落实生产者责任延伸制度,推动建立"逆向物流"回收体系。加强废弃电器电子产品、报废机动车、报废船舶、废铅蓄电池等拆解利用企业规范管理和环境监管,依法查处违法违规行为。稳步推进全域"无废城市"建设。(省发展改革委、省工业和信息化厅、省公安厅、省自然资源厅、省生态环境厅、省住房城乡建设厅、省商务厅等按职责分工负责)

## 四、完善激励约束机制

### (一)提高财政支持精准性

加大政府绿色采购力度,全面实施节能产品、环境标志产品优先采购和强制采购政策,将绿色采购制度逐步扩展至国有企业,提升新能源汽车、绿色建材等绿色低碳产品在政府采购中的比例。认真落实促进节能降碳、鼓励资源综合利用或循环节约使用、环境保护等系列税收优惠政策,更好发挥税收促进生产消费绿色低碳循环发展作用。因地制宜运用财政补贴、贷款贴息等方式,引导和支持城乡居民购置新能源汽车、绿色智能家电、绿色建材、节能节水产品等绿色低碳消费品。(省发展改革委、省工业和信息化厅、省财政厅、省商务厅、省税务局、省国资委等按职责分工负责)

### (二)加大绿色金融支持力度

引导银行保险机构规范发展绿色金融服务,建立专业化绿色金融工作机制,支持消费金融公司、小额贷款公司、融资担保公司和融资租赁公司绿色业务发展,扩大绿色信贷、绿色证券、绿色保险、绿色PPP、绿色REITs等金融产品和服务供给,提升绿色金融服务的覆盖面和便利性。积极运用再贷款、再贴现等货币政策工具,大力推广"环保贷""节水贷""苏碳融"等绿色信贷产品,创新推广绿色信用贷款、碳排放收益权等绿色质押贷款,稳步提升绿色信贷占各项贷款比重。鼓励支持符合条件的金融机构和非金融企业发行绿色债券。引导股权投资基金投资绿色消费领域,支持社会资本以市场化方式设立绿色消费相关基金。支持符合条件的绿色企业在资本市场上市或挂牌。鼓励保险公司开发推广新能源汽车、绿色建筑等绿色消费领域保险产品。(省发展改革委、省财政厅、省地方金融监管局、人民银行南京分行、江苏银保监局、江苏证监局等按职责分工负责)

### (三)充分发挥价格机制作用

进一步完善用水、用电、用气阶梯价格制度。落实分时电价政策,引导用户错峰储能和用电。运用峰谷电价和新能源汽车充电电价扶持政策,降低新能源汽车用电成本。建立完善多层次、差别化的城市公共交通运输价格体系,探索实行有利于缓解城市拥堵、促进公共交通优先发展的停车收费政策,鼓励优先选择公共交通出行方式。加快建立餐饮企业厨余垃圾超定额累进加价收费机制、城镇生活垃圾分类计价和计量收费制度,强化城镇生活垃圾分类管理和减量化激励。探索建立农村生活污水和生活垃圾处理收费制度。(省发展改革委、省工业和信息化厅、省生态环境厅、省住房城乡建设厅、省交通运输厅、省能源局等按职责分工负责)

### (四)推行更多市场化激励措施

积极推行绿色消费积分制度,鼓励行业协会、平台企业、制造企业、流通企业、金融机构等共同参与,建立绿色积分账户和服务平台,对低碳出行、绿色餐饮、绿色旅游、绿色购物、节约用能、垃圾分类等绿色消费行为赋予绿色积分,培育发展商品兑换、折扣优惠、转让交易、融资增信等绿色积分应用场景,推动建立绿色消费行为正向反馈机制。鼓励各类销售平台通过发放绿色消费券、绿色积分、直接补贴、降价降息等方式激励绿色消费。鼓励市场主体通过以旧换新、抵押金等方式回收废旧物品。(省发展改革委、省工业和信息化厅、省商务厅、省市场监管局等按职责分工负责)

### (五)强化对违法违规等行为处罚约束

畅通投诉举报渠道,严厉打击虚标绿色产品、生产销售国家明令淘汰的产品等违法行为,有关行政处罚信息纳入信用信息共享平台和国家企业信用公示系统,强化失信行为信息归集公示。加强对违规网络直播内容的监管,督促网络短视频平台、直播平台建立分级管理制度和黑名单制度,开展数据流量造假等专项整治,严厉查处和打击虚假宣传、刷粉刷量、流量造假等违法违规行为。(省委网信办、省发展改革委、省工业和信息化厅、省商务厅、省市场监管局、省广电局等按职责分工负责)

## 五、加强组织和制度保障

### (一)强化组织领导和统筹协调

把加强党的全面领导贯穿促进绿色消费各方面和全过程。各地要强化地方主体责任,组织动员全社会力量,抓紧抓好贯彻落实,不断完善体制机制和政策支持体系。省有关部门要按照职能分工加强协同配合,形成政策和工作合力,扎实推进各项任务落实落地。省发展改革委要加强统筹协调和督促指导,充分发挥省完善促进消费体制机制工作联席会议制度作用,会同相关部门统筹推进本方案组织实施。(省发展改革委等按职责分工负责)

### (二)完善法规政策和标准认证体系

积极推进绿色采购、绿色交通、绿色建筑、绿色电力等重点领域法规、标准和政策的制修订工作,加快建立覆盖绿色消费各领域全过程的制度政策体系。推动完善绿色低碳产品、绿色设计、绿色制造、绿色服务相关标准体系。健全现代农业全产业链标准体系。组织参与绿色低碳领域国家、行业标准制修订,加强与国际标准衔接。引导全社会贯彻实施绿色设计、绿色制造、重点产品能耗限额、重点行业和产品温室气体排放、挥发性有机物限量、水效等相关标准,持续提升绿色化水平。开展全省能源管理体系认证、节能低碳产品认证考核评估和奖励扶持工作,有效发挥质量认证促进经济社会全面绿色低碳高质量发展。推动绿色建材、节能低碳产品等领域认证工作,指导省内认证机构积极取得绿色认证资质,持续扩大绿色认证供给。(省发展改革委、省工业和信息化厅、省公安厅、省司法厅、省财政厅、省生态环境厅、省农业农村厅、省商务厅、省市场监管局、省能源局等按职责分工负责)

## (三)加强统计监测和信息服务

落实国家绿色消费统计制度,加强绿色消费数据收集、统计监测和分析预判,研究制定绿色消费指数和评价指标体系,科学评价不同地区、不同领域绿色消费水平和发展变化情况。探索建立绿色消费专业指导机构和绿色消费信息平台,统筹指导并定期发布绿色低碳产品清单和购买指南,提高绿色低碳产品生产和消费透明度,引导并便利机构、消费者等选择和采购。(省发展改革委、省商务厅、省市场监管局、省统计局等按职责分工负责)

## (四)开展试点示范和经验推广

组织开展绿色消费试点示范工作,鼓励重点地区、重点行业、重点企业先行先试、走在前列。广泛开展创建绿色家庭、绿色社区、绿色出行等行动,及时总结推广促进绿色消费的好经验好做法。全面深化节约型机关创建行动,到 2025 年,推动全省不低于 85% 的县级及以上党政机关建成节约型机关。开展公共机构节能低碳示范单位、能效领跑者创建活动,"十四五"期间,新增 350 个节能低碳示范单位、80 个能效领跑者。持续开展全国节能宣传周、全国低碳日、六五环境日等活动,鼓励举办以绿色消费为主题的论坛、展览等活动,助力绿色消费理念、经验、政策等的研讨、交流与传播,促进绿色低碳产品和服务推广使用。(省发展改革委、省民政厅、省住房城乡建设厅、省交通运输厅、省机关事务管理局、省妇联等按职责分工负责)

## (五)强化宣传教育和舆论引导

弘扬勤俭节约等中华优秀传统文化,培育全民绿色消费意识和习惯,厚植绿色消费社会文化基础。推进绿色消费宣传教育进机关、进学校、进企业、进社区、进农村、进家庭,引导职工、学生和居民开展节粮、节水、节电、绿色出行、绿色购物等绿色消费实践。综合运用各类媒介,探索采取群众喜闻乐见的形式,加大绿色消费公益宣传,及时、准确、生动地向社会公众和企业做好政策宣传解读,切实提高政策知晓度。(省委宣传部、省发展改革委、省教育厅、省民政厅、省农业农村厅、省商务厅、省国资委、省市场监管局、省广电局、省机关事务管理局、省总工会、省妇联等按职责分工负责)

# 三、江苏省政府办公厅转发省发展改革委关于推动生活性服务业补短板上水平提高人民生活品质行动方案（2022—2025 年）的通知

苏政办发〔2022〕30 号

各市、县（市、区）人民政府，省各委办厅局，省各直属单位：

省发展改革委《关于推动生活性服务业补短板上水平提高人民生活品质行动方案（2022—2025 年）》已经省人民政府同意，现转发给你们，请认真贯彻落实。

江苏省人民政府办公厅

2022 年 5 月 9 日

为贯彻落实《国务院办公厅转发国家发展改革委关于推动生活性服务业补短板上水平提高人民生活品质若干意见的通知》（国办函〔2021〕103 号）要求，推动全省生活性服务业加快补齐发展短板、提升发展水平，进一步应对疫情冲击、释放生活消费潜力、促进消费持续恢复，不断提高人民群众生活品质，结合我省实际，现制定本行动方案。

## 一、加快推进生活性服务业发展补短板强弱项，重点实施四项补短板行动

### （一）实施公共服务补短板行动

1. 切实强化基本公共服务保障。加强基本公共服务体系建设，不断提升基本公共服务均等化水平。认真落实国家基本公共服务标准，严格遵照执行并动态调整《江苏省基本公共服务实施标准》，确保项目全覆盖、质量全达标。重点围绕城乡教育、基本养老、医疗卫生、基本医保、公共文化、全民健身等领域，推动建立并动态调整省、市、县三级服务目录，明确服务内容和标准，实现清单化、项目化管理。以服务半径和服务人口为依据合理规划建设基本公共服务设施。持续开展基本公共服务监测评估，通过第三方开展基本公共服务社会满意度调查。〔省发展改革委、省财政厅牵头，省教育厅、省民政厅、省卫生健康委、省医疗保障局、省文化和旅游厅、省体育局等有关部门、各设区市人民政府负责（以下均需各设区市人民政府负责，不再列出）〕

2. 扩大普惠性生活服务供给。通过政府购买服务、公建民营、民办公助等方式，支持公益性社会机构或市场主体提供质量有保障、价格可负担的普惠性生活服务。率先在"一老一小"领域探索普惠性服务机构的建设标准、服务标准，完善普惠性服务机构服务价格形成机制，推动普惠养老、托育服务价格在合理区间运行，价格水平显著低于当地同等服务水平的市场化机构。综合运用规划、土地、住房、财政、投资、融资、人才等政策，不断扩大优质养老、托育服务普惠性供给。支持各地通

过无偿或低价提供场地设施、给予房租减免或补贴等措施,引导更多市场主体实现微利运营,降低普惠性生活服务成本。鼓励各地积极培育发展以普惠养老、托育服务为主责主业的国有和混合所有制企业。各地要因地制宜制定普惠性生活服务机构(网点)认定和支持具体办法,实行统一标识、统一挂牌,开展社会信用承诺。(省发展改革委牵头,省民政厅、省卫生健康委、省国资委等分工负责)

### (二)实施服务场地设施补短板行动

3. 推进社区综合服务设施标准化规范化建设。将社区综合服务设施建设纳入国土空间规划,全面落实新建社区商业和综合服务设施面积占社区总建筑面积比例不低于10%的规定。按照完整居住社区建设标准,推动公共服务机构、便民服务设施、商业服务网点辐射所有城乡社区,依据国土空间总体规划和详细规划,因地制宜统筹设置幼儿园、托育点、养老服务设施、卫生服务中心(站)、微型消防站、电动自行车集中充电点、社区应急避难场所及应急广播、体育健身设施、家政服务点、维修点、便利店、菜店、食堂以及公共阅读和双创空间等。加强社区公共停车泊位建设,畅通消防车通道。鼓励有条件的地方开展城市社区综合服务体建设,促进便民利民服务集聚集群发展、项目化系统化供给。结合实施城市更新行动,推进城乡社区综合服务设施补短板工程,鼓励通过租借等方式,统筹利用社区各类存量房屋资源增设服务设施。结合实施农村住房条件改善专项行动,推进村级综合服务设施提升工程,完善村级综合服务设施网络,推进标准化建设。支持城镇低效用地再开发整理腾退出的土地,可优先用于教育、医疗卫生、托育、养老、助残等设施建设。各地补建社区"一老一小"、公共卫生、全民健身等服务设施,合理确定容积率等指标。在确保依法、安全、规范前提下,提供社区群众急需服务的市场主体可租赁普通住宅设置服务网点。(省民政厅、省发展改革委、省自然资源厅、省住房城乡建设厅、省卫生健康委、省教育厅、省商务厅、省应急厅、省文化和旅游厅、省体育局、省消防救援总队、省残联等按职责分工负责)

4. 加快完善老年人、儿童和残疾人服务设施。按照老年人、未成年人、残疾人等优先原则,推进城乡公共服务设施和公共空间适老化、适儿化改造,推进老年人居家适老化改造,建设全龄社区。加快社区为老服务设施建设,到2025年,全省城市街道综合性养老服务中心、城乡社区养老服务站、老年教育教学点实现全覆盖,并不断拓展康复护理、健康管理、慢病防治、日间照料等服务功能。全面开展儿童友好城市建设,加强校外活动场所、儿童友好公共空间、社区儿童之家、农村亲子小屋建设,创建一批示范性儿童友好社区。加快无障碍环境建设,推进低保和低保边缘残疾人家庭无障碍免费改造。在乡镇(街道)、村(社区)普遍建立"残疾人之家""社区康复示范点""残疾人工作站"等综合性服务平台,开展托养照护、社区康复、辅助性就业、康复辅助器具社区租赁等服务。各类涉及老年人的服务场所要在提供数字化智能化服务的同时,保留必要的传统服务方式。有条件的商业网点周边要实行人车分流,完善无障碍设施。(省住房城乡建设厅、省民政厅、省卫生健康委、省教育厅、省发展改革委、省医保局、省政府妇儿工委办公室、省残联等按职责分工负责)

### (三)实施社区服务能力补短板行动

5. 全面提升社区服务供给品质。实施居家社区养老服务能力提升三年行动计划,积极构建城乡老年助餐服务体系,支持社区助浴点、流动助浴车、入户助浴等多种业态发展,推动社区与居家养老服务协同发展。到2025年,实现城市社区老年助餐服务全覆盖。支持各地开展社区嵌入式养老服务和居家照护服务,发展家庭养老照护床位,鼓励有条件的地方为失能、认知障碍、术后康复等老年人提供社区短期托养服务。开展社区医养结合能力提升行动,推动社区卫生服务与养老服务设施毗邻建设、综合利用,深入发展多层次多样化医疗健康服务,积极稳妥发展中医医疗和养生保健等服务。持续扩大社区托育服务覆盖面,支持示范性托育服务机构带动多家社区嵌入式托育点共同发展,全省培育命名一批社区托育示范点。强化社区助残服务功能,实施残疾人之家三年提升行动,全面开展残疾人日间照料、居家托养服务。支持家政服务进社区,建设一批家政服务标准化社区。将全民健身纳入社区服务体系,实施社区健身设施夜间"点亮工程"。(省民政厅、省发展改革委牵头,省卫生健康委、省教育厅、省住房城乡建设厅、省自然资源厅、省体育局、省医保局、省残联等分工负责)

6. 全面提升社区生活服务便利水平。统筹城乡社区生活服务网点建设改造,优先配齐基本保障类业态,支持与居民日常生活密切相关的便利店、综合超市、菜市场、生鲜超市(菜店)、早餐店、药店、家政服务点、维修点、快递点等进社区,在合法、安全的前提下采取"一点多用"、服务叠加等方式发展微利业态,保障生活必需。因地制宜发展品质提升类业态,鼓励发展特色餐饮、运动健身、保健养生、新式书店、教育培训、休闲娱乐等品质提升类业态,满足居民多样化的消费需求。支持品牌连锁便利店发展,打造"一店多能、一网多用"公共服务网点。加快构建城市社区一刻钟便民生活圈,"十四五"时期各设区市每年建设5个以上功能完善、便利快捷的生活圈,其中,常住人口超过600万的设区市每年建设8个以上生活圈,县及县级市每年建设1个以上生活圈。支持南京、苏州市开展全国一刻钟便民生活圈建设试点。推动线下购物无理由退货在更多商户、更多消费场景的覆盖推广,为消费者提供购物便利,千方百计激发和释放消费潜力。(省商务厅、省民政厅、省发展改革委、省自然资源厅、省住房城乡建设厅、省文化和旅游厅、省市场监管局、省邮政管理局等按职责分工负责)

### (四)实施从业人员专业技能和职业素养补短板行动

7. 开展大规模职业技能培训。有针对性地将生活性服务类职业(工种)纳入全省高技能人才培训紧缺职业(工种)目录,落实有关补贴政策。鼓励开展行业性技能竞赛和岗位练兵活动,将生活性服务类职业(工种)技能竞赛纳入"江苏工匠"岗位练兵职业技能竞赛活动目录。鼓励企业在岗职工到技工院校参加非全日制的新型学徒制培训。落实农村转移就业劳动力、下岗失业人员和转岗职工、残疾人等重点群体培训补贴政策,对符合条件的人员按规定落实培训期间生活费补贴。强化养老护理人才培养,"十四五"时期全省共培训养老服务人员20万人次,新增通过职业等级认定的养老护理员10万人。(省人力资源社会保障厅、省民政厅、省卫生健康委、省商务厅、省总工会等按职责分工负责)

8. 畅通从业人员职业发展通道。支持发展员工制生活性服务业企业,重点推动养老、育幼、家政、体育健身企业向员工制转型,对符合条件的员工制企业吸纳就业困难人员及高校毕业生就业的,按规定给予社保补贴。引导企业通过集体协商等方式建立劳动报酬合理增长机制,完善薪酬激励机制,畅通职业成长通道。做好从业人员职业技能、工作年限与技能人才支持政策和积分落户政策的衔接。引导企业依法规范用工,关心关爱从业人员,保障从业人员劳动报酬、社会保险、休息休假与劳动安全等合法权益。宣传激励一批优秀典型。(省人力资源社会保障厅、省民政厅、省卫生健康委、省商务厅、省体育局、省公安厅、省发展改革委、省总工会等按职责分工负责)

9. 加快紧缺人才培养。加快养老、护理、康复、育幼、家政等相关专业紧缺人才培养,允许符合条件的企业在岗职工以工学交替等方式接受高等职业教育,加强本科层次人才培养,支持相关专业高职毕业生提升学历。完善产教融合人才培养模式,支持生活性服务业龙头企业发挥产教融合、协同育人的主体地位,联合高等学校和职业学校共同开发课程标准,共建共享实习实训基地、联合开展师资培训,打造一批具有示范引领作用的校企合作项目,有力促进培养方向与产业需求的协调统一。在养老、家政、托育、健康等生活服务领域建设培育一批产教融合型企业。(省发展改革委、省教育厅、省人力资源社会保障厅、省民政厅、省商务厅、省卫生健康委等负责)

## 二、持续推动生活性服务业上水平提品质,重点实施四项提升行动

### (五)实施生活服务质量提升行动

10. 加快构建生活性服务业标准体系。将生活性服务业纳入地方标准重点立项范围,推动养老、助残、家政、托育、文化、旅游、体育、健康、物业等领域服务标准制修订,开展省级服务业标准化试点示范。深入实施企业标准"领跑者"制度。支持以企业为主体、行业组织为依托,制定并实施高于国际、国家或行业标准的企业标准,推出一批行业性标杆化标准,积极推进养老、家政、教育、金融、无障碍等服务认证,提升生活性服务认证供给水平。(省市场监管局、省民政厅、省卫生健康委、省商务厅、省住房城乡建设厅、省残联等按职责分工负责)

11. 培育生活性服务业知名品牌。推进实施品牌战略,制定生活性服务业高端品牌企业培育技术规范,树立行业标杆和服务典范,形成一批具有全国影响力的服务品牌和知名企业。鼓励各地打造富有特色的生活性服务业区域品牌,多形式多渠道加强优质服务品牌推介,在养老、育幼、文化、旅游、体育、家政、物业、助残等领域培育若干特色鲜明的服务品牌。建立健全"江苏精品"认证制度体系,培育发展一批"江苏精品"生活性服务业品牌。加强老字号品牌培育,打造一批新时代"中华老字号"生活性服务业企业。鼓励养老、育幼、文化、旅游、体育、家政、商超、餐饮、物业等行业大型企业发展社区直营连锁店,并输出品牌、标准、管理和服务,开展商业特许经营,带动中小企业和个体经营户品牌化、规范化发展。(省市场监管局、省民政厅、省卫生健康委、省文化和旅游厅、省商务厅、省住房城乡建设厅、省残联等按职责分工负责)

12. 完善服务质量监督检查机制。加强生活性服务业质量监测评价和通报工作,推广分领域质量认证。开展服务业满意度监测活动,及时发现行业弊端、消费者需求及质量短板。定期发布企业服务质量和行业满意度情况,曝光服务质量"黑名单"企业,切实保障消费者的权益。依托省公共信用信息平台、省市场监管信息平台等,加强生活性服务业企业信用信息公开。开展民生领域案件查办"铁拳"行动,从严查处群众反映强烈、社会影响恶劣、行业潜规则特点明显的各类违法违规行为。严厉打击预付消费"跑路坑民"、非法集资的违法违规行为。开展生活性服务业"领跑者"企业建设,以养老、育幼、体育、家政、社区服务为重点,培育一批诚信经营、优质服务的示范性企业。(省市场监管局、省发展改革委、省地方金融监管局、省商务厅、省民政厅、省卫生健康委、省公安厅、省文化和旅游厅、省体育局等按职责分工负责)

## （六）实施生活性服务业发展能级提升行动

13. 推动服务数字化赋能。加快推动生活服务市场主体特别是小微企业和个体工商户"上云用数赋智"，提升全省电子商务公共服务水平，引导电子商务平台企业依法依规为市场主体提供信息、营销、配送、供应链等一站式、一体化服务。推进生活服务数据开放共享，在保障数据安全和保护个人隐私前提下，分领域推进旅游、体育、家政等领域公共数据开放。面向市场主体和从业人员，分领域探索建设服务质量用户评价分享平台，降低服务供需信息不对称，实现服务精准供给。支持各地建设面向生活性服务业重点应用场景的数字化、智能化基础设施，打造城市社区智慧生活支撑平台，推动智慧城市服务平台建设。（省工业和信息化厅、省商务厅、省通信管理局、省大数据管理中心、省文化和旅游厅、省体育局等按职责分工负责）

14. 创新发展服务新模式。推动5G、人工智能、大数据、物联网、虚拟现实等新一代信息技术与生活服务深度融合、跨界融合，发展体验式消费、个性需求定制服务等新业态，通过预约服务、沉浸式体验、智能结算、网订店取（送）、直播带货、自助售卖等创新模式，扩大优质服务覆盖面。大力发展"互联网＋生活性服务业"，创新"互联网＋生活"场景，积极拓展数字健康、数字文化场馆、数字方志馆、虚拟景区、虚拟养老院、在线健身、智慧社区等新型服务应用，做强做优免费线上学习服务，丰富和优化"云"上生活服务资源和供给。适应常态化疫情防控需要，满足现代消费习惯变迁，推广发展"无接触"服务，推动建设网上超市和线下无人超市、无人商铺，深化金融服务、文化娱乐、旅游休闲、展览展示、教育培训、健康医疗等服务和活动的线上发展，加快"无接触"配送在零售、餐饮、酒店、社区楼宇服务等领域应用。加快智慧商圈、智慧街区建设，支持将众多分散经营中小规模的经营主体纳入数字经济生态圈。坚持发展与规范并重，推动消费平台企业为社区商户提供营销、信息、流量、数字化工具等免费或让利服务，有序引导网络直播带货等规范发展。大力发展绿色消费，推动形成简约适度、绿色低碳的生活方式和消费模式。（省工业和信息化厅、省发展改革委、省商务厅、省文化和旅游厅、省民政厅、省卫生健康委、省教育厅、省地方志办公室、省通信管理局、省邮政管理局、省大数据管理中心等按职责分工负责）

15. 推进业态融合发展。发展"健康服务＋""养老服务＋""体育＋""物业＋""文化旅游＋"等模式，推动养老、育幼、家政、母婴、物业、快递、健康、零售、文化、旅游、体育、餐饮等生活性服务业融合发展，支持物业延伸发展基础性、嵌入式服务。促进"服务＋制造"融合创新，发展健康设备、活动装备、健身器材、文创产品、康复辅助器械设计制造，实现服务需求和产品创新相互促进。鼓励各地打造一批高品质生活服务消费集聚区，积极培育生活服务新兴产业集群。支持医疗、康养、体育等专业化特色服务集聚区发展，鼓励有条件的地方发挥资源禀赋优势，积极培育一批健康养老、文旅文创、休闲度假、康养服务等生活性服务业高质量发展集聚示范区。（省发展改革委、省工业和信息化厅、省卫生健康委、省民政厅、省文化和旅游厅、省体育局、省住房城乡建设厅、省农业农村厅、省邮政管理局等按职责分工负责）

## （七）实施城乡生活品质提升行动

16. 促进城市生活品质提升。开展高品质生活城市建设行动，支持有条件的地区创建国家高品质生活城市，支持有条件的城市发起设立美好生活城市联盟。鼓励有条件的大城市、特大城市打造一批具有标志性意义的生活服务消费载体,率先实现品质化多样化升级。推动中小城市和县域中心城区提高生活服务消费承载力,增强生活服务发展水平和辐射能力。支持各地加强城市特色商业街区、旅游休闲街区和商圈建设,集成文化娱乐、旅游休闲、体育健身、餐饮住宿、生活便利服务,推出一批有代表性的服务场景和示范项目,打造综合服务载体。支持南京、苏州、徐州、无锡培育创建国际消费中心城市,支持有条件的设区市打造全国性或区域性消费中心,支持昆山、常熟、江阴、张家港等县(市、区)打造地方特色消费中心,促进生活性服务业更高水平发展。深化工会送温暖活动,推进职工普惠性疗(休)养工作,切实做好职工福利和生活保障,实施提升职工生活品质行动,广泛开展职工生活服务项目,为职工提供专业服务。(省发展改革委、省住房城乡建设厅、省商务厅、省文化和旅游厅、省体育局等按职责分工负责)

17. 提升县乡和农村生活服务水平。加快补齐县域地区生活服务短板,健全城乡服务对接机制,推进公共教育服务优质均衡发展,完善区域医疗中心布局,加快发展养老、助残、托育、文化、旅游、体育服务。建设农村生活服务网络,鼓励城市生活性服务业向农村延伸服务能力。引导鼓励生活服务企业在县城建设服务综合体,在乡镇设置服务门店,在行政村和条件具备的自然村设置服务网点。加快贯通县、乡、村三级电子商务服务体系和快递物流配送体系,大力推进"数商兴农""快递进村"和"互联网+"农产品出村进城等工程。继续开展省农村物流示范县创建。支持农村地区发展生态观光旅游、休闲农业、文化体验、民宿经济、户外运动等产业,培育乡村文化产业,带动生活服务发展,服务促进乡村振兴战略实施。(省农业农村厅、省教育厅、省民政厅、省卫生健康委、省商务厅、省文化和旅游厅、省体育局、省邮政管理局等按职责分工负责)

### (八)实施生活服务发展环境提升行动

18. 加强财税、投资和金融支持。省统筹安排相关专项资金,加大对生活性服务业的支持力度。各地要统筹相关财政专项资金,加大地方支持力度,优先保障基础性、普惠性生活服务。落实生活性服务业增值税加计抵减,以及支持养老、托育、家政等社区家庭服务业发展的税费优惠政策。对价格普惠且具有一定收益的公共服务设施项目,符合条件的纳入地方政府专项债券支持范围。对符合条件的教育、医疗卫生、文化旅游、社会服务、"一老一小"设施建设和城镇老旧小区改造配套公共服务设施建设项目,积极争取中央预算内投资支持。积极运用再贷款再贴现等工具支持生活性服务业企业发展。引导商业银行扩大信用贷款、增加首贷户,推广"信易贷""苏服贷""苏贸贷"等金融产品和"随借随还"、无还本续贷等服务模式。鼓励保险机构开展生活性服务业保险产品和服务创新。支持符合条件的生活性服务业企业拓展多层次资本市场。(省财政厅、省发展改革委、省商务厅、省税务局、省自然资源厅、省地方金融监管局、人民银行南京分行、江苏银保监局、江苏证监局等按职责分工负责)

19. 完善价格和用地等支持政策。注重与政府综合投入水平衔接配套,合理制定基础性公共服务价格标准。充分考虑当地群众可承受度以及相关机构运营成本,加强对普惠性生活服务的价格指导。经市县人民政府批准,对利用存量房产、土地资源发展国家支持产业、行业提供普惠性生活服务的,可享受5年内按原用途和土地权利类型使用土地的过渡期支持政策。对建筑面积300平方米以下或总投资30万元以下的社区服务设施,县级以上地方人民政府可因地制宜优化办理消防验收备案手续。(省发展改革委、省自然资源厅、省住房城乡建设厅等按职责分工负责)

20. 提升政务服务便利化法治化水平。深化"放管服"改革,落实市场准入负面清单制度。简化优化证照办理,全面推行"证照分离"改革,推进"照后减证"和告知承诺制。优化"互联网＋政务服务",深化"不见面审批(服务)"改革,提升"一网通办"服务效能。健全卫生健康、养老、育幼、文化、旅游、体育、家政等服务机构设立指引,明确办理环节和时限并向社会公布。简化普惠性生活服务企业审批程序,鼓励连锁化运营,推广实施"一照多址"注册登记。鼓励外商投资新开放领域,落实外商投资准入前国民待遇加负面清单管理制度。依法保护各类市场主体产权和合法权益,严格规范公正文明执法。对服务业新产业、新业态、新模式,坚持包容审慎监管原则,在质量监控、消费维权、税收征管等方面实施线上线下一体化管理。(省发展改革委、省商务厅、省市场监管局、省政务办、省税务局等按职责分工负责)

## 三、加强组织实施

### (一)健全工作统筹协调机制

省发展改革委会同省有关部门建立健全促进生活性服务业发展的工作机制,开展高品质生活城市建设行动,加强监测评价,探索将生活性服务业发展关键指标纳入有关综合考核范围,确保各项任务落地落实。省有关部门按职责分工抓好相关领域和行业支持生活性服务业发展工作,完善行业政策、标准和规范。

### (二)压实地方主体责任

各市、县(市、区)人民政府要切实履行主体责任,对照国家指导意见和省行动方案的目标任务,围绕四项补短板行动和四项提升行动,因地制宜、因城施策编制生活性服务业发展年度任务,研究制定具体措施,加大政策支持力度,更好推动生活性服务业补短板上水平。

### (三)加大纾困解难支持力度

各地各有关部门要用足用好国家和省关于促进服务业领域困难行业恢复发展的政策措施,综合运用财政、金融、税收、社保等多项支持政策,通过提供租金减免、运营补贴、税费减免、融资服务、物资保障等必要帮扶措施,加大对受新冠肺炎疫情影响的生活性服务业企业和从业人员帮扶力度,保障生活性服务业平稳运行。切实采取有效措施制止乱收费、乱摊派、乱罚款等行为。各地各有关部门要在评估既有政策实施成效基础上,有针对性地循环推出一批务实解渴的促消费措施,相关投入优先考虑支持群众急需的生活服务领域。鼓励各地通过定向发放服务消费券等形式,促进生活服务消费提质扩容,切实稳住更多消费服务市场主体和从业人员,不断提高人民群众的生活品质。

# 四、江苏省政府办公厅印发关于有效应对疫情新变化新冲击进一步助企纾困政策措施的通知

发布时间:2022-04-17 17:18 浏览次数:124

苏政办发〔2022〕25号

各市、县(市、区)人民政府,省各委办厅局,省各直属单位:

《关于有效应对疫情新变化新冲击进一步助企纾困的政策措施》已经省人民政府同意,现印发给你们,请认真贯彻实施。

江苏省人民政府办公厅

2022 年 4 月 17 日

(此件公开发布)

## 关于有效应对疫情新变化新冲击
## 进一步助企纾困的政策措施

2022 年 2 月,经省委同意,省政府制定出台《关于进一步帮助市场主体纾困解难着力稳定经济增长的若干政策措施》("苏政 40 条"),对帮助市场主体纾困解难、稳定经济增长产生了积极成效。根据省委、省政府主要领导批示要求,为深入贯彻《国务院办公厅关于进一步加大对中小企业纾困帮扶力度的通知》(国办发〔2021〕45 号)精神,在全面落实"苏政 40 条"基础上,有效应对疫情新变化新冲击,进一步帮助企业纾困解难,着力稳住全省经济基本盘,现提出如下政策措施。

1. 落实增值税小规模纳税人、小型微利企业和个体工商户减征"六税两费"政策,对增值税小规模纳税人、小型微利企业和个体工商户,按照税额的 50% 减征资源税、城市维护建设税、房产税、城镇土地使用税、印花税(不含证券交易印花税)、耕地占用税和教育费附加、地方教育附加,实施期限自 2022 年 1 月 1 日至 2024 年 12 月 31 日。〔责任单位:省财政厅、省税务局,各市、县(市、区)人民政府。以下政策措施均需各市、县(市、区)人民政府落实,不再单独列出〕

2. 省财政有关专项资金对参与疫情防控为生产生活物资提供保障的物流企业、重点农产品批发市场给予定额补助。支持市县建立 10—15 天市场供应量的成品粮油储备,省财政对按计划落实的市县给予定额补贴。(责任单位:省财政厅、省发展改革委、省卫生健康委、省交通运输厅、省农业农村厅、省商务厅、省粮食和储备局)

3. 省财政有关专项资金支持各地对住宿餐饮、批发零售、文化旅游(含电影和新闻出版)、交通运输及物流、建筑、物业服务等行业企业防疫物资、消杀服务等支出,各地各部门按照企业实际运营

规模给予适当补贴。(责任单位:省财政厅、省商务厅、省文化和旅游厅、省住房城乡建设厅、省交通运输厅、省电影局、省新闻出版局)

4. 将供销社、工会、人防等对外出租的房屋全部纳入国有房屋租金减免范围,参照省财政厅、省国资委、省机关事务管理局关于减免 2022 年国有房屋租金操作实施细则(苏财资〔2022〕26 号),对承租单位进行租金减免。(责任单位:省总工会、省供销社、省人防办)

5. 减半收取餐饮住宿业的电梯、锅炉、压力容器定期检验和监督检验费用,实施期限自 2022 年 4 月 1 日至 2022 年 12 月 31 日。(责任单位:省财政厅、省发展改革委、省市场监管局)

6. 按现行标准的 80% 收取水土保持补偿费、药品再注册费、医疗器械产品变更注册和延续注册费,对水资源费省级部分减按 80% 收取,将防空地下室易地建设费标准下调 20%,实施期限自 2022 年 4 月 1 日至 2022 年 12 月 31 日。(责任单位:省财政厅、省发展改革委、省水利厅、省人防办、省药监局、省税务局)

7. 对餐饮、零售、旅游、民航、公路水路铁路运输行业,实施阶段性暂缓缴纳养老保险费,具体待国家政策出台后实施。继续实施阶段性缓缴失业和工伤保险费政策,范围扩大至餐饮、零售、旅游、民航、公路水路铁路运输 5 个行业。(责任单位:省人力资源社会保障厅、省财政厅、省税务局)

8. 符合条件的地区,2022 年底前继续向参保失业人员发放失业补助金。鼓励有条件的地区将 4% 的失业保险基金结余用于职业技能培训,并向受疫情影响、暂时无法正常经营的中小微企业发放一次性留工培训补助。(责任单位:省人力资源社会保障厅、省财政厅)

9. 对受疫情影响的市场主体欠费不停水、不停电、不停气,经申请审核通过后减免在此期间产生的欠费违约金。(责任单位:省住房城乡建设厅、省市场监管局、省电力公司)

10. 为 10 千伏及以下中小微企业全面建设外线电气工程,无需用户投资外线。全省用户报装容量 200 千瓦及以下可采用低压接入,降低用户内部电气投入。(责任单位:省电力公司)

11. 各银行机构应单列普惠型小微企业信贷计划,实现全省普惠型小微企业贷款增速和户数"两增",2022 年新发放普惠型小微企业贷款利率较上年有所下降。做好延期还本付息政策接续和贷款期限管理,进一步推广随借随还模式,加大续贷政策落实力度。鼓励银行推出抗疫贷、复工贷等线上化、纯信用金融产品,开设因疫情受困企业融资绿色通道,支持金融机构将企业信用作为信贷投放重要参考因素。(责任单位:人民银行南京分行、江苏银保监局、省财政厅、省发展改革委)

12. 支持银行机构将再贷款利率下调和 LPR 下调传导至贷款利率,优化内部 FTP 定价,合理降低受疫情影响中小微企业贷款利率。支持银行机构、支付机构推出特色减费让利举措,健全支付服务减费让利专项工作机制,促进企业综合融资成本稳中有降。对受疫情影响较大的企业贷款,通过续贷、展期等方式纾困解难,不因疫情因素下调贷款风险分类。鼓励金融机构与交通物流、餐饮、零售、文化旅游(含电影)、会展等行业主管部门信息共享,运用中小微企业和个体工商户的交易流水、经营用房租赁以及有关信用信息等数据,发放更多信用贷款。(责任单位:人民银行南京分行、江苏银保监局、省地方金融监管局、省商务厅、省交通运输厅、省文化和旅游厅、省电影局)

13. 支持地方法人金融机构对受疫情影响的"三农"、小微企业和民营企业提供更多优惠利率贷款。支持银行机构对受疫情影响较大的餐饮、零售、文化旅游(含电影)等行业企业,加大票据融资支持力度,简化优化贴现手续,降低贴现利率。鼓励地方金融组织对暂遇困难无还款能力的企业,适当予以延期或减免相关费用。对发放普惠小微贷款较好的地方法人金融机构,按普惠小微贷

款余额增量的 1％给予激励资金。(责任单位:人民银行南京分行、江苏银保监局、省地方金融监管局)

14. 扩大小微贷、苏服贷、苏农贷、苏科贷、苏信贷等融资规模,降低融资利率,重点投放信用贷、首贷,符合条件的最高可给予不良贷款金额 80％的风险补偿。(责任单位:省财政厅、省地方金融监管局、人民银行南京分行、江苏银保监局、省发展改革委、省农业农村厅、省科技厅、省工业和信息化厅)

15. 制定落实轻微违法免罚、首次违法免罚、一般违法行为从轻减轻处罚等事项清单,对初创型企业加强行政指导和服务,探索实行“包容期”管理。对疫情期间出现的失信行为进行审慎认定,确因疫情不可抗力导致的,不记入失信记录。组织信用服务机构协助失信企业开展信用修复,健全严重失信主体名单退出机制。(责任单位:省市场监管局、省农业农村厅、省交通运输厅、省文化和旅游厅、省应急厅、省生态环境厅、省住房城乡建设厅、省司法厅、省发展改革委、人民银行南京分行)

16. 中央财政下达的 2020 年度出租车油价补贴资金中涨价补贴的 60％,由各市县统筹用于出租车行业疫情防控和稳定发展。各地可将 2015—2020 年出租车油补退坡资金结余部分用于支持出租车行业疫情防控(含防疫物资配备、驾驶员核酸检测、车辆消杀等)、巡游车和网约车融合、出租车行业设备更新等方面。鼓励保险公司延长对受疫情影响的交通物流企业车辆保险期限。对交通物流企业及从业人员的车辆按揭贷款,受疫情影响偿还有困难的,鼓励金融机构给予延期偿还贷款本息。(责任单位:省交通运输厅、省发展改革委、省财政厅、江苏银保监局)

17. 鼓励有条件的地区发放餐饮消费券。鼓励有条件的地区对中高风险地区、封控区、管控区等因疫情防控暂停营业的餐饮业中小微企业和个体工商户,在具备条件时恢复营业的,给予一次性复市复业补贴。(责任单位:省商务厅、省市场监管局、省财政厅)

18. 减半收取广告业、娱乐业企业 2022 年文化事业建设费。鼓励各级宣传文化发展资金、文化产业引导资金对电影重大项目建设给予帮扶。省级电影专项资金安排 1000 万元,对符合条件的电影企业提供贷款贴息、担保费补贴和风险补偿。鼓励金融机构围绕电影全产业链开发特色化金融产品,省级层面推出“苏影保2.0”电影金融产品,对符合条件的电影企业提供信用贷款。支持各地区对因疫情管控暂停营业的电影院,在具备条件时恢复营业的,给予一次性复工复业补贴。(责任单位:省委宣传部、省电影局、人民银行南京分行、江苏银保监局、省财政厅、省税务局)

19. 制定实施消费者在中标企业线下商场购买绿色节能家电等商品享受补贴等促消费政策措施。(责任单位:省商务厅、省发展改革委、省财政厅)

20. 对符合条件的旅行社,旅游服务质量保证金暂退比例由 80％提高至 100％。鼓励各级机关、企事业单位及社会团体进行公务活动和群团活动时,委托旅行社代理安排交通、住宿、餐饮、会务等事项,预付款比例不低于 50％。加大旅游产业发展基金对小微文旅企业支持力度,2022 年投放的新项目不低于 30％。(责任单位:省文化和旅游厅、省总工会、省委省级机关工委、省妇联、团省委、省财政厅)

21. 对 2022 年度已筹备完成却因受疫情影响而在 15 日内终止的商业性展会,展览面积在 5000—20000 平方米和 20000 平方米以上,经所在设区市商务(展会)主管部门确认,省商务发展专项资金分别给予 10 万元和 20 万元补贴。(责任单位:省商务厅、省财政厅)

22. 依托长三角区域产业链供应链协作机制,全面梳理重点企业需求清单,保障核心零部件和主要原材料供应,保持产业链供应链稳定畅通。着力做好疫情期间江苏支援上海运输保障工作,在通行证"统一格式、全国互认、办理便捷"的基础上,落实点对点运输和全过程闭环管理要求,通过提前申报、货到放行、抵点直装等措施简化申报单证,最大限度减少货车滞留时间,全力支持上海抗疫,全力保障上海供给,助力上海打赢疫情防控战。(责任单位:省交通运输厅、省公安厅、省商务厅、省发展改革委、省工业和信息化厅、省农业农村厅、省粮食和储备局)

全面贯彻国家出台的相关支持政策,同类政策标准不一致的,按照从高不重复原则支持市场主体。各地各部门要抓紧制定实施细则,明确政策适用范围、享受条件和申报流程,明确办事指南、办理方式和办理时限,积极推行网申捷享、免申即享、代办直达等便利化措施,切实提升政策措施的知晓度、获取政策的便利度和企业的获得感。省政府办公厅将适时就政策贯彻落实情况开展督促检查。本政策措施自发布之日起实施,除已有明确期限规定外,有效期截至 2022 年 12 月 31 日。

# 五、江苏省优化营商环境行动计划

为深入贯彻落实党中央、国务院关于优化营商环境的决策部署,持续优化营商环境,增强发展内生动力,现制定优化营商环境行动计划。

## 一、总体要求

以习近平新时代中国特色社会主义思想为指导,全面贯彻党的十九大和十九届历次全会精神,深入贯彻落实习近平总书记对江苏工作重要指示精神和省第十四次党代会、省委经济工作会议精神,紧紧跟进国家营商环境创新试点改革举措,坚持对标先进、深化改革、协同联动、法治保障,以综合更优的政策环境、公平有序的市场环境、高效便利的政务环境、公正透明的法治环境、亲商安商的人文环境全面提升市场主体满意度和获得感,建设市场化、法治化、国际化的一流营商环境,努力将江苏打造成为具有全球吸引力和竞争力的投资目的地,为坚决扛起"争当表率、争做示范、走在前列"光荣使命、奋力谱写"强富美高"新江苏现代化建设新篇章提供强有力支撑。

## 二、打造综合更优的政策环境

### (一)完善全省优化营商环境政策

1. 出台"1＋5＋13"系列政策。制定 1 个行动计划,对全省优化营商环境作出系统谋划和整体部署。围绕政策环境、市场环境、政务环境、法治环境、人文环境等 5 个环境,省级有关部门分头组织制定实施方案(2022—2024 年)。13 个设区市人民政府聚焦本地实际编制年度改革事项清单,对优化营商环境重点任务实行清单化管理、项目化推进。省相关部门根据自身职能,推出 N 项优化营商环境具体举措。

2. 持续优化营商环境政策供给。推出一批具有江苏特色、含金量高的政策举措,增强市场主体获得感和满意度,以高质量的政策供给为营商环境提供制度支撑。因自然灾害、事故灾难或公共卫生事件等突发事件造成市场主体普遍性经营困难的,及时制定纾困解难政策。

3. 推动政策集成创新。鼓励地方先行先试、大胆探索,对锐意改革的地区和单位加大激励力度,复制推广成熟经验和典型做法。鼓励中国(江苏)自由贸易试验区、南京江北新区等区域,以制度创新为核心,在重点领域、关键环节取得突破,加大营商环境制度集成创新改革。定期梳理制约企业和群众办事创业的痛点堵点问题,开展营商环境痛点堵点疏解行动,督促相关部门和地方限期解决。

4. 构建制度型开放新优势。围绕率先在全国建成开放强省,以开放促改革促发展,加快构建双向开放新格局,加快规则、规制、管理、标准等制度型开放,构建与高标准全球经贸规则相衔接的规则制度。全面实施外商投资法及其配套法规,依法平等对待内外资企业。

### (二)完善涉企政策制定落实机制

5. 规范涉企政策制定程序。制定与市场主体生产经营活动密切相关的地方性法规、规章、规范性文件,应充分听取市场主体、行业协会商会、消费者等方面的意见,除依法需要保密外,向社会公开征求意见,并建立健全意见采纳情况反馈机制。制定行政规范性文件应当进行合法性审核,没有法律法规或国务院决定和命令依据的,不得作出减损市场主体合法权益或增加市场主体义务的规定。

6. 全面落实公平竞争审查制度。制定市场准入和退出、产业发展、招商引资、招标投标、政府采购、经营行为规范、资质标准等涉及市场主体经济活动的政策措施时,应全面进行公平竞争审查,防止排除、限制市场竞争。健全公平竞争审查抽查和第三方评估制度。

7. 打通政策落实"最后一公里"。涉及市场主体的规范性文件和政策出台后,除依法需要保密外,应当及时向社会公布,并同步进行宣传解读。建立完善涉及市场主体的改革措施及时公开和推送机制,及时梳理公布惠企政策清单,通过"苏企通"平台主动精准推送。大力推行惠企政策"免申即享",符合条件的企业免予申报、直接享受政策;对确需企业提出申请的,合理设置并公开申请条件,畅通申报通道,简化申报手续,加快实现一次申报、全程网办、快速兑现。

8. 建立健全政策评估制度。以政策效果评估为重点,定期评估和动态评估相结合,健全重大政策事前评估和事后评价制度。建立政策评估主体多元化制度,积极发挥第三方评估作用,提高政策评估过程的透明度,完善评估结果的反馈处理机制。对市场主体满意度高、效果显著的政策,及时复制推广、立法固化、持续深化;对获得感不强、效果不明显的政策,及时调整或停止施行。

### (三)完善营商环境法规制度

9. 全面贯彻优化营商环境条例。实施《江苏省优化营商环境条例》,制定贯彻落实年度任务清单,强化责任落实。不断完善以《条例》为基础、相关领域专业立法为补充的"1+N"江苏营商环境法规制度,鼓励有条件的设区市加大营商环境改革立法力度。开展《条例》贯彻落实情况执法检查。

10. 完善营商环境法规配套制度。将完善优化营商环境长效机制和重点改革事项相结合,以深化改革促进政策完善。鼓励各地结合实际每年迭代升级出台本地区营商环境综合性改革措施,发挥政策综合集成效应。持续开展营商环境相关的地方性法规、规章、规范性文件和政策文件清理。

## 三、打造公平有序的市场环境

### (一)降低市场准入门槛

11. 全面实施市场准入负面清单制度。贯彻落实国家市场准入负面清单和外商投资准入负面清单,落实非禁即入的市场准入制度。完善投资项目服务推进机制,强化跟踪服务。加强市场准入评估,排查和清理市场准入对市场主体资质、资金、股比、人员、场所等设置不合理条件。进一步畅通市场主体对隐性壁垒的投诉渠道,健全处理回应机制。

12. 提升企业开办便利度。依托企业开办全链通平台,实现企业开办事项全程网上办理。进一步放宽新兴行业企业名称登记限制,放宽小微企业、个体工商户登记经营场所限制,推进一照多址、一证多址等住所登记制度改革。支持有条件的地方建立外商投资一站式服务体系。

13. 深化行政审批制度改革。编制省市县行政许可事项清单。梳理省级层面设定的年检、年报事项,分批次推进年检改年报,推进"多报合一"改革。推进"证照分离"改革全覆盖,及时调整全省涉企经营许可事项清单,加大自由贸易试验区改革力度。全面推行证明事项和涉企经营许可事项告知承诺制。探索推进"一业一证"改革,实现一证准营。

## (二)切实维护公平竞争的市场秩序

14. 平等对待各类市场主体。依法平等保护各类所有制企业产权和自主经营权,保障依法平等使用土地、技术、数据等生产要素,深化要素市场化配置改革。清理对各类市场主体的不合理限制。落实推进国家自然垄断行业改革和大幅放宽服务业领域市场准入,引导和支持非公有制经济进入能源、铁路、电信、公用事业等行业竞争性环节。

15. 规范政府采购和招标投标。统一全省集中采购目录,完善集中采购项目采购规则,推进政府采购意向提前公开发布。清理政府采购和招标投标领域妨害公平竞争的规定和做法,清除对外地企业设置的隐性门槛和壁垒等。完善与统一开放的政府采购和招标投标市场相适应的监管模式。推行全流程电子化招标投标,推进招标投标活动在线监管,探索建立招标计划提前发布制度。

16. 加强反垄断和反不正当竞争执法司法。制定《江苏省反不正当竞争条例》,实施《江苏省经营者反垄断合规指引》。健全举报处理和回应机制。严肃查处资本无序扩张、妨碍创新和技术进步等竞争违法行为。加强对企业的反垄断、反不正当竞争辅导,帮助企业健全竞争合规体系。加强公用事业、医药等民生重点领域反垄断执法。加强平台经济、共享经济等新业态新经济领域反垄断和反不正当竞争规制。做好反垄断和反不正当竞争司法审判工作。

## (三)降低企业经营成本

17. 降低企业税费负担。落实国家减税降费政策,强化对中小微企业、个体工商户等支持力度。持续优化纳税服务,精简享受税费政策的办理流程和手续。规范降低重点领域涉企收费,科学合理界定政府、企业、用户权利义务,降低经济社会运行基础成本,不断提升水电气暖网络等产品、服务供给质量和效率。完善涉企收费目录清单制度,加强对涉企收费的监督检查,严厉查处涉企违规收费行为。

18. 降低企业融资成本。依法加强对资本的有效监管,发挥资本作为生产要素的积极作用,有效控制其消极作用,支持和引导资本规范健康发展。拓展市场主体融资渠道,推动金融服务供给增量提质,鼓励金融机构创新信贷产品与服务,加大对小微企业、个体工商户等市场主体的支持力度。完善银企融资对接机制,进一步发挥省综合金融服务平台效用。实施动产和权利担保统一登记制度,加强担保信息共享,便于市场主体进行动产及权利担保融资。

19. 降低企业其他经营成本。持续降低企业制度性交易成本。规范垄断性交易市场收费,加强对中介机构、行业协会商会、交通物流等领域的监督检查。推进物流降本增效,大力推进多式联运,优化运输结构。深化跨境贸易便利化改革,持续推进通关提速降费政策,完善国际贸易"单一窗口"建设。鼓励企业以数字技术赋能降本增效,引导企业对标国际先进,提升成本管控水平。

# 四、打造高效便利的政务环境

## (一)简政放权激发市场活力

20. 提升行政权力运行规范化水平。实行政府权责清单管理制度,将依法实施的行政权力事项列入本级人民政府权责清单,及时调整并向社会公开。修订《江苏省行政权力事项清单管理办法》。编制行政权力事项的各类目录清单,应当以法律、法规、规章为依据。建立行政权力运行考核评估制度,规范权力运行,完善约束机制,强化监督问责。建成统一、高效、规范的全省行政权力事项管理系统。

21. 提升行政权力下放赋能成效。深化行政权力事项下放工作,同步制定配套保障措施,从人力、财力等方面加强对基层保障,做好全流程指导,确保基层接得住、管得好。继续做好国务院取消、下放事项的落实和衔接,推动赋权事项落地落实。定期开展效果评估,对基层承接效果不好或企业获得感不强的权力事项要按程序及时收回。

22. 提升重点领域简政放权实效。深化投资审批制度改革,进一步优化投资项目审核流程,不断拓展投资项目在线审批监管平台功能,促进项目代码全面应用,加快各相关部门审批系统互联共享。深化工程建设项目审批制度改革,积极推进实施告知承诺制改革,精简规范工程建设项目审批涉及的技术审查、中介服务事项。推进社会投资项目"用地清单制"改革。深入推进"多规合一""多测合一",建立健全测绘成果共享互认机制。推行水电气暖等市政接入工程涉及的行政审批在线并联办理。进一步优化工程建设项目联合验收,推动联合验收"一口受理"。推进产业园区规划环评与项目环评联动。依法压减涉及工业产品的行政许可事项,落实强制性产品认证制度改革。

## (二)优化服务助力企业发展

23. 深入推进"一件事"改革。优化应用服务场景,大力推进一批关联事项整合服务,将涉及的相关审批事项打包,提供套餐式、主题式服务,由一个牵头部门统一受理、配合部门分头办理,优化再造办事流程。加快打通部门间业务系统,规范相关标准,加强电子证照、电子签名、电子印章应用,推动"一件事"线上全流程办理,并逐步向移动端延伸。

24. 完善江苏一体化政务服务平台。政务服务事项按照规定纳入政务服务一体化平台,推动实现更多政务服务网上办、掌上办、一次办。推进政务服务标准化,实行减环节、减材料、减时限。整合优化各类各级二维码凭证,大力推广"苏服码",实现全领域应用。打造统一的掌上政务服务入口,做实做强江苏政务服务移动端。逐步整合各级各部门办公系统,着力搭建全省统一移动办公平台。及时纠正限定线上办理等不合理做法,允许企业自主选择线上、线下办理方式,并加强对老年人、视障听障残疾人等群体的引导和服务。

25. 深入推进省内通办和跨省通办。确保国家统一部署事项异地可办。持续推进长三角"一网通办",加快推进与对口帮扶支援合作省区、淮海经济区、苏皖合作示范区、南京都市圈的跨省通办。编制高频政务服务省内通办事项清单,统一办理流程、办事指南、办理时限等,实现同一事项全省无差别受理、同标准办理。建设"一网通办"政务服务地图,提供政务服务窗口地理位置、预约排队等信息和导航服务。

### (三)创新机制提升服务效能

26. 创新审批监管工作机制。实行相对集中行政许可权改革的地区,进一步厘清审批部门和监管部门的职责边界,针对审批事项逐一划分监管职责。下放或者取消行政审批事项,同步配套制定事中事后监管措施。审批部门、行业主管部门建立审批、监管信息"双推送""双回路"机制,实现审管联动,形成管理闭环,确保审批监管有效衔接。

27. 完善政务服务"好差评"制度。完善政务服务反馈机制,实现政务服务事项、评价对象和服务渠道全覆盖,形成评价、反馈、整改、监督全流程衔接。完善政务服务一次一评、一事一评工作规范,健全差评问题和投诉问题调查核实、督促整改和反馈机制。持续改进窗口服务,推行首问负责、一次告知、一窗受理、并联办理、限时办结等制度。

### (四)数字赋能提升治理能力

28. 推动政务服务数字化治理转型。推动区块链、人工智能、大数据等新一代信息技术的应用,运用数字化、信息化、智能化的手段,优化线上线下服务。加快推进信息化系统基础设施集约建设,以政务数据资源共享为核心,推进跨层级、跨地域、跨部门的系统互联互通建设。深化"苏服办"应用,加快推进电子证照互认共享,实现自动调用核验。

29. 推进公共数据资源治理。加强政务数据资源目录编制,建立省市县数据共享清单。完善公共数据开放共享应用标准规范,建立健全政务数据资源及时采集、动态维护、共享交换、开发利用工作机制,推进公共数据完整归集、按需共享。健全公共数据分类分级管理机制,上线公共数据开放平台,建立数据需求的动态更新维护机制,探索公共数据运营管理新模式,推进公共数据和其他数据融合应用。大力推动重点系统与地方政务数据协同服务,积极争取更大范围、更高效率的国家数据场景授权和属地回流。

## 五、打造公正透明的法治环境

### (一)健全完善产权保护制度

30. 加强市场主体权益保护。实施新修订的《江苏省中小企业促进条例》。进一步完善公共法律服务,为中小企业提供全生命周期法律服务。司法机关依法及时办理涉及市场主体的各类案件,审慎使用强制措施。深化民商事案件审判执行制度改革,推进繁简分流改革,持续提升审判质效。推进司法数字化智慧化转型,健全完善智慧法院、智慧检察、智慧警务、智慧法务,加强案件管理信息系统建设。

31. 加强知识产权保护。完善新业态新领域知识产权保护机制,严格执行知识产权侵权惩罚性赔偿制度。强化对知识产权代理机构的监管,加强对知识产权成果转化的指导。探索知识产权市场化定价和交易机制,进一步推进知识产权、技术产权交易市场建设。完善知识产权纠纷解决机制,建立知识产权举报投诉集中处理平台。完善海外知识产权纠纷应对指导机制,开展重点产业领域海外知识产权风险防控体系建设。加强知识产权犯罪侦查队伍专业化建设,进一步加大知识产权犯罪刑事打击力度。

32. 建立健全多元化涉企纠纷解决机制。完善调解、仲裁、行政裁决、行政复议、诉讼等有机衔接、协调联动、高效便捷的多元化纠纷解决机制。加快建设南京法治园区。建立一站式多元解纷中心,集聚行政保护、司法保护、仲裁调解和法律服务,构建市场主体产权和合法权益全链条保护体系。建设线上、线下一体纠纷解决平台,引入调解组织、仲裁机构。进一步畅通企业依法申请行政复议渠道,提高审查涉企行政复议案件的规范性和透明度,严格依法纠正侵犯企业合法权益的违法或不当行政行为。

## (二)强化事中事后监管

33. 深化"双随机、一公开"监管。推动"双随机、一公开"监管与企业信用风险分类管理等有效结合,减少对守法诚信企业的检查次数。统筹制定全省监管任务计划,梳理全省市场监管领域抽查事项清单。建立健全跨部门、跨区域行政执法联动响应、协作机制和专业支撑机制,实现违法线索互联、监管标准互通、执法结果互认。深入推进跨部门综合监管改革,拓展部门联合"双随机、一公开"监管覆盖范围,制定跨部门联合抽查事项清单,明确联合抽查操作流程,将各部门检查频次高、对企业干扰大且适合合并的检查事项全部纳入跨部门联合抽查范围。

34. 加强重点领域监管。对消防安全、食品医药、环境保护、水土保持、医疗卫生等重点领域,建立完善全主体、全链条、全流程监管体系。探索将医疗、教育、工程建设等重点领域从业人员的执业行为记入个人信用记录,对严重不良行为依法实行行业禁入等惩戒措施。加强部分重点领域数据汇集,进一步完善"互联网+监管"系统风险预警模型。

35. 创新包容审慎监管。针对新产业、新业态、新模式的性质和特点,探索开展触发式监管等新型监管模式,研究制定包容审慎监管实施细则。在部分领域实施柔性监管、智慧监管,制定不予实施行政强制措施清单、轻微违法违规行为免予行政处罚事项清单。行政机关不得在未查明违法事实的情况下,对一定区域、领域的市场主体普遍实施责令停产停业、责令关闭等行政处罚。

36. 坚持严格规范公正文明执法。贯彻实施新修订的《行政处罚法》,细化管辖、立案、听证、执行等程序制度。编制针对市场主体的年度行政执法检查计划,并向社会公布。推行远程监管、移动监管、预警防控等非现场监管,对能够通过非现场监管方式实现监管效果的事项,不再纳入现场检查。规范行政处罚自由裁量权的行使,加大对随意执法等行为的查处力度。全面推进更高水平平安江苏建设,创造更加安全稳定的社会环境。

## (三)推进诚信江苏建设

37. 强化政务诚信建设。完善政务诚信建设监测和评价体系,健全政府守信践诺机制,履行向企业依法作出的承诺,未如期履行承诺的要限期解决。探索建立政务诚信诉讼执行协调机制,推动人民法院与政务诚信牵头部门之间信息共享,共同推进政府履约,持续开展政务失信专项治理。健全防范和化解拖欠中小企业账款长效机制,建立专门投诉通道,形成受理、办理、反馈和回访闭环机制。

38. 推进全流程信用监管。健全信用承诺制度,将信用主体履行承诺情况纳入信用记录,为履行承诺的市场主体提供便利措施,对不履行承诺的市场主体依法实施失信约束措施。根据市场主体生产经营活动风险程度和企业信用等级实施差异化监管。完善行业信用评价制度,制定行业信用评价办法,推进实施信用分级分类监管。制定失信惩戒措施补充清单,规范失信约束和失信行为认定。完善市场主体信用修复机制,规范信用修复条件和流程。

39. 深化信用信息归集应用。推进省市信用信息平台网站一体化,强化公共信用信息一体化归集处理,统一基础应用,拓展特色应用。完善省公共信用信息系统,提升政府部门信用管理、信用承诺、信用主体自主申报、信用监测预警、信用信息查询记录等功能。制定公共信用信息补充目录,深化信用信息资源共享。推动公共信用信息和市场信用信息在商务、金融、民生等领域融合应用,大力培育信用服务市场。

### （四）完善市场主体退出机制

40. 畅通市场主体退出渠道。推动部门数据共享和业务协同,建立全流程一体化企业注销登记服务平台,实现办事流程清晰透明、办理进度和结果实时共享,进一步提升企业注销便利度。拓展企业简易注销程序适用范围,规范简易注销流程,实行法院裁定强制清算终结或裁定宣告破产的企业办理简易注销登记免予公告等。探索开展长期吊销未注销企业强制注销试点,并依法保障当事人合法权益,提高市场主体退出效率。

41. 健全完善企业破产制度。健全破产案件财产处置协调机制,简化破产程序,降低破产企业处置成本。做好破产企业登记、金融、涉税等事项办理,提升企业破产处置效果。探索建立破产预重整制度。完善破产管理人选任机制。积极引导困难企业破产重整,完善破产信用管理制度和信用修复机制。建立健全企业破产重整府院联动机制。加强破产审判队伍建设,健全完善管理人履职管理和培训机制,为企业破产处置提供专业化服务与保障。

## 六、打造亲商安商的人文环境

### （一）着力构建亲清新型政商关系

42. 健全完善政企沟通渠道。深化“一企来”企业服务热线建设,整合政务服务热线,推进热线管理规范化、标准化,对企业和群众诉求做到接诉即办。建立常态化、规范化、制度化的政企沟通渠道,设立江苏企业家日。强化主动沟通,建立完善定点联系、定点走访、会议论坛、营商环境监督员等常态化制度化政企沟通机制,主动对接市场主体需求,依法帮助市场主体协调解决生产经营中遇到的困难和问题。

43. 规范政商交往行为。着力构建亲而有度、清而有为的亲清政商关系,营造风清气正的政治生态和良好的发展环境。公职人员应当规范政商交往行为,主动担当作为,增强服务意识,关注企业需求,帮助企业解决实际困难;依法履行职责,不得干扰市场主体正常经营活动,不得增加市场主体负担,不得吃拿卡要,不得以设立“影子公司”等方式破坏营商环境。依法严肃查处官商勾结、利益输送、以权谋私等严重破坏政商关系、损害营商环境的违纪违规违法行为。

## （二）弘扬企业家精神

44. 壮大新时代苏商群体。弘扬厚德、崇文、实业、创新精神，激励新生代企业家茁壮成长，努力造就一批以张謇为楷模、典范的新一代苏商群体。充分发挥张謇企业家学院的作用，培养一批具有全球战略眼光、市场开拓精神、管理创新能力和社会责任感的优秀企业家。

45. 营造企业家健康成长环境。依法保护企业家合法权益，促进企业家公平竞争诚信经营。支持和引导企业家践行新发展理念，拓展国际视野，走"专精特新"发展道路。完善企业家正向激励机制，营造鼓励创新、宽容失败的文化和社会氛围，不得捏造或者歪曲事实损害市场主体的声誉。加强对优秀企业家先进事迹、突出贡献的宣传报道和荣誉激励。贯彻宽严相济刑事政策，坚持"少捕慎诉慎押"，深入推进检察机关主导的涉案企业合规改革试点，督促帮助企业整改问题、排除风险，促进企业健康发展。

## （三）优化创新发展环境

46. 完善科技企业孵化体系。瞄准人工智能、量子科技、区块链等前沿领域，持续推进前沿引领技术基础研究专项、前瞻性产业技术创新专项。聚焦建设具有全球影响力的产业科技创新中心，整合全球一流的金融科创资源，健全众创空间、孵化器、加速器、产业全周期科技孵化成长体系。创新高水平研发机构引进合作机制，支持企业联合高校院所共建联合创新中心、新型研发机构等，争创国家技术创新中心等一批重大技术创新平台载体。鼓励重大科研基础设施和大型科研仪器、国家级和省级创新平台向中小企业开放，增强中小企业创新活力。

47. 探索科技成果产权制度改革。推动国家赋予科研人员职务科技成果所有权或长期使用权试点单位深化改革，进一步探索促进科技成果转化的机制和模式。完善技术转移转化机制，强化省技术产权交易市场桥梁纽带功能，加快推进省科技资源统筹服务中心建设。加大科技企业金融支持，积极探索通过天使投资、创业投资、知识产权证券化、科技保险等方式推动科技成果资本化。鼓励商业银行采用知识产权质押、预期收益质押等融资方式，为促进技术转移转化提供更多金融产品服务。

## （四）完善育才引才聚才保障机制

48. 完善公共服务配套。加强城市规划设计和管理，改善城市环境，持续提升生态环境质量。强化基本公共服务供给，加快配套完善教育、医疗、社会保险等公共服务，以高品质人居环境吸引更多市场主体和人才来江苏投资兴业。

49. 促进人力资源有序流动。落实支持多渠道灵活就业的政策，进一步拓展劳动者就业渠道。完善企业用工指导服务机制，建立用人单位招聘岗位、技能人才、企业需求、个人求职信息指标体系，为企业精准推送服务信息。加强对岗位信息共享机制应用，促进人力资源跨省流动和合理配置。支持人才大胆创新创造。完善企事业单位人才交流机制，畅通人才跨所有制流动渠道。健全劳动力市场调解与仲裁衔接机制，健全劳动者权益预警处理机制。鼓励人才有序流动，建立地区人才挂钩合作机制。

50. 优化国际人才服务体系。鼓励企业建立与国际规则接轨的招聘、薪酬、考核等人才保障制度。研究建立与国际接轨的人才评价体系。推动建立国际人才职称评审绿色通道。探索建立与国际接轨的高技术人才管理制度。完善人才薪酬激励机制,指导用人单位实行以增加知识价值为导向的分配政策。进一步优化完善外籍人员工作许可和出入境便利措施。推动实施港澳居民在江苏发展便利化计划,打造更具吸引力的国际化人才服务环境。

## 七、保障措施

### (一)强化组织领导

加强对全省优化营商环境工作的统筹领导和组织协调,成立由省委书记任第一组长、省长任组长的优化营商环境工作领导小组,研究制定营商环境重大政策举措。领导小组办公室设在省发展改革委,承担协调推进、跟踪调度、督促落实职责。各设区市要把优化营商环境作为重点工作来推进,主要负责同志作为第一责任人,亲自抓部署、抓方案、抓协调、抓落实。针对重点领域、重点问题,建立工作专班、专项小组推进机制,配齐配强人员力量

### (二)加强统筹推进

省各有关部门强化对上争取、横向协同、对下指导,各设区市主动对标国际国内一流营商环境,大胆探索、积极创新。对改革事项进行清单化、表格化管理,科学把握改革时序、节奏和步骤。持续完善以市场主体满意度为导向的评价机制,充分发挥评价对优化营商环境的引领和督促作用,创新评价方式,优化评价指标,继续将营商环境评价纳入高质量发展考核

### (三)严格督查问责

建立全过程督查问责机制,将营商环境工作纳入省政府专项督查,强化对改革事项落实情况的审计监督。广泛听取人大代表、政协委员、企业和群众对政策落实情况的意见建议,主动接受监督。认真贯彻落实鼓励激励、容错纠错、能上能下"三项机制",对积极担当、勇于作为、抓落实成效明显的干部,强化表扬和正向激励;对政策执行做选择、打折扣、搞变通以及不作为、慢作为、乱作为的干部,依规依纪依法严肃追究责任。

### (四)凝聚各方合力

成立省优化营商环境咨询委员会,针对优化营商环境领域难点、重点问题,提出意见建议或工作方案。发挥第三方机构作用,为营商环境评价、政策评估提供支撑。发挥专家、专业机构等研究力量的作用,加强营商环境政策前瞻性研究。

### (五)加强宣传推广

广泛宣传推介全省优化营商环境政策,提升江苏营商环境的感知度和影响力,形成全社会广泛支持和参与营商环境建设的良好氛围。及时总结优化营商环境改革经验,不断推广设区市及部门的典型案例和成功做法,形成更多可复制可推广的工作机制和创新成果,实现全省营商环境的整体提升。

# 六、江苏省生产性服务业十年
# 倍增计划实施方案

为贯彻落实《江苏省国民经济和社会发展第十四个五年规划和二〇三五年远景目标纲要》和《江苏省"十四五"现代服务业发展规划》,实现全省生产性服务业十年倍增目标,制定本方案。

## 一、总体要求

### (一)指导思想

以习近平新时代中国特色社会主义思想为指导,全面贯彻落实党的二十大精神和习近平总书记对江苏工作重要讲话指示精神,扛起"争当表率、争做示范、走在前列"光荣使命,以高质量发展为根本,以产业转型升级需求为导向,聚力建设制造强省,深入开展数智赋能、协同创新、主体培育、载体提质、品牌塑造、开放合作,着力推进生产性服务业与先进制造业在更高水平上实现融合发展、集聚发展、创新发展、品牌发展、开放发展,推进生产性服务业向专业化和价值链高端延伸,促进生产性服务业成为我省基本建成具有国际竞争力的先进制造业基地的有力支撑,助力构建优质高效的江苏服务业新体系。

### (二)发展目标

到 2025 年,生产性服务业重点领域年营业收入增速力争高于全省服务业营业收入增速,两业融合标杆引领示范典型、高质量发展领军企业、高质量发展集聚示范区创建数量中生产性服务业领域占比超过 70%。到 2030 年,生产性服务业增加值达到 6 万亿元左右,比 2020 年生产性服务业增加值增长一倍,实现倍增目标。

## 二、数智赋能,推动江苏智造转型升级

### (一)加快推进数字产业化

完善 5G、标识解析等数字基础设施建设布局和数据资源开放共享机制,助力"东数西算"长三角生态绿色一体化发展示范区集群建设。打造以南京、无锡、苏州为核心,以苏中、苏北为辅助的大数据产业创新发展布局,鼓励有条件的地区争创国家新型工业化产业示范基地。深入实施工业互联网创新工程和"5G+工业互联网"融合发展工程,支持南京、苏州建设国家级工业互联网数字化转型促进中心和工业互联网平台应用创新体验中心,培育壮大一批工业互联网解决方案提供商。

积极培育智能汽车、智能家居、智能新零售、智能服务机器人等人工智能创新产品和服务,支持南京国家人工智能创新应用先导区和苏州国家新一代人工智能创新发展试验区建设,加快培育全省"人工智能科技创新走廊"和产业集群。(省委网信办、省委宣传部、省发展改革委、省科技厅、省工业和信息化厅、省通信管理局,各设区市人民政府按职责分工负责;以下均需各设区市人民政府共同负责,不再列出)

### （二）加快推进生产性服务业数字化转型

积极发展在线研发、数字金融、智慧物流、在线检测、工业电商等生产性服务业领域在线新经济,推广云计算、大数据、人工智能、虚拟仿真、区块链等技术在咨询、信用、知识产权、广告等服务业领域的应用,稳妥有序推进数字货币、元宇宙等新模式新业态健康发展。实施中小企业数字化赋能专项行动,加快企业上云用云步伐,支持面向企业级和行业级用户定制化平台解决方案。建设一批省级生产性服务业数字化转型标杆示范,打造全国生产性服务业数字化转型引领城市。(省委网信办、省发展改革委、省科技厅、省工业和信息化厅、省通信管理局、省知识产权局按职责分工负责)

## 三、协同创新,推进生产性服务业和先进制造业、现代农业融合发展

### （一）坚持生产性服务业科技创新

提升研发设计、创业孵化、技术转移、科技金融、知识产权、科技咨询、检验检测等业态发展水平,形成覆盖科技创新全链条的科技服务体系。系统开展基础研究,加快突破新一代信息技术、新材料、先进制造、生物医药、新能源等产业关键核心技术。巩固提升企业创新主体地位,加快推进全省重大科技平台、重大产业创新载体、重大科技开放合作载体建设。加强与上海科技创新中心联动发展,提升苏南国家自主创新示范区创新引领能力,支持南京建设综合性科学中心、苏州创建综合性产业创新中心,积极推动太湖湾科技创新圈及 G312、G328 科创走廊建设,建成具有国际影响力的沿沪宁产业创新带。(省发展改革委、省科技厅、省工业和信息化厅、省市场监管局、省知识产权局按职责分工负责)

### （二）推动生产性服务业和先进制造业、现代农业融合发展

深入实施服务型制造"十百千"工程,鼓励制造业企业发展总集成总承包、定制化服务、全生命周期管理、共享制造、供应链管理等融合发展新业态新模式,创建国家级服务型制造示范城市、企业、项目、平台。积极推进省级两业融合发展标杆引领工程,开展省级两业融合试点,创建国家级两业融合试点。鼓励龙头骨干企业、行业领军企业牵头组建跨行业、跨领域、跨区域的两业融合发展产业联盟。引导农业生产向生产、服务一体化转型,探索建立农业社会化服务综合平台,大力发展农村金融、涉农物流、农产品质量安全监管、农村劳动力培训、农机租赁等为农服务产业。(省发展改革委、省工业和信息化厅、省农业农村厅、省商务厅按职责分工负责)

### （三）促进重点先进制造业产业集群向专业化和价值链高端延伸

围绕江苏先进制造业产业集群，重点提升新型电力和新能源装备产业、高端新材料产业、高端纺织产业、生物医药和新型医疗器械产业、高端装备制造产业等产业集群的生产性服务能力。鼓励新型电力和新能源装备企业向产业和专业服务解决提供商转型，协同发展风电、光伏、特高压装备及智能电网产业的安装、运维等关联产业。支持高端新材料企业提供研发设计、材料定制、质量追溯管理、废物处置、循环利用等产品增值服务。提高高端纺织企业研发设计创新、品牌策划营销、供应链渠道管理和物流仓储及时响应的服务能力。鼓励生物医药和新型医疗器械企业向智慧医疗系统融合集成和一站式解决方案服务平台提供商转型。推动高端装备制造产业企业成长为集技术研发、产品设计、装备加工制造、设备成套、技术咨询及售后服务于一体的总承包项目供应商。（省发展改革委、省科技厅、省工业和信息化厅、省商务厅、省通信管理局按职责分工负责）

## 四、主体培育，增强生产性服务业市场活力

### （一）推进人力资源服务创新发展

实施"互联网＋"人力资源服务行动，支持专业机构发展网络招聘、人才培训、高级人才寻访和测评、人力资源服务外包和管理咨询等新兴业态。实施人力资源标准化建设行动，健全公共和经营性人力资源服务标准体系。大力培养人力资源服务业领军人才，培育一批人力资源服务骨干企业和服务品牌，加快建设人力资源服务产业园区。开展跨境人力资源服务，鼓励有条件的企业在"一带一路"共建国家设立分支机构，打造支持省内企业"走出去"的人力资源服务平台。支持全球行业领先或国（境）外知名人力资源服务机构或高端人才项目落户江苏。（省委组织部、省发展改革委、省人力资源社会保障厅、省商务厅、省市场监管局按职责分工负责）

### （二）引培高质量生产性服务业龙头企业

招引知名跨国公司、国内企业在省内设立企业总部，汇聚一批区域性、全国性、全球性总部企业。实施现代服务业高质量发展领军企业培育工程，鼓励有能力的生产性服务业企业开展跨行业、跨区域、跨所有制的并购重组，建设一批具有全国竞争力和国际影响力的领军企业。推进生产性服务业供给能力提升专项行动，培育一批优秀服务机构。实施新时代江苏民营企业家培养计划，建设张謇企业家学院，发挥江苏省优秀企业家示范作用，梯度培育一批张謇式企业家群体。（省委统战部、省发展改革委、省教育厅、省工业和信息化厅、省国资委、省市场监管局、省工商联按职责分工负责）

### （三）打造安全可靠生产性服务业供应链

优化供应链产品流、信息流、资金流管理，拓展品质溯源、知识产权服务、虚拟生产、报关报检等各类专业化供应链业务。推进供应链企业加大数字化投入力度，提升供应链要素数据化、数据业务化和信息安全化水平，加强数据标准统一、信息互联和数据共享，加速构筑数字供应链和产业新生态圈。加快建设一体化供应链组织中枢，聚合链主企业、物流企业、金融机构、增值服务商等，推动

供应链系统化组织、专业化分工、协同化合作,实现集中采购、共享库存、支付结算、物流配送、金融服务等功能集成。积极培养具有全球供应链组织能力的"供应链管理型"企业。(省发展改革委、省工业和信息化厅、省交通运输厅、省商务厅、省市场监管局按职责分工负责)

## 五、载体提质,推进生产性服务业集聚发展

### (一)提升高端商务服务水平

大力发展法律服务、评估检测、会计审计、税务服务、咨询评估、会展经济等商务服务重点行业,培育一批具有国际影响力的商务服务机构和品牌,开展涉外法律服务示范机构创建,建设一批国际一流商务服务集聚区。加快发展会展经济,积极引入国内外知名会展、大型会议、高端论坛,进一步提升江苏发展大会、世界物联网博览会、世界智能制造大会、全球苏商大会、东亚企业家太湖论坛、世界运河城市论坛等影响力,打造一批有影响力的综合性会展业发展平台,建设一批国际化会展中心城市。增强总部经济发展能级,优化总部经济发展布局,积极发展楼宇经济。(省委宣传部、省发展改革委、省司法厅、省财政厅、省商务厅、省市场监管局按职责分工负责)

### (二)优化现代物流枢纽布局

大力发展专业化物流、跨境物流、冷链物流、电商物流、航空物流、应急物流等重点行业,创新发展供应链物流、快捷物流、精益物流等新业态新模式,推动发展无人配送、分时配送、共同配送、多式联运等运输方式。围绕提质、降本、增效,着力提升枢纽网络服务能级和物流主体国际竞争力,加快物流数字化转型和智慧化改造。以南京都市圈多类型国家物流枢纽叠加优势为物流枢纽增长极,以苏锡常通和徐连淮物流枢纽组团为两翼,以省级物流枢纽为支撑,形成"一极两翼多节点"的物流枢纽布局。(省发展改革委、省交通运输厅、省商务厅、南京海关按职责分工负责)

### (三)打造生产性服务业优质发展平台

积极创建标杆示范城市,支持南京、苏州等市建设生产性服务业标杆城市。深入推进省现代服务业高质量发展集聚示范区建设,加快重点项目布局、科技资源导入、高端人才引进、政策制度试点落地。积极构建集聚示范区产业生态体系,鼓励同区域、跨区域集聚示范区实现产业链动、空间联动、业务互动。加强生产性服务业公共服务平台建设,升级扩能现有平台,加快培育一批集战略咨询、管理优化、解决方案创新、数字能力建设、合作交流于一体的综合性服务平台。(省发展改革委、省工业和信息化厅、省商务厅按职责分工负责)

## 六、品牌塑造,提升江苏生产性服务业整体竞争力

### (一)完善全产业链工业设计体系

推进高端制造、智能制造、服务型制造建立"设计+"价值提升体系,支持工业设计向高端综合

设计服务转变,积极培育智能设计、虚拟设计、集成设计、众包设计等新业态。深入实施制造业设计能力提升、工业设计"五名"工程、"工业设计进千企"专项行动,办好"紫金奖"工业设计专项赛。支持先进制造业集群、重点产业链龙头企业和"专精特新"中小企业设立独立的工业设计中心,加强工业设计基础研究和关键共性技术研发,建立开放共享的数据资源库等公共服务平台,创建一批国家级(省级)工业设计中心(研究院)。(省委宣传部、省发展改革委、省科技厅、省工业和信息化厅、省知识产权局按职责分工负责)

### (二)创建江苏生产性服务业特色品牌

开展"江苏精品"品牌认证工作,形成一批生产性服务相关产品、企业、行业品牌,支持和指导设区市加快区域品牌建设。推动国内外知名生产性服务业品牌在江苏集聚,鼓励有条件的企业收购、兼并、参股国内外知名品牌。实施商标品牌培育计划,加大知识产权保护力度,完善第三方质量评价体系。实施两业融合品牌发展计划,创建一批两业深度融合知名企业品牌和区域品牌。持续扩大品牌综合影响力,组织重点企业参加中国国际进口博览会、"中国品牌日"等重大品牌活动。(省发展改革委、省工业和信息化厅、省商务厅、省市场监管局、省知识产权局按职责分工负责)

### (三)推进生产性服务业标准化建设

加强品牌标准化建设,积极开展"标准化＋"行动,实施服务标准化品牌化提质工程,加快推进国家级、省级服务业标准化试点示范项目建设,创建一批服务业标准化试点示范单位,形成一批国内领先、赶超国际先进水平的标准体系,构建与国际接轨的服务标准体系。(省发展改革委、省工业和信息化厅、省商务厅、省市场监管局、省知识产权局按职责分工负责)

## 七、开放合作,加快融入国内国际"双循环"新发展格局

### (一)积极融入全球产业链分工体系

实施数字贸易提升计划,深化南京、苏州服务贸易创新发展试点,梯度培育一批数字服务、人力资源服务等国家级特色服务出口基地,打造全国数字贸易发展新高地。加大咨询、研发设计、节能环保、环境服务等知识技术密集型服务引进力度,鼓励和支持本土服务企业取得国际认可的服务资质,带动江苏服务叠加标准、技术、产品共同走出去。搭建生产性服务业领域多层次国际交流合作平台,高效配置全球人才、技术、品牌等核心资源,争取落地一批高端化、国际化、规模化生产性服务业企业和重大项目。(省发展改革委、省科技厅、省商务厅、省市场监管局、南京海关按职责分工负责)

### (二)推进服务业全方位开放

深度融入"一带一路"建设,推进国际综合交通体系拓展计划、国际产能合作深化计划、"丝路贸易"促进计划、重点合作园区提升计划、人文交流品牌塑造计划,扩大中国(江苏)自由贸易试验区示范引领效应,建成一批服务业对外开放强支点。充分发挥综合保税区保税功能载体优势,围绕综合保税区培育研发设计、维修检测、跨境电商、物流分拨产业集群,支持企业在区内设立产业创新中

心、技术创新中心、工程研究中心、新型研发中心。积极争取新一轮服务业扩大开放综合试点,在科技服务、金融服务、数字服务等领域先行先试。(省发展改革委、省科技厅、省商务厅、省市场监管局、南京海关按职责分工负责)

## 八、保障措施

### (一)健全产业发展支持体系

构建生产性服务业重点领域协调推动机制,充分发挥省服务业发展领导小组及其办公室作用,牵头组织落实推进全省生产性服务业统计制度,加强年度发展进度分析,按季度监测分析生产性服务业重点领域运行态势,跟踪研判生产性服务业发展方向变革和重大风险波动等情况。完善产业链服务体系,围绕重点生产性服务业产业建立对应政产学研对接联系平台及专业高效的服务平台,积极打造重点产业专属政策组合包。(省发展改革委、省科技厅、省工业和信息化厅、省生态环境厅、省交通运输厅、省商务厅、省市场监管局、省统计局、省地方金融监管局、省知识产权局按职责分工负责)

### (二)建立试点示范推广制度

建立生产性服务业经验案例推广机制,试点单位和各地定期报送生产性服务业领域模式创新、政策服务等优秀典型案例,不断总结完善改革创新试点的成功经验,形成一批具有江苏特色的可复制经验做法,切实增强先发地区样板引领和辐射带动作用,补足补齐后发地区技术、经验和资源短板,全面提升全省生产性服务业均衡发展水平。(省发展改革委、省科技厅、省工业和信息化厅、省生态环境厅、省交通运输厅、省商务厅、省市场监管局、省广电局按职责分工负责)

### (三)创新要素支撑保障体系

优化财政支持方式,充分发挥"苏服贷""苏信贷""苏贸贷"等普惠性金融产品作用,吸引撬动社会资本进入生产性服务业领域。强化生产性服务业用地保障,探索采用符合两业融合特点的二、三产业混合用地改革,鼓励采取盘活存量土地、弹性年期出让、先租后让等方式支持服务业发展。强化服务业人才支撑,大力引进培育生产性服务业专业人才和团队,加强人力资本金融创新平台和人力资源与资本市场建设,完善人才评价激励机制。加快培育数据要素市场,建立制造服务业数据资产名录,探索建立数据确权体系。(省发展改革委、省教育厅、省财政厅、省人力资源社会保障厅、省自然资源厅、省地方金融监管局、省税务局、人民银行南京分行、江苏银保监局、省知识产权局按职责分工负责)

### (四)优化健康发展良好生态

深化服务业管理制度改革创新,在营造法治化营商环境、优化要素资源配置、深化跨界融合发展、推进服务政策精准化等方面取得新突破。建立健全生产性服务业尤其是新兴业态容错纠错机制,鼓励在营商环境建设和监管模式创新等方面先行先试。充分发挥行业组织作用,提升生产性服务业领域的行业协会、商会等社会组织规范化管理水平,凝聚部门、专家、智库等合力共同解决影响产业发展的技术、模式、要素等共性问题。探索建立第三方评价制度,开展生产性服务业发展指数等研究。(省委宣传部、省发展改革委、省市场监管局、省统计局按职责分工负责)

# 七、江苏省文化和旅游行业信用分级分类管理办法

（苏文旅规〔2022〕3号）

## 第一章　总　则

第一条　为推进江苏文化和旅游市场信用体系建设，加快构建以信用为基础的文化和旅游行业新型监管机制，进一步激发市场主体活力，促进文化和旅游市场高质量发展，依据《国务院办公厅关于加快推进社会信用体系建设构建以信用为基础的新型监管机制的指导意见》《国务院办公厅关于进一步完善失信约束制度构建诚信建设长效机制的指导意见》《文化和旅游市场信用管理规定》《江苏省社会信用条例》等法规规章和政策文件，结合本省文化和旅游行业实际，制定本办法。

第二条　本办法适用于本省行政区域内对文化和旅游行业市场主体及其从业人员的信用评价、信用监管、权益保护等相关活动。

第三条　本办法所称市场主体，是指从事文化和旅游经营活动的法人或者其他组织，包括但不限于从事营业性演出、娱乐场所、艺术品（含文物）、互联网上网服务、网络文化、社会艺术水平考级等文化经营服务活动的企事业单位和个体工商户，以及从事旅行社经营服务、A级旅游景区经营服务、旅游住宿经营服务、在线旅游经营服务等旅游经营服务活动的企事业单位和个体工商户。从业人员主要指上述市场主体的法定代表人、主要负责人、实际控制人等有关人员。本办法所称信用评价，是指由省文化和旅游厅按照"依法行政、合理关联、保护权益、审慎适度"的原则，依据信用信息，建立信用评价模型，对文化和旅游市场主体和从业人员生成信用评价结果，并以数字、符号或者文字形式表现或展示的一种管理活动。本办法所称信用监管，是指依据市场主体和从业人员信用记录、信用评价等科学合理判断其信用状况，并据此实施分级分类监管。本办法所称权益保护，是指实施信用评价工作的行业信用管理部门，以及接受评价的市场主体和从业人员，依法保障信息安全、依法对评价结果进行异议、修复的方法和过程。

第四条　文化和旅游行业公共信用信息采集、记录、存储、发布和应用等活动，应当符合法律法规规定，不得泄露国家秘密，不得侵犯商业秘密和个人隐私，不得影响经济和社会稳定。

第五条　省文化和旅游厅负责开展省内文化和旅游行业信用信息采集、归集、公开和共享工作，省内各级文化和旅游主管部门通过全国文化和旅游市场信用管理系统补充完善本行政区域内信用信息记录。

## 第二章　信用评价

第六条　省文化和旅游行业信用评价模型按照总分为1000分进行评估计算，评价结果从高到低划分为AAA（优秀）、AA（良好）、A（中等）、B（较差）、C（差）五个等级。

第七条　信用评价的方式、标准等,按照国家有关规定执行;国家没有规定的,由省文化和旅游厅依法制定,各地文化和旅游主管部门遵照实施。

第八条　省文化和旅游厅根据工作实际明确信用评价结果的发布时间和形式。发布形式包括信用分数和信用等级的独立发布或者联合发布。发布平台和查询渠道应当提前公布,为市场主体及其从业人员查询与自身相关的信用评价结果提供便利。

第九条　信用评价应当依据公共信用信息采集和更新频次,定期对信用评价结果进行计算和修订。

## 第三章　信用监管

第十条　全省各级文化和旅游主管部门、文化市场综合执法机构基于市场主体及其从业人员的信用评价结果,实施分等级、差异化的管理服务。管理服务措施包括监督、激励、限制、惩戒等。

第十一条　对于信用状况较好、风险较低的市场主体及其从业人员,降低监督检查的比例和频次;对于信用状况不良、风险较高的市场主体及其从业人员,提高监督检查的比例和频次。对于信用评价等级为 AAA、AA 的市场主体及其从业人员,可以分别设置抽查比例为原比例的 25%、50%。对于信用评价等级为 A 的市场主体及其从业人员,可以维持原抽查比例。对于信用评价等级为 B、C 的市场主体及其从业人员,可以分别提高抽查比例到原比例的 150% 和 300%。

第十二条　对于信用评价等级为 AAA 或者 AA 的市场主体及其从业人员,可以在职权范围内采取以下激励措施:(一)办理文化和旅游行业的行政许可、审批事项时,推行信用承诺,提供便捷服务,给予优先办理;(二)同等条件下,优先给予政府财政性资金补助,推荐享受政府相关优惠政策扶持;(三)在信用便民惠企应用中,进行优先推荐;(四)利用"信用江苏"网站、省文化和旅游厅门户网站、"水韵江苏·有你会更美"微信公众号等平台,开展典型宣传和行业示范活动;(五)优先推荐参加国家机关、人民团体、社会组织的评优评奖或者展览推介活动;(六)引导金融、商业等市场主体给予优惠和便利;(七)业务交流、岗位培训等活动中,给予额外名额;(八)国家及省内规定的其他激励措施。

第十三条　对于信用评价等级为 B 或者 C 的市场主体及其从业人员,按照其失信严重程度,依法采取下列管理措施:(一)严格审查文化和旅游行业的行政许可申请事项,限制享受相关便利;(二)利用"信用江苏"网站、省文化和旅游厅门户网站等平台,进行信用预警公示;(三)对于政府部门组织的表彰评奖活动,在一定期限内取消参评资格或者不予推荐,对于其他评优评奖或展览推介活动,暂缓推荐;(四)将失信信息推送给有关部门,供其在相关行政管理、公共服务等活动中参考使用;(五)法律、法规规定的其他管理措施。

第十四条　省文化和旅游厅将行业信用评价结果同步到省大数据管理部门、省社会信用综合管理部门以及开展联合奖惩的相关部门,推动文化和旅游行业信用评价结果在行政许可、招标投标、政府采购、评优评先、金融服务、资质认定、财政资金安排等工作中的广泛应用,促进文化和旅游行业市场主体加强信用管理、提升诚信意识。

## 第四章　权益保护

第十五条　文化和旅游行业市场主体及其从业人员对其信用评价结果有异议的,可以向作出认定的文化和旅游主管部门提出异议申请,并提供相关佐证材料。认定部门应当在收到申请后 5 个工作日内作出受理决定并告知申请人。不予受理的异议申请,应当告知申请人不予受理的理由。

第十六条 认定部门在受理异议申请后,应当及时启动复核程序,核查相关信用信息,重新计算信用评价结果。如复核过程中发现情况复杂,需要异议申请人补充提供材料的,应当及时告知申请人。补充材料最多不超过两次。在受理异议申请或者收到最后一次补充材料后 15 个工作日内,受理部门应当完成复核工作并形成结论,以书面方式将异议申请的处理结果告知申请人。

第十七条 文化和旅游行业市场主体及其从业人员主动纠正失信行为,消除不良影响后,可以向作出认定的文化和旅游主管部门申请信用修复并提交佐证材料。经审查符合信用修复条件的,按照有关要求完成信用修复后,可以重新计算其信用分数和信用等级。

第十八条 市场主体及其从业人员提出的异议申请或者信用修复的申请记录,不作为行业领域信用评价依据。

## 第五章 附则

第十九条 本办法由省文化和旅游厅负责解释。

第二十条 本办法自 2023 年 1 月 15 日起实施,有效期至 2028 年 1 月 14 日。

# 八、江苏省人民政府办公厅关于推进江苏自贸试验区贸易投资便利化改革创新的若干措施

（苏政发〔2022〕38号）

建设自由贸易试验区（以下简称自贸试验区）是以习近平同志为核心的党中央在新时代推进改革开放的重要战略举措，在我国改革开放进程中具有里程碑意义。为认真学习贯彻习近平总书记关于自由贸易试验区建设的重要论述和对江苏工作的重要指示精神，更大力度推进自贸试验区建设，持续提升贸易投资便利化水平，现就贯彻落实《国务院印发关于推进自由贸易试验区贸易投资便利化改革创新若干措施的通知》（国发〔2021〕12号）提出如下工作举措。

## 一、提升贸易便利化水平

（一）促进进口贸易创新。支持南京市、苏州市、连云港市依托自贸试验区申建国家级进口贸易促进创新示范区，培育引进进口主体，搭建进口贸易创新示范平台，充分承接中国国际进口博览会溢出效应，扩大先进技术、重要装备和关键零部件进口，鼓励优质消费品进口，在提升进口便利化、促进进口商品流通、完善配套服务等方面开展先行先试，推动政策创新、服务创新、模式创新。（省商务厅牵头，省有关部门及南京市、苏州市、连云港市人民政府按职责分工负责）

（二）支持发展新型离岸国际贸易。贯彻落实《中国人民银行国家外汇管理局关于支持新型离岸国际贸易发展有关问题的通知》（银发〔2021〕329号），支持银行按照"实质重于形式"要求，根据展业原则，依据有关规定自主决定新型离岸国际贸易审核交易单证的种类，提升审核效率，为自贸试验区诚信守法企业开展真实、合规的新型离岸国际贸易提供跨境资金结算便利。支持自贸试验区内控制度完备、具有实际需求的跨国公司，按规定申请开展含离岸转手买卖业务的经常项目资金集中收付和轧差净额结算业务。支持省内各自贸片区发展符合地方经济发展实际需求的新型离岸国际贸易，鼓励苏州新型国际贸易综合服务平台为全省新型离岸国际贸易业务发展提供服务，推动信息互通共享，强化市场主体分类监管，守牢金融安全风险底线。及时跟进国家出台的新型离岸国际贸易创新发展相关财税政策。（省财政厅、省商务厅、省税务局、人民银行南京分行、国家外汇局江苏省分局及南京市、苏州市、连云港市人民政府按职责分工负责）

（三）支持开展检测维修再制造业务。落实国家保税维修相关管理规定，研究制定省级层面实施办法，支持自贸试验区内企业按照综合保税区维修产品目录开展"两头在外"的保税维修业务。推动海关特殊监管区域与自贸试验区统筹发展，允许自贸试验区内综合保税区企业开展本企业国内自产产品的维修，不受维修产品目录限制。支持自贸试验区内的综合保税区开展高技术含量、高附加值、符合环保要求的检测业务以及航空航天、工程机械、数控机床、汽车发动机等再制造业务。

(省商务厅牵头,省发展改革委、省工业和信息化厅、省财政厅、省生态环境厅、南京海关、省税务局及南京市、苏州市、连云港市人民政府按职责分工负责)

(四)提升医药产品进口便利度。推动自贸试验区与所在地机场等口岸开放平台联动发展,支持南京药品进口口岸(南京禄口国际机场)申报首次进口化学药品通关备案职能。加强苏州口岸药检所检测能力建设。加快建设省食品药品监督检验研究院连云港检验室,支持连云港申报药品进口口岸。支持自贸试验区依法依规开展跨境电子商务零售进口药品有关工作。(省商务厅、南京海关、省税务局、省药监局及南京市、苏州市、连云港市人民政府按职责分工负责)

## 二、提升投资便利化水平

(五)下放港澳投资旅行社审批权限。加大省级赋权力度,结合各自贸片区实际需求,推动将港澳服务提供者在自贸试验区投资设立旅行社的审批权限下放至南京、苏州、连云港片区实施,规范行政审批程序,优化服务流程,缩短审批时限,确保行政权力运行顺畅高效。(省商务厅、省文化和旅游厅、省外办、省政务办及南京市、苏州市、连云港市人民政府按职责分工负责)

(六)完善国际船舶登记检验政策。用足用好自贸试验区国际船舶登记政策,完善地方配套支持政策,加快吸引集聚一批国际航行船舶在自贸试验区开展国际船舶登记。支持国际知名船舶检验机构(船级社)对自贸试验区国际登记船舶开展入级检验。跟踪对接国家层面放开国际登记船舶法定检验政策安排,争取在自贸试验区开展试点。(江苏海事局、连云港海事局及南京市、连云港市人民政府按职责分工负责)

(七)提高土地资源配置效率。支持在自贸试验区探索实行产业链供地,对产业链关键环节、核心项目涉及多宗土地的,可将产业链供地有关要求纳入供地方案,实行同期挂牌出让整体供应。支持自贸试验区深化工业用地供应方式改革,增加混合产业用地供给,优先保障自贸试验区重点产业合理用地需求。(省自然资源厅及南京市、苏州市、连云港市人民政府按职责分工负责)

## 三、提升运输便利化水平

(八)提升开放通道能级。支持南京禄口国际机场与自贸试验区联动开放,用足用好第五航权,优化布局国际客运货运航线网络,提升至北美、欧洲、亚洲三大市场的国际航空货运能力,建设国际集拼中心,发展枢纽中转业务,打造集货物空中运输、口岸通关、区域分拨和本地配送等功能于一体、衔接紧密、运行高效的航空物流体系,加快建设高水平临空经济示范区。支持连云港花果山机场口岸扩大开放,适时申请开放第五航权。(省发展改革委、省交通运输厅、省商务厅、民航江苏安全监管局及南京市、连云港市人民政府按职责分工负责)

(九)加快推进多式联运"一单制"。支持自贸试验区试点以铁路运输为主的多式联运"一单制"改革,鼓励制定并推行标准化多式联运运单等单证。支持连云港片区依托中欧班列,探索铁水联运"一单到底"模式,建设多式联运综合服务平台,加快建设上合组织(连云港)国际物流园、连云港徐圩新区多式联运中心等铁水联运枢纽。(省交通运输厅、省商务厅、南京海关及苏州市、连云港市人民政府按职责分工负责)

（十）探索赋予多式联运单证物权凭证功能。跟踪落实国家层面自贸试验区铁路运输单证融资相关政策文件，依托连云港片区铁水联运优势及铁路运输单证的控货权优势，拓展金融功能，以"物权化"为切入点，在风险可控的前提下，开展基于单证、多种模式的贸易结算融资探索实践，鼓励银行、担保、供应链金融等各类金融主体参与，共建多方协同、风险分担的陆上贸易融资新机制。逐步总结形成有益的司法经验，条件成熟时发布典型案例，为完善国内相关立法提供支撑。（省法院、省交通运输厅、省商务厅、人民银行南京分行、南京海关、江苏银保监局及连云港市人民政府按职责分工负责）

（十一）提高航运管理服务效率。贯彻落实交通运输部《关于下放沿海省际客船危险品船〈船舶营业运输证〉配发等管理事项的通知》（交办水〔2021〕40号），做好在我省注册的国内水路运输企业经营的沿海省际客船、危险品船《船舶营业运输证》配发、换发、补发、注销等工作。支持具备条件的片区建设海事政务服务中心、港航服务中心、船员考试中心，服务航运创新发展。（省交通运输厅、江苏海事局、连云港海事局及南京市、苏州市、连云港市人民政府按职责分工负责）

## 四、提升金融服务实体经济水平

（十二）促进资金跨境流动。加快推进已获批的跨国公司本外币一体化资金池、非金融企业外债便利化额度、非金融企业外债登记管理改革、信贷资产跨境转让、合格境外有限合伙人（QFLP）、合格境内有限合伙人（QDLP）等试点落地，结合自贸试验区实际需求进一步争取国家支持开展本外币合一银行账户体系试点。（人民银行南京分行、国家外汇局江苏省分局牵头，省地方金融监管局及南京市、苏州市、连云港市人民政府按职责分工负责）

（十三）开展融资租赁公司外债便利化试点。在全口径跨境融资宏观审慎框架下，允许注册在自贸试验区符合条件的融资租赁公司与其下设的特殊目的公司（SPV）共享外债额度，提升融资租赁公司跨境融资便利化水平。支持符合条件的融资租赁公司通过发行债券、股票和资产证券化等方式融资。（省地方金融监管局、人民银行南京分行、国家外汇局江苏省分局牵头，江苏证监局及南京市、苏州市、连云港市人民政府按职责分工负责）

（十四）发展大宗商品期货业务。支持连云港片区依托连云港港大力发展铁矿石等大宗商品贸易，加快建设焦炭、焦煤、铁矿石期货交割库。支持连云港保税监管场所开展铁矿石期货保税交割业务，对货物品种及指定交割仓库实行备案制，对参与保税交割的法检商品，入库时集中检验，进出口报关时采信第三方机构质量、重量检验结果分批放行。（省商务厅、南京海关、江苏证监局及连云港市人民政府按职责分工负责）

（十五）探索知识产权证券化试点。支持南京、苏州片区完善知识产权金融服务体系，健全知识产权质押信息平台，鼓励开展各类知识产权混合质押和保险，探索知识产权证券化试点，以产业链条或产业集群高价值专利组合为基础构建底层知识产权资产，在知识产权已确权并能产生稳定现金流的前提下，规范探索知识产权证券化模式。支持在自贸试验区探索建设科技要素资源交易中心，畅通科技创新企业融资渠道。（省地方金融监管局、人民银行南京分行、江苏证监局、省知识产权局及南京市、苏州市人民政府按职责分工负责）

## 五、提升管理服务保障水平

（十六）开展网络游戏属地管理试点。实施好国产网络游戏属地管理试点工作，支持苏州片区建设游戏企业服务中心，为游戏企业提供优质审核服务。加强对游戏企业宣传引导，强化事中事后监管，规范游戏研发、出版和运营全过程。（省委宣传部、省新闻出版局、苏州市人民政府按职责分工负责）

（十七）完善仲裁司法审查。加强对境外仲裁机构在自贸试验区设立的仲裁业务机构作出的仲裁裁决以及临时仲裁等，进行司法审查的法律适用问题研究。支持国际商事调解、仲裁组织在自贸试验区运营，为企业提供"事前预防、事中调解、事后解决"全链条商事法律服务。发挥江苏（南京）国际商事仲裁中心、中国（江苏）自贸区仲裁院作用，完善紧急仲裁员、临时措施、临时仲裁与机构仲裁转换等程序。加快建设苏州片区国际商事仲裁院、连云港国际商事仲裁院。（省法院、省司法厅、省贸促会及南京市、苏州市、连云港市人民政府按职责分工负责）

各有关地区、各部门要将推进自贸试验区改革开放创新发展作为本地本部门的重点工作，细化工作举措、狠抓任务落实，确保各项政策举措落地见效。省自贸试验区工作领导小组办公室要充分发挥组织协调作用，会同省有关部门和各自贸片区，强化各项改革举措的系统集成、协同高效，不断提高自贸试验区建设质量，形成更多可复制可推广的改革成果。省有关部门要主动对上汇报沟通争取支持，加强对自贸片区督促指导。各有关地区、各自贸片区要切实担负起主体责任，坚持目标导向、问题导向、结果导向，及时征集梳理研究市场主体需求，提升政策精准度和针对性。要统筹发展和安全，牢固树立总体国家安全观，维护国家核心利益和政治安全，建立健全风险防控制度安排，坚决守好安全稳定底线。重大事项要及时向省委、省政府请示报告。

# 九、江苏省人民政府办公厅关于进一步释放消费潜力 促进消费加快恢复和高质量发展的实施意见

苏政办发〔2022〕50号各市、县(市、区)人民政府,省各委办厅局,省各直属单位:消费是经济发展的重要引擎。为认真贯彻落实《国务院办公厅关于进一步释放消费潜力促进消费持续恢复的意见》(国办发〔2022〕9号),坚持远近兼顾、综合施策,促进消费加快恢复和高质量发展,充分发挥消费对经济循环的牵引带动作用,有力对冲疫情影响、提振经济,提高人民群众福祉,现结合我省实际,提出以下实施意见。

## 一、促进市场加快复苏,充分激发和释放消费需求

(一)全面恢复商业场所正常经营。严格落实疫情防控"九不准"要求,坚决防止疫情防控简单化、一刀切和层层加码,科学精准做好疫情防控工作,推进大型生产生活市场、住宿餐饮场所、文化旅游场所、娱乐休闲场所等经营场所全面恢复正常营业,支持经营场所延长开放时间。结合疫情防控需要和辖区内人口规模与分布,科学设置核酸采样点,为餐饮、快递配送等从业人员和其他"应检尽检""愿检尽检"人群提供常态化核酸检测服务。〔省商务厅、省公安厅、省文化和旅游厅、省市场监管局、省卫生健康委、省财政厅等及各市、县(市、区)人民政府按职责分工负责;以下均需各市、县(市、区)人民政府负责,不再列出〕

(二)持续开展消费促进系列活动。抢抓疫情缓解后消费需求旺盛契机,策划办好"苏新消费"四季购物节,精心打造"春游江苏"、"夏夜生活"、"金秋惠购"、冬季购物节等各具特色的主题活动,形成全覆盖、多层次、品牌化、常态化消费促进工作机制,培育更多消费新热点。鼓励各地以"云端摇号"等透明、公正、高效方式,发放惠民券、免费券、现金补贴等,进一步活跃消费市场。(省商务厅、省文化和旅游厅、省财政厅等按职责分工负责)

(三)全面激活餐饮文化旅游体育消费。持续开展"江苏味道"餐饮促消费系列活动,鼓励有条件的地方发放餐饮优惠券,对局部疫情解封后餐饮业态恢复营业给予适当补贴,允许符合条件的餐饮店铺外摆经营。策划举办"水韵江苏·有你会更美"文旅消费推广季系列活动,支持开发全省及跨区域的文化和旅游年卡、联票等,鼓励各地推出旅游景区门票减免、淡季免费开放、演出票打折等惠民措施,推介一批全域旅游、红色旅游、文化体验旅游、非遗主题旅游、休闲度假旅游、生态康养旅游、工业旅游、研学旅游、野外露营、自驾车旅居车旅游等精品线路和创新产品,积极发展假日、夜间文化和旅游消费。举办"紫金奖"文化创意设计大赛、大运河文化旅游博览会、江苏书展、南京融交会等赛展活动。加大对会展业的政策扶持力度,促进会展、商业、文化、旅游等业态融合发展。大力培育水上、山地、冰雪、航空、马拉松、自行车、汽摩等户外运动热

点,加快拓展"一带一路""大运河""长三角"等品牌赛事活动,进一步创新体育消费场景和载体,支持社会力量建设百姓健身房。积极落实带薪休假制度,鼓励错峰休假和弹性作息。(省商务厅、省文化和旅游厅、省委宣传部、省贸促会、省体育局、省市场监管局、省住房城乡建设厅、省人力资源社会保障厅等按职责分工负责)

(四)鼓励汽车、家电等大宗消费。落实好阶段性减半征收车辆购置税、新能源汽车购置补贴和税收优惠等政策,鼓励汽车生产、销售企业对消费者让利,推动金融机构通过下调首付比例和贷款利率、延长还款期限等方式,加大汽车消费信贷支持力度,多措并举促进汽车消费回稳复苏。大力推广应用新能源汽车,鼓励有条件的地方对消费者购买新能源汽车给予充电、通行、停车等使用环节一次性综合补贴。加快推进充换电基础设施建设,统筹做好充电桩进居民小区工作,鼓励建设充电桩集中电源点,对充换电设施运营给予支持,逐步实现所有居民小区、经营性停车场、高速公路服务区、客运枢纽等区域充电设施全覆盖。落实全面取消二手车限迁政策,取消对符合国五排放标准小型非营运二手车的迁入限制。进一步优化皮卡进城管控措施,对皮卡进城实施精细化管理。建立健全汽车改装行业管理机制,鼓励发展专业化、规模化汽车改装店、改装产业园区,推动汽车后市场健康发展。实施绿色节能家电阶段性补贴政策,对购买符合条件的节能家电产品按照实际售价的10%给予财政补贴。(省财政厅、省税务局、省工业和信息化厅、省商务厅、人民银行南京分行、江苏银保监局、省能源局、省住房城乡建设厅、省公安厅、省生态环境厅等按职责分工负责)

## 二、持续稳市场预期,进一步增强消费潜能动力

(五)围绕保市场主体精准施策助企纾困。深入实施新的组合式税费支持政策,加力稳住更多市场主体。对受疫情影响经营暂时困难的中小微企业和以单位方式参保的个体工商户,实行阶段性缓缴养老、失业、工伤保险费政策,缓缴期间免收滞纳金。允许中小微企业缓缴3个月职工医保单位缴费。落实灵活就业人员参加职工基本医疗保险政策,在各设区市职工医保用人单位缴费率(不包含生育保险费率)和个人缴费率之和基础上,降低1个百分点。上年度失业保险基金滚存结余备付期在2年以上的统筹地区,可向符合条件的企业发放一次性留工培训补助。受疫情影响的企业,可按规定申请阶段性缓缴住房公积金或降低住房公积金缴存比例。对承租省内国有房屋的服务业小微企业和个体工商户减免疫情期间租金,各地可结合实际和财政可承受能力适当延长减免期限。鼓励有条件的地方以财政奖补等方式支持非国有商业综合体、餐饮街区、商务楼宇、物流园区等服务业载体减免租金。对受疫情影响、缴费有困难的市场主体用水、用电、用气实行"欠费不停供"政策,结合实际设立不少于6个月的费用缓缴期,缓交期间免收欠费违约金。落实中小微企业宽带和专线平均资费再降10%政策,支持远程居家等弹性办公。鼓励向生产经营暂时困难的中小微企业和个体工商户提供房屋租金、水电气费、担保费、防疫支出等补助并给予贷款贴息、社保补贴等支持。(省财政厅、省税务局、省人力资源社会保障厅、省医保局、省住房城乡建设厅、省发展改革委、省工业和信息化厅、省水利厅、省通信管理局、省市场监管局、省电力公司等按职责分工负责)

(六)完善基本消费品保供稳价机制。建立健全粮油、蔬菜、肉蛋奶、水产品等农产品以及日用

品、防疫物资、基本药品等生活物资保障体系,科学规划建设一批城郊大仓基地,优化生活物资供应节点网点布局,畅通疫情期间生活物资物流通道,确保基本消费品流通不断不乱。鼓励各地对疫情期间保障生活物资供应的农产品批发市场等商贸流通企业给予财政补助。落实社会救助和保障标准与物价上涨挂钩机制,鼓励有条件的地方向困难人员发放一次性临时价格补贴,切实保障低收入群体基本生活。(省粮食和储备局、省商务厅、省发展改革委、省财政厅、省民政厅等按职责分工负责)

(七)稳就业促增收提升消费能力。制定实施促进共同富裕行动方案,进一步扩大中等收入群体。大力扶持高质量创新创业项目,提高创业带动就业能力。对积极吸纳高校毕业生、灵活就业人员、就业困难群体的各类创新创业企业,加大创业担保贷款、社会保险补贴、技术咨询和孵化服务等支持力度。鼓励有条件的地方合理利用失业保险基金结余部分,加大职业技能培训支持力度。统筹各方面资金组织开展大规模、多层次职业技能培训,加强困难人员就业帮扶,支持各类劳动力市场、人才市场、零工市场建设,支持个体经营发展,增加非全日制就业机会,进一步提升就业服务质量。深入实施农民收入十年倍增计划,支持乡村新产业新业态健康发展,拓宽农村居民就业增收渠道。健全工资决定、合理增长和支付保障机制,稳步提高劳动者工资性收入特别是城市工薪阶层、农民工收入水平。完善按要素分配机制,提高专业技术人员和技能人才待遇,丰富居民投资理财渠道。(省发展改革委、省人力资源社会保障厅、省农业农村厅、人民银行南京分行、江苏银保监局等按职责分工负责)

(八)合理增加公共消费。加强公共服务体系建设,全面落实基本公共服务保障标准,聚焦群众"急难愁盼"问题,扩大普惠性非基本公共服务供给,提高教育、医疗、养老、育幼等公共服务支出效能。加大政府购买服务力度,完善政府采购交易规则,推动政府采购支出向中小微企业进一步倾斜。建立保障性租赁住房工作机制,落实土地、财税、金融等各项优惠政策,引导多方参与投资和运营保障性租赁住房,扩大保障性租赁住房供给。结合实际需求,放宽住房公积金提取和使用条件,支持用于职工租赁住房消费、加装电梯等自住住房改造,支持刚性和改善性住房需求。构建完善分层分类社会救助体系,健全基本生活救助制度和专项救助制度,积极开展"物质＋服务"多样化综合救助,对符合条件的困难人员及时救助,兜好民生保障底线。(省发展改革委、省财政厅、省住房城乡建设厅、省民政厅、省教育厅、省人力资源社会保障厅、省医保局等按职责分工负责)

## 三、把握消费升级趋势,全力打造品质消费新高地

(九)提升新型消费供给能力。大力培育一批数字电商企业,促进线上线下消费加速融合,推动社交电商、直播电商、内容电商、生鲜电商等规范健康发展。积极发展"智能化""无人化""零接触"等新零售模式,支持智能无人便利店、智能生鲜柜等智能零售终端进社区,鼓励线下实体零售企业建立智慧供应链。支持智慧门店、智慧购物中心等沉浸式、体验式、互动式消费场景建设。推广应用智能家居家电、智慧康养、家用机器人等新型智能终端产品和服务,构建完善智慧广电、智慧家居、智慧教育、智慧医疗、智慧养老、智慧文旅、数字文化等"智慧＋"消费体系。(省商务厅、省工业和信息化厅、省住房城乡建设厅、省文化和旅游厅、省广电局、省通信管理局等按职责分工负责)

(十)加快发展绿色消费。积极推行简约适度、绿色低碳、文明健康的生活方式和消费模式,促进吃、穿、住、行、用、游等各领域消费绿色转型升级。推广绿色有机食品和农产品,培育发展绿色餐

饮服务体系。加快推进公共领域车辆电动化,构建公交优先、高效衔接、便捷舒适的绿色低碳出行体系。加强高品质绿色低碳建筑建设,稳步发展装配式建筑,大力发展装配式装修,鼓励消费者购买使用绿色建材、环保家具、节能节水产品等家居产品。完善废旧物资循环利用体系,规范汽车、家电、家具、电子产品等二手商品交易和回收利用。提升商品包装和流通环节包装绿色化、减量化、循环化水平。广泛开展节约型机关、绿色家庭、绿色社区等创建活动。(省发展改革委、省商务厅、省农业农村厅、省工业和信息化厅、省交通运输厅、省住房城乡建设厅、省财政厅、省生态环境厅、省水利厅、省机关管理局、省妇联等按职责分工负责)

(十一)培育壮大健康养老托育家政服务消费。深入发展中西医结合医疗、健康体检、医养结合、专业护理、养生康复等多层次多样化健康服务,积极打造"健康＋"消费新模式。鼓励发展商业健康保险,大力推广"江苏医惠保",满足多元化医疗保障需求。加大对专业化、连锁化、品牌化养老机构的扶持力度,引导社会力量增加面向中低收入群体的养老服务供给。加快发展社区"嵌入式"养老服务,支持养老机构开展辐射周边的居家社区养老服务,支持物业服务企业探索"物业服务＋养老服务"模式。大力发展适合老年人消费的智能化、适老化产品和专业化、便利化服务,丰富智慧健康养老产品供给。加快构建普惠安全的托育服务体系,进一步发挥引导资金、产业基金作用,鼓励国有企业等主体参与普惠托育服务体系建设,支持社会力量提供多元化、规范化托育服务,鼓励有条件的地方发放托育服务券,增加托育服务有效供给。推动家政服务业发展模式创新,支持家政企业发展"互联网＋社区"智慧生活家政服务。(省发展改革委、省卫生健康委、省医保局、省民政厅、省人力资源社会保障厅、省财政厅等按职责分工负责)

(十二)充分激发县乡消费潜力。加快补齐县域商业体系建设短板,支持乡镇商贸中心、农贸(集贸)市场等建设改造,鼓励连锁商贸流通企业、电子商务平台、现代服务企业向镇村延伸,充分发挥供销合作社系统资源优势,促进渠道和服务下沉。深入实施"快递进村"、"互联网＋"农产品出村进城、农产品仓储保鲜冷链设施建设等工程,促进城乡消费双向高效循环。实施"数商兴农"工程,大力推进县域电商产业集聚区建设。提升乡村旅游、休闲农业、文化体验、健康养老、乡村民宿、户外运动等服务环境和品质,支持打造一批乡村生活综合体。组织开展新能源汽车、绿色智能家电、绿色建材、生活服务等下乡惠民活动,举办江苏省乡村旅游节,促进品质消费进农村。(省商务厅、省农业农村厅、省文化和旅游厅、省工业和信息化厅、省供销社等按职责分工负责)

(十三)多渠道增加优质消费供给。引导企业瞄准消费升级趋势,加强产品质量、品牌和标准建设,加快新产品、新设备研发生产,鼓励发展反向定制(C2M)和个性化设计、柔性化生产。加大专精特新企业培育力度,争创更多国家级专精特新小巨人和制造业单项冠军企业。积极推行"江苏精品"认证,组织开展"中国品牌日"江苏系列活动,持续推进老字号企业"三进三促",加强地理标志产品认定、管理和保护,加快打造江苏特色消费品牌矩阵。充分利用进博会、跨境电商等平台,多渠道扩大特色优质产品进口。鼓励国际知名品牌在江苏市场首发或同步上市新品。(省市场监管局、省工业和信息化厅、省发展改革委、省商务厅、南京海关等按职责分工负责)

(十四)完善消费品流通体系。立足于加快建设高效规范、公平竞争、充分开放的全国统一大市场,打通制约经济循环的关键堵点,统筹推进国家级和省级商贸服务型物流枢纽建设,持续优化城乡商贸物流网络布局,新建或改造一批多式联运型货运枢纽场站项目,促进商品要素资源在更大范围内畅通流动。加强应急物流服务体系建设,科学规划设立应急物资中转站点、场地。建立完善跨区域疫情防控和商贸物流协调协作机制,切实保障疫情期间重点物资和邮政快递畅通。加强县、乡、村三级寄递物流体系建设,支持邮政、快递、物流、商贸流通等企业开展市场化合作。加快建设城乡高效配送体系,推广共同配送、集中配送、夜间配送等集约化配送模式,鼓励即时配送、网订店取、无人配送等末端配送模式规模化发展。支持智能快件箱(信包箱)、快递服务站、智能快递车(机器人、无人机)进社区。加快发展冷链物流,推广应用单元化、标准化冷链仓储装载技术和设备,培育一批专业化生鲜冷链物流龙头企业。加强进口冷链食品检验检疫和进口物品全程防疫管理,筑牢疫情外防输入防线。(省发展改革委、省交通运输厅、省卫生健康委、省商务厅、省住房城乡建设厅、省邮政管理局、省市场监管局、南京海关等按职责分工负责)

(十五)高质量推进消费载体平台建设。继续支持南京、徐州、苏州、无锡市等培育和创建国际消费中心城市,鼓励有条件的地方探索建设全国性、区域性消费中心和地方特色消费中心。结合城市更新行动,持续优化消费基础设施和服务环境,支持省级步行街改造提升试点街区建设,推进一刻钟便民生活圈试点城市建设,鼓励围绕文化、旅游、商务、健康、体育、养老等主题,因地制宜打造多业态融合发展的高品质消费集聚区。加快商贸流通设施数字化、智能化改造,积极发展智慧商街商圈。依托中国(江苏)自由贸易试验区南京、苏州、连云港片区及有条件的综合保税区,探索打造涉外消费专区。(省商务厅、省发展改革委、省住房城乡建设厅、省财政厅、省文化和旅游厅、南京海关等按职责分工负责)

## 四、优化消费市场环境,加快建设放心消费新生态

(十六)破除消费市场壁垒障碍。深化商事制度改革,简化优化相关证照或证明办理流程手续,营造更优市场准入环境。聚焦能源、原材料、初级产品等上游产品市场和交通、通信、教育、文化、旅游、医疗等重点服务业市场及金融、土地、数据等要素市场,进一步降低市场准入门槛,促进相关行业标准、规则、政策协调统一,为市场主体营造更加公平、透明、可预期的发展环境。鼓励消费品产能过剩行业兼并重组,提升产业集中度和技术创新能力,促进供给和消费良性循环。大力推进政策"非申即享"、"应享尽享"和"网上办",提升政策兑现服务质效。(省市场监管局、省商务厅、省发展改革委、省工业和信息化厅、省政务办等按职责分工负责)

(十七)加强消费领域执法监管。构建完善全方位、多层次、立体化市场监管体系,切实维护公平竞争市场秩序。加强反垄断和反不正当竞争执法,防止资本无序扩张,促进新业态新模式规范健康发展。强化跨地区、跨部门、全流程协同监管,压实生产、流通、仓储、销售等各环节的安全监管责任。对虚假宣传、仿冒混淆、制假售假、缺斤短两等违法违规行为,依法加大监管和处罚力度。加快推进消费信用体系建设,依法依规实施失信惩戒,完善失信主体信用修复机制。加强价格监管,严厉打击囤积居奇、低价倾销、价格欺诈等违法行为,严格规范平台经营者价格行为。加强消费品质量安全监管,加大缺陷产品召回监管力度。持续开展服务行业公众满意度调查,建立健全服务质量监测管理体系。(省市场监管局、省商务厅、省应急厅、省发展改革委、省公安厅等按职责分工负责)

(十八)加快完善消费维权机制。深入开展放心消费创建工作,着力提升食品药品、住宅装修装饰、文化旅游等重点民生领域放心消费创建水平。强化消费者权益保护,进一步畅通消费者投诉

举报渠道,推进消费纠纷多元化解决机制建设。鼓励设立行业协会商会消费者投诉站、企业消费维权服务站,探索建立消费公益集体诉讼制度。指导电商平台不断完善消费者权益保护机制,提升在线消费纠纷解决机制效能。广泛引导线下实体店积极开展无理由退货承诺,推动线下购物七日无理由退货活动逐步实现城乡商业业态全覆盖。(省市场监管局、省商务厅、省住房城乡建设厅、省文化和旅游厅等按职责分工负责)

(十九)健全完善标准体系。深入实施企业标准"领跑者"制度和标准领航质量提升工程,鼓励制定实施高于国际、国家或行业标准的企业标准。持续推进第五代移动通信(5G)、物联网、云计算、人工智能、区块链、大数据等领域标准研制。探索开展高清视频、云游戏、虚拟现实、可穿戴设备、智慧家居等领域标准研制。建立健全节能和绿色制造标准体系、绿色产品认证标识体系。进一步完善平台经济、跨境电商、旅游度假、餐饮、冷链物流等领域服务标准,加快养老、托育、家政、健康等领域服务标准化建设。(省市场监管局、省工业和信息化厅、省商务厅、省文化和旅游厅、省邮政管理局、省民政厅、省卫生健康委等按职责分工负责)

## 五、强化政策制度保障,夯实消费高质量发展基础

(二十)强化财税支持。统筹利用现有财政资金渠道,加大对居民消费的支持力度。鼓励有条件的地方设立促进消费专项资金,支持消费业态融合创新、繁荣活跃消费市场,支持绿色消费和新型消费加快发展,支持中低收入群体消费升级。鼓励各地在省下达的新增政府债务限额范围内,将符合条件的消费基础设施和服务保障能力建设项目纳入专项债券支持范围。加大政府绿色采购力度,提高新能源汽车、绿色建材等绿色低碳产品在政府采购中的比例。因地制宜运用财政补贴、贷款贴息等方式支持城乡居民购买使用绿色低碳产品。落实好车辆购置税减免、消费品进口关税优惠等税收政策,进一步清理和规范交通物流、供水供电供气、中介机构等居民生活消费密切相关行业收费,持续合理降低消费者税费负担。(省财政厅、省税务局、省发展改革委、省商务厅、南京海关等按职责分工负责)

(二十一)优化金融服务。引导金融机构大力发展普惠金融,综合运用货币政策工具和政府性融资担保、财政贴息、风险补偿等政策措施,加大对普惠小微主体的金融支持,向实体经济合理让利。对受疫情影响严重行业的市场主体,不盲目惜贷、抽贷、压贷、断贷。通过合理确定贷款利率、降低支付服务手续费、无还本续贷等方式,帮助中小微企业和个体工商户缓解资金压力。鼓励金融机构创新消费信贷产品,推动运用金融科技手段优化消费信贷服务,提高消费信贷可得性和普惠性;围绕大宗消费、新型消费、绿色消费、服务消费等重点领域,提供个性化金融产品,支持新型业态发展。积极拓展农村消费信贷,强化对农村商贸流通和居民消费的金融支持。鼓励保险公司开发消费领域保险产品。(人民银行南京分行、江苏银保监局等按职责分工负责)

(二十二)强化用地用房保障。完善产业用地政策和差别化供地机制,保障消费领域重大项目落地。创新优质产业空间供给模式,鼓励有条件的地方探索土地混合利用。鼓励经营困难的传统百货店、老旧工业厂区改造为商业综合体、休闲娱乐中心、直播基地等新型消费载体。鼓励利用现有房屋和土地,兴办文化、旅游、体育、健康、养老等新产业新业态。合理规划物流用地,切实保障重点物流园区用地需求,鼓励通过先租后让、租让结合等方式为快递物流企业提供土地。支持乡村旅

游、等级旅游民宿、户外运动营地及相关基础设施融合集聚建设。支持合理利用社区存量房产、闲置房屋、周边闲置土地或特定空间建设便民服务网点,有序发展旧货市场。(省自然资源厅、省住房城乡建设厅、省商务厅、省文化和旅游厅等按职责分工负责)

(二十三)压实各方责任。省发展改革委、商务厅、市场监管局等部门要加强协同配合,强化督办落实,充分发挥省完善促进消费体制机制工作联席会议制度作用,全力打造有利于消费潜力释放的良好政策环境和市场环境。省统计局要建立健全服务消费统计监测体系,更加全面反映消费发展情况。各地要加强组织领导,完善落实配套措施,确保本意见提出的各项任务举措落地见效。鼓励各地结合实际制定出台更大力度促消费政策措施,省级财政对促消费成效明显的地区将给予适当奖补。各地各有关部门要加强纾困助企等各项政策实施效果评估,根据形势变化适时调整完善相关政策措施,重要情况及时向省委、省政府报告。除另有规定外,本意见中阶段性政策有效期至2022年底。(省发展改革委等各有关部门和单位按职责分工负责)

江苏省人民政府办公厅

2022 年 6 月 25 日

# 十、省政府办公厅关于转发省发展改革委江苏省"十四五"现代流通体系建设方案的通知

（苏政办发〔2022〕63号）

各市、县(市、区)人民政府,省各委办厅局,省各直属单位：

省发展改革委《江苏省"十四五"现代流通体系建设方案》已经省人民政府同意,现转发给你们,请认真组织实施。

江苏省人民政府办公厅
2022 年 8 月 13 日
（此件公开发布）

## 江苏省"十四五"现代流通体系建设方案

为深入贯彻习近平总书记关于现代流通体系建设重要讲话精神,全面落实国家《"十四五"现代流通体系建设规划》和国务院批复要求,坚决扛起"争当表率、争做示范、走在前列"的光荣使命,加快建设系统完备、创新引领、协同高效的现代流通体系,积极服务构建以国内大循环为主体、国内国际双循环相互促进的新发展格局,制定本建设方案。

## 一、发展目标

到 2025 年,现代流通体系建设取得新突破,商品和要素流动更加顺畅,基本建成立体开放、便捷高效、绿色智慧、安全可靠的现代化交通网络、物流网络、商贸网络,金融、信用、标准等支撑体系更加完善,流通市场主体创新能力和竞争实力明显提升,重点领域和关键环节改革取得显著成效,新技术新业态新模式加快发展,流通运行效率和质量全国领先,服务长三角一体化、长江经济带、"一带一路"建设等重大国家战略能力进一步增强。到 2035 年,现代流通体系全面建成,商贸、物流、交通、金融、信用、标准等融合联动,流通运行效率和质量水平世界领先,参与国际合作和竞争新优势显著增强,为"强富美高"新江苏建设现代化篇章提供坚实保障。

## 二、主要任务

### （一）深化流通领域市场化改革，促进商品要素自由流动

1. 深化流通领域"放管服"改革

完善"互联网＋政务服务""不见面审批（服务）"，提升流通企业开办、变更、注销等商事服务规范化、便利化水平。严格落实"全国一张清单"管理模式，加快流通领域"证照分离"改革，建立覆盖省、市、县三级的流通领域市场准入隐性壁垒台账，大幅削减流通领域行政许可前置中介服务事项。探索分类监管规则和标准，对流通领域融合发展新业态实施包容审慎监管。积极推动铁路、民航、邮政等行业竞争性环节市场化改革。（省发展改革委、省商务厅、省政务办、省市场监管局等按职责分工负责）

2. 健全流通领域标准及规则

围绕应急物流、智慧物流、冷链物流、平台经济、共享经济、绿色交通、智慧交通等领域新技术、新装备、新设施、新业态研究制定一批地方标准，加快推进相关标准试点示范。推动商贸、物流、交通等领域的地方标准与国家标准、国际标准衔接，加强与生产领域规则标准对接。鼓励流通领域龙头企业、科研院所、行业组织参与国家标准制修订和国际标准化活动。发挥中介组织、产业技术联盟等推广作用，加大流通领域规则标准实施应用力度，支持骨干核心企业示范引领。（省市场监管局牵头，省发展改革委、省交通运输厅、省商务厅、省知识产权局等按职责分工负责）

3. 营造公平竞争市场环境

建立流通领域重大政策措施会商制度，推动流通领域落实公平竞争审查相关制度。加强流通重点领域反不正当竞争执法，强化平台经济、共享经济等新经济领域反垄断执法，防止资本无序扩张。各地不得强制要求连锁经营等流通企业在本地设立具有法人资格市场主体，不得对未设立法人资格市场主体的连锁经营企业在给予补贴补助等惠企政策时采取歧视做法。未经公平竞争不得授予经营者特许经营权，不得限定经营、购买、使用特定经营者提供的商品和服务。创新流通领域专利技术和知识产权交易新模式新机制，探索知识产权证券化、科技保险等方式，推动科技成果资本化产业化。研究制定流通领域通用性资格资质清单，统一规范认证程序及管理办法。（省市场监管局牵头，省发展改革委、省交通运输厅、省商务厅、省知识产权局等按职责分工负责）

### （二）完善现代商贸流通体系，提升现代流通服务水平

1. 健全多层次商贸流通网络

推动南京、苏锡常、徐州等都市圈消费能级提升，支持南京、苏州、徐州、无锡培育建设国际消费中心城市，鼓励有条件的设区市打造全国性或区域性消费中心，加快形成多层级消费中心体系。加强城市商圈规划建设，合理布局核心商圈、区域商圈、社区商圈（邻里中心）等，大力发展特色街区、特色商圈。推动县域商业体系建设，建设改造乡镇商贸中心、村级便民店，引导连锁经营、电子商务、品牌企业向社区、村镇延伸网络。围绕先进制造业集群打造和"531"重点产业链建设，优化布局区域性的工业品专业市场。加强农产品产销对接，优化农产品产地市场布局，推进城乡农贸市场升

级改造,畅通供需渠道,保障市场供应充足、价格平稳。(省商务厅牵头,省发展改革委、省工业和信息化厅、省农业农村厅、省供销社等按职责分工负责)

2. 推动新业态新模式发展

创新发展电子商务,培育规范垂直电商、社区社群电商、微商电商、直播电商等零售业态,支持南京、苏州、徐州等建设全国新零售标杆城市。推动百货商场、购物中心等传统商贸流通企业转型升级,积极引进国际国内首发商品和首店、旗舰店,拓宽文化创意、休闲娱乐等业态,鼓励"商品＋服务"混合经营。推广无接触式购物、无接触配送等智慧零售模式。支持跨境电商、"网购保税进口＋实体"等业态融合发展。(省商务厅牵头,省发展改革委、省工业和信息化厅、南京海关等按职责分工负责)

3. 提升商贸流通企业竞争力

推动商贸流通领域混合所有制改革,鼓励企业通过战略合作、资本运作等方式做大做强。实施大型商贸流通企业培育计划,到 2025 年,培育形成 10 家规模影响较大、综合实力较强、示范引领作用突出,具备全国竞争力、国际影响力的大型现代商贸流通企业,5 家企业进入全国 50 强,2 家企业进入世界 100 强。加强新型消费品牌孵化,建设一批新消费品牌孵化基地。强化老字号保护传承创新发展,加大地理标志、商标品牌的培育和保护力度,加强非物质文化遗产相关文创产品开发和质量监控。鼓励中小微商贸企业发掘细分市场潜力,培育独特竞争优势。(省商务厅牵头,省文化和旅游厅、省市场监管局等按职责分工负责)

## （三）构建现代物流网络体系,保障现代流通体系高效运行

1. 加快构建"通道＋枢纽＋网络"体系

加快完善"三横三纵"物流通道布局,强化与国家综合运输大通道及物流枢纽衔接。加快推进多类型的国家物流枢纽建设,进一步完善基础设施网络,推进物流枢纽、物流园区连点成网,提升现代物流枢纽服务能级。构建形成"物流园区(分拨中心)—配送中心—末端网点"三级城市配送网络体系。在设区市和较大规模的县城科学规划建设一批集仓储、分拣、加工、包装等功能于一体的城郊大仓基地,依托商贸、供销、交通、邮政快递等城乡网点资源,完善县乡村快递物流配送体系,提升末端网络服务能力。完善冷链物流骨干网络,发展"生鲜电商＋冷链宅配""中央厨房＋食材冷链配送"等新模式。(省发展改革委牵头,省交通运输厅、省商务厅、省邮政管理局、省供销社等按职责分工负责)

2. 提升国际物流服务能力

加快构建便捷畅连、多向立体、内联外通的国际物流网络。增加面向"一带一路"沿线重要贸易国家及重点产能合作区的国际空运航线航班,开辟至重要战略性物资基地海运直达航线。面向《区域全面经济伙伴关系协定》(RCEP)重点国家,强化至东亚、南亚物流通道建设,重点加密至日韩等近洋航线,大力发展全货机航线航班。推进南京临空经济示范区高质量发展。优化南京、徐州、苏州、南通、连云港五市中欧班列国际铁路运输组织,进一步完善中欧班列通道布局和境内外揽货体系。加强南京龙潭港、苏州(太仓)港等江海联运枢纽与上海、香港、新加坡等国际航运枢纽联动,优化至美西、美东、中东、西非等远洋航线运输布局。推进连云港港国际枢纽海港、通州湾新出海口建设,强化集装箱远洋航运功能。推进具有跨境出口、海外仓配全程追踪、融资服务等为一体的跨境

物流服务平台建设。（省交通运输厅牵头，省发展改革委、省商务厅等按职责分工负责）

3. 加快建设应急物流保障体系

围绕保障各类、各级突发公共事件的产业链供应链安全，依托物流枢纽、示范物流园区等，布局建设一批应急物流基地和转运场站。整合优化存量应急设施，推动既有物流设施嵌入应急功能，加强各类物资储备设施和应急物流设施匹配和衔接。完善应急物流保障重点企业名录，建立高效响应的运力调度机制，提升物资跨区域大规模调运组织能力。提高应急物流技术装备水平，发展快速通达、转运装卸和"无接触"技术装备。建立分级响应的应急物流保障协调机制，推进交通、卫生、工业、物资储备等应急物流信息互联互通和共享共用。完善应急物资储备体制机制，形成职责明确、品类优化、运转高效的储备体系。（省发展改革委、省交通运输厅、省应急厅、省粮食和储备局等按职责分工负责）

### （四）健全综合立体交通网络，增强现代流通体系支撑能力

1. 强化交通枢纽和大通道建设

构建"七纵六横"综合运输大通道，完善以南京为核心的"一核九向"放射状通道，服务支撑国家综合立体交通网主骨架布局。推动南京建设国际性综合交通枢纽城市，支持苏州-无锡-南通、连云港-徐州-淮安打造全国性综合交通枢纽城市，支持扬州、镇江、常州、盐城、泰州、宿迁建设区域性综合交通枢纽城市。强化苏州国际铁路枢纽建设。（省交通运输厅牵头负责）

2. 提高区域交通服务效能

推进区域交通一体化，共同打造"轨道上的长三角""水上长三角"，合力打造世界级机场群、港口群。增强南京、苏锡常、徐州等都市圈中心城市与卫星城通道联接水平，完善都市圈城际铁路和市域（郊）铁路布局，合理布局铁路货运外绕线、联络线。统筹规划完善"一级铁路物流基地＋二级铁路物流基地＋高铁物流基地"的多层次枢纽体系，推进铁路（高铁）快运能力建设工程。有序推进南京江宁镇、永宁、苏州陆家浜、南通海安、连云港、盐城北、扬州江都、常州奔牛等普速铁路物流基地建设，规划建设徐州大许南、淮安等高铁物流基地，统筹布局南京禄口国际机场等空铁联运基地。鼓励快递、电商企业区域分拨中心与高铁物流基地融合发展。推动城市过境公路外绕段建设，加强干线公路与城市道路出入口等高效衔接。加强市县域交通一体化布局，推进市政道路与高速公路、国省干线公路等衔接联通。持续推动"四好农村路"建设。（省交通运输厅牵头，省发展改革委、省邮政管理局等按职责分工负责）

3. 持续优化交通运输结构

加快推进大宗货物和中长距离运输的"公转铁""公转水"步伐，不断提高水路、铁路货运水平。推进多式联运提升工程，加快完善多式联运通道及枢纽布局，积极打造铁水、公铁、江海河精品多式联运线路，推广集装箱多式联运、多种形式甩挂运输。大力发展至上海芦潮港和宁波港的海铁联运班列。支持连云港探索建立以"一单制"为核心的多式联运体系。加快推动南京空港大通关基地、徐州淮海国际陆港公铁联运物流基地、江苏（苏州）国际铁路物流中心、上合组织（连云港）国际物流园等多式联运综合货运枢纽场站建设。加强铁路干线对接，支持具备条件的铁路线路实施客货分线。进一步改善重点物流枢纽、重点园区周边运输条件，加快完善主要港口、重要货运场站等集疏运体系。加强铁路、公路、水运、民航、邮政等各种交通运输信息开放共享。（省交通运输厅牵头，省

发展改革委等按职责分工负责)

## (五)加快转型升级步伐,推动现代流通体系高质量发展

### 1. 加速现代流通体系数字化转型

加快交通基础设施数字化发展,建设一批智能铁路、智慧公路、智慧航道、智慧机场和智慧综合客运枢纽等设施。推动物流基础设施互联成网,培育一批智慧物流园区、示范企业和综合物流信息平台,推广运用无人机、机器人等数字化终端设备,支持南京、徐州智慧物流城市试点建设。加快商品市场 5G 网络、智慧终端等数字化智能化设施设备建设,大力发展智慧街区、智慧商圈、智慧商店等,推动传统销售场所向体验、社交等综合场景转变。大力发展农村电子商务,拓宽农产品出村进城渠道,鼓励发展线上服务、线下体验以及现代物流相融合的农业新零售。(省发展改革委、省工业和信息化厅、省交通运输厅、省农业农村厅、省商务厅等按职责分工负责)

### 2. 提升现代流通体系国际化水平

鼓励商贸流通企业"走出去"拓展渠道及网络,支持在欧美、"一带一路"等市场布局一批公共海外仓。鼓励跨国快递、零售等企业在江苏设立地区总部、采购中心、配送中心、连锁门店等。推动跨境电商综合试验区高质量发展,打造"买全球卖全球"线上线下互动的商业贸易中心和一批国际性、全国性、区域性大宗商品交易平台。推进国际贸易"单一窗口"应用。加大"快递出海"推进力度,推进中国邮政国际货邮综合核心口岸项目落地,支持苏州国际邮件互换局争取交换站资质,支持连云港等申请设立国际邮件互换局(交换站)。支持有条件的地区争创第二批进口贸易促进创新示范区。支持区位条件优、经济实力强、流通设施完善的城市积极创建国家现代流通体系战略支点城市。(省商务厅牵头,省发展改革委、省邮政管理局、南京海关等按职责分工负责)

### 3. 推动现代流通体系绿色化发展

加快充电桩、LNG 加注站布局建设,推广应用电能、LNG、氢能等新能源及清洁能源车船,推进绿色公路、绿色航道、绿色港口、绿色服务区等建设。充分调动油气供应企业和航运企业积极性,依托骨干企业引导 LNG 动力船和运输船发展。创新绿色低碳、集约高效的配送模式,推广绿色包装技术和物流标准化器具循环应用,支持物流场站、配送节点共享共用。鼓励各地创建"全国绿色货运配送示范城市"。支持构建线上线下融合的逆向物流服务网络,推动废旧产品、包装等回收再利用。加大政府绿色采购力度,鼓励企业和居民采购绿色产品,引导企业提供绿色产品和服务。积极开展绿色商场创建等活动。(省发展改革委、省工业和信息化厅、省财政厅、省生态环境厅、省商务厅等按职责分工负责)

### 4. 促进现代流通体系一体化发展

围绕大宗商品、生产资料、特色农产品等跨区域流动,推进与重要资源地、重要消费市场的高效物流通道建设,提升跨区域交通物流合作层次和水平。推动长三角城市群、都市圈共建共享物流设施、商贸网络、服务平台,建立统一开放、标准互认、要素自由流动的一体化发展环境。推动城乡物流、商贸基础设施互联互通和协同共享,打造"一点多能、一网多用、深度融合"的城乡配送服务网络。(省发展改革委、省工业和信息化厅、省交通运输厅、省农业农村厅、省商务厅、省市场监管局、省邮政管理局等按职责分工负责)

## （六）创新流通领域金融服务，激发现代流通体系发展活力

### 1. 提高流通领域金融服务水平

鼓励各类金融机构加大对流通领域重大项目、重点企业支持力度，引导保险机构完善流通领域货物运输等保险服务供给。推动省综合金融服务平台升级扩能，引入更多政策性金融产品，增强融资对接能力，为流通体系各个环节提供便捷高效的金融支持。推进实施金融科技赋能小微专项行动，引导金融机构开发特色信贷产品，提升对流通领域中小微企业服务效率和精准度。畅通城乡支付结算渠道，指导银行、支付机构等支付服务主体降低支付手续费。支持境内银行和支付机构提升服务能力，加大对外贸新业态跨境人民币结算业务的支持力度，丰富外贸新业态跨境人民币结算业务配套产品，降低市场交易主体业务办理成本。推进数字人民币苏州试点工作，支持在商贸流通领域创新应用场景。加大省级财政相关专项资金对流通关键领域、薄弱环节支持。（人民银行南京分行牵头，省财政厅、省地方金融监管局、江苏银保监局等按职责分工负责）

### 2. 推动供应链金融创新规范发展

依托动产融资统一登记公示系统和中征应收账款融资服务平台，引导金融机构创新供应链金融服务模式，鼓励核心企业通过中征应收账款融资服务平台进行确权，支持金融机构与平台对接。规范发展供应链应收账款、存货、仓单和订单融资，推广供应链票据融资、营业中断保险、仓单财产保险等供应链金融产品。支持核心企业签发供应链票据，提高融资能力和流动性管理水平，畅通和稳定上下游产业链条，鼓励中小企业通过标准化票据融资。鼓励有条件的地方建设供应链金融示范区，推广发展供应链金融的先进经验。加强供应链金融业务监管，严格防控虚假交易和重复融资风险。（人民银行南京分行、江苏银保监局等按职责分工负责）

## （七）完善新型信用监管机制，提升现代流通体系治理能力

### 1. 强化重要产品追溯体系建设

拓展追溯产品范围，强化进口冷链产品、农产品、食品、药品、特种设备、危险品等重要产品追溯管理。加大追溯数据信息的智能化分析应用，创新重要产品流通追溯查询方式，面向社会公众提供追溯信息一站式查询服务。鼓励生产经营企业、协会和第三方平台接入行业或地区追溯管理信息平台，实现上下游信息互联互通。鼓励批发、零售、物流配送等流通企业采用物联网等技术手段采集、留存信息，建立信息化追溯体系。支持社会力量和资本投入追溯体系建设，探索通过政府和社会资本合作模式建立追溯体系云服务平台，为广大中小微企业提供信息化追溯管理云服务。（省农业农村厅、省商务厅、省市场监管局、省药监局等按职责分工负责）

### 2. 推进流通领域信用监管体系建设

推广信用承诺和告知承诺制，加强对承诺市场主体信用状况事中事后核查。建立流通行业信用信息目录和信用评价标准，促进公共信用信息与市场信用信息融合应用，建立信用信息共享、第三方市场化评价机制。推进信用分级分类监管，科学配置监管资源，在流通领域更多行业和部门实施以信用为基础的差别化监管措施。扩大流通领域基础公共信用信息数据开放共享，推进公共信用信息与金融信用信息融合应用，推广小微企业数字征信服务。鼓励各类开发区信用监管机制创新，支持苏州工业园区和江苏自贸试验区开展流通信用监管和服务创新示范。开展商务信用监管

试点,强化商务诚信公众服务平台应用推广,推进"诚信兴商宣传月"系列宣传活动。(省发展改革委、省市场监管局、人民银行南京分行,涉及流通领域监管各部门按职责分工负责)

# 三、实施保障

## (一)加强组织领导

由省政府统筹相关部门,协同开展全省现代流通体系建设工作。各地各部门要强化部门协同和上下联动,细化工作方案,明确责任分工,确保将建设方案明确的重要目标任务落实到位。

## (二)加大政策支持

加大对现代流通体系建设重大工程、重点项目的用地用海用能保障力度,探索增加支持新业态发展的混合产业用地供给。严格落实流通领域各类税费减免政策,切实降低企业成本。支持符合条件的项目开展基础设施领域不动产投资信托基金(REITs)试点。支持符合条件的企业通过上市、债券发行、企业并购等方式募集资金。

## (三)强化人才培养

鼓励科研院所、高等院校围绕流通领域新技术、新业态、新模式优化学科设置,加快培养跨学科、复合型流通专业人才。紧扣商贸、物流与供应链全链条应用型技术和管理需要,推进职业教育产教融合,强化应用型和技能型人才培养。加大对具有全球视野、熟悉国际规则的高层次流通人才培育和引进。将流通领域紧缺人才引进纳入各地人才引进计划并给予支持。

## (四)完善分析监测

健全商贸、物流、交通等现代流通体系统计指标体系、监测体系和评价分析,提高数据分析能力,强化预测预警。完善流通领域数据资源确权、交易、应用等政策,建立流通领域数据服务、数据开放与数据发布机制。将现代流通体系建设纳入高质量发展绩效评价。

# 数据篇

## 一、2022 年全国各地区人口及生产总值

| 地　　区 | 年末常住人口（万人） | 年末城镇人口比重（％） | 地区生产总值（亿元） | 各产业地区生产总值（亿元） | | | 人均地区生产总值（元） |
|---|---|---|---|---|---|---|---|
| | | | | 第一产业 | 第二产业 | 第三产业 | |
| 全　　国 | 141175 | 65.2 | 1210207 | 88345 | 483165 | 638698 | 85698 |
| 北　　京 | 2184 | 87.6 | 41611 | 112 | 6605 | 34894 | 190313 |
| 天　　津 | 1363 | 85.1 | 16311 | 273 | 6039 | 9999 | 119235 |
| 河　　北 | 7420 | 61.7 | 42370 | 4410 | 17050 | 20910 | 56995 |
| 山　　西 | 3481 | 64 | 25643 | 1340 | 13841 | 10461 | 73675 |
| 内　蒙　古 | 2401 | 68.6 | 23159 | 2654 | 11242 | 9263 | 96474 |
| 辽　　宁 | 4197 | 73 | 28975 | 2598 | 11756 | 14622 | 68775 |
| 吉　　林 | 2348 | 63.7 | 13070 | 1689 | 4628 | 6753 | 55347 |
| 黑　龙　江 | 3099 | 66.2 | 15901 | 3610 | 4649 | 7642 | 51096 |
| 上　　海 | 2475 | 89.3 | 44653 | 97 | 11458 | 33097 | 179907 |
| 江　　苏 | 8515 | 74.4 | 122876 | 4959 | 55889 | 62028 | 144390 |
| 浙　　江 | 6577 | 73.4 | 77715 | 2325 | 33205 | 42185 | 118496 |
| 安　　徽 | 6127 | 60.2 | 45045 | 3514 | 18588 | 22943 | 73603 |
| 福　　建 | 4188 | 70.1 | 53110 | 3076 | 25078 | 24956 | 126829 |
| 江　　西 | 4528 | 62.1 | 32075 | 2452 | 14360 | 15264 | 70923 |
| 山　　东 | 10163 | 64.5 | 87435 | 6299 | 35014 | 46122 | 86003 |
| 河　　南 | 9872 | 57.1 | 61345 | 5818 | 25465 | 30062 | 62106 |
| 湖　　北 | 5844 | 64.7 | 53735 | 4987 | 21241 | 27508 | 92059 |
| 湖　　南 | 6604 | 60.3 | 48670 | 4603 | 19183 | 24885 | 73598 |
| 广　　东 | 12657 | 74.8 | 129119 | 5340 | 52844 | 70935 | 101905 |
| 广　　西 | 5047 | 55.7 | 26301 | 4270 | 8939 | 13093 | 52164 |
| 海　　南 | 1027 | 61.5 | 6818 | 1418 | 1311 | 4090 | 66602 |
| 重　　庆 | 3213 | 71 | 29129 | 2012 | 11694 | 15423 | 90663 |
| 四　　川 | 8374 | 58.4 | 56750 | 5964 | 21157 | 29628 | 67777 |
| 贵　　州 | 3856 | 54.8 | 20165 | 2861 | 7113 | 10190 | 52321 |
| 云　　南 | 4693 | 51.7 | 28954 | 4012 | 10471 | 14471 | 61716 |
| 西　　藏 | 364 | 37.4 | 2133 | 180 | 805 | 1148 | 58438 |
| 陕　　西 | 3956 | 64 | 32773 | 2575 | 15933 | 14264 | 82864 |
| 甘　　肃 | 2492 | 54.2 | 11202 | 1515 | 3945 | 5741 | 44968 |
| 青　　海 | 595 | 61.4 | 3610 | 380 | 1586 | 1644 | 60724 |
| 宁　　夏 | 728 | 66.3 | 5070 | 408 | 2449 | 2213 | 69781 |
| 新　　疆 | 2587 | 57.9 | 17741 | 2509 | 7271 | 7961 | 68552 |

## 二、2022 年全国各地区生产总值构成及增速

| 地 区 | 地区生产总值构成(%) | 各产业地区生产总值占比(%) | | | 地区生产总值比上年增长(%) |
|---|---|---|---|---|---|
| | | 第一产业 | 第二产业 | 第三产业 | |
| 全 国 | 100 | 7.3 | 39.9 | 52.8 | 3 |
| 北 京 | 100 | 0.3 | 15.9 | 83.9 | 0.7 |
| 天 津 | 100 | 1.7 | 37 | 61.3 | 1 |
| 河 北 | 100 | 10.4 | 40.2 | 49.4 | 3.8 |
| 山 西 | 100 | 5.2 | 54 | 40.8 | 4.4 |
| 内蒙古 | 100 | 11.5 | 48.5 | 40 | 4.2 |
| 辽 宁 | 100 | 9 | 40.6 | 50.5 | 2.1 |
| 吉 林 | 100 | 12.9 | 35.4 | 51.7 | −1.9 |
| 黑龙江 | 100 | 22.7 | 29.2 | 48.1 | 2.7 |
| 上 海 | 100 | 0.2 | 25.7 | 74.1 | −0.2 |
| 江 苏 | 100 | 4 | 45.5 | 50.5 | 2.8 |
| 浙 江 | 100 | 3 | 42.7 | 54.3 | 3.1 |
| 安 徽 | 100 | 7.8 | 41.3 | 50.9 | 3.5 |
| 福 建 | 100 | 5.8 | 47.2 | 47 | 4.7 |
| 江 西 | 100 | 7.6 | 44.8 | 47.6 | 4.7 |
| 山 东 | 100 | 7.2 | 40 | 52.8 | 3.9 |
| 河 南 | 100 | 9.5 | 41.5 | 49 | 3.1 |
| 湖 北 | 100 | 9.3 | 39.5 | 51.2 | 4.3 |
| 湖 南 | 100 | 9.5 | 39.4 | 51.1 | 4.5 |
| 广 东 | 100 | 4.1 | 40.9 | 54.9 | 1.9 |
| 广 西 | 100 | 16.2 | 34 | 49.8 | 2.9 |
| 海 南 | 100 | 20.8 | 19.2 | 60 | 0.2 |
| 重 庆 | 100 | 6.9 | 40.1 | 52.9 | 2.6 |
| 四 川 | 100 | 10.5 | 37.3 | 52.2 | 2.9 |
| 贵 州 | 100 | 14.2 | 35.3 | 50.5 | 1.2 |
| 云 南 | 100 | 13.9 | 36.2 | 50 | 4.3 |
| 西 藏 | 100 | 8.4 | 37.7 | 53.8 | 1.1 |
| 陕 西 | 100 | 7.9 | 48.6 | 43.5 | 4.3 |
| 甘 肃 | 100 | 13.5 | 35.2 | 51.3 | 4.5 |
| 青 海 | 100 | 10.5 | 43.9 | 45.5 | 2.3 |
| 宁 夏 | 100 | 8 | 48.3 | 43.7 | 4 |
| 新 疆 | 100 | 14.1 | 41 | 44.9 | 3.2 |

### 三、2022 年全国各地区国内外贸易

| 地　区 | 社会消费品零售总额（亿元） | 进出口总额（亿美元） | 进出口额（亿美元） | |
|---|---|---|---|---|
| | | | 出口 | 进口 |
| 全　国 | 439733 | 63096 | 35936 | 27160 |
| 北　京 | 13794.2 | 1452.7 | 340.8 | 1111.9 |
| 天　津 | 3572 | 1659.6 | 569.5 | 1090.1 |
| 河　北 | 13720.1 | 1417 | 745.4 | 671.6 |
| 山　西 | 7562.7 | 320.7 | 237.2 | 83.5 |
| 内蒙古 | 4971.4 | 329.1 | 120.7 | 208.4 |
| 辽　宁 | 9526.2 | 1579 | 646.1 | 932.9 |
| 吉　林 | 3807.7 | 230.7 | 79.8 | 150.9 |
| 黑龙江 | 5210 | 346.2 | 82.8 | 263.5 |
| 上　海 | 16442.1 | 6013.1 | 2070 | 3943.2 |
| 江　苏 | 42752.1 | 8177.5 | 5225.9 | 2951.6 |
| 浙　江 | 30467.2 | 6835.9 | 4980.7 | 1855.3 |
| 安　徽 | 21518.4 | 1144.9 | 780.1 | 364.8 |
| 福　建 | 21050.1 | 2666.1 | 1736.2 | 929.9 |
| 江　西 | 12853.5 | 956.4 | 704 | 252.4 |
| 山　东 | 33236.2 | 5975.5 | 3270.2 | 2705.3 |
| 河　南 | 24407.4 | 1410.7 | 901.7 | 509.1 |
| 湖　北 | 22164.8 | 930.6 | 597.1 | 333.5 |
| 湖　南 | 19050.7 | 696.4 | 525.7 | 170.7 |
| 广　东 | 44882.9 | 14280 | 8886.4 | 5393.6 |
| 广　西 | 8539.1 | 1073.6 | 404.1 | 669.5 |
| 海　南 | 2268.4 | 275.5 | 84.9 | 190.6 |
| 重　庆 | 13926.1 | 1057.3 | 704.3 | 353 |
| 四　川 | 24104.6 | 1544.8 | 895.8 | 649 |
| 贵　州 | 8507.1 | 111 | 75.9 | 35.1 |
| 云　南 | 10838.8 | 517.7 | 254 | 263.7 |
| 西　藏 | 726.5 | 3.6 | 3.4 | 0.2 |
| 陕　西 | 10401.6 | 655.7 | 425.5 | 230.3 |
| 甘　肃 | 3922.2 | 98.1 | 28.5 | 69.6 |
| 青　海 | 842.1 | 7 | 6.2 | 0.7 |
| 宁　夏 | 1338.4 | 64.4 | 51.8 | 12.6 |
| 新　疆 | 3240.5 | 529 | 290.1 | 238.9 |

## 四、2022 年江苏省各市(县)地区生产总值

| 位次 | 县(市)名称 | 绝对数(亿元) | 位次 | 县(市)名称 | 绝对数(亿元) |
|---|---|---|---|---|---|
| 1 | 昆山市 | 5006.66 | 21 | 仪征市 | 1002.93 |
| 2 | 江阴市 | 4754.18 | 22 | 宝应县 | 881.65 |
| 3 | 张家港市 | 3302.39 | 23 | 新沂市 | 826.34 |
| 4 | 常熟市 | 2773.97 | 24 | 句容市 | 754.62 |
| 5 | 宜兴市 | 2236.72 | 25 | 建湖县 | 710.4 |
| 6 | 太仓市 | 1653.57 | 26 | 射阳县 | 709.67 |
| 7 | 如皋市 | 1479.31 | 27 | 涟水县 | 700.37 |
| 8 | 溧阳市 | 1416.22 | 28 | 阜宁县 | 700.17 |
| 9 | 丹阳市 | 1407.88 | 29 | 东海县 | 684.49 |
| 10 | 启东市 | 1391.14 | 30 | 睢宁县 | 682.56 |
| 11 | 海安市 | 1379.75 | 31 | 泗阳县 | 676.39 |
| 12 | 泰兴市 | 1366.67 | 32 | 泗洪县 | 651.81 |
| 13 | 如东县 | 1314.61 | 33 | 滨海县 | 605.93 |
| 14 | 沭阳县 | 1308.45 | 34 | 扬中市 | 585.99 |
| 15 | 靖江市 | 1226.18 | 35 | 丰县 | 540.68 |
| 16 | 邳州市 | 1157.16 | 36 | 盱眙县 | 525.08 |
| 17 | 兴化市 | 1085.19 | 37 | 响水县 | 480.55 |
| 18 | 东台市 | 1050.52 | 38 | 灌南县 | 480.42 |
| 19 | 高邮市 | 1014.81 | 39 | 灌云县 | 451.48 |
| 20 | 沛县 | 1012.23 | 40 | 金湖县 | 411.51 |

### 五、2022 年江苏省各市（县）地区生产总值构成

| 市县 | 地区生产总值指数 | 三次产业占 GDP 比重（%） | | | 一般公共预算收入占 GDP 的比例（%） | 外贸依存度 |
|---|---|---|---|---|---|---|
| | | 第一产业 | 第二产业 | 第三产业 | | |
| 南京市 | 102.1 | 1.9 | 35.9 | 62.2 | 9.2 | 37.2 |
| 无锡市 | 103 | 0.9 | 48.3 | 50.8 | 7.6 | 49.6 |
| 江阴市 | 102.3 | 0.8 | 52 | 47.1 | 4.8 | 33.1 |
| 宜兴市 | 103.2 | 2.5 | 52.6 | 44.9 | 5.9 | 24.6 |
| 徐州市 | 103.2 | 9.1 | 42.5 | 48.4 | 6.1 | 15.3 |
| 丰　县 | 101 | 19.1 | 38.3 | 42.6 | 6.2 | 4.1 |
| 沛　县 | 104 | 12.7 | 44.5 | 42.8 | 4.9 | 10.8 |
| 睢宁县 | 100.4 | 17.2 | 39.4 | 43.4 | 6.2 | 9.8 |
| 新沂市 | 104.7 | 11.7 | 39 | 49.3 | 5.6 | 13.2 |
| 邳州市 | 104.2 | 14.9 | 39.1 | 46.1 | 3.7 | 12.9 |
| 常州市 | 103.5 | 1.8 | 48.8 | 49.4 | 6.6 | 33.8 |
| 溧阳市 | 106.2 | 4.1 | 54.2 | 41.7 | 5.7 | 10.8 |
| 苏州市 | 102 | 0.8 | 48.1 | 51.1 | 9.7 | 107.4 |
| 常熟市 | 102 | 1.5 | 50.6 | 47.9 | 7.9 | 57.5 |
| 张家港市 | 101.3 | 0.9 | 50.6 | 48.5 | 6.6 | 93.9 |
| 昆山市 | 101.8 | 0.6 | 52.2 | 47.2 | 8.6 | 137.8 |
| 太仓市 | 102.2 | 1.5 | 49.1 | 49.4 | 10.8 | 66.9 |
| 南通市 | 102.1 | 4.5 | 49.3 | 46.2 | 5.4 | 32.2 |
| 如东县 | 101.5 | 7.7 | 48.5 | 43.8 | 4 | 49.4 |
| 启东市 | 102.2 | 6.7 | 49.3 | 44 | 4.8 | 24.3 |
| 如皋市 | 102.3 | 5.9 | 50.1 | 44 | 5 | 25.5 |
| 海安市 | 101.8 | 5.8 | 54.6 | 39.6 | 4.8 | 14.6 |
| 连云港市 | 102.4 | 10.6 | 45.3 | 44.1 | 5.3 | 26.9 |
| 东海县 | 104.2 | 14.4 | 43.4 | 42.2 | 4.4 | 7.8 |
| 灌云县 | 103 | 19.4 | 37 | 43.7 | 5.3 | 5 |
| 灌南县 | 102.2 | 15.2 | 47.6 | 37.3 | 4.9 | 3.5 |

| 市县 | 地区生产总值指数 | 三次产业占GDP比重（%） | | | 一般公共预算收入占GDP的比例（%） | 外贸依存度 |
|------|----------|--------|--------|--------|----------------|--------|
| | | 第一产业 | 第二产业 | 第三产业 | | |
| 淮安市 | 103.6 | 9.4 | 42.4 | 48.2 | 6.3 | 9 |
| 涟水县 | 104.1 | 11.2 | 44.9 | 44 | 4.3 | 4.3 |
| 盱眙县 | 103.8 | 15.6 | 38.7 | 45.7 | 3.9 | 2.7 |
| 金湖县 | 104.5 | 12.9 | 42.4 | 44.7 | 6.6 | 9.7 |
| 盐城市 | 104.6 | 11.2 | 41.4 | 47.4 | 6.4 | 19.6 |
| 响水县 | 104.3 | 13.2 | 46.3 | 40.5 | 5.3 | 14.6 |
| 滨海县 | 104.3 | 13.7 | 40.4 | 45.9 | 4.8 | 13.6 |
| 阜宁县 | 104.8 | 11.8 | 41.9 | 46.3 | 4.4 | 8.8 |
| 射阳县 | 104.1 | 16.6 | 36.7 | 46.6 | 4.3 | 11.4 |
| 建湖县 | 104.9 | 8.6 | 42.6 | 48.8 | 5.3 | 6.4 |
| 东台市 | 104.7 | 15 | 36.3 | 48.7 | 5.8 | 9.7 |
| 扬州市 | 104.3 | 4.6 | 48.8 | 46.6 | 4.6 | 15.5 |
| 宝应县 | 104.6 | 10.6 | 49.2 | 40.1 | 2.8 | 6.8 |
| 仪征市 | 104.6 | 2.4 | 52.4 | 45.1 | 4.7 | 14.1 |
| 高邮市 | 104.8 | 9.5 | 50.2 | 40.3 | 4 | 5.1 |
| 镇江市 | 102.9 | 3.3 | 49.3 | 47.5 | 6.1 | 20.7 |
| 丹阳市 | 104.1 | 3.9 | 53.5 | 42.6 | 5.1 | 18.7 |
| 扬中市 | 105 | 3.2 | 54.3 | 42.6 | 6.2 | 7.8 |
| 句容市 | 101 | 7.6 | 45.2 | 47.2 | 5.3 | 6.4 |
| 泰州市 | 104.4 | 5.2 | 49.3 | 45.4 | 6.5 | 20.4 |
| 兴化市 | 104.3 | 13.7 | 39.2 | 47.2 | 4.4 | 6.9 |
| 靖江市 | 105.3 | 2.2 | 55.5 | 42.3 | 5.5 | 23.5 |
| 泰兴市 | 105.3 | 5.5 | 51.1 | 43.4 | 6.6 | 30 |
| 宿迁市 | 103.6 | 9.1 | 44.9 | 46 | 6.6 | 13.7 |
| 沭阳县 | 103.6 | 8.8 | 44.3 | 46.9 | 4.6 | 7.8 |
| 泗阳县 | 103.2 | 11.1 | 44.3 | 44.6 | 4.4 | 13.7 |
| 泗洪县 | 103.8 | 14.4 | 40.9 | 44.7 | 4.2 | 10.2 |

六、2022 年末江苏省各市(县)地区从业人员

| 市　县 | 单位:万人 | | | |
|---|---|---|---|---|
| | 就业人员 | 第一产业 | 第二产业 | 第三产业 |
| 南京市 | 476.88 | 35.76 | 151.28 | 289.84 |
| 无锡市 | 414.92 | 12.94 | 206.05 | 195.93 |
| 江阴市 | 102.94 | 3.26 | 59.05 | 40.63 |
| 宜兴市 | 72.5 | 7.56 | 39.3 | 25.64 |
| 徐州市 | 466.68 | 86.75 | 167.09 | 212.84 |
| 丰　县 | 49.45 | 12.38 | 18.46 | 18.61 |
| 沛　县 | 52.37 | 12.84 | 19.97 | 19.56 |
| 睢宁县 | 54.4 | 13.54 | 20.33 | 20.53 |
| 新沂市 | 50.94 | 12.54 | 18.57 | 19.83 |
| 邳州市 | 69.32 | 17.05 | 25.35 | 26.92 |
| 常州市 | 297.89 | 24.88 | 133.85 | 139.16 |
| 溧阳市 | 51.96 | 8.18 | 25.08 | 18.7 |
| 苏州市 | 741.7 | 17.96 | 384.86 | 338.88 |
| 常熟市 | 101.41 | 3.09 | 57.25 | 41.07 |
| 张家港市 | 79.58 | 2.47 | 44.2 | 32.91 |
| 昆山市 | 127.91 | 1.04 | 71.76 | 55.11 |
| 太仓市 | 48.51 | 2.39 | 24.35 | 21.77 |
| 南通市 | 475.62 | 65.85 | 204.64 | 205.13 |
| 如东县 | 54.01 | 8.76 | 23.85 | 21.4 |
| 启东市 | 55.35 | 10.79 | 23.41 | 21.15 |
| 如皋市 | 66.21 | 14.4 | 27.85 | 23.96 |
| 海安市 | 55.36 | 7.35 | 31.86 | 16.15 |
| 连云港市 | 246.57 | 65.4 | 77.92 | 103.25 |
| 东海县 | 55.37 | 17.1 | 14.52 | 23.75 |
| 灌云县 | 37.18 | 17.03 | 9.79 | 10.36 |
| 灌南县 | 32.2 | 11.54 | 11.73 | 8.93 |

续表

| 市　县 | 单位:万人 | | | |
| --- | --- | --- | --- | --- |
| | 就业人员 | 第一产业 | 第二产业 | 第三产业 |
| 淮安市 | 260.45 | 65.91 | 85.65 | 108.89 |
| 涟水县 | 47.71 | 16 | 12.66 | 19.05 |
| 盱眙县 | 34.2 | 9.74 | 11.41 | 13.05 |
| 金湖县 | 16.53 | 4.65 | 6 | 5.88 |
| 盐城市 | 409.58 | 79.01 | 153.53 | 177.04 |
| 响水县 | 25.26 | 6.04 | 9.26 | 9.96 |
| 滨海县 | 47.45 | 11.82 | 16.92 | 18.71 |
| 阜宁县 | 47.34 | 11.69 | 16.97 | 18.67 |
| 射阳县 | 47.73 | 11.25 | 17.25 | 19.23 |
| 建湖县 | 36.45 | 7.47 | 14.84 | 14.13 |
| 东台市 | 59.12 | 12.34 | 21.9 | 24.87 |
| 扬州市 | 267.69 | 38.01 | 104.1 | 125.58 |
| 宝应县 | 37.38 | 10.02 | 15 | 12.36 |
| 仪征市 | 32.68 | 4.78 | 13.4 | 14.5 |
| 高邮市 | 40.16 | 9.64 | 16.54 | 13.98 |
| 镇江市 | 196.37 | 18.24 | 79.78 | 98.35 |
| 丹阳市 | 62.83 | 6.28 | 28.56 | 27.99 |
| 扬中市 | 19.58 | 1.58 | 10.61 | 7.39 |
| 句容市 | 38.87 | 6.57 | 13.98 | 18.33 |
| 泰州市 | 272.45 | 45.55 | 108.25 | 118.65 |
| 兴化市 | 66.29 | 16.75 | 22.74 | 26.8 |
| 靖江市 | 40.68 | 5.31 | 20.15 | 15.22 |
| 泰兴市 | 61.49 | 13.23 | 24.31 | 23.95 |
| 宿迁市 | 278.2 | 69.74 | 94 | 114.46 |
| 沭阳县 | 90.72 | 23.98 | 30.38 | 36.36 |
| 泗阳县 | 45.21 | 12.18 | 14.9 | 18.13 |
| 泗洪县 | 46.8 | 13.28 | 15 | 18.52 |

七、2022 年江苏省各市(县)地区财政收支及金融(单位:亿元)

| 市 县 | 一般公共预算收入 | ♯税收收入 | 一般公共预算支出 | 年末金融机构存款余额 | ♯住户存款 | 年末金融机构贷款余额 |
|---|---|---|---|---|---|---|
| 南京市 | 1558.21 | 1208.88 | 1828.69 | 48372.9 | 13078.1 | 48201.4 |
| 无锡市 | 1133.38 | 852.24 | 1365.84 | 23613.5 | 9929.26 | 19562.1 |
| 江阴市 | 226.83 | 178.68 | 244.59 | 5236.26 | 2134.88 | 4204.55 |
| 宜兴市 | 131.72 | 101.68 | 188.88 | 3386.96 | 1819.66 | 2599.14 |
| 徐州市 | 517.43 | 361.44 | 1031.82 | 10553.6 | 5902.71 | 9338.85 |
| 丰 县 | 33.25 | 24.64 | 86.66 | 659.25 | 496.51 | 554.53 |
| 沛 县 | 50.01 | 39.02 | 128.5 | 808.07 | 588.89 | 651.61 |
| 睢宁县 | 42.25 | 29.33 | 108.55 | 762.75 | 556.66 | 680.71 |
| 新沂市 | 46.07 | 32.57 | 106 | 682.91 | 445.96 | 731.76 |
| 邳州市 | 43.28 | 32.21 | 125.3 | 918.13 | 676.23 | 938.67 |
| 常州市 | 631.78 | 502.54 | 826.03 | 15438.3 | 6916.66 | 13777.9 |
| 溧阳市 | 81.09 | 67.61 | 127.68 | 2145.83 | 1073.64 | 1612.31 |
| 苏州市 | 2329.18 | 1897.65 | 2588.57 | 44500.5 | 16723.7 | 45247.3 |
| 常熟市 | 220 | 170.65 | 287.84 | 4599.76 | 2325.1 | 4110.77 |
| 张家港市 | 219.07 | 164.79 | 230.15 | 5006.5 | 2077.15 | 4086.58 |
| 昆山市 | 430.18 | 371.64 | 378.99 | 6394.07 | 2456.78 | 5854.78 |
| 太仓市 | 177.82 | 145.96 | 178.92 | 2417.55 | 1051.22 | 2583.94 |
| 南通市 | 613 | 412.59 | 1147.22 | 17993.4 | 10648.2 | 16007.1 |
| 如东县 | 52.72 | 36.26 | 153.94 | 1912.21 | 1181.66 | 1584.88 |
| 启东市 | 67.16 | 48.32 | 126.26 | 2088.24 | 1449.66 | 1701.17 |
| 如皋市 | 73.5 | 50.15 | 135.97 | 1973.88 | 1383.4 | 1813.14 |
| 海安市 | 66.02 | 44.86 | 140.46 | 2004.2 | 1310.38 | 1864.9 |
| 连云港市 | 212.81 | 127.48 | 536 | 5223.01 | 2467.54 | 6004.64 |
| 东海县 | 30.03 | 22.72 | 78.72 | 670.46 | 464.74 | 655.99 |
| 灌云县 | 23.78 | 16.71 | 69.23 | 418.8 | 300.87 | 483.59 |
| 灌南县 | 23.61 | 13.72 | 57.9 | 364.09 | 229.84 | 422.42 |
| 淮安市 | 300.08 | 210 | 659.35 | 5801.78 | 2840.98 | 6446.9 |

续表

| 市　县 | 一般公共预算收入 | #税收收入 | 一般公共预算支出 | 年末金融机构存款余额 | #住户存款 | 年末金融机构贷款余额 |
|---|---|---|---|---|---|---|
| 涟水县 | 30.02 | 20.84 | 78.99 | 623.93 | 392.25 | 515.35 |
| 盱眙县 | 20.47 | 11.84 | 70.23 | 530.81 | 368.03 | 584.31 |
| 金湖县 | 27.28 | 22.01 | 61.58 | 429.84 | 290.88 | 415.77 |
| 盐城市 | 453.26 | 297.26 | 1093.91 | 9870.57 | 5653.21 | 9586.97 |
| 响水县 | 25.35 | 19.16 | 70.06 | 370.93 | 242.97 | 377.61 |
| 滨海县 | 28.96 | 20.4 | 110.75 | 692.52 | 444.07 | 659.58 |
| 阜宁县 | 30.5 | 22.01 | 100.83 | 759.87 | 558.78 | 505.9 |
| 射阳县 | 30.76 | 20.02 | 101.24 | 803.03 | 600.94 | 711.08 |
| 建湖县 | 37.65 | 26.11 | 115.49 | 783.73 | 561.21 | 603.19 |
| 东台市 | 60.6 | 44.2 | 139.81 | 1406.43 | 1002.78 | 992.21 |
| 扬州市 | 325.49 | 238.14 | 699.17 | 8903.02 | 5006.37 | 8115.69 |
| 宝应县 | 24.48 | 17.4 | 100.07 | 805.68 | 545.4 | 646.11 |
| 仪征市 | 46.65 | 37 | 72.06 | 923.59 | 566.64 | 791.71 |
| 高邮市 | 40.09 | 30.88 | 94.76 | 1010.16 | 694.21 | 848.79 |
| 镇江市 | 303.96 | 199.22 | 535.53 | 7344.33 | 3679.81 | 7921.03 |
| 丹阳市 | 71.93 | 55.55 | 112.06 | 1795.9 | 1093.12 | 1702.22 |
| 扬中市 | 36.15 | 26.91 | 61.22 | 879.1 | 509.08 | 878.8 |
| 句容市 | 39.82 | 26.37 | 80 | 1074.86 | 605.31 | 1554.83 |
| 泰州市 | 416.65 | 264.5 | 703.86 | 9623.68 | 4941.56 | 8579.05 |
| 兴化市 | 48.02 | 33 | 129.06 | 1350.86 | 1018.1 | 1085 |
| 靖江市 | 67.99 | 42.98 | 103.44 | 1730.27 | 898.45 | 1487.83 |
| 泰兴市 | 90.01 | 62.22 | 128.14 | 1687.65 | 874.8 | 1485.74 |
| 宿迁市 | 271.78 | 218.45 | 621.81 | 4986.59 | 2373.56 | 5136.62 |
| 沭阳县 | 60.71 | 46.41 | 132.09 | 953.91 | 689.54 | 1003.43 |
| 泗阳县 | 30.03 | 22.57 | 86.36 | 621.47 | 423.46 | 820.2 |
| 泗洪县 | 27.57 | 20.13 | 106.08 | 617.21 | 430.24 | 719.83 |

八、按登记注册类型分固定资产投资比上年增长情况（单位：%）

| 类别 | 投资额 | | ♯工业投资 | |
|---|---|---|---|---|
| | 2021 年 | 2022 年 | 2021 年 | 2022 年 |
| 总　　计 | 7.6 | 9.7 | 12.1 | 9 |
| 内资企业 | 8.6 | 10.7 | 14.3 | 10.5 |
| 国有企业 | 2.1 | 19.5 | −26.3 | 56.2 |
| 集体企业 | −23.6 | −25 | −26.6 | −61.9 |
| 股份合作企业 | −4 | 59.9 | −39.5 | 114.4 |
| 联营企业 | −7 | 8.4 | −29.2 | −8.5 |
| 国有联营 | −15 | 2105.3 | | |
| 集体联营 | 255.1 | −11.5 | −76.6 | 26.6 |
| 国有与集体联营 | −87.9 | 293.4 | 17.4 | 615.4 |
| 其他联营企业 | −35 | −22.3 | −27.3 | −31 |
| 有限责任公司 | 8.1 | 10.9 | 5.1 | 21 |
| 国有独资公司 | 26.2 | 2 | 11.3 | 17.2 |
| 其他有限责任公司 | −0.6 | 16.3 | 3.9 | 21.8 |
| 股份有限公司 | −0.3 | 16.6 | 2.9 | 10.5 |
| 私营企业 | 14 | 8.5 | 18.5 | 7.6 |
| 其他企业 | −44.4 | 22 | 48.9 | 21.5 |
| 港、澳、台商投资企业 | 9.8 | 9.4 | 11.1 | 9.5 |
| 合资经营企业 | −11.8 | 13.7 | −11.5 | 10.5 |
| 合作经营企业 | 197 | −74.1 | 194.2 | −73.2 |
| 独资企业 | 23.9 | 7.5 | 28.2 | 9.9 |
| 股份有限公司 | 82.3 | 9.2 | 86.9 | 4.5 |
| 其他港澳台商投资 | 174.1 | 88.2 | 176.4 | 74.1 |
| 外商投资企业 | −9 | −8.2 | −7.9 | −8.8 |

| 类别 | 投资额 | | ♯工业投资 | |
|---|---|---|---|---|
| | 2021 年 | 2022 年 | 2021 年 | 2022 年 |
| 合资经营企业 | −51.6 | −9.5 | −52.7 | −10.6 |
| 合作经营企业 | −10.3 | −55.6 | −37.6 | −10.4 |
| 独资企业 | 32 | −8.7 | 35.4 | −9.6 |
| 股份有限公司 | 261.7 | 0.4 | 384.4 | −5.2 |
| 其他外商投资 | 68 | 56.7 | 42 | 82.5 |
| 个体经营 | −48.9 | −39.3 | 787.7 | −34.5 |
| 个体户 | −52.2 | −37.8 | 756.7 | −32.1 |
| 个人合伙 | 1114.3 | −58.7 | | |
| 按地区分 | | | | |
| 南京市 | 8 | 5.4 | 13.5 | 11 |
| 无锡市 | −1.9 | 11.2 | −9.9 | 0.2 |
| 徐州市 | 11.3 | 7.3 | 17.4 | 12.2 |
| 常州市 | 9.5 | 10 | 21.1 | 8.7 |
| 苏州市 | 9.4 | 9.4 | 5 | 6.4 |
| 南通市 | 10.4 | 2.7 | 16.2 | −4.3 |
| 连云港市 | 12 | 4.3 | 11.6 | 9.3 |
| 淮安市 | 3.6 | 17.1 | 12.8 | 20.7 |
| 盐城市 | 0.7 | 13.5 | 5.1 | 10.5 |
| 扬州市 | 1.3 | 20.6 | 16.4 | 25.2 |
| 镇江市 | 12.1 | 11.1 | 22.2 | 6 |
| 泰州市 | 17.9 | 10.6 | 24.8 | 11.4 |
| 宿迁市 | 7.7 | 13.3 | 20.7 | 16.2 |

九、2022 年江苏省各市(县)地区国内贸易、对外经济

| 市　县 | 社会消费品零售总额(亿元) | 进出口总额(元) | 出口 | 进口 | 实际使用外资(亿美元) |
|---|---|---|---|---|---|
| 南京市 | 7832.41 | 6292.1 | 3827.9 | 2464.2 | 48.5 |
| 无锡市 | 3337.6 | 7373.07 | 4852.64 | 2520.44 | 38.26 |
| 江阴市 | 698.65 | 1574.24 | 1075.01 | 499.23 | 5.83 |
| 宜兴市 | 551.94 | 549.35 | 311.12 | 238.22 | 2 |
| 徐州市 | 4102.73 | 1291.15 | 1111.96 | 179.2 | 12.24 |
| 丰　县 | 301.21 | 22.07 | 17.62 | 4.45 | 0.22 |
| 沛　县 | 597.45 | 109.68 | 103.29 | 6.38 | 1.37 |
| 睢宁县 | 464.85 | 67.21 | 62.72 | 4.49 | 0.79 |
| 新沂市 | 392.97 | 109.13 | 69.79 | 39.34 | 0.88 |
| 邳州市 | 435.96 | 149.33 | 137.39 | 11.94 | 1.9 |
| 常州市 | 2856.17 | 3228.45 | 2507.37 | 721.09 | 28.31 |
| 溧阳市 | 379.88 | 152.28 | 108.17 | 44.1 | 4.03 |
| 苏州市 | 9010.71 | 25721.1 | 15475 | 10246.1 | 74.18 |
| 常熟市 | 1200.37 | 1595 | 1109.03 | 485.98 | 6.55 |
| 张家港市 | 789.34 | 3102.13 | 1354.02 | 1748.11 | 6.97 |
| 昆山市 | 1638.11 | 6900.15 | 4694.22 | 2205.94 | 17.32 |
| 太仓市 | 510.78 | 1106.44 | 598.38 | 508.07 | 5.56 |
| 南通市 | 3956.87 | 3665.25 | 2350.38 | 1314.87 | 29.52 |
| 如东县 | 497.02 | 648.95 | 203.69 | 445.26 | 3.12 |
| 启东市 | 477.24 | 338.36 | 271.11 | 67.26 | 3.6 |
| 如皋市 | 537.08 | 377.18 | 270.09 | 107.09 | 3.22 |
| 海安市 | 421.51 | 201.04 | 163.22 | 37.82 | 2.73 |
| 连云港市 | 1197.69 | 1075.68 | 398.37 | 677.31 | 7.8 |
| 东海县 | 263.15 | 53.3 | 46.36 | 6.94 | 0.62 |
| 灌云县 | 79.19 | 22.51 | 21.74 | 0.77 | 0.95 |
| 灌南县 | 95.1 | 16.81 | 14.86 | 1.95 | 0.79 |

续表

| 市 县 | 社会消费品<br>零售总额(亿元) | 进出口<br>总额(元) | 出口 | 进口 | 实际使用外资<br>(亿美元) |
|---|---|---|---|---|---|
| 淮安市 | 1820.19 | 428.32 | 321.38 | 106.94 | 10.18 |
| 涟水县 | 224.45 | 30.38 | 27.28 | 3.1 | 1.61 |
| 盱眙县 | 180.75 | 14.34 | 13.68 | 0.66 | 0.64 |
| 金湖县 | 130.42 | 39.96 | 38.62 | 1.34 | 1.2 |
| 盐城市 | 2700.59 | 1388.07 | 934.52 | 453.54 | 11.83 |
| 响水县 | 128.2 | 69.95 | 63.9 | 6.05 | 0.13 |
| 滨海县 | 264.53 | 82.53 | 53.88 | 28.65 | 0.44 |
| 阜宁县 | 284.38 | 61.41 | 46.54 | 14.86 | 1.23 |
| 射阳县 | 278.9 | 80.98 | 68.67 | 12.31 | 1.05 |
| 建湖县 | 239.68 | 45.6 | 43.72 | 1.88 | 0.24 |
| 东台市 | 308.42 | 102.24 | 93.22 | 9.01 | 0.48 |
| 扬州市 | 1518.91 | 1101.19 | 870.82 | 230.37 | 15.35 |
| 宝应县 | 175.06 | 60.35 | 50.71 | 9.64 | 0.18 |
| 仪征市 | 127.71 | 141.77 | 93.17 | 48.6 | 2.03 |
| 高邮市 | 188.72 | 51.59 | 48.91 | 2.68 | 1.26 |
| 镇江市 | 1364.02 | 1038.82 | 774.61 | 264.22 | 5.68 |
| 丹阳市 | 362.52 | 263.8 | 237.7 | 26.1 | 1.37 |
| 扬中市 | 158.76 | 45.7 | 41.8 | 3.9 | 0.45 |
| 句容市 | 179.01 | 48.3 | 36.5 | 11.8 | 0.9 |
| 泰州市 | 1588.36 | 1307.33 | 895.82 | 411.51 | 11.39 |
| 兴化市 | 315.36 | 74.79 | 69.25 | 5.54 | 0.61 |
| 靖江市 | 248.55 | 288.63 | 204.67 | 83.96 | 1.36 |
| 泰兴市 | 326.73 | 410.59 | 259.6 | 151 | 3.85 |
| 宿迁市 | 1465.89 | 564.52 | 507.39 | 57.09 | 11.71 |
| 沭阳县 | 356.26 | 102.09 | 98.99 | 3.1 | 0.4 |
| 泗阳县 | 178.09 | 92.6 | 89.5 | 3.09 | 0.56 |
| 泗洪县 | 184.46 | 66.4 | 61.48 | 4.93 | 0.02 |

## 十、分市交通运输基本情况（2022 年）

| 指　标 | 南　京 | 无　锡 | 徐　州 | 常　州 |
|---|---|---|---|---|
| 运输线路 | | | | |
| 公路通车里程（公里） | 9846 | 7603 | 15907 | 8512 |
| ♯等级公路里程 | 9846 | 7603 | 15907 | 8512 |
| ♯高速公路 | 555 | 326 | 464 | 379 |
| 一级公路 | 1267 | 1157 | 1365 | 1130 |
| 二级公路 | 987 | 1817 | 1644 | 1521 |
| 内河航道里程（公里） | 644 | 1578 | 909 | 1080 |
| 公路桥梁（座） | 2464 | 4370 | 5045 | 3543 |
| 公路桥梁长度（延米） | 319567 | 328557 | 270838 | 307626 |
| 客运量 | | | | |
| 公路（万人） | 4871 | 5292 | 1498 | 1533 |
| 水运（万人） | 59 | 138 | 0 | 120 |
| 民用航空（万人） | 1214 | 377 | 135 | 195 |
| 货运量 | | | | |
| 公路（万吨） | 20834 | 17444 | 26453 | 9770 |
| 水运（万吨） | 19456 | 3631 | 4777 | 5683 |
| 民用航空（吨） | 377921 | 97993 | 5879 | 30562 |
| 机动车拥有量（万辆） | 314.83 | 254.59 | 210.5 | 173.72 |
| ♯机动汽车拥有量 | 301.74 | 241.16 | 192.66 | 166.95 |
| ♯载客汽车 | 281.29 | 227.34 | 171.16 | 157.01 |
| 载货汽车 | 18.73 | 12.97 | 20.18 | 9.34 |
| ♯营运汽车（含公交出租车辆） | 11.73 | 7.79 | 14.14 | 5.06 |
| ♯私人汽车 | 229.24 | 195.81 | 177.75 | 136.52 |
| 全社会船舶拥有量（万艘） | 0.095 | 0.105 | 0.261 | 0.141 |
| 机动船 | 0.088 | 0.105 | 0.14 | 0.141 |
| 驳船 | 0.007 | 0 | 0.121 | 0 |
| 港口货物吞吐量（万吨） | 27381 | 42513 | 5015 | 12833 |
| ♯外贸 | 2959 | 6415 | 2 | 1149 |

| 指　标 | 苏　州 | 南　通 | 连云港 | 淮　安 | 盐　城 |
|---|---|---|---|---|---|
| 运输线路 | | | | | |
| 公路通车里程（公里） | 11472 | 17506 | 12210 | 13706 | 22131 |
| ♯等级公路里程 | 11472 | 17506 | 12210 | 13706 | 22131 |
| ♯高速公路 | 620 | 482 | 355 | 400 | 417 |
| 一级公路 | 1922 | 2110 | 856 | 827 | 1854 |
| 二级公路 | 4175 | 1849 | 1828 | 1696 | 2830 |
| 内河航道里程（公里） | 2786 | 3522 | 1103 | 1402 | 4368 |
| 公路桥梁（座） | 10019 | 8622 | 3098 | 3916 | 16185 |
| 公路桥梁长度（延米） | 727173 | 446699 | 269082 | 257214 | 575894 |
| 客运量 | | | | | |
| 公路（万人） | 12958 | 957 | 1142 | 793 | 1057 |
| 水运（万人） | 267 | 124 | 0 | 6 | 0 |
| 民用航空（万人） | | 172 | 59 | 81 | 88 |
| 货运量 | | | | | |
| 公路（万吨） | 23320 | 11541 | 10828 | 4939 | 10923 |
| 水运（万吨） | 1059 | 10963 | 3567 | 6622 | 10155 |
| 民用航空（吨） | | 54252 | 1302 | 15447 | 3249 |
| 机动车拥有量（万辆） | 501.02 | 236.51 | 109.65 | 87.9 | 151.49 |
| ♯机动汽车拥有量 | 493.41 | 214.42 | 93.79 | 80.88 | 130.74 |
| ♯载客汽车 | 469.32 | 201.67 | 80.31 | 73.86 | 118.39 |
| 载货汽车 | 22.46 | 11.94 | 11.87 | 6.6 | 11.61 |
| ♯营运汽车（含公交出租车辆） | 11.98 | 5.65 | 8 | 4.23 | 6.44 |
| ♯私人汽车 | 409.78 | 190.58 | 85.29 | 73.33 | 116.97 |
| 全社会船舶拥有量（万艘） | 0.027 | 0.12 | 0.109 | 0.256 | 0.532 |
| 机动船 | 0.027 | 0.12 | 0.105 | 0.25 | 0.5 |
| 驳船 | 0 | 0 | 0.004 | 0.006 | 0.033 |
| 港口货物吞吐量（万吨） | 72818 | 31419 | 30615 | 7544 | 18444 |
| ♯外贸 | 17365 | 4037 | 13559 | 17 | 2351 |

| 指 标 | 扬 州 | 镇 江 | 泰 州 | 宿 迁 |
|---|---|---|---|---|
| 运输线路 | | | | |
| 公路通车里程(公里) | 9604 | 6895 | 10101 | 12506 |
| ♯等级公路里程 | 9604 | 6895 | 10101 | 12506 |
| ♯高速公路 | 308 | 210 | 323 | 247 |
| 一级公路 | 691 | 977 | 1287 | 722 |
| 二级公路 | 1478 | 903 | 1324 | 1847 |
| 内河航道里程(公里) | 2169 | 597 | 2550 | 870 |
| 公路桥梁(座) | 4387 | 1387 | 7431 | 3707 |
| 公路桥梁长度(延米) | 277982 | 134353 | 4E+05 | 213428 |
| 客运量 | | | | |
| 公路(万人) | 563 | 1064 | 792 | 132 |
| 水运(万人) | 8 | 578 | 282 | 0 |
| 民用航空(万人) | 139 | | | |
| 货运量 | | | | |
| 公路(万吨) | 5039 | 5381 | 4981 | 8482 |
| 水运(万吨) | 12916 | 1238 | 27452 | 1679 |
| 民用航空(吨) | 8762 | | | |
| 机动车拥有量(万辆) | 107.19 | 82.42 | 109.8 | 110.95 |
| ♯机动汽车拥有量 | 96.98 | 74.54 | 99.11 | 95.1 |
| ♯载客汽车 | 89.84 | 70.32 | 92.55 | 83.43 |
| 载货汽车 | 6.63 | 3.9 | 6.13 | 11.21 |
| ♯营运汽车(含公交出租车辆) | 3.66 | 2.39 | 3.37 | 6.28 |
| ♯私人汽车 | 83.91 | 63.37 | 86.59 | 88.53 |
| 全社会船舶拥有量(万艘) | 0.186 | 0.024 | 0.676 | 0.129 |
| 机动船 | 0.182 | 0.023 | 0.675 | 0.094 |
| 驳船 | 0.004 | 0.001 | 0.001 | 0.036 |
| 港口货物吞吐量(万吨) | 11217 | 23338 | 38755 | 2436 |
| ♯外贸 | 1328 | 4054 | 2364 | 1 |

注:民用航空客、货运量分市数据分别为各机场旅客、货邮吞吐量。

## 十一、商品零售价格分类指数（2022 年）

| 类　别 | 全省 | 城市 | 农村 |
|---|---|---|---|
| 上年＝100 | | | |
| 商品零售价格指数 | 102.9 | 102.9 | 102.9 |
| 食品 | 102.7 | 102.7 | 102.6 |
| 饮料、烟酒 | 102.2 | 102.2 | 102.2 |
| 服装、鞋帽 | 101.3 | 101.4 | 100.3 |
| 纺织品 | 100.5 | 100.4 | 101.3 |
| 家用电器及音像器材 | 100.8 | 100.8 | 100.9 |
| 文化办公用品 | 101.9 | 101.9 | 101.8 |
| 日用品 | 101.4 | 101.3 | 101.9 |
| 体育娱乐用品 | 101.1 | 100.9 | 102.9 |
| 交通、通信用品 | 100.1 | 100.1 | 100.2 |
| 家具 | 102.2 | 102.2 | 103.1 |
| 化妆品 | 102.7 | 102.7 | 103.7 |
| 金银饰品 | 101 | 100.9 | 101.8 |
| 中西药品及医疗保健用品 | 97.3 | 97.6 | 94.9 |
| 书报杂志及电子出版物 | 101.8 | 101.8 | 101.9 |
| 燃料 | 118.5 | 118.3 | 120.6 |
| 建筑材料及五金电料 | 102.5 | 102.4 | 103.3 |

### 十二、按建设性质分固定资产投资比上年增长情况（2022 年）

| 行 业 | 投资额 | ♯新建 | ♯扩建 | ♯改建 |
|---|---|---|---|---|
| 总计 | 9.7 | 11.7 | 9 | 3.6 |
| 农、林、牧、渔业 | −9.2 | −8.3 | −28.3 | −17.4 |
| 农业 | 11.6 | 11.4 | −10.3 | 72.3 |
| 林业 | 23.1 | 24.2 | | −100 |
| 畜牧业 | −46.3 | −45 | −81.8 | −23.5 |
| 渔业 | 11.1 | 12.2 | 64.8 | −39.2 |
| 农、林、牧、渔专业及辅助性活动 | 31 | 33.4 | 45.3 | −17.1 |
| 采矿业 | 169.4 | 89.8 | −66.8 | 1500.1 |
| 煤炭开采和洗选业 | | | | |
| 石油和天然气开采业 | 205.7 | −51 | | |
| 黑色金属矿采选业 | 957 | 385.9 | | |
| 有色金属矿采选业 | −90.2 | | | −100 |
| 非金属矿采选业 | 45.6 | 311.7 | −74.7 | 79.5 |
| 开采辅助活动 | | | | |
| 其他采矿业 | −26.1 | −26.1 | | |
| 制造业 | 8.8 | 13.1 | 7.7 | 1.6 |
| 农副食品加工业 | 11.8 | 12.2 | 81.1 | −1.2 |
| 食品制造业 | 22.3 | 31.2 | −10.1 | 29.8 |
| 酒、饮料和精制茶制造业 | 43.4 | 0.7 | 21 | 112.7 |
| 烟草制品业 | −33.4 | | −71.1 | −45.6 |
| 纺织业 | −0.8 | 10.9 | −28.5 | −2.6 |
| 纺织服装、服饰业 | −3.5 | 12.4 | −60.7 | −6.4 |
| 皮革、毛皮、羽毛及其制品和制鞋业 | −18.3 | −8.5 | −15.5 | −39.1 |
| 木材加工和木、竹、藤、棕、草制品业 | −1.6 | 35.4 | −52.6 | −31.4 |
| 家具制造业 | 4.1 | 15.6 | 12.3 | −12.6 |
| 造纸和纸制品业 | −7 | −17 | 15.9 | 26.2 |
| 印刷和记录媒介复制业 | −8.3 | 96.2 | −44.8 | −40.3 |
| 文教、工美、体育和娱乐用品制造业 | 1.6 | 2 | 40.9 | −9.4 |
| 石油加工、炼焦和核燃料加工业 | −18.7 | −23.5 | −46.9 | 31.5 |

续表

| 行　业 | 投资额 | ♯新建 | ♯扩建 | ♯改建 |
|---|---|---|---|---|
| 化学原料和化学制品制造业 | 23.5 | 71.6 | −12.2 | −22.2 |
| 医药制造业 | −8.8 | −2.3 | −11.8 | −22.2 |
| 化学纤维制造业 | 54.3 | 58.9 | 38.7 | 52.3 |
| 橡胶和塑料制品业 | 23.5 | 35.5 | 16.3 | 8 |
| 非金属矿物制品业 | −2.6 | 1.9 | −24.5 | −2.5 |
| 黑色金属冶炼和压延加工业 | 1.5 | 1.1 | −8.9 | 9.5 |
| 有色金属冶炼和压延加工业 | −8.8 | −25.2 | 99.6 | −13 |
| 金属制品业 | 6 | 11 | 2 | 1 |
| 通用设备制造业 | 9.7 | 13.7 | 9.1 | 5.2 |
| 专用设备制造业 | 4.5 | 10.5 | −4.8 | −10 |
| 汽车制造业 | 10.6 | −4.4 | 53.6 | 22.2 |
| 铁路、船舶、航空航天和其他运输设备制造业 | −2.5 | 1.1 | 9.3 | −9.7 |
| 电气机械和器材制造业 | 25.4 | 21.5 | 45.3 | 25.2 |
| 计算机、通信和其他电子设备制造业 | 12 | 16.5 | 21.5 | 2.9 |
| 仪器仪表制造业 | 14.5 | 24.8 | −19.5 | 22.2 |
| 其他制造业 | −3.6 | −6.4 | −0.5 | 1.4 |
| 废弃资源综合利用业 | −5.2 | 10 | −45.6 | −17.8 |
| 金属制品、机械和设备修理业 | 16.4 | 41.7 | −100 | −91.3 |
| 电力、热力、燃气及水的生产和供应业 | 9.1 | 14.3 | −12.5 | 4.8 |
| 电力、热力生产和供应业 | 5.8 | 16.8 | −31.8 | −20 |
| 燃气生产和供应业 | 153.6 | 32.7 | 295.6 | 649.2 |
| 水的生产和供应业 | 6.5 | 4.2 | 1.8 | 15.7 |
| 建筑业 | 148.8 | 148 | | |
| 房屋建筑业 | 113.6 | 106 | | |
| 土木工程建筑业 | 286.3 | 308.9 | | |
| 建筑安装业 | | | | |
| 建筑装饰和其他建筑业 | −99.5 | −99.5 | | |
| 批发和零售业 | −12.7 | −13.2 | 3.7 | −37.1 |
| 批发业 | −13.6 | −12.1 | 9.7 | −47.9 |

| 行　业 | 投资额 | ♯新建 | ♯扩建 | ♯改建 |
|---|---|---|---|---|
| 零售业 | −11.9 | −14 | −17 | −27.8 |
| 交通运输、仓储和邮政业 | 29.5 | 20.3 | 103.9 | 138.6 |
| 铁路运输业 | 30.7 | 30.6 | | −100 |
| 道路运输业 | 29.1 | 17.1 | 151 | 264.8 |
| 水上运输业 | 65.6 | 73.4 | 29.1 | 74.3 |
| 航空运输业 | 171.2 | −54.3 | 12234 | 17 |
| 管道运输业 | 106.7 | 125.2 | −27.1 | 726.3 |
| 多式联运和运输代理业 | 112 | 89.1 | | 1282.4 |
| 装卸搬运和仓储业 | 4 | 5 | −49.1 | 99.2 |
| 邮政业 | −18.1 | −14.8 | | |
| 住宿和餐饮业 | 29.8 | 30.3 | 42.9 | 25 |
| 住宿业 | 32.2 | 33.3 | 49.9 | 18.4 |
| 餐饮业 | 16.7 | 15.3 | −23.8 | 75.7 |
| 信息传输、软件和信息技术服务业 | 3.6 | 7.2 | −10.3 | −20 |
| 电信、广播电视和卫星传输服务 | −23.8 | −21.9 | −39.7 | −10.9 |
| 互联网和相关服务 | 21 | 20.3 | 35.8 | −1.4 |
| 软件和信息技术服务业 | 1.7 | 6.2 | −2.1 | −44 |
| 金融业 | 33 | −5.4 | 171.4 | 198.6 |
| 货币金融服务 | 22.2 | −20.1 | −100 | 178.4 |
| 资本市场服务 | −21.7 | −49.4 | | 194.6 |
| 保险业 | 1.2 | −76.8 | 177.1 | |
| 其他金融业 | 760.4 | 760.4 | | |
| 房地产业 | 25 | 23.1 | 73.5 | 24 |
| 租赁和商务服务业 | 4.4 | 3.8 | 38.7 | 30.4 |
| 租赁业 | −68.3 | −13 | −100 | −33.1 |
| 商务服务业 | 7.2 | 4 | 43.9 | 31.1 |
| 科学研究和技术服务业 | 21.1 | 20 | 27.9 | 35.5 |
| 研究和试验发展 | 24.7 | 22.9 | 117.8 | −15.1 |
| 专业技术服务业 | 4.6 | −1.5 | −21.6 | 154.7 |

续表

| 行　　业 | 投资额 | ♯新建 | ♯扩建 | ♯改建 |
|---|---|---|---|---|
| 科技推广和应用服务业 | 25.7 | 26.6 | 13.8 | 17.1 |
| 水利、环境和公共设施管理业 | −5.6 | −6.9 | −19 | 7.5 |
| 水利管理业 | 37.5 | 33.9 | 64.6 | 60.3 |
| 生态保护和环境治理业 | −3.7 | −1 | 9.8 | −26.7 |
| 公共设施管理业 | −8.9 | −10.7 | −24.7 | 9.4 |
| 土地管理业 | −21.2 | −32.2 | −100 | 144.2 |
| 居民服务、修理和其他服务业 | 9.4 | 24.2 | −59.1 | 33 |
| 居民服务业 | 10.9 | 25.8 | −55.9 | 17.3 |
| 机动车、电子产品和日用产品修理业 | 121.2 | 167.8 | −85 | 363.3 |
| 其他服务业 | −39.4 | −33.7 | −63.7 | |
| 教育 | 8.4 | 12.2 | −7.4 | −4.2 |
| 卫生和社会工作 | 29.4 | 25.9 | 70.8 | 20.2 |
| 卫生 | 28 | 24.5 | 67.2 | 14.1 |
| 社会工作 | 39.5 | 34.4 | 183.9 | 59.5 |
| 文化、体育和娱乐业 | 24.5 | 32.2 | −41.4 | −5 |
| 新闻和出版业 | | | | |
| 广播、电视、电影和影视录音制作业 | 15.1 | 80.9 | −100 | −38.9 |
| 文化艺术业 | 16.6 | 20.7 | −39.6 | 36.6 |
| 体育 | 23.6 | 29.7 | −28.8 | −30.4 |
| 娱乐业 | 31.1 | 38.7 | −59.3 | −77.9 |
| 公共管理、社会保障和社会组织 | 2.4 | 0.5 | −4.1 | 0.4 |
| 中国共产党机关 | −79.7 | −79.7 | | |
| 国家机构 | 0.3 | −5 | −4 | 18.3 |
| 人民政协、民主党派 | −43.3 | −43.3 | | |
| 社会保障 | −67 | −45.1 | | −100 |
| 群众团体、社会团体和其他成员组织 | 52.8 | 66.8 | 12.1 | −100 |
| 基层群众自治组织 | 34.2 | 46.8 | −21.9 | −80.1 |

注：本表不含房地产开发投资。

# 附录：主要统计指标解释

**国内生产总值(GDP)** 指一个国家所有常住单位在一定时期内生产活动的最终成果。国内生产总值有三种表现形态，即价值形态、收入形态和产品形态。从价值形态看，它是所有常住单位在一定时期内生产的全部货物和服务价值超过同期中间投入的全部非固定资产货物和服务价值的差额，即所有常住单位的增加值之和；从收入形态看，它是所有常住单位在一定时期内创造并分配给常住单位和非常住单位的初次收入分配之和；从产品形态看，它是所有常住单位在一定时期内最终使用的货物和服务价值与货物和服务净出口价值之和。在实际核算中，国内生产总值有三种计算方法，即生产法、收入法和支出法。三种方法分别从不同的方面反映国内生产总值及其构成。对于地区，GDP 中文名称为"地区生产总值"

**货物和服务净出口** 指货物和服务出口减货物和服务进口的差额。出口包括常住单位向非常住单位出售或无偿转让的各种货物和服务的价值；进口包括常住单位从非常住单位购买或无偿得到的各种货物和服务的价值。由于服务活动的提供与使用同时发生，因此服务的进出口业务并不发生出入境现象，一般把常住单位从国外得到的服务作为进口，非常住单位从本国得到的服务作为出口。货物的出口和进口都按离岸价格计算。

**居民消费** 指常住住户对货物和服务的全部最终消费支出。居民消费按市场价格计算，即按居民支付的购买者价格计算。购买者价格是购买者取得货物所支付的价格，包括购买者支付的运输和商业费用。居民消费除了直接以货币形式购买货物和服务的消费之外，还包括以其他方式获得的货物和服务的消费支出，即所谓的虚拟消费支出。居民虚拟消费支出包括以下几种类型：单位以实物报酬及实物转移的形式提供给劳动者的货物和服务；住户生产并由本住户消费了的货物和服务，其中的服务仅指住户的自有住房服务；金融机构提供的金融媒介服务；保险公司提供的保险服务。

**政府消费** 指政府部门为全社会提供公共服务的消费支出和免费或以较低价格向住户提供的货物和服务的净支出。前者等于政府服务的产出价值减去政府单位所获得的经营收入的价值，政府服务的产出价值等于它的经常性业务支出加上固定资产折旧；后者等于政府部门免费或以较低价格向住户提供的货物和服务的市场价值减去向住户收取的价值。

**就业人员** 指从事一定社会劳动并取得劳动报酬或经营收入的人员，包括在岗职工、再就业的离退休人员、私营业主、个体户主、私营和个体就业人员、乡镇企业就业人员、农村就业人员、其他就业人员(包括民办教师、宗教职业者、现役军人等)。这一指标反映了一定时期内全部劳动力资源的实际利用情况，是研究我国基本国情国力的重要指标。

**单位就业人员** 指在各类法人单位工作，并由单位支付劳动报酬的人员，包括在岗职工和其他就业人员。在岗职工 指在本单位工作且与本单位签订劳动合同，并由单位支付各项工资和社会保险、住房公积金的人员，以及上述人员中由于学习、病伤、产假等原因暂未工作仍由单位支付工资的人员。其他就业人员　指在本单位工作,不能归到在岗职工、劳务派遣人员中的人员。此类人员是实际参加本单位生产或工作并从本单位取得劳动报酬的人员。具体包括:非全日制人员、聘用的正式离退休人员、兼职人员和第二职业者等,以及在本单位中工作的外籍和港澳台方人员。

城镇私营和个体就业人员　城镇私营就业人员指在工商管理部门注册登记,其经营地址设在县城关镇(含城关镇)以上的私营企业就业人员;包括私营企业投资者和雇工。城镇个体就业人员指在工商管理部门注册登记,并持有城镇户口或在城镇长期居住,经批准从事个体工商经营的就业人员;包括个体经营者和在个体工商户劳动的家庭帮工和雇工。

平均工资　指在报告期内单位发放工资的人均水平。计算公式为:

平均工资＝报告期工资总额/报告期平均人数

在岗职工平均工资指数　指报告期在岗职工平均工资与基期在岗职工平均工资的比率,是反映不同时期在岗职工货币工资水平变动情况的相对数。计算公式为:

在岗职工平均工资指数＝报告期平均工资/基期平均工资×100％

居民消费价格指数　是反映一定时期内城乡居民所购买的生活消费品价格和服务项目价格变动趋势和程度的相对数,是对城市居民消费价格指数和农村居民消费价格指数进行综合汇总计算的结果。通过该指数可以观察和分析消费品的零售价格和服务价格变动对城乡居民实际生活费支出的影响程度。

可支配收入　指调查户在调查期内获得的、可用于最终消费支出和储蓄的总和,即调查户可以用来自由支配的收入。可支配收入既包括现金,也包括实物收入。按照收入的来源,可支配收入包含四项:工资性收入、经营净收入、财产净收入和转移净收入。计算公式为:

可支配收入＝工资性收入＋经营净收入＋财产净收入＋转移净收入

固定资产投资　是以货币表现的建造和购置固定资产活动的工作量,它是反映固定资产投资规模、速度、比例关系和使用方向的综合性指标。全社会固定资产投资按登记注册类型可分为国有、集体、个体、联营、股份制、外商、港澳台商、其他等。全社会固定资产投资总额分为城镇项目投资、农村建设项目投资和房地产开发投资三个部分。

新增固定资产　指通过投资活动所形成的新的固定资产价值,包括已经建成投入生产或交付使用的工程价值和达到固定资产标准的设备、工具、器具的价值及有关应摊入的费用。它是以价值形式表示的固定资产投资成果的综合性指标,可以综合反映不同时期、不同部门、不同地区的固定资产投资成果。

财政收入　指国家财政参与社会产品分配所取得的收入,是实现国家职能的财力保证。按我省口径,财政总收入为公共财政预算收入、基金收入和上划中央四税之和。

财政支出　国家财政将筹集起来的资金进行分配使用,以满足经济建设和各项事业的需要。

进出口总额　海关进出口总额指实际进出我国国境的货物总金额。包括对外贸易实际进出口货物,来料加工装配进出口货物,国家间、联合国及国际组织无偿援助物资和赠送品,华侨、港澳台同胞和外籍华人捐赠品,租赁期满归承租人所有的租赁货物,进料加工进出口货物,边境地方贸易及边境地区小额贸易进出口货物(边民互市贸易除外),中外合资企业、中外合作经营企业、外商独资经营企业进出口货物和公用物品,到、离岸价格在规定限额以上的进出口货样和广告品(无商业价值、无使用价值和免费提供出口的除外),从保税仓库提取在中国境内销售的进口货物,以及其他进出口货物。进出口总额用以观察一个国家在对外贸易方面的总规模。我国规定出口货物按离岸价格统计,进口货物按到岸价格统计。

**实际使用外资** 指外国企业和经济组织或个人(包括华侨、港澳台胞以及我国在境外注册的企业)按我国有关政策、法规,用现汇、实物、技术等在我国境内开办外商独资企业、与我国境内的企业或经济组织共同举办中外合资经营企业、合作经营企业或合作开发资源的投资(包括外商投资收益的再投资)。

**对外承包工程** 指各对外承包公司以招标议标承包方式承揽的下列业务:(1)承包国外工程建设项目;(2)承包我国对外经援项目;(3)承包我国驻外机构的工程建设项目;(4)承包我国境内利用外资进行建设的工程项目;(5)与外国承包公司合营或联合承包工程项目时我国公司分包部分;(6)对外承包兼营的房屋开发业务。对外承包工程的营业额是以货币表现的本期内完成的对外承包工程的工作量,包括以前年度签订的合同和本年度新签订的合同在报告期内完成的工作量。

**对外劳务合作** 指以收取工资的形式向业主或承包商提供技术和劳动服务的活动。我国对外承包公司在境外开办的合营企业,中国公司同时又提供劳务的,其劳务部分也纳入劳务合作统计。劳务合作营业额按报告期内向雇主提交的结算数(包括工资、加班费和奖金等)统计。

**铁路营业里程** 又称营业长度(包括正式营业和临时营业里程),指办理客货运输业务的铁路正线总长度。凡是全线或部分建成双线及以上的线路,以第一线的实际长度计算;复线、站线、段管线、岔线和特殊用途线以及不计算运费的联络线都不计算营业里程。铁路营业里程是反映铁路运输业基础设施发展水平的重要指标,也是计算客货周转量、运输密度和机车车辆运用效率等指标的基础资料。

**货(客)运量** 指在一定时期内,各种运输工具实际运送的货物(旅客)数量。它是反映运输业为国民经济和人民生活服务的数量指标,也是制定和检查运输生产计划、研究运输发展规模和速度的重要指标。货运按吨计算,客运按人计算。货物不论运输距离长短、货物类别,均按实际重量统计。旅客不论行程远近或票价多少,均按一人一次客运量统计;半价票、小孩票也按一人统计。

**货物(旅客)周转量** 指在一定时期内,由各种运输工具运送的货物(旅客)数量与其相应运输距离的乘积之总和。它是反映运输业生产总成果的重要指标,也是编制和检查运输生产计划,计算运输效率、劳动生产率以及核算运输单位成本的主要基础资料。计算货物周转量通常按发出站与到达站之间的最短距离,也就是计费距离计算。计算公式为:

$$货物(旅客)周转量 = \sum 货物(旅客)运输量 \times 运输距离$$

**沿海主要港口货物吞吐量** 指经水运进出沿海主要港区范围,并经过装卸的货物数量,包括邮件及办理托运手续的行李、包裹以及补给运输船舶的燃、物料和淡水。货物吞吐量按货物流向分为进口、出口吞吐量,按货物交流性质分为外贸货物吞吐量和国内贸易货物吞吐量。货物吞吐量的货类构成及其流向,是衡量港口生产能力大小的重要指标。

**邮电业务总量** 指以价值量形式表现的邮电通信企业为社会提供各类邮电通信服务的总数量。邮电业务量按专业分类包括函件、包件、汇票、报刊发行、邮政快件、特快专递、邮政储蓄、集邮、公众电报、用户电报、传真、长途电话、出租电路、无线寻呼、移动电话、分组交换数据通信、出租代维等。计算方法为各类产品乘以相应的平均单价(不变价)之和,再加上出租电路和设备、代用户维护电话交换机和线路等的服务收入。它综合反映了一定时期邮电业务发展的总成果,是研究邮电业务量构成和发展趋势的重要指标。计算公式为:

$$邮电业务总量＝\sum(各类邮电业务量×不变单价)＋出租代维及其他业务收入$$

**移动电话用户** 是指通过移动电话交换机进入移动电话网、占用移动电话号码的电话用户。用户数量以报告期末在移动电话营业部门实际办理登记手续进入移动电话网的户数进行计算,一部移动电话统计为一户。

**电话用户** 指接入国家公众固定电话网,并按固定电话业务进行经营管理的电话用户。1997年以前,电话用户分为市内电话用户和农村电话用户。"市内电话用户"是指接入县城及县以上城市的电话网上的电话用户;"农村电话用户"是指接入县邮电局农话台及县以下农村电话交换点,以县城为中心(除市话用户外)联通县、乡(镇)、行政村、村民小组的用户。从 1997 年起,电话用户数分组调整为以用户所在区域划分为"城市电话用户"和"乡村电话用户",与过去的按市内电话和农村电话划分方法不同。而电话用户总数、电话机总部数统计范围不变。

**批发和零售业商品购、销、存总额** 指各种登记注册类型的批发和零售企业、产业活动单位、个体经营者以本单位为总体的商品购进、销售、库存总额。

**商品购进总额** 指从本单位以外的单位和个人购进(包括从境外直接进口)作为转卖或加工后转卖的商品总额。

**商品销售总额** 指对本单位以外的单位和个人出售(包括对境外直接出口)本单位经营的商品总额(含增值税)。

**商品批发额** 指商品零售额以外的一切商品销售额。包括售给生产经营单位用于生产或经营用的商品销售额;售给批发和零售业、餐饮业用于转卖或加工后转卖的商品销售额;直接向国(境)外出口和委托外贸部门代理出口的商品销售额。

**商品零售额** 指售给城乡居民用于生活消费、售给社会集团用公款购买用作非生产、非经营使用的商品销售额。

**商品库存总额** 指报告期末各种登记注册类型的批发和零售业企业、产业活动单位、个体经营者已取得所有权的商品。

**商品交易市场** 指有固定场所、设施,有若干经营者入场实行集中、公开交易各类实物商品的市场。

**商品交易市场成交额** 指商品交易市场内所有经营者所实现的商品销售金额。商品交易市场包括消费品市场和生产资料市场。

**旅游者人数**

(1)入境国际旅游者人数:指来中国参观、访问、旅行、探亲、访友、休养、考察、参加会议和从事经济、科技、文化、教育、宗教等活动的外国人、华侨、港澳同胞和台湾同胞的人数。不包括外国在我国的常驻机构,如使领馆、通讯社、企业办事处的工作人员;来我国常住的外国专家、留学生以及在岸逗留不过夜人员。

（2）出境居民人数:指大陆居民因公务活动或私人事务短期出境的人数。公务活动出境居民人数包括在国际交通工具上的中国服务员工,因私出境居民人数不包括在国际交通工具上的中国服务员工。

（3）国内旅游者人数:指我国大陆居民和在我国常住1年以上的外国人、华侨、港澳台同胞离开常住地在境内其他地方的旅游设施内至少停留一夜,最长不超过6个月的人数。

**国际旅游(外汇)收入**　指入境旅游的外国人、华侨、港澳同胞和台湾同胞在中国大陆旅游过程中发生的一切旅游支出,对于国家来说就是国际旅游(外汇)收入。

**科技活动人员**　指直接从事科技活动、以及专门从事科技活动管理和为科技活动提供直接服务的人员。累计从事科技活动的实际工作时间占全年制度工作时间10%及以上的人员。（1）直接从事科技活动的人员包括:在独立核算的科学研究与技术开发机构、高等学校、各类企业及其他事业单位内设的研究室、实验室、技术开发中心及中试车间(基地)等机构中从事科技活动的研究人员、工程技术人员、技术工人及其它人员;虽不在上述机构工作,但编入科技活动项目(课题)组的人员;科技信息与文献机构中的专业技术人员;从事论文设计的研究生等。（2）专门从事科技活动管理和为科技活动提供直接服务的人员包括:独立核算的科学研究与技术开发机构、科技信息与文献机构、高等学校、各类企业及其他事业单位主管科技工作的负责人,专门从事科技活动的计划、行政、人事、财务、物资供应、设备维护、图书资料管理等工作的各类人员,但不包括保卫、医疗保健人员、司机、食堂人员、茶炉工、水暖工、清洁工等为科技活动提供间接服务的人员。

**研究与试验发展(R&D)**　指在科学技术领域,为增加知识总量,以及运用这些知识去创造新的应用而进行的系统的创造性的活动,包括基础研究、应用研究、试验发展三类活动。

**基础研究**　指为了获得关于现象和可观察事实的基本原理的新知识(揭示客观事物的本质、运动规律,获得新发现、新学说)而进行的实验性或理论性研究,它不以任何专门或特定的应用或使用为目的。其成果以科学论文和科学著作为主要形式。

**应用研究**　指为获得新知识而进行的创造性研究,主要针对某一特定的目的或目标。应用研究是为了确定基础研究成果可能的用途,或是为达到预定的目标探索应采取的新方法(原理性)或新途径。其成果形式以科学论文、专著、原理性模型或发明专利为主。

**试验发展**　指利用从基础研究、应用研究和实际经验所获得的现有知识,为产生新的产品、材料和装置,建立新的工艺、系统和服务,以及对已产生和建立的上述各项作实质性的改进而进行的系统性工作。其成果形式主要是专利、专有技术,具有新产品基本特征的产品原型或具有新装置基本特征的原始样机等。在社会科学领域,试验发展是指把通过基础研究、应用研究获得的知识转变成可以实施的计划(包括为进行检验和评估实施示范项目)的过程。人文科学领域没有对应的试验发展活动。

**研究与试验发展人员**　指参与研究与试验发展项目研究、管理和辅助工作的人员,包括项目(课题)组人员,企业科技行政管理人员和直接为项目(课题)活动提供服务的辅助人员。

**专业技术人员**　指从事专业技术工作和专业技术管理工作的人员,即企事业单位中已经聘任专业技术职务从事专业技术工作和专业技术管理工作的人员,以及未聘任专业技术职务,现在专业技术岗位上工作的人员。包括工程技术人员,农业技术人员,科学研究人员,卫生技术人员,教学人员,经济人员,会计人员,统计人员,翻译人员,图书资料、档案、文博人员,新闻出版人员,律师、公证人员,广播电视播音人员,工艺美术人员,体育人员,艺术人员及企业政治思想工作人员,共十七个专业技术职务类别。

**科技活动经费筹集** 指从各种渠道筹集到的计划用于科技活动的经费,包括政府资金、企业资金、事业单位资金、金融机构贷款、国外资金和其他资金等。

**政府资金** 指从各级政府部门获得的计划用于科技活动的经费,包括科学事业费、科技三项费、科研基建费、科学基金、教育等部门事业费中计划用于科技活动的经费以及政府部门预算外资金中计划用于科技活动的经费等。

**企业资金** 指从自有资金中提取或接受其他企业委托的、科研院所和高校等事业单位接受企业委托获得的,计划用于科研和技术开发的经费。不包括来自政府、金融机构及国外的计划用于科技活动的资金。

**金融机构贷款** 指从各类金融机构获得的用于科技活动的贷款。

**科技活动经费内部支出** 指报告年内用于科技活动的实际支出包括劳务费、科研业务费、科研管理费,非基建投资购建的固定资产、科研基建支出以及其他用于科技活动的支出。不包括生产性活动支出、归还贷款支出及转拨外单位支出。

**劳务费** 指以货币或实物形式直接或间接支付给从事科技活动人员的劳动报酬及各种费用。包括各种形式的工资、津贴、奖金、福利、离退休人员费用、人民助学金等。

**固定资产购建费** 指报告年内使用非基建投资购建的固定资产和用于科研基建投资的实际支出额,即固定资产实际支出和科研基建投资实际完成额之和。固定资产是指长期使用而不改变原有实物形态的主要物资设备、图书资料、实验材料和标本以及其他设备和家具、房屋、建筑物。

**新产品** 指采用新技术原理、新设计构思研制、生产的全新产品,或在结构、材质、工艺等某一方面比原有产品有明显改进,从而显著提高了产品性能或扩大了使用功能的产品。既包括政府有关部门认定并在有效期内的新产品,也包括企业自行研制开发,未经政府有关部门认定,从投产之日起一年之内的新产品。

**专利** 是专利权的简称,是对发明人的发明创造经审查合格后,由专利局依据专利法授予发明人和设计人对该项发明创造享有的专有权。包括发明、实用新型和外观设计。

**发明** 指对产品、方法或者其改进所提出的新的技术方案。

**实用新型** 指对产品的形状、构造或者其结合所提出的适于实用的新的技术方案。

**外观设计** 指对产品的形状、图案、色彩或者其结合所作出的富有美感并适于工业上应用的新设计。

**普通高等学校** 指按照国家规定的设置标准和审批程序批准举办,通过国家统一招生考试,招收高中毕业生为主要培养对象,实施高等学历教育的全日制大学、独立设置的学院和高等专科学校、高等职业学校和其他机构。